山際永三
壁の果てのリアリズム
映画運動とテレビドラマ

池田嘉郎

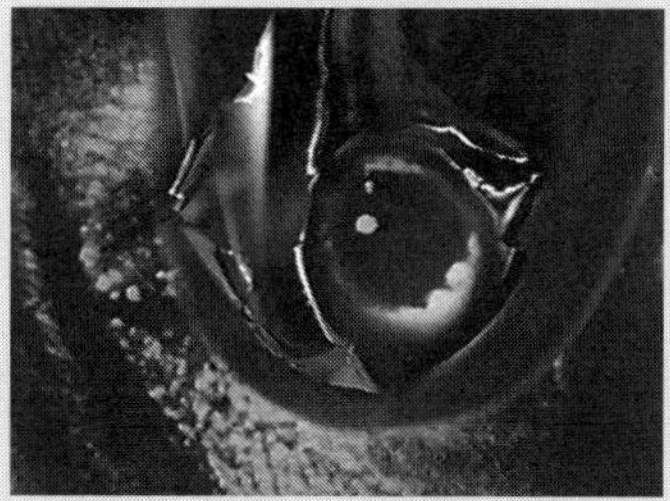

森話社

［装幀図版］
（カバー・左上）山際永三監督『炎 1960～1970』より（本書一一九頁）
（同・右上）同右（本書一一五頁）
（同・中）山際永三監督『狂熱の果て』ポスターより（本書五七頁）
（同・下）『罠』山際永三監督パート、資料写真（本書一三八頁）
（扉）山際永三監督『炎 1960～1970』より（本書一一二頁）

山際永三　壁の果てのリアリズム——映画運動とテレビドラマ〔目次〕

［凡例］引用文中の〔 〕は引用者による注記である。同じく「／」は改行を意味する。

序章

『狂熱の果て』の帰還

二〇一八年二月、東京国立近代美術館フィルムセンター（現国立映画アーカイブ）による企画「発掘された映画たち二〇一八」において、長らく行方不明になっていた映画『狂熱の果て』が上映された[1]。一九六一年公開のこの映画は、「六本木族」と呼ばれる若者たちの荒廃した風俗を描いたもので、日本ヌーヴェルヴァーグの失われていた一齣であった。

『狂熱の果て』を監督したのは、山際永三《やまぎわえいぞう》（一九三二年生）である。映画会社新東宝の倒産直後の混乱期に撮られ、その後行方不明となった自身の作品を、山際は長い探索の末に発見した。五七年ぶりにスクリーンにかけられた作品の上映会に、八五歳の山際も出席し、会場の拍手を浴びた。

『狂熱の果て』のフィルム発見は、このベテラン映画人の軌跡にあらためて光をあてることとなった。一九五〇年代半ばに新東宝に入り、一九六〇年代には『狂熱の果て』をつくったのちに国際放映（新東宝の後継会社）の社員としてテレビドラマを手掛けた。同時に映像作家・批評家のいくつもの団体において評論活動に力を注ぐとともに、二本の実験映画を製作した。一九七〇年代から八〇年代前半にかけても、子ども向けテレビドラマを中心にして多くの傑作をつくった。さらに、日本映画監督協会理事として監督の権利擁護のために努力するとともに、冤罪事件をはじめとする社会問題をめぐっても活発に運動を繰り広げてきた。

山際の長い経歴の諸側面は多岐にわたるため、そのうちのある面を知っている人々が、別の面についてはあまり知らないということがときに見られる。たとえば冤罪事件をめぐる運動で山際と活動をともにしている人が、彼の映画監督としての仕事については断片的にしか知識をもたないということがありうる。それくらい山際の活動は各部分の密度が濃く、全体像を把握することが難しいのである。

理論活動、実験映画、テレビドラマ

とりわけ把握しづらいのが、一九五〇年代後半から一九六〇年代にかけて山際が繰り広げた評論・創作活動の全容である。「映画と批評の会」、『記録映画』誌、「映像芸術の会」を拠点として、山際は数多くの論稿を発表した。時代の熱気に呼応しつつ、現実をいかに製作者の認識において組み立て直し、イメージとして総合するかを、山際は繰り返し問い続けた。その考察の成果は『罠』『炎 1960～1970』という二本の実験映画に結実したが、それが全てではない。彼の理論的な考察は、一九六〇年代から七〇年代のテレビドラマにおいても、豊かな成果をもたらしたのだった。日常性を異化するという基本的な姿勢のもと、『泣いてたまるか』や「チャコ」シリーズ、『コメットさん』『恐怖劇場アンバランス』『ジキルとハイド』、第二期ウルトラシリーズ、『日本沈没』などで、多くの傑作、佳作や問題作が生まれることとなった。

一九五〇年代から七〇年代にかけて山際が繰り広げた、映像表現をめぐる理論上の探求と製作上の実践は、同時代の日本映画史・文化史の重要な一部をなす。第二次世界大戦後における新世代の登場、それまでとは異なるモラルや表現の探求という大きな状況のなかで、この時代の日本は多様かつ挑戦的な文化創造を経験した。その過程で活躍した多くの映像作家の一人が山際である。大島渚、吉田喜重、実相寺《じっそうじ》昭雄、松本俊夫、小川紳介、北村隆子、今野勉など、綺羅星のような才能が競う時代にあって、山際の軌跡に独自のものがあったとすれば、それは多領域性であったと考えられる。彼は新東宝という映画会社を知り、国際放映というテレビ会社も知っていた。劇映画と実験映画の両方を撮り、大人向けのドラマと子ども向けのドラマの両方をつくった。ここにさらに、鋭敏な社会意識に裏打ちされた、冤罪事件への取り組みなどの一連の社会運動もくわわる。

こうした多領域での活動を彼が行なったことには、映画産業の斜陽、とりわけ新東宝の倒産という外的な条件も手伝っていた。映画監督になることを目指していた山際がもっぱらテレビドラマを手掛けることになったのは、本来彼が意図していたことではなかった。だが、そうした困難な外的条件に直面したときに、その条件のなかでの自己のあり方を批判的に見つめ、それによって得られた認識をテレビドラマ製作に投下することができたのは、山際が元来分野の違いを超えて、新しい表現を模索しようと望んでいたからであろう。というのは、彼がイメージ化したかったのは、自己をその一部とする社会の総体にほかならなかったからである。社会を総体として把握することを目指した山際の試みを、理論活動と製作活動の境界、映画とテレビドラマの境界を越えて、総合的に把握するような視点から明らかにすることが、本書の目的である。

先行研究と本書の独自性

山際の仕事は魅力溢れるものであるから、すでに一連の専門家が彼から話を聞き、彼の作品について分析を行なっている。まず、すぐれた日本映画研究者の下村健は、新東宝を中心とする日本映画史の発掘・再評価に努め、その一環として新東宝時代の山際の活動に光をあててきた[2]。下村の活動において強調すべきは、猪俣勝人『殺されたスチュワーデス　白か黒か』完全版（大映、一九五九年）をはじめ、行方不明となった多くの映画フィルムの再発見、修復、上映を実現してきたことである。山際とともに『狂熱の果て』の捜索に長年尽力したほか、同作と同様に大宝が配給した、散逸した諸作品（山際がチーフ助監督を務めた柴田吉太郎《きちたろう》『黒と赤の花びら』（佐川プロ、一九六二年）を含む）も見つけ出している。『狂熱の果て』の主演女優、星輝美をはじめ、数十年の歳月を経たのちに下村の働きかけによって一般聴衆の前に姿を現した俳優も多い。下村の一連の活動は、日本映画研究にとってかけがえのないものであるとともに、山際研究のために大きな貢献となっている。

評論家の切通理作は、テレビドラマ作品を中心にして山際の仕事を分析するとともに、彼の軌跡を明らかにするインタビューも行なっている。とくに「狂気」や「異常」といった観点から日常を見つめ直す山際の方法について、詳細な分析を行なっている。(3) 切通による個々の山際作品の評価については、本書中で適宜言及する。

評論家白石雅彦は、山際が深く関わった第二期ウルトラシリーズの諸作品について、充実したドキュメンタリーを著してきた。白石の著作は、山際へのインタビューや製作メモなどを含むもので、オリジナルな資料としての価値が高い。山際の演出スタイルがもつ、論理的一貫性の重視という特徴についても、山際による脚本への書き込みを詳細に分析することで跡付けている。(4)

山際初期の代表的なテレビドラマ『コメットさん』については、加藤義彦と籾山幸士による著作が決定版である。(5) 山際永三、内藤誠、内藤研による鼎談は、山際の叔父、志賀直三（志賀直哉の異母弟）との関係をはじめ、伝記的事実において貴重な情報を含む。さらに、山際による未公刊の論評も収録する。(6)

山際研究にたずさわってきたこれらの専門家は、彼の活動がもつ多面性にすでに注意を向けてきた。各自が重視する分野（新東宝、テレビドラマなど）に焦点をあてつつ、他の分野との関係についても言及してきたのである。本書もまた、その点は同じである。その上で、従来の研究との違いを述べるならば、それは一九五〇年代から六〇年代の日本における映画表現の革新の探求――本書はこれを「映画運動」と呼ぶ――における山際の関与について、未公刊資料に基づいて包括的に分析したことである。この分析を踏まえた上で本書はさらに、映画運動における山際の活動が、テレビドラマ製作とどのように連動したのかについても検討した。これまで体系的な研究がなかった、映画運動と山際永三という論点を土台にして、本書副題にある「映画運動とテレビドラマ」について分析したのが本書ということになる。

映画運動における山際の位置について、従来まったく言及がなかったわけではない。本書はとくに阪本裕文による松本俊夫研究、(7) 塩見正道による木崎敬一郎研究(8)から多くを学んだ。また、テレビドラマ製作において山際と接点の多かった橋本洋二については、樋口尚文が体系的に取り上げている。(9)

本書で検討の対象とする時期は、山際が学生であった一九五〇年から、一九七五年春までである。一九七四年度の終わりをもって考察を終えるのは、山際の理論活動と製作活動が深く連動していた時期として、おおむねこの頃までをとらえることができるからである。もとより、その後も山際はテレビドラマをつくり、理論的文章も書いているので、この区切りはひとつの目安に過ぎない。

本書の構成

短い「序章」と「終章」を除いて、本書は六章からなる。そのうち第一章から第三章までが、第Ⅰ部「映画運動の中で」を構成する。そこでは主に、山際の映画運動における活動に焦点をあてて、分析を行なう。

第一章「『狂熱の果て』――社会の壁」は、山際のルーツ、それに学生時代および新東宝時代の理論活動について概観したのち、彼の監督デビュー作である『狂熱の果て』（一九六一年）について分析する。

第二章「『炎 1960～1970』――彼方の連帯」では、一九五〇年代末以来の「映画と批評の会」、『記録映画』誌、「映像芸術の会」などにおける山際の理論活動を体系的に検討する。ついで、山際の実験映画『炎 1960～1970』（一九六八年）について詳細に論じる。

第三章「『罠』――狂気と象徴」では、山際が参加したオムニバス映画『罠』（一九六七年）について分析する。製作時期でいえば同作は、第二章で論じた『炎 1960～1970』に先行する。だが、『罠』にはチェコ＝日本文化交流史の産物という独自の性格もあるので、時間軸をあえて前後して、個別の章を設けて考察する。

第四章から第六章までが、第Ⅱ部「テレビドラマの世界」を構成する。そこでは主に山際のテレビドラマ製作について、時期を追って検討する。ただし、山際の映画運動への関与とテレビドラマ製作とを截然と分けることはできないのであり、第Ⅰ部と第Ⅱ部という括りはあくまで便宜上のものである。

第四章「現実と欲望――一九六三～一九六八年」は、一九六〇年代の山際による「チャコ」シリーズや『コメットさん』を中心とするテレビドラマ製作を分析する。

第五章「革命の標《しるべ》——一九六九〜一九七〇年」は、「政治の季節」の後退期につくられた、舞台『狂死』、テレビドラマ『仮面の墓場』、同じく『ジキルとハイド』という、山際が深く関わった三本の作品について検討する。

第六章「日常性と非日常——一九七一〜一九七五年」は、第二期ウルトラシリーズや『日本沈没』などのテレビドラマにおける山際作品について分析する。この章の最後では時系列を前後して『ウルトラマンタロウ』第一話「血を吸う花は少女の精」を検討し、本文全体の締め括りとする。

「社会の壁」

四半世紀にわたる理論・製作活動において山際が追求していたものは何だったのか。彼はすでに大学生の頃からひとつの問題を提出していた。それは、自分自身がその一部をなす「社会の壁」を、どう揺り動かすのかということである。ここでいう「社会の壁」とは、支配であったり旧習であったり偏見であったりするような、人の生を拘束する諸関係のことである。こうした諸関係によって主体——作中の人物、および彼らのなかに表現される作り手——は拘束されているのだが、彼・彼女自身もまた、そうした諸関係の一部をなし、抑圧の再生産に加担している。

山際が学生時代以来自分に課してきたのは、このような状況と主体の相互関係を映像化することである。山際はこの相互関係を、決して静態的には考えていなかった。むしろ、主体が意志や偶然によって動くことにより、「社会の壁」を少しでも揺り動かし、あるいは傷つける瞬間が来るのではないか。そうした一瞬に賭けるという展望が、『狂熱の果て』以来、山際の作品の特徴であり続けた。

ただし、主体は、自分自身が「社会の壁」の一部をなす。そのため、「壁」を揺るがそうとする試みは、彼女また彼に——山際作品では多くの場合決定的な役割を担うのはヒロインである——破滅をもたらしかねない。状況を一瞬でも変えられるかもしれないという希望と破滅のおそれ。この両方をはらむことが、山際作品を緊張感で彩っている。

「社会の壁」を見据え、かつそれを一瞬でも超克しようと命懸けの努力を行なうのが、山際作品の人物たちである。このことを念頭におき、本書は「壁の果てのリアリズム」という言葉を題名に掲げた。リアリズムとは素朴自然主義のことではなく、主体と状況の動的な関係をとらえるための山際の視点である。この関係が一瞬変わるかもしれない局面を、筆者は「終わり」また「きわ」という意味を込めて「果て」と呼びたい。普通の社会関係が終わるところであるとすれば、それは何もない荒涼とした情景であるのかもしれない。そのような情景を倒れる前に一瞬見たであろうヒロインの物語、その『狂熱の果て』という題名からイメージを喚起されて、筆者は「果て」という語を用いた。

資料

本書の執筆にあたっては、大きく分けて三つの資料群を利用した。第一に、山際の作品製作に関わる未公刊資料である。たとえば『罠』や『狂死』関連の諸資料、『狂熱の果て』の脚本などが挙げられる。第二に、一九五〇年代から六〇年代にかけての映画運動に関わる機関誌や同人誌、また商業雑誌である。第一・第二の資料群のうち、重要なものの所蔵先や入手経路については、各章で必要に応じて記した。「映像芸術の会」の諸資料を利用する上では、阪本裕文氏から多大なご助力を得たことを、ここでとくに記しておきたい。

第三の資料群は、筆者による山際のインタビュー、および電子メールでの問い合わせに対する山際の返答である。二〇一六年以来、筆者は東京都内の山際邸において四度のインタビューを行なったほか、疑問が生じるたびに山際にメールを送り、委細を尋ねた。山際はそのたびに丁寧に返答し、しばしば関連資料を郵送してくれた。

山際自身の協力なしには、本書の成立は考えられない。

（1）『NFCカレンダー』二〇一八年二月号、四頁。『狂熱の果て』のフィルム発見の経緯については、第一章の注58を参照。

（2）「インタビュー山際永三」、映画秘宝編集部編『異端の映画史　新東宝の世界』（洋泉社、二〇一七年）。聞き手は下村健・編集部（秋場新太郎）。下村は「新東宝データベース　1947-1962」（http://nipponeiga.com/shintoho/）の作成者でもある。

（3）切通理作『怪獣少年の〈復讐〉――70年代怪獣ブームの光と影』（洋泉社、二〇一六年）、第五章「異常なことはいいことだ『未来の悲劇』を乗り越えるために　証言山際永三」。同『怪獣使いと少年――ウルトラマンの作家たち　金城哲夫・佐々木守・上原正三・市川森一』（増補改訂版、洋泉社、二〇一五年）もあわせて参照のこと。

（4）白石雅彦・荻野友大編『帰ってきたウルトラマン大全』（双葉社、二〇〇二年）。白石雅彦『「帰ってきたウルトラマン」の復活』（双葉社、二〇二一年）。同『「ウルトラマンA」の葛藤』（双葉社、二〇二二年）。同『「ウルトラマンタロウ」の青春』（双葉社、二〇二三年）。

（5）加藤義彦・籾山幸士『β星より愛をこめて』（私家版、FCFC、一九八九年）。

（6）山際永三・内藤誠・内藤研『監督山際永三、大いに語る――映画『狂熱の果て』から「オウム事件」まで』（彩流社、二〇一八年）。

（7）阪本裕文「前衛記録映画論の戦後的意味――1970年までの松本俊夫の諸活動をもとに」（二〇一六年度博士論文、京都精華大学芸術研究科芸術専攻）。

（8）塩見正道『「木崎理論」とは何か――映画鑑賞運動の理論と木崎敬一郎』（風来舎、二〇一八年）。

（9）樋口尚文『テレビヒーローの創造』（筑摩書房、一九九三年）。

第Ⅰ部

映画運動の中で

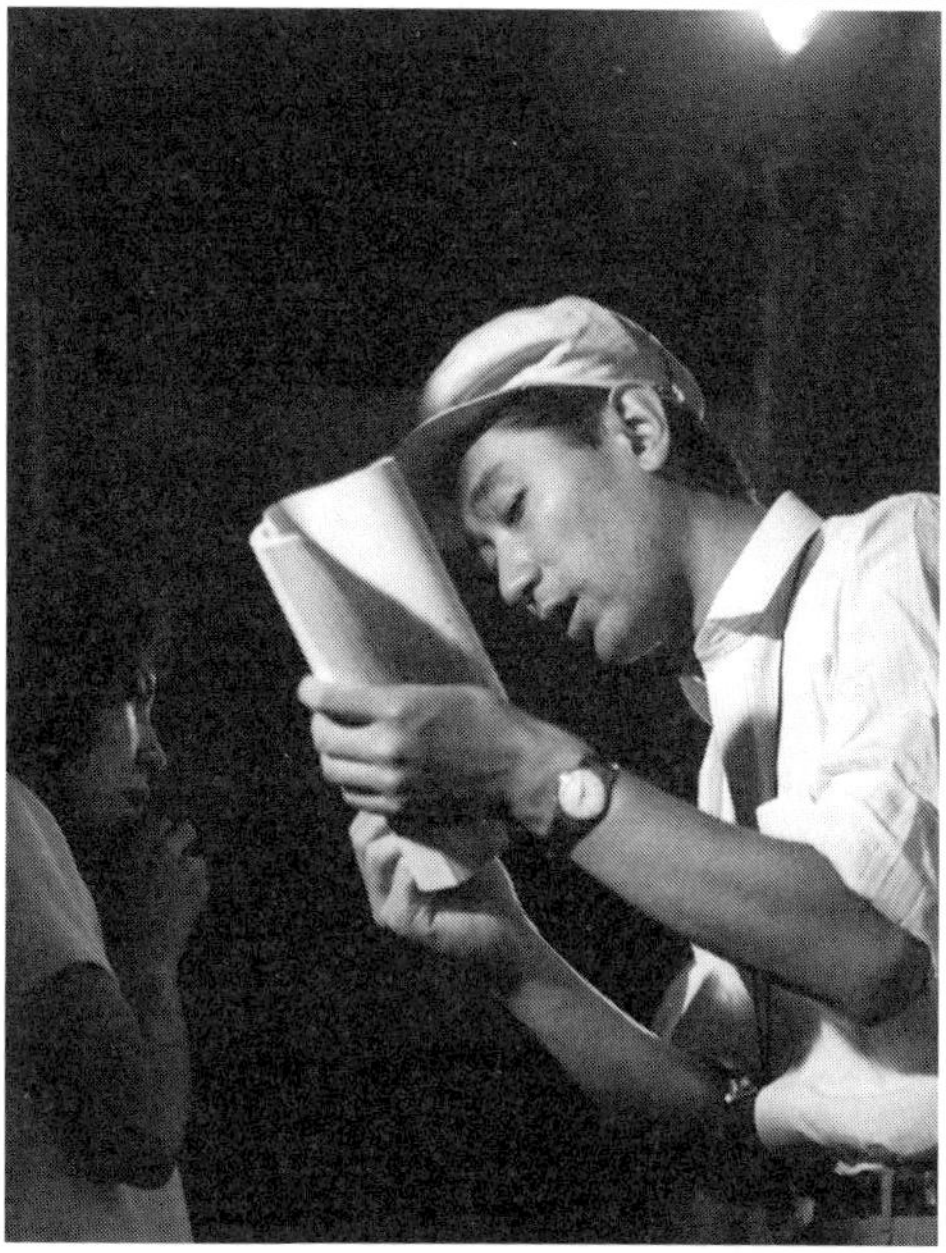

『狂熱の果て』撮影風景。山際永三（中央）が星輝美に指示を出している（本書38頁参照／国立映画アーカイブ所蔵）

第一章　『狂熱の果て』――社会の壁

はじめに――山際永三のルーツ

モダンボーイ山際太郎

山際永三の父方のルーツは福島県会津若松にある。永三の曾祖父である会津藩士、山際久太夫は、一八六四年（元治元年）に京都の「蛤御門の変」で戦死している。久太夫の長男永吾（永三の祖父）は、明治を迎えると敗者側となって苦労したが、榎本武楊の知遇を得て開拓使の道に進み、一八七四年（明治七年）には米国人ライマンの助手として北海道地質測量調査に参加した。工務省や農商務省に勤めたのち、磐城国入山採炭株式会社に入り、取締役にまでなった(1)。

永三の父、太郎は一八八九年（明治二二年）に生まれた。永吾・春夫妻のひとり息子である。仙台の旧制第二高等学校をへて、一九一三年（大正二年）に東京帝国大学農科大学（のちの農学部）農芸化学科に入学した。文科大学（のちの文学部）の同期入学者に芥川龍之介がいた。ヨーロッパで第一次世界大戦が続く一九一六年（大正五年）、「福島県士族」山際太郎は卒業し、農学士の学位を得た(2)。

巨視的に見れば、太郎は総力戦の世紀における農芸化学の振興という潮流の中にいた。彼は卒業後も、麻生慶次郎教授室でカリウム塩類（カリ塩）製造の実験を行なっている。それまで日本では配合肥料の主要成分であるカリ塩をドイツから輸入していた。だが、ドイツが敵国となった第一次世界大戦によってそれができなくなったため、太郎はロシア南部のクバンの先行事例を参照しつつ、駒場の試験圃地でひまわりからカリ塩を製造する研究を行なったのである。[3]この研究を短期間で終え、あるいはそれと並行して、太郎は石鹼生産をはじめとする油脂工業を事業の一つとする商社、鈴木商店に入った。[4]鈴木商店の油脂部門はその後複雑な再編を繰り返し、太郎の所属先も変わる。一九二六年（大正一五年）には太郎は合同油脂グリセリン王子工場の技師としてマーガリン開発にあたっている。脱脂牛乳を使用したためにカビが生えることがあり、売上は伸び悩んだという。昭和恐慌にともなう業界再編の結果、一九三一年（昭和六年）に合同油脂が発足し、太郎はそこで働き続ける。[5]

先に総力戦の世紀と記したが、それ以上に太郎の人間形成に影響を与えたのは大正のモダンな空気である。二高にいた仙台時代に、彼はドイツ人の教員からアイススケートを教えられた。仙台城のお堀が凍結したときに滑るのであるが、周囲の人々が竹製のスケート靴を履いているときに、太郎はいちはやく輸入品の刃のついたシューズを使った。[6]彼はとくにフィギュアスケートの研究に精を出した。日本スケート会が一九二一年（大正一〇年）に出した冊子でも、「スケートの人人」という章に「山際太郎氏　仙台仕込みで寒稽古をやって迄練習した人だけに技は確かだ。君は大に馳せ廻るよりフイグアー、スケーテングを大に研究した、リングの一隅に頭をひねってはロツカーを研究した」と紹介されている。[7]

もうひとつ、太郎はクラシック、オペラ、シャンソン、社交ダンス、ポピュラーと、洋楽を幅広く好んだ。とくにモーツァルトが好きであった。SPレコードの相当なコレクションをもっていたという。個人情報の豊富な『大衆人事録』を見ると、太郎の趣味は一九三九年（昭和一四年）版では「剣道」だが、敗戦後の一九五二年版では「フィギュアースケート」「ハイキング」「野球見物」「洋楽鑑賞」と伸び伸びとした記述である。「父親の影響ってのも僕はもちろん受けてるんですけれど」「大正時代のモダンボーイだったですね」と永三は振り返っている。[8]

洋楽好きということもあり、太郎は大学時代から音楽や演劇界隈の青年たちと交友があった。その中にはのちにドイツ語学者、演劇人として活躍する関口存男《つぎお》もいた。興味深いことに、太郎は大学を卒業した大正五年（一九一六年）から翌年にかけて志願により入営するが、これが当時アマチュア演劇をやっていた関口を新劇運動に引き込むきっかけとなった。松本克平『日本新劇史』によれば、「彼等〔関口たち〕の友人で素晴らしいレコードのコレクションを持っていた山際太郎〔後の王子製紙〔製紙は油脂の間違い〕の重役〕の入営送別会の余興に芝居をやろうということ」になった。関口の日記によれば「見物は一五人位で、入営する山際の友人の上野の音楽学校の連中ばかり」であった。中野の松永津志馬のアトリエで行なわれたこのアマチュア芝居の指導をしたのが、のちに日本映画監督協会の初代会長になる村田実で、彼が関口に声をかけて、一九一七年（大正六年）に新劇の劇団である踏路社が結成されるのである。(9)

兵役に就いた太郎は、東京の近衛歩兵第三連隊でヒラの兵隊となったようである。その間の一九一七年（大正六年）に太郎の父の永吾が亡くなり、慌ただしい葬式があった。兵役が終わったのち、あまり間をおかずに太郎は結婚した。(10)

志賀淑子と太郎

永三の母、淑子《よしこ》は、一九〇一年（明治三四年）に志賀直温《なおはる》・浩《こう》の二女として生まれた。直温は旧相馬藩士の息子で、東京府士族である。総武鉄道株式会社の幹部であり、のちには日本醋酸製造、帝国生命保険、第一海上火災再保険などの取締役を務めた。(11) 浩は直温の後妻であり、死別した最初の妻とのあいだに生まれた息子が志賀直哉である。異母妹である淑子のことを、直哉はしばしば小説に登場させている。一九一九年（大正八年）秋、淑子は鈴木商店勤務の山際太郎と結婚する。志賀家と山際家は以前から縁戚関係があった。(12)

太郎と淑子は二女二男に恵まれた。長女久良子《くらこ》は一九二〇年（大正九年）、次女喜久《きく》は一九二二年（大正一一年）、長男省吾は一九二五年（大正一四年）生まれであり、七年後の一九三二年（昭和七年）七月二二日に次男永三が生まれた[13][図1-1]。関東大震災をはさんで太郎と淑子は、神戸や東京・横浜あたりの工場を仕事で行ったり来たりしていた。戸籍上は永三は神戸の生まれであるが、これは彼が生まれた時期に太郎が同地に勤務していたからである。一九三四年の資料では、太郎の肩書は合同油脂兵庫工場の技師長となっている。永三が一歳にならないうちに一家は東京に移った[14]。

山際家の東京の家は、赤坂霊南坂町にあった[15]。この頃の一家の暮らしに関わる資料として、東京慈恵会の報告書がある。同会は医療慈善団体で、正会員は女性だけである。一九三五年（昭和一〇年）の時点で、淑子は正会員となっている。会員には華族も多く、「入会者ノ資格ハ中産者以上ノ者ニシテ永続的ニ本会ノ事業ヲ翼賛シ得ル見込アル者ニ限ル」という内規からは、ステータスのある社会層が支える団体であったことが窺える[16]。

図 1-1　右から永三の母・淑子、長姉・久良子、夫人・敬子（1958 年頃）

一九三七年（昭和一二年）、太郎は日本油脂（合同油脂が再編）の王子油脂工場の工場長となった。油脂関係の工場の設計、機械等の配置、防災を専門としていた。一九四四年（昭和一九年）秋に取締役となり、そのまま敗戦を迎えた。一九四五年秋から四七年秋までのブランクをへて、四九年までふたたび日産化学工業（日本油脂が再編）時代に役員を務めた。その後はミヨシ油脂取締役・生産部長となった[17]。

山際永三少年

太郎が日本油脂の取締役となった一九四四年（昭和一九年）秋は、第二次世界大戦における日本の戦況が目に見えて悪化してきた時期であった。この年の九月、小学校六年生であった永三は縁故疎

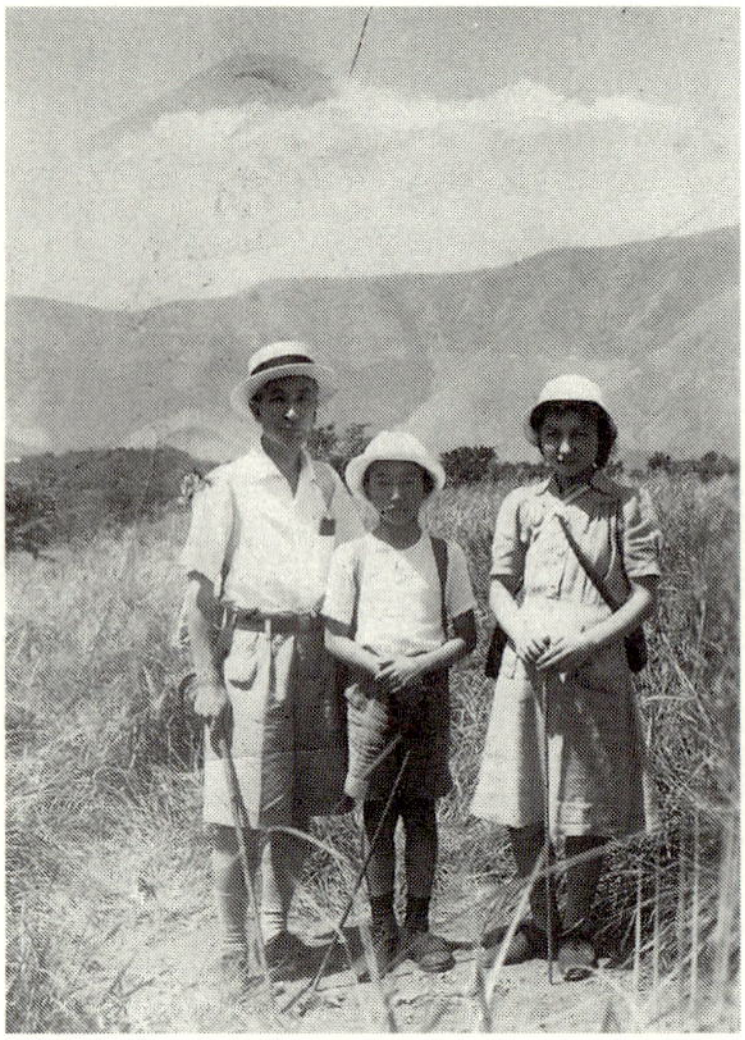

図1-2　左から山際の父・太郎、山際、次姉・喜久。箱根の大涌谷でハイキング（1942年8月23日）

開によって、親戚のいる会津に移った。そのため空襲は経験していない。ただ、疎開先でいじめにあい、年末か翌一九四五年（昭和二〇年）初頭の休みに一人で東京に戻った際に、B29が空襲のために飛んでいくのを目にした。爆撃は体験しなかったが、防空壕に入っている。このあと会津に戻り、敗戦を迎える。東京の霊南坂町の自宅は、アメリカ大使館がすぐ近くにあったために空襲をまぬがれた。しかし、食糧もないのですぐ帰ってきても仕方がないという父の判断で、会津にとどまった。会津中学校に進学し、二年生の終わりの一九四七年三月にようやく東京に戻った。東京では麻布中学校に編入した。[18]

この時期のエピソードに家族のカトリック改宗がある。永三の母の実家である志賀家の麻布の家（直哉の『和解』などにも出てくる）は、直哉や淑子の父である直温が一九二九年（昭和四年）に亡くなったあとに、聖心侍女修道会の手に移った。スペイン人の修道女が多く、学校教育を目標にして日本に来た修道会である。この修道会が旧志賀邸に開いた、花嫁学校というふれこみの「清泉寮」に、永三の二番目の姉喜久［図1-2］が通い出した。これは母の淑子が、元実家であることに身近さを感じてすすめた面もあった。喜久はそこでスペイン人尼僧の感化を受け、第二次世界大戦中にカトリックとなり、戦後は聖心侍女修道会の修道女となった。喜久に感化され、長女久良子以外の父・母・兄も入信することになる。会津から戻ってきた永三も信者になるつもりで、麹町の聖イグナチオ教会に通ってホイヴェルス司祭（元上智大学学長）の話を聞いていた。ところが、「みんなが、じゃあそろそろ洗礼を受けるって話になったときに、山際君は来年にしましょうねってホイヴェルスさんがいったわけ。

僕はむっとしてね。なんで俺だけ来年なんだ。それでもう行くのいやになっちゃってやめちゃって、中学三年のとき。それで映画が好きになっちゃったという[19]」。

この頃山際が映画を好きになったのは、同じ麻布中学三年生であった佐藤重臣《しげおみ》（のち映画評論家）と出会ったことが大きい。ちょうど新制高等学校が施行される一九四八年四月、山際と佐藤はともに麻布高校一年生となり、二人は「映画研究会」をつくった。映画少年である佐藤の影響で、永三も毎日のように学校を抜け出し、池袋の人世坐などに行くようになった。「それが映画の始まり。変な縁ですね[20]」。

一　リアリズムの探求

黒澤明批評と「間接的なリアリズム」

高校三年生になっても山際は受験勉強をしなかったが、最後の二、三か月は死にものぐるいになって入試に臨んだ。慶應義塾大学文学部に入り、佐藤、それに彼の紹介で高校時代に知り合った副島輝人とともに同人誌『シネ・エッセイ』を刊行した〔図1-3〕。二年からは仏文科に進級している。このとき（一九五二年）、破防法反対闘争に参加している[21]。

図1-3　『シネ・エッセイ』11号（1952年7月）表紙

大学在学中に山際が書いた評論には、すでに明確な体系性が示されていた。彼はそれをまずは黒澤明論で打ち出した。当時批評家の評判はよくなかった黒澤の『白痴』（松竹、一九五一年）について、山際は「絶対にこれを買う」と記した。総ての人を愛そうとする亀田（森雅之）のような態度、「人生はそうした第一義的な、しかも最も大切であるはずの態度だけでは割り切れず、それがかえって幸福のじゃまをすると云うことが語られる」。このようなねじれを山際は重視した(22)。山際が『白痴』を評価した理由としては、登場人物が単なる状況の犠牲者として描かれておらず、むしろ状況を生み出す主体としてとらえられている点を、ひとまず挙げておきたい。

人物と状況のこの相互作用的な関係をしっかりと描き出すためには、そうした相互作用がはたらく場としての作品内世界を、自己完結的に設定することが必要である。それができておらず、作品外にある、作り手の現実がストレートに作品内部に侵食してしまった事例として、山際は『羅生門』を挙げる。

「黒沢監督としては、当然あのストーリーのシチュエーションを、現代に生きる我々のシチュエーションに共通するものとして（…）そのまま持ち込めるという計算をしているわけだが、そうは行かない。我々のシチュエーションはあの時代の、或いはあのストーリーのシチュエーションとは全然違うのだ」と山際は記す。盗賊多襄丸（三船敏郎）は「すばらしくエネルギッシュ」であるけれども、「法廷の場面に於ける物事の考え方や言動も非常に近代的だ。彼は「あの時あんなそよ風が吹いて来なかったら、この事は起らずにすんだろう」だとか（…）はなはだ近代的な言葉遣をする。平安時代と云う時代はまだまだ言葉とか文学とか云うもののあいまいな時代であるはずだ。それなのにあの山賊は、いっぱし小説も読みましたと云った顔をしている」。

ここで山際は、作品内世界のリアリティと、現実の（日本）社会におけるリアリティとの混同を問題にしている。『羅生門』の人物像においては、作り手の現代的関心が物語世界に無媒介的に表出されてしまっていると、山際は考えていた。

これが『羅生門』評としてどこまで妥当かは、留保が必要である。というのは、芥川の原作「藪の中」やその他の王朝もの自体が、中世の説話に近現代の自意識を投影するという構造をもっていたからである。したがって、黒澤の映画のつくり方は原作の精神に合致していたともいえる。

しかし、ここで検討すべきは、『羅生門』批判を通じて、山際がどういう作品のあり方を追求していたかである。山際によれば、たしかに芸術作品は黒澤が意図しているとおり、「何らかの形で現代に直結していなければ意味がない」。しかし、その方法は、決して作品外的リアリティを作品内世界に直接に投影することにあるのではない。山際がここで提起するのは二つの方法である。まず「直接的なアンティ・リアリズム」がある。アヌイ『アンチゴーヌ』、サルトル『蝿』、カミュ『カリギュラ』がその例とされる。筆者の私見では、これらはいずれも（とくに後二者）、運命の不条理を先鋭的に表現することを目的として、フィクション性を前面に出した物語である。[23]

山際のいうもう一つの方法は、「間接的なリアリズム」である。これが何であるかは具体的に展開されていない。ただ、黒澤はアンティ・リアリズムからも間接的なリアリズムからも遊離してしまったと山際はいう。『羅生門』は「登場人物の性格なり、言う事、為す事がぎりぎりに規定されたシチュエーションの中に置かれてこそ生きて来るという原則を無視している」「この映画の場合は、もっともっと平安時代と云うシチュエーションのわくに限定されて然るべきなのだ。ところが、その登場人物は、みんな蒸気機関はおろか、原子爆弾をも知っていそうな様子なのだ」。

「ぎりぎりに規定されたシチュエーション」が『羅生門』には欠けている、というのはどういうことだろうか。それは「近代的なセリフ」を使うなということではない。そうではなく、「登場人物の意識に生のままの現代がまじっていたならば、「羅生門」の如きリアリズム作品に限って、それは無意味なものになると云うのだ」[24]。

ここまで来て、山際がいう「間接的なリアリズム」の輪郭が少しずつ浮かんでくる。それは、作り手の現代的な問題意識が、いったん劇中において独立した、それ自体の内的論理をもつシチュエーションに組み立て直されねばならない、ということではなかろうか。このとき現実世界のリアリティ（作り手と社会の関係）は、作品内に設定されたシチュエーションにおいて、あくまで作品世界の論理に従って再構成される。この二重構造から、

「間接的」という言葉が使われているわけである。あらためて『白痴』について見るならば、そこではあくまで作品内世界において、人物の運命と不可分に絡み合うようなぎりぎりのシチュエーションが描き出されていたのであった。

では、「間接的なリアリズム」は誰によって最もよく試みられていたのか。

大庭秀雄

山際は叔父にあたる志賀直哉とは折にふれて会っていた。小津安二郎への紹介も直哉にお願いしている。「映画界に入るときに小津さんの勉強もしたいから小津さんを紹介して下さいといって、松竹大船で小津さんが撮影しているときに見に行ったりなんかしてね。小津さんも志賀直哉の甥というので可愛がってくれたりしたんですけどね」。小津が『麦秋』（松竹、一九五一年）を撮っているときにも見学に行っている[25]。

とはいえ、山際は結局、小津につこうとは思わなかった。とくに一九五四年に中村光夫の『志賀直哉論』が出て、「自己の生活の趣味や倫理の統御のもとに入らぬ、廣い社会を描くこと」ができない作家として志賀を批判すると、山際は同書に衝撃を受け、志賀も、あわせて小津のことも、「面白くないと思い出した[26]」。

在学当時、またそれ以後も、山際がずっと高く評価していた映画監督は大庭《おおば》秀雄である。『君の名は』全三部（松竹、一九五三―五四年）をはじめ、大庭秀雄はメロドラマの形式にのっとりつつ、曖昧な情緒に従うのではなく、心理を追うことで作品を構築した。大庭はまた自身の方法論を文章で書くことによっても、映画を志す若者たちに大きな影響を与えた。彼の一九五〇年の文章「リアリズムについて」には、「リアリティーは、案外、フィクションの中にある」「いいリアリズムだけがいいのであって、クソリアリズムといふものもありうるのだ」と記されている[27]。彼のこうした考え方から、山際は学んだはずである。先述の『羅生門』論に、「何んでもかんでも、現在どこかに生きている日本人に似せなくては気がすまない。これを称してクソリアリズムと云う。クソリアリズムは自然主義にこだわった上で、人間の本来的な姿を忘れた時に発生する」という箇所があるが、これは大庭の議論を山際が敷衍したものだろう(28)。

　ここで問題となっている「いいリアリズム」について、山際は大庭と直接議論している。佐藤重臣とともに山際がつくった同人雑誌『現代映画』創刊号〔図1-4〕において、大庭を囲む座談会「新らしいメロドラマの方法」が企画されたのである（表紙のみカラーで、製作費は自腹であった）。座談会の日付は一九五四年二月一四日、場所は松竹大船撮影所前のレストラン「ミカサ」である。

図1-4　『現代映画』創刊号（1954年4月）表紙

　座談会で大庭は、映画の虚構性について次のように語っている。「元来は映画のフレームの中でピントが合っているところは一箇所で、僕らはお客に見せようというところにピントを合わせるわけですね。それがまず一つの抽象作用で、それからカットを変えること、あれも一つの抽象作用だと思う。実際には現実そのままが映画に映るんですけれども、それを如何にして映画的な現実に構成して行くかが大変なんですよ」。これは技術論の位相において、山際のいう「間接的なリアリズム」と照応する議論であった。

　他方、「間接的なリアリズム」の反対物であるところの自然主義へのこだわり（「クソリアリズム」）について、山際は座談会でこう述べている。「現代の日本映画を害しているものは私小説的なリアリズムを題材に対する態度として固執している作家がいる点だろうと思うのです。その急先鋒が成瀬巳喜男さんじゃないですかね」。

　成瀬作品で山際がとくに「つまらない」とするのは『あにいもうと』（大映、一九五三年）と『山の音』（東宝、一九五四年）である。両作とも、男尊女卑をはじめとする因習と世間体に縛られる人物たちの忍苦、その中でなお滲み出る人間の情愛を掬いとる秀作であるが、山際にとってのつまらなさは何に起因するものであろうか。山際の諸論稿を念頭におきつつ筆者なりに整理すると、次のようにいえる。両作品における人物像は、「自然主義」「私小説的なリアリズム」という山際の言葉にふさわしく、おおむね静態的、さらにいえば受動的なのである。たしかに、駆け落ちをあえて拒絶する『あにいもうと』の次女さん（久我美子）や、外に女をつくる夫（上原謙）への抗議としてあえて中絶を選ぶ『山の音』の菊子（原節子）のように、自分の意志をもって状況に働きかける局面もある。とはいえ、それらの行動も含めて、基本的に人物たちは、外的な状況に対する被害者、受動的な存在として描かれている。この受動性は、つまるところ作り手である映画監督の、社会に対する受動性と同じことであろう。実際成瀬は、受動的人物像をとくに批判することもせず、むしろその忍苦を美しいものとして描き出す。山際によれば、「作家としての自己批判というものは、映画に現れて来る場合に、登場人物に対する批判となって現れなければならぬと思うのですが、成瀬さんにはそれがない」のである[29]。

　これに対して、山際の考えでは、作品内世界における状況と登場人物との関係（ひいては現実社会と作り手との関係）は、決して後者（登場人物／作り手）が一方的な被害者であってはならない。座談会の半年ほど前に書かれた、大庭秀雄『愛欲の裁き』（松竹、一九五三年）をめぐる評論において、山際は次のように記している。「ドラマの原因をあくまでも環境と運命の中に仕立て上げてしまう態度がメロドラマを作るのだとしたら、彼（大庭）は全くその逆にドラマの原因と責任を登場人物の上に還元して見せるきびしい態度を持っています」。

　つまり、登場人物（≒作り手）は状況の犠牲者のように見えながらも、実は自身がその状況を生み出す責任の一端を担っているのである。「与えられた状況の中に生きる登場人物にとってみればドラマの生起は突然、偶然であり不可解であるわけです。けれどもそのドラマを包括する状況を描く立場からすればドラマの生起は極めて漸進的、必然的なのです。そうしたドラマの漸進性、必然性を解明し、人物達がそれぞれ無意識のうちに自分の肩の上に積み重ねる責任を示して行くのが大庭秀雄の客観性、論理性であるわけです[30]」。

大庭との座談会が載った『現代映画』において、山際は「大庭秀雄論」を書いて、議論をさらに展開した。「大庭氏にとって現実の秩序とは、人間をどこまでもころがせるからくりの秩序なのであって、人間の愛憎の関係はその美的、偶然的、可能的なロマネスクが前提となるにもかかわらず、常に倫理的、意志的、不可能的なレアリテと相剋せざるを得ず、からくりの秩序の中から何とかしてぬけ出し、自らの秩序を作ろうとしても、遂には挫折せざるを得ない人間が大庭氏の作中人物となっています」。

山際は大庭の映画における作品内秩序を「からくり」と呼ぶ。これは第一に、作り手が設定したフィクション、虚構だからである。第二に、そこから逃れたいという登場人物の意志にもかかわらず（あるいは、意志があるゆえに）、彼・彼女の意志や行動自体が作品内秩序をより複雑にして、展開させるからである。山際の理想とする「間接的なリアリズム」の核心が、ここにあるといってよかろう[31]。

だが、山際は大庭の試みをなお不十分と考えていた。人物が挫折するだけに終わらず、新しい展望を切り開くためには、つまり「人物が完全に作者の追及範囲から外に出て、作者の掌中から新しい状況の中にぬけ出して行く過程を描く」にはどうすればいいのか。そのためには「人物の内在する倫理をもっと自分自身のものとして徹底的に追及して行く」必要があるが、それは「もはや題材そのものへの選択から準備してかからなければならないでしょう。なぜかといえば、そうした追及の可能な題材とは、より現実的に作者がぶつかって行けるものでなければならず、要するに人物構成がメロドラマであってはならないからです。そして大庭氏は倫理を現実の裏側ではなく、表面に設定し、追及することを通じて、必ずや社会性とも真正面から対決しなければならなくなるでしょう[32]」。

つまり、登場人物が、そして彼らを通じて作り手が、より深く現代社会の構造にくい込むような舞台設定が必要だということである。

木下恵介

このとき山際は、「社会性とも真正面から対決」している映画監督として木下恵介を意識していたはずだ。大学四年生のとき、一九五四年一〇月刊行の『映画評論』誌「読者論壇」欄に掲載された山際の評論を見よう。「『女の園』について」と題されたこの文章は、同人誌以外で初めて活字になった山際の文章である。

木下恵介監督『女の園』（松竹、一九五四年）は、良妻賢母の育成を旨とする封建的な女子大学での女たちの呻吟・挫折・抵抗を描いた、社会性の強い力作である。山際は本作における社会と人物の関係を、次のように整理する。「どことなくちぐはぐな日本の現実――即ち善意の人のやむにやまれぬ抵抗を古いモラルでおさえつけようとする悪意の人が、やはり同じ古いモラルの犠牲者であり、要するにいつも人々を悲劇に追い込むその古いモラルが決して壁のようなものではなく、犠牲者自身によって支えられる罠でこそあるというからくり」。この文章には「ちぐはぐ」「壁」といった、山際がこののち繰り返し使うキーワードが登場する。何が「ちぐはぐ」であるのかといえば、犠牲者自身が自身の加害者であるという構造のことである。また、「壁」はこの文章では、人物にとって外的な障害として使われているが、あとで見るように山際は、抑圧されている人物自身が抑圧を生み出すという構造を指して、「社会の壁」と表現するようになる。

山際によれば、木下はこうした「からくり」、構造をよく理解している。だが問題は、木下がそうした「外界の縮図」を前にして、自分の立場をはっきりさせないことにある。具体的には、抗議学生のリーダーだが裕福な実家に庇護されている明子（久我美子）に対して、彼女の認識の甘さを諫める学生である文江（山本和子）の描かれ方が、まずは問題である。本来文江は明子よりも深い認識をもって状況に対峙する存在であるにもかかわらず、その狙いや出自は不明瞭なままに終わる。次に、主人公芳江（高峰秀子）は、大学のあり方に疑問を抱きつつも、封建的な実家に押しつぶされ、自殺を遂げる。山際はとくにこの点に本作の大きな弱さを見る。「弁証法を拒否した青年、即ち自分の立場を選ぶことの前に、まず綜合をなしとげようとあせっている木下氏が、現実の醜悪なからくりを目の前にした時、残された表現方法は自殺以外になかったわけなのです」[33]。一四年後にも山際は「この主人公の挫折は、日本の戦後民主主義の挫折と重なっている」として、同じ論点に立ち返っている。この発言は、山際が芳江の自殺をいかに重く見ていたかを物語っている[34]。

ここまでで、山際のリアリズム論の基本的な形はできている。第一に、外的現実の無媒介な表出を退け、登場人物の行動をぎりぎりのところで規定するような内的一貫性をもつ作品世界を構築しなければならない。第二に、その作品世界は抑圧的なものとして登場人物に立ちはだかるが、人物は決して一方的な犠牲者ではなく、むしろ抑圧の再生産をみずからが担っている。第三に、一見救いようのないこの作品世界の——そして社会の——構造を前にして、作り手はなお、登場人物のなんらかの描き方を通じて、自らの態度を主体的に打ち出さなければならない。

カミュとサルトル

こうしたリアリズム論を、山際は大庭秀雄、木下恵介と対峙して練り上げたのだが、もうひとつ大事なヒントがあった。それは現代フランス文学、とくにカミュとサルトルである。山際はこの二人の作品を愛読した[35]。両者がともに打ち出す「不条理」概念は、山際におけるリアリズム把握と共通するところが多い。たとえばカミュのカフカ論における次の一節は、ほとんどそのまま山際の議論としても通用する。「不条理とは、身体を途方もなく超えてゆくものが、ほかでもないその身体に住まう魂なのだということである。この不条理性を具体的に描きだそうとのぞむひとは、ちょうど二枚の鏡を平行して向いあわせるように対照の位置にすえ、たがいに作用させることによって、不条理に生命をあたえなければならぬであろう。こうしてカフカは、悲劇は日常的なものによって、不条理は論理的なものによって表現したのだ」[36]。

この、矛盾の内部運動のような不条理の構造を、サルトルはたとえば『壁』において具象化したのだった。スペイン内戦において捕らえられた共和派兵士が、処刑を覚悟していたにもかかわらず、無造作についた嘘によって仲間を売ることになり、命を救われる。このとき壁とは彼の外部にある収容所の壁ではなく、自分自身もその一部をなす世の中そのものにほかならない(37)。

山際はカミュとサルトルのいずれも好きであったが、反ソ連の立場を明確にしたカミュと、左派の立場を堅持したサルトル(および彼の弟子ジャンソン)のあいだで一九五二年に論争が始まってからは後者を支持した。慶應大学仏文科に提出した卒業論文の題は「サルトルのモラル」であり、取り上げた作品は『壁』が中心であった(38)。慶應社会運動への積極的な参加によって、自分を取り巻く状況と、自分自身を変えてゆく、主体的行為としてのアンガジェ(参加)も、山際が好んで用いる用語である。

もとより、カミュにしろサルトルにしろ、山際は彼らの用語や概念を単に引き写すのではなく、自身の映画論の中で血肉化している。その過程は新東宝での修業時代において、いっそう具体的で実践的なものとなるのである。

二　新東宝にて

大蔵貢体制

一九五五年春、山際は慶應義塾大学文学部を卒業した。「尊敬する木下恵介さん、大庭秀雄さんのいる松竹大船に入りた」かったものの、募集がなかったため新東宝の門を叩いた(39)。新東宝は第二次東宝争議の最中にストから離れた俳優を中心として前身が形成され、一九四八年に正式に設立された。文芸映画を多くつくっていたが、直営館や契約館をほとんどもたなかったため経営が傾いていった。事態を救うべく、山際が入社した年の暮れに大蔵貢《みつぎ》が取締役社長となった。弁士出身の大蔵は、劇場チェーンを傘下にもつ凄腕の興行主であった。大蔵のもとで新東宝は一変した。儲け第一主義のもと、戦争、お色気、怪談、アクションといった娯楽路線が徹底された。大蔵は独裁的な体制を敷き、脚本や演出に細かく口を出し、女優との関係において公私を混同した。渡辺邦男監督『明治天皇と日露大戦争』（一九五七年）は大当たり作となったが、経営面の不祥事が相次ぎ、新東宝はふたたび傾いていった。労組との対立が深まるなか、一九六〇年一二月に大蔵は退陣した。残った社員は奮闘したが経営再建は困難であった[40]。

山際は新東宝に入社して一年目で結婚した[41]。夫人となる女性は川本敬子といい、日本女子大学を卒業後、慶應大学仏文科の聴講生として来ていた。一九三〇年生まれで山際より二歳年上である[42]［図1-5］。

新東宝に在籍した六年間、山際は助監督として現場での経験を積んだ[43]。その一方で、映画製作・上映をめぐる実践・理論活動にも熱心に取り組んだ。そうした活動は、批評家・製作者集団「映画と批評の会」および『映画批評』誌上で展開された。大蔵体制のもと、左翼的と見られる活動を公然とすることはできなかったために、山際は高倉光夫というペンネームを用いた[44]。この姓は社会運動家タカクラ・テルからとられた。山際は「戦時中のタカクラ・テルに感服したことが」あったのである[45]。

図1-5　敬子夫人、山際、長女（1964年1月3日）

新東宝時代の山際の諸論稿については適宜言及する。ここでは、一九五七年九月の論稿「アメリカ映画史から」で、山際が「社会の壁」という言葉をすでに「生活自体の中での秩序」という意味で使っていることを確認しておく（この論稿については第二章で検討する）[46]。ついで、一九五八年六月の今井正論が、この語との関連で重要である。

山際の今井正論は『映画批評』一一号に掲載された。そこでは今井の諸作品が取り上げられるが、注目すべきは『夜の鼓』（松竹、一九五八年）批判である。同作は元来『姦通』という題で、妻の不義に悩む夫の姿を通じて封建的武士社会の矛盾を描いたものである。今井の映画、それに橋本忍の脚本において、妻お種（有馬稲子）の鼓師（森雅之）との不義密通に苦しむ主人公（三國連太郎）は、単なる犠牲者として提示される。そのような図式の単純さについて、すでに『映画批評』の先行する号において志賀皎が、「社会の矛盾という悪魔めいた黒い壁にむかって、善良な人間がヒステリカルに怒号しているような結果に終っている」と指摘していた。実際には「われわれ自身その黒い壁の内側にいるのである」と志賀はいう。

山際は志賀の指摘を踏まえ、「姦通という一つの人間的行為とそれにおしかぶさる社会の壁との関係が曖昧なままに終っている」とまとめている。行為と状況との関係が曖昧なままに終わるのは、お種が姦通に至る「原因を分析して現実に特定の解釈を与えることをしない客観主義の方法」「うすっぺらなリアリズム」のゆえである。(47)今井とは逆に、山際は主体の行為と状況との関係を構造として理解すべきだと考える。「社会の壁」とはこの構造のことをいう。そこでは「壁」は、単に登場人物、また作り手、すなわち主体の前に立ちはだかるのではなく、主体の行動がその再生産に寄与するのである。この認識は山際のその後の理論活動および製作活動における基本をなすことになる。

新東宝末期の山際の活動を特徴づけるものは、会社再建の闘争現場から発せられた一連の論稿である。組合闘争において、山際はただ大蔵を追放すればそれでよいとは考えていなかった。「〝大蔵をたおせ〟という圧倒的な声に対して、組合のかかげている〝企業の体質改善〟というじみちな目標を、ねばり強く説得する必要があるだろう。〝大蔵退陣〟は斗いの過程で、そういう結果になる可能性もあるというものであって、決して戦いの目標とはならないはずである(48)」。また、大蔵を放逐することになったあとも、山際は「代わりの資本家を探し出して作り続けようと呼び掛け」ていた（結局、山際のこれらの見解は主流とはならず、「自主退職すれば退職金が出る」という流れが強まっていった[49]。以上の主張に対応して、現場からの声を伝える論稿においても山際は、新東宝の大蔵体制を批判するだけで終わりとはせず、映画産業全体が危機にあることを強調した。山際によれば、観客動員数の減少をテレビのせいにする映画産業斜陽論によって、映画づくりに関わる者が自身の問題を見つめることが妨げられていた。問題はテレビという外部にあるのではなく、「映画自体のテレビ化」へと流れてゆく自分たちの姿勢にあった。「映画自体のテレビ化」とは、プログラム・ピクチャーを赤字覚悟で量産する一方、年数回のセンセーショナリズムによって、とんとんの黒字を目指すという体制が広まっていることである。商品タイアップの追求も挙げられる。全般的な企画力不足も深刻である[50]。

つまりここにおいて山際は、自分たち自身が抑圧的な状況の再生産に加担しているという「社会の壁」のリアリズム論を、現実社会の理解に適用していた。そうした現実把握は、次に見る「チグハグなぼくらのたたかい」において、最も完成されたかたちで打ち出された。

「チグハグなぼくらのたたかい」

一九六一年五月二九日、新東宝は手形の不渡りを出し、実質的な製作中止の状態に陥った。このすぐあとに山際が『映画評論』七月号に発表したのが、「チグハグなぼくらのたたかい——新東宝とその周辺の問題」である。新東宝の総括であるこの評論は、従業員たちが困窮するなか、遂に自殺した友人Xの手記を紹介するという形式をとった。Xは「私と男色の関係にあった」とされ、山際の分身と見てよい[51]。

新東宝再建のための労働組合運動に取り組んできたことで、山際は状況と登場人物に関するリアリズム論を、社会と自分自身、あるいは社会と映画製作にも適用する視点を得た。そこからくる認識の深まりが、この評論には現れていた。

評論の題名には、『女の園』論で使われた「ちぐはぐ」という言葉がふたたび見出せる。すでに記した通り、これは単なる感覚ではなく、状況と自身との矛盾をはらんだ関係を指し示す言葉である。大蔵路線を批判しつつも『明治天皇と日露大戦争』の大当たりに依存していた自分たちのあり方が、そこでは問われていた。「僕らは単なる被害者ではない」（一六頁）。

山際によれば、問題は大蔵を追放すればよいというところにはなかった。大蔵退陣後、たしかに組合は『かあちゃん』（監督中川信夫、一九六一年）、『地平線がぎらぎらっ』（監督土居通芳《みちよし》、一九六一年）など、それまではつくれなかった作品を世に送った。簡単に説明すると、前者は東京の曳舟を舞台にして、ブリキ屋一家をはじめ貧しさの中に生きる人々に寄り添った良心作であり、後者はマイト（ジェリー藤尾）と称する無軌道な若者を中心にするアクションで、ヌーヴェルヴァーグの兆しをはらむ意欲作である。だが、依然として脚本を外部に求めざるをえない、自分たちの「主体のなさ」（一八頁）こそが問われるべきなのである、と山際はいう。

ここで山際が外部の脚本として問題にしているのは、自身が監督助手を務めた『胎動期　私たちは天使じゃない』（監督三輪彰、一九六一年）である。厳格な規律が支配する看護婦学校における娘たちの反抗を描いた本作は、『女の園』新東宝版の趣がある。だが山際にとっては、「今までの独立プロで作られた〝良心的な〟映画のまね、そのものであった」「脚本を外部の大御所新藤兼人に求めるという主体のなさ、僕らを含めて新東宝内部の創作陣の弱さが出て来てしまったのである」[52]。さらに山際はこうも記す。「映サ（映画サークル）や批評家は新東宝のエログロを軽蔑し、『私たち……』（『胎動期』）のような〝良心的な〟映画をほめ」るのだが、「悪いのは大蔵なのであって、僕らはエログロに対してコンプレックスを持つべきではないと思うのだ」[53]（一八頁）。かくして山際は、今やエログロをこそ主体的につくっていくべきだとの姿勢を打ち出すにいたった。ここには、中川信夫のお化け映画がもつドラマ構築の可能性を突き詰めて検討した、山際の認識が示されていた（山際の中川論は次節で詳述する）。

ついで、新東宝における主体のなさにとどまらず、山際は映画産業の労働者一般のありようを問う。「もし今、他のある独占的な映画企業の中の労働者が、自分達の賃上げさえ取れればそれが勝利だと思って、新東宝闘争への連帯なしに企業内闘争をやっているとしたら、その一面をとって見れば彼らは映画資本の独占強化、ひいては池田〔勇人〕内閣の〔中小企業の一部倒産もやむを得ないとする〕再編成に協力しているのと同じなのだ」（一九頁）。

ここで山際は、社会による抑圧を支えているのは自分たち自身なのだという『女の園』論の認識に立ち返り、次のように記す（一九頁）。

偶然だったら不幸とも言えるが僕らの状況は偶然ではない。あらゆる必然が複雑にうずまいている。現在の日本で抑圧は拡大再生産されている。そして僕らにおしよせて来ている。つまり社会の壁は壁のようにじっとしてはいない。その壁はつきくずれ、ふくれ上りながら僕らに向って動いている。僕らは東宝スト分裂の責任を引き受け、大蔵と闘い、現経営陣と闘って来た。しかしそれらのものの背後にいる、抑圧を拡大再生産している状況そのものが問題だ。僕らに対する同情者、そして汚れた手に対する真の連帯をもたず、景気よく叫ぶアウトサイダーの闘士たち、そしてしばしば僕ら自身が、その抑圧を再生産する状況を支えているのだ。

こうして、自分自身が抑圧的な状況の再生産を担っている構造を言い表すために、山際はふたたび「社会の壁」という言葉を用いた。

では、この構造を前にしてどうあればいいのか。『女の園』の芳江のように自殺を選ぶのか。Xの手記は、「偶然は僕らの側にある。闘いを選ぶ偶然と、自殺する偶然との二つが――」という一文で終わる。Xは自殺を選んだのである。だが、「私」の短い文章が続く。「彼は弱く、破滅しましたが、彼はこよなく映画を愛しておりました。だから彼の執念は必ずや化けて出て、彼の手記に登場する敵、味方の人々、なかんずく私を悩ますことでしよう（…）私は（…）新東宝の再建闘争を更に闘いつづけて、近々製作再開された時には、彼Xを主人公に抽象化したお化け映画をぜひ作りたいと考えます」（一九頁）。

つまり、「チグハグなぼくらのたたかい」は、状況にぶつかり自殺を選んだX、しかし彼を引き継ぐ「私」という、弁証法的な構成をもっているのである。「弁証法を拒否した青年」たる木下恵介を、山際は方法論としてここで乗り越えたのだった。(54)

三　『狂熱の果て』の成立

製作

新東宝は一九六一年八月末にその歴史を終えた。(55) だが山際は前向きであった。倒産直前の時期に書かれた論稿でも、次のように抱負を語っている。「映画界は正に乱世である。今後の新東宝は完全な弱者だが、その危機の裂け目にくい込む身軽さを持っている。すでに内外の有志からユニットプロ形式による製作企画も起きている。僕らは乱世を生きる野武士にならなければならないと思う」(56)（新東宝の倒産前後の時期については、第四章も参照）。

実際、そうした企画が進行していた。『映画評論』一九六一年一〇月号の「編集後記」は大島渚の『飼育』撮影開始を伝えたのち、「新東宝助監督の山際永三氏がほぼ同時に新東宝製作再開第一作の撮影に入るという。こういう悪条件の中の仕事は、いわば一本勝負だ。これも、立派な作品にしてほしい」とエールを送っている。(57) ここで報じられたのが『狂熱の果て』である。『狂熱の果て』は、一九六一年一一月一日に公開された［図1-6］。新東宝のプロデューサーであった佐川滉《あきら》がつくった独立プロの佐川プロが製作を、新東宝が分裂してできた大宝が配給を、それぞれ担った。しかし大宝は、山際の『狂熱の果て』、大島の『飼育』を含む六本を配給したのち、四か月で業務停止となった。佐川プロも三本を製作して終わった。(58)

当時、映画製作は一か月に一本でないと駄目というペースであったが、『狂熱の果て』はさらに余裕がなく、実際の撮影日数は二〇日間であった。山際が二九歳と若く、経営側との協力を模索する彼の姿勢に対する反発もあり、三〇人ほどいた助監督室で誰も山際組につくものがいないという状況であった。結局一期先輩の青野暉《あきら》がチーフ助監督をやってくれた[59]。

芸能事務所である渡辺プロダクションが、話題づくりのために若いタレントを集めて「六本木族」をつくり、彼らについての映画を製作することを考えた。これが『狂熱の果て』の出発点である。原作として新東宝の女優秋本マサミの名がクレジットされている。彼女は「六本木族」がつくった「野獣会」の中心人物であり、新東宝の女優であった。『狂熱の果て』にも主人公の友人として出演している。もっとも、脚本の筋立てはオリジナルであり、彼女の原作に基づいているわけではない。脚本は山際が、新東宝の助監督であった山田健と共同で執筆した。「部分的なところはほとんど山田さんが書いたんです[60]」。

図 1-6 『狂熱の果て』スチール。ミチ（星輝美）と陽二（藤木孝）（国立映画アーカイブ所蔵）

『狂熱の果て』の脚本は、先述の「編集後記」が掲載されたのと同じ『映画評論』一九六一年一〇月号に掲載された[61]。早稲田大学演劇博物館には脚本準備稿と決定稿が所蔵されている。それぞれの裏表紙には、（昭和）三六年八月二三日、および（昭和）三六年九月一四日という日付がある[62]。

準備稿・決定稿の冒頭には「製作意図」が掲げられている。これは『映画評論』版にはないので、全文を記す。「奔放な心と躍動する肉体で青春を突ッ走る六本木族の若者たち――。／その中から、現代人の欲望と苦悩、愛と憎しみをえぐり出し、／かつ、現在、急速に成長し支配の頂点に立ちつゝある、日本ブルジヨワジー内部の傷口をシヨツキングにあばく、異色青春篇である」[63]。この六本木族の世界が、リアリズムを追求するための舞台設定ということになる。

『狂熱の果て』に関して一点留意すべきことがある。同作製作の前後の時期、山際の妻の敬子は「体調を崩し、就職できず、医者からは自律神経失調症と言われ」ていた。敬子夫人は高村光太郎の精神に変調をきたした妻、智恵子に似ているとの自覚をもっていた。山際は敬子夫人に「同情しながらも、ときには彼女をうとましく思い」、喧嘩することも多かったという[64]。当時における、葛藤をはらむ夫人との関係は、『狂熱の果て』における緊張をはらんだ男女関係に多かれ少なかれ影響を与えている[65]。

物語

『狂熱の果て』の主人公は、高校生ミチ（星輝美）である［第Ⅰ部扉図版］。彼女は六本木のレストランにたむろする若者グループにまじって、夜遊びするような生活を送っている。ミチの家は目黒附近の住宅街にあって、お手伝いをおくような暮らしぶりである。だが、その家は不幸と堕落のただ中にある。元戦犯の父親（中村彰）は体を病んで、生きる意志を喪っている。母親（利根はる恵）は父親を見限って、同居人である大学生の茂（鳴門洋二）と不義に走っている。茂の父親もやはり戦犯であったが、処刑された。身寄りをなくした茂は、ミチの父親の同情によって、この家に世話になっているのである［図1-7］。母親と茂の関係には、ミチも父親も気づいている。絶望した父親はガス自殺を図るが失敗する。茂は道徳をもたぬ怪物のような男で、ミチをも凌辱する。

だが、ミチは不幸な環境の単なる犠牲者ではない。彼女自身、堕落した生活を送っているのである。朝帰りしたミチを、茂は「面白かった？　一晩中遊んで？」（一一二）と冷淡に迎える。茂から見れば、ミチは自堕落なお嬢様でしかない。新洋産業の御曹司である大学生健次（松原緑郎、のち光二）の車で走り去るミチを、「茂は憎悪の目で見送る」（一一九）が、これも階級的憎悪といってよい。ミチは母親にも疚しくないわけではない。ガ

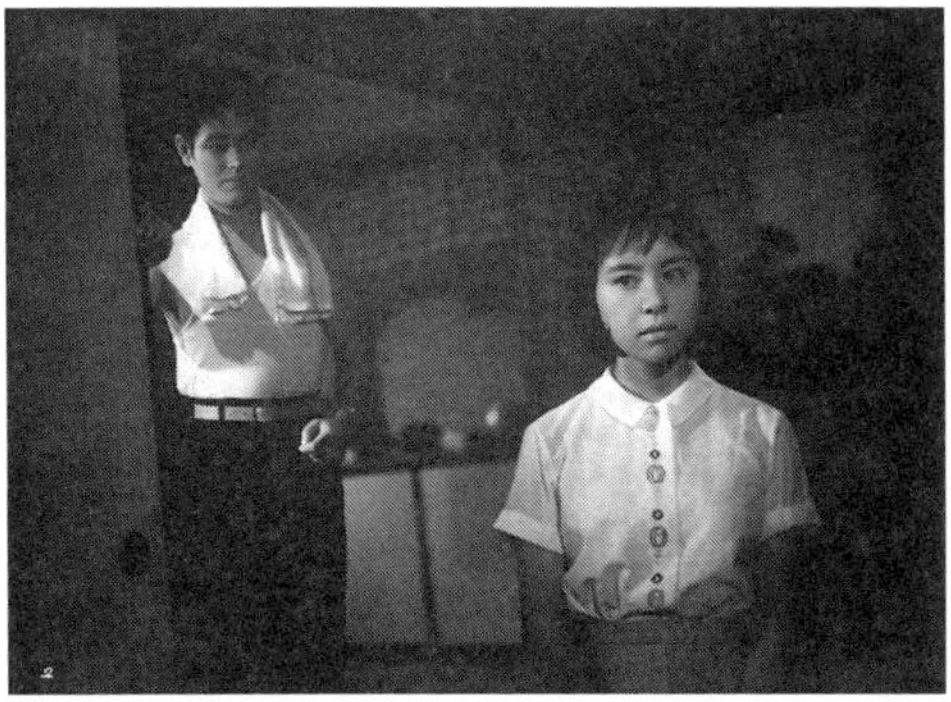

図 1-7 『狂熱の果て』スチール。茂（鳴門洋二）とミチ（国立映画アーカイブ所蔵）

ス自殺に失敗した父親を無理やり入院させようとする母親に向かって、ミチは家で看病しないなんてひどいという。だが、母親は「何言うの、あんたが看病したことあって、遊んでばかりいるくせに」（一一七）といい返す。つまり、ミチは状況に苦しみつつも、自分自身が状況を生み出すのに加担しているという、山際のリアリズム論にのっとった主人公なのである。ミチがこうした状況、それに己れにどう向き合って活路を切り開いていくのかが、『狂熱の果て』の主題である。

　ひとつの選択肢は、父親によって示される。朝帰りしたミチは、身を隠すように納戸にいる父親を見つける。彼は、自分を戦犯にした社会と、自分を邪魔者扱いにする全てのものを恨んでいる。「皆んながお父さんを邪魔者にしている……戦争が終ってからというもの、すべてがダメになってしまったんだ」「……お父さんは、本当は、あそこで殺されるはずだったんだ……もう死ぬよりほかないよ」（一一二）と語る。[66] 彼はこの恨みを晴らすべく、自殺を図る。「お父さんを邪魔者にした奴らを呪いながら死んで、復讐の鬼になろうと思う」（一一六）と彼はミチ宛ての遺書に記す。[67] この父親には「チグハグなぼくらのたたかい」のXに通ずる姿がある。ガス自殺は失敗するものの、彼は病院の窓から飛び降りて即死する。

　だが、「『女の園』論」で自殺という選択肢を否定した以上、父親のこの方法は否定されねばならない。遺体の前でミチは、「お父さんは死んだのよ〔、〕何もかも放ったらかしたままネ（…）すごくひきょうよ、私、お父さんをけいべつしてやる」（一一二）といい、自室にこもると父親との子ども時代の写真を処分する。脚本では鋏を取り出して「写真を細かく切りはじめる」（一一二）のだが、映像では父親との絆を断つかの

図1-8　『狂熱の果て』スチール。茂によるミチの最初の凌辱（国立映画アーカイブ所蔵）

ように、二人の間に鋏を入れる。

別の選択肢は茂によって示される。戦犯の子同士という点で、ミチと茂には似たところがある。ただし、ミチは享楽的な生活を送っているが、そのまなざしが向かう先はどこか遠くの方である。朝帰りの彼女と父親との会話で、「ミチは何を望んでいるんだい」という父親の問いに、彼女は「あたしはもっとすばらしいものがほしいのよ」と答えるのである[68]（一一二）。これに対して茂は人を踏みにじり、社会の強者にすり寄って這い上がろうとする。一方ではミチや、新洋産業の御曹司である健次に憎悪の目を向けながら、まさにその健次に彼は取り入る。さらにはミチを凌辱しておきながら、健次の妹（松浦浪路）にも接近する。茂の堕落の道は、だが、ミチの自堕落な生活と紙一重である。二度目の凌辱の際に茂はミチに、「お前は俺から離れられないんだ、ミチ、離れられないんだぞ、ミチ、ミチ」（一一八）と叫ぶが、これは単に彼の支配から逃れられないという意味ではない。社会を恨みつつもその再生産に加担する、そうした堕落の道からお前は逃れられないという意味である［図1-8］。

ミチ自身は恋愛、あるいは性愛に活路を見出そうとする。トランペット吹きの陽二（藤木孝）に惹かれているのだが、屈折している陽二は彼女に真剣に向き合わない。それでミチは、御曹司健次の邸宅にたむろする若者たちの頽廃的な雰囲気に身を投じる。単調で緩慢なドラムのリズムが、幻惑的で不吉な雰囲気を醸し出す。ミチはそこにいたゆきずりの男（山中紘《ひろし》）をホテルに誘って関係する。だが、彼女はベッドの上で「絶望的な表情」（一一四）を浮かべて横たわる。

ミチはもう一度トランペット吹きの陽二に声をかける。「あたしたち明日葉山へ行くの、あんたも来ない」(一二五)。ここでミチが陽二を誘ったことの意味は大きい。というのはこれが、陽二の破滅の発端となるからである。人物が状況に苦しみつつ、状況の再生産に加担するという山際のリアリズム論が、最も尖鋭な形で現れている。(69)三台のスポーツカーに皆で飛び乗って、葉山に出発する。ここから本作の空気は緊張を増していく。ミチのこの活路探しの旅は、地獄への道行きであった。健次が運転し、茂と陽二が同乗した車は仲間をおいて疾駆するが、老婆(五月藤江)(70)を轢き殺してしまう。それを見咎めた漁夫(山口多賀志)も、健次と茂は崖から突き落として殺害する。健次の別荘での宴会では、ふたたび頽廃的なドラムの音楽が流れている。睡気と疲れに襲われた仲間たちを、健次は無理やり躍らせる。それでも調子が出ないのを見ると、茂に命じて死体扱いにして積み重ねてしまう。茂「よしきた、さあさ、お前たちは、人間じゃねえんだ——さあこっち来な——お前も来な——死體だヨ、ユダヤ人の死體なんだヨ、積重ねて焼いてやる、面白い遊びだぞ——教えてやろうか——アウシュヴィッツ遊びっていうんだ」(71)。ミチは「あたしは死體じゃない、いやだ!」と抵抗するが、茂に「お前も同じ死體だよ——だから、俺のいう通りになればいいんだ!」(一二七)と突き倒され、引きずられ、積み重ねられる。この疑似的な死に続いて、浜辺でミチは茂に凌辱される。「お前は俺から離れられないんだ」(一二八)という先述のセリフはこのとき発せられる。

死体に擬され、凌辱され、死に近づいたミチの行路は、ここで反転する。陽二が現れ、茂を叩きのめし、健次のモーターボートを奪って海に行こうという。一瞬、陽二との愛という活路がミチの前に開かれたかのように見える。二人の乗ったモーターボートは夜の海を一直線に突き進み、闇を切り裂くようなテーマ曲が勢いよくかぶさってくる。ミチのこのときの喜びは、かりそめのものでしかないのだが、このシーンにはアイロニーの影もなく、爽快である。それはドラマの反転の快さや映像の美しさだけによるのではなく、ミチが本当に求めるものに向かって前進する姿が純然たるものだからである[図1-9]。

図 1-9　『狂熱の果て』撮影風景。中央でしゃがんでいるのが山際。その左でカチンコを持っているのが青野暉チーフ助監督。ボート上に藤木孝と星輝美。神奈川県一色海岸（国立映画アーカイブ所蔵）

しかし、社会と自分の関わりに背を向ける限り、恋愛は活路とはならない。ガソリンが尽き、モーターボートは止まり、二人に空腹が迫る。恋の逃避行では変えることのできない現実が、厳然と立ちはだかってくるのである。死の予感に晒されて、追い詰められたミチに初めて活路の方向が見えてくる。「……きのうの晩、あたし、茂が憎くて、憎くて、もう茂を殺すか、それができなかったら自分を殺すかだと思ったのよ。だけど、あたし、まだこうやって生きてるのね……どうしてなのかしら」（一三〇）。茂を殺すということは、単に自分を暴行した男に復讐するというだけではないし、抑圧者に立ち向かうというだけのことでもない。それは、茂とは違うかたちで堕落した生活を送っている己れ自身を否定することにほかならない。ここにあるのは一面では自己否定であるが、決して自殺となってはならない。「お互いに自分のことだけを考えて、愛も何んにもダメになって……みじめだよ」と陽二がいうと、ミチは「……自分で死ぬ方がもっとみじめよ！　あたし今死ぬのはいや」と叫ぶ。生きたい、すなわち、状況を切り開きたいという意志が、強力に打ち出される。「生きたいわ、生きたいわよ」「どうせ死ぬんなら、あたし、茂や、お母さんや、健次や……皆なを憎んで憎んで死ぬわ（…）だけど、あたし死なない」（一三〇―一三一）。

一夜明け、二人は救出される。茂と健次によって老婆と漁夫殺しの濡れ衣を着せられ、陽二は逮捕される。ミチは茫然自失の状態で、茂に付き添われて東京に帰る。陽二は取り調べ中に刑事（原聖二）をビンで殴り殺し、逃走する。逃げてきた陽二にミチはいう。「二人っきりでどこへ行ったって、だめなのよ」「陽二も、あたしも、今までと全然違ったふうに生きて行かなくちゃならないのよ」（一三二—一三三）。これが彼女が、状況、そして自身に向き合うために得た認識である。この認識にたどりつけないならば、陽二も拒絶されねばならない[72]。彼女は陽二との待ち合わせ場所を警察に伝える。恵比寿駅前で彼が逮捕される際、脚本ではミチはタクシーの窓越しに陽二を見つめる（一三三）のだが、映像では待ち合わせ場所の電話ボックスのすぐ脇に毅然と立っており、それだけ彼を見放した印象は強い[73]。ミチのなすべきことは一つである。健次邸では彼の妹と茂とがテニスに興じている。茂の前に現れたミチは、彼を刺殺する。健次をも刺そうとするが、逆に突き倒される。「ミチ、じっと大地を見すえたまま動かない」（一三三）。

観念と情念

『狂熱の果て』の映画評には、「観念的」という言葉がよく出てくる。小川徹・関根弘のシナリオ時評では、本作は「設定が観念的だと思うんですよ」（関根）として否定的に評価される。好意的な評では、佐藤重臣が一九六一年の新人監督の作品概観で、『狂熱の果て』は「唯一と云ってよい観念で作られた映画だった」と記し、『映画批評』の同人仲間である佐藤忠男も、「一つの観念の図式を強引に定着させようとくわだてた」と評した[74]。これらの評における「観念」とは、「理念」といいかえてもよかろう。社会の抑圧的構造に関する山際の理念が、自覚的に表現されているというのが、評者たちが一様に指摘したことであった。「新しいタイプのファッシスト」（佐藤忠男）としての茂において、そうした理念性は最もよく現れているということになる[75]［図1-10］。

山際自身、映画は「観念」を打ち出すべきだということをはっきりと表明している。「日本の映画作家の多く

図1-10　『狂熱の果て』撮影風景。山際（中央）と鳴門洋二。車上に松原緑郎（国立映画アーカイブ所蔵）

にとって「観念」というものはタブーになっている。〝観念的〟であったり〝思想が表に出て〟いたりすることは（…）芸術ではないとされてきらわれている」「しかし現代の世界の主な映画作家の場合を見ると（…）強烈な「観念」又は論理なしには作品を作っていない[76]」。それゆえ「観念的」と評されること自体は本望であっただろう。

ただし、『狂熱の果て』における理念性は、単に人物が類型として明確に描かれているということを意味するわけではない。そうではなく、山際が探究してきたリアリズム論に明確に基づいてつくられているという点にこそ、本作の理念性はあるといえる。くわえて、このリアリズム論は単純な善悪二項対立とはならないので、人物もまた固定的なファシストや資本家とはならない。山際は本作を説明する際、否定的なものを否定的に描かない、ルキノ・ヴィスコンティ監督『地獄に堕ちた勇者ども』（一九六九年）のナチス描写を引き合いに出す[77]。

また、本作は明確な理念ないし論理に基づいてつくられているが、それは情念の要素を排除することを意味しない。その反対に、本作では情念が一貫したモチーフとなっている。具体的にはそれは恨みであり、その現れとしての「お化け」である。まずは父親の遺書がこのモチーフを示唆し、物語が葉山行きに入ってからは、直接にお化けが登場する。健次たちが別荘に到着すると、「ボートの上に死んだ老人（漁夫）が立っている」（一二五）のである。振り返ると別人であることが分かるのだが、異様な迫力がある。「アウシュヴィッツ遊び」の直後にも、「陽二が死んだ漁夫の格好をして出て」（一二七）きて皆を怯えさせる。

これらお化けのシーンに込められた意図は、山際が一九五八年に発表した評論「怪談映画の超現実」を読めば明瞭になる。これは中川信夫を中心にした怪談映画評である。山際はそこで、「変通自在に出没するおばけの発想が庶民の生活感覚と伝統に根ざした超現実的な表現なのだということを認めることが怪談映画の第一歩ではなかろうか」と記し、さらに「おばけとは徹底的に抑圧された者の抑圧者に対する執念のおそろしさに他ならない」と論じている。つまり山際はお化けによって、抑圧を生み出す構造を超現実的な手法で表現できると考えているのである。

山際は中川信夫の怪談物を、「素朴リアリズム」の域を超える「斬新奇抜なもの」が「見世物精神の線から出ている」と高く評価する。それでも『亡霊怪猫屋敷』（新東宝、一九五八年）における、狂った人物にお化けのクローズアップをダブルプリントさせる手法は、「人物の主観としておばけを出す方法であり、むしろ現実的表現であって超現実的表現ではない」と批判する。

> 抑圧され或いは無惨に殺されたうらみの執念がこの世に復讐する——それがおばけの超現実である。ダブルプリントなどの古い手はもうやめて、もっと堂々と入れ込みで撮ったらどんなものであろう。そういう現実性を無視したスリラーの手法と時代劇様式を使って、怪談そのものは全く現実的に撮影し、怪談を生み出した抑圧と暗黒の時代の流れを感じさせるような思いっきりこわい怪談映画がほしいものである。(78)

「入れ込み」とは人物とお化けを同じショットに入れ込む方法である。『狂熱の果て』では、ボートの上に死んだ漁夫が背中を向けて立っているカットがあり、ついで驚愕した健次の顔のカットに切り替わるというかたちで、この評論の趣旨が実現されている。

したがって『狂熱の果て』では、理念ないし論理に基づく展開を基本構造としつつも、超現実主義の手法を組み合わせることが試みられている。これによって本作の展開は論理一辺倒の堅苦しさから逃れ、より感覚に訴えるような表現も可能になった。お化けの登場する超現実的表現は、同時代の若者映画のなかにあって『狂熱の果て』に独特の個性を与えている。

なお、論理的構成と情念という組み合わせは、『狂熱の果て』の二年後に発表された山際の評論「青春の論理否定」においてさらに展開された。これは高橋和巳の小説『悲の器』論である。山際が紹介するところでは、高橋は「体験の抒情的表白と、没入による追体験」とは異なり、各人の思弁のための素材として人物とその思想を提示する。つまりメロドラマではなく、論理によって構築された社会と人物像を提示するということである。小説は、合理主義者でありエゴイストである法学部教授の手記のかたちをとる。彼によって捨てられた家政婦が狂気の状態に陥って、主人公が恐怖にかられるあたり、「正に鬼気せまるものがある」と山際は記す。

高橋はいう。思弁のための人物は情緒的な共感の対象ではない。だが、思弁のためという目的がある限り、作者はそうした人物の弁護役もむしろ進んで引き受ける、と。高橋のこの表明を踏まえて、山際は論じる。「記述することが対象を肯定し、作者がその弁護役をも買わざるを得なくなるということ、それでいながら全体の構想の中で作者はその対象を批判的に超えることを予測するとすれば、それは当然或る種の矛盾である」。これは、社会と登場人物との一体的かつ葛藤をはらむ関係という山際のリアリズム論を、記述における主体と客体との関係に読み替えた議論である。「いくら記述しようとしても、その記述からはみ出し、記述に対立してしまうもの、それを何と呼んだらいいのか?」「『悲の器』の場合それは家政婦の狂気だったと思う」[79]。このように記すことで山際は、社会と登場人物（および作者）との矛盾をはらんだ関係を、統一的に表現するための方法として狂気に着目しているといえる。狂気は山際作品における重要な要素となるが、その論理的な基礎づけはこの評論において与えられていた。

四 『狂熱の果て』と日本ヌーヴェルヴァーグ

新東宝の監督たち

『狂熱の果て』は、同時代の映画との関係ではどのように位置づけられるのだろうか。山際が助監督として自己形成を遂げた新東宝の監督のなかでは、まずは石井輝男の名が思い浮かぶ。石井が亡くなった二〇〇五年の鼎談で、山際は「僕は自分の経歴に師匠は石井輝男と書いちゃうんだけど、実際は二、三本しかやってないんですよ。これじゃあ、弟子の顔できないなあと」「僕が石井さんについたのは『肉体女優殺し　五人の犯罪者』（五七）と『黒線地帯』（六〇）で、映画はこうやって作るのかと教わった」と述べている。(80)石井の演出に「ある意味では感心しました。僕なんかが思いつかないような変な撮り方するしね」とも述べている。(81)たしかに、たとえば『肉体女優殺し　五人の犯罪者』での検死のシーンの俯瞰は、『狂熱の果て』において茂がミチの部屋で彼女を暴行するシーンの俯瞰を想起させないでもない。山際自身は、シーンを飛ばし、あまり説明せずに次のシーンに行くというやり方は石井から学んだと筆者に語ってくれた。(82)

だが、上述の鼎談において桂千穂が、「山際さんの撮った『狂熱の果て』（六一）は見事に石井さんのコピーだったんじゃないですか」と述べているのは正鵠を射ない。(83)たしかに明け方の六本木を車が疾走してくるオープニングには、石井『黒線地帯』のノワール感を思わせるものがある。(84)だが、奇抜なカットを組み合わせる石井のスタイルは、『狂熱の果て』にはない。山際は人物を、距離をとって傍観するように、それでいてじっと観察するように撮るのである。先述の茂によるミチの暴行シーンも俯瞰することで、即物的な観察の距離感を生み出している。また、陽二が浜辺で茂を殴るシーンは、本編中で最も美しい箇所の一つであるが、これも『黒線地帯』ラストのスピーディな格闘シーンとは違って、画面の幅いっぱいに広がる夜の波を背景にして、もっぱら遠くから延々と撮るのである。山際は新東宝のエログロ路線を逆手にとるという発想を得る上で、石井の仕事を励みにしたと振り返っている。[85] だが、『狂熱の果て』を石井のコピーと呼ぶのは、作品理解を助けることにはならない。

新東宝の監督では、むしろ先ほど述べたように、中川信夫を意識するところが大きかったのではないかと思われる。「チグハグなぼくらのたたかい」で、石井の名は挙がっていないが、中川については「僕らは過去大蔵時代に、数こそ少いけれども、エログロを逆手にとった『東海道四谷怪談』『地獄』（中川信夫監督）という傑作なお化け映画を作った」と特記されている。[86]『地獄』（一九六〇年）における主人公の四郎（天地茂）にとって、人々の過去を知悉し、死んでも甦る不気味な友人田村（沼田曜一）は、一種のアルターエゴのように映るが、これは「チグハグなぼくらのたたかい」における「私」とX、ひいては『狂熱の果て』におけるミチと茂の関係に重ね合わせることができる。山際によれば、幽霊の格好をして仲間たちを怯えさせる陽二のセリフ「お前たちは死んで地獄へ行くんだ」は、「中川さんへのオマージュ」である。[87]

新東宝について山際はまた、「大蔵時代を通じて、真に作品の内容で大蔵の俗悪に抵抗したのは中川信夫と石井輝男と、三輪彰の三人しかいなかったと僕は思っている」と振り返っている。[88] 山際はいつか三輪彰に追いつき追い越すことを自らに言い聞かせていた。[89]

しかし、新東宝は『狂熱の果て』を理解するための参照対象としては、限定的なものである。同時代の若者映画との関係が、次に問われねばならない。

日本ヌーヴェルヴァーグの中で

『狂熱の果て』は六本木族を売り出すことを営業上の狙いとしていた〔図1-11〕。これが、古川卓巳監督『太陽の季節』（日活、一九五六年）、市川崑監督『処刑の部屋』（大映、一九五六年）、中平康《こう》監督『狂った果実』（日活、一九五六年）といった、太陽族映画のブームを踏まえていたことはいうまでもない。だが、太陽族映画と『狂熱の果て』には大きな違いがある。太陽族映画は既存の社会とモラルがもつ偽善に抗議する点に特徴がある。だが、主人公もまたそうした既存の社会の一部であるという認識は弱い。主人公の破壊的行為は既存の社会にぶつかりはするが、その再生産構造を揺るがすことはない。『狂熱の果て』は、それを支える山際のリアリズム論において、太陽族映画のこうした特徴とは正反対のところにある。そこでは抑圧的な社会の再生産に、主人公自身が関わっているという構造が見据えられている。

図 1-11　『狂熱の果て』撮影風景。左から２人目より山際、星、藤木（国立映画アーカイブ所蔵）

山際の問題意識の位置を考えるために、彼自身による「青春」映画史の整理を見たい。おしつぶされる青春の絶望を自然主義的に描くだけの戦前からの傾向に変えて、増村保造によって環境が否定的に描かれ、人間の意識が前面に押し出された。だが、青春のエネルギーの躍動が描かれたとしても、それに向かって「対立する壁」がふくらんでくるとき、結局増村は青春をその場に投げ出してしまう。これはとくに、消費社会の論理を主人公の青年（川口浩）が受け入れることで終わりとなる『巨人と玩具』（大映、一九五八年）にいえる。

白坂依《よ》志《し》夫《お》も『野獣死すべし』（監督須川栄三、東宝、一九五九年）脚本において、「現実の壁を何とかして傷つけるべく」「青春の野獣」という「否定的な欲望の論理」をイメージ化したが、そのアナーキズムのゆえに「すべてか、しからずんば死か」というかたちで「伝統的な（日本的な）青春の論理の典型的な代弁者となって」しまった。

これらに対して、「現実の壁を作家主体の状況としてとらえ、人間の政治的にも、生産関係においても、あらゆるコミュニケーションにおいて疎外されている姿を見通そうとして、戦後映画史に新しいエポックをもたらしたのは大島渚氏たちだった」。彼らは増村のいう「人間」にも「もう一度疑惑を投げかけ」「青春の行動の契機を単なる性慾とか愛情とか合理主義とかで説明することをやめ、むしろ非合理的な怒りとして青春そのものに状況を背負わせた」(90)。

大島渚も山際も、挫折する若者と社会の閉塞状況を一体的にとらえようとした。彼らのそうした映画を、ひとまず反青春映画と呼んでおく。というのは山際は、状況に単に反抗するだけのあり方としての「青春」を否定するところから入るからである。この点で山際が評価するのは、吉田喜重の『甘い夜の果て』(松竹、一九六一年)である。「吉田氏は徹底的にコミュニケーションを断絶させられたちぐはぐな意識ばかりを設定して、そのうず巻の中で強烈な脱出欲にもえる主人公(津川雅彦)が欲望をもやしている間は青春(反体制的)だったものが、そのうず巻から自らを脱出させた瞬間において青春を失い、権力の側につくが、偶然が彼を挫折させる姿を描いて、疎外の現実をはっきりバクロしていた」(91)。むしろ、このようにして状況への反抗というだけのあり方を剝奪されたのちの、青春をどう描くかというところに山際の照準は絞られていた。

『狂熱の果て』が属する系譜は太陽族映画ではなく、反青春映画である。あるいは後者を基調としつつ、前者をも部分的に包含するところの日本ヌーヴェルヴァーグの中で考えられるべきである。山際自身、「自分では新東宝ヌーヴェル・ヴァーグのつもりだった」と『狂熱の果て』を振り返っている(92)。

反青春映画は、社会と人物を一体としてとらえ、両方の解体と再編を試みる。そのための一つの手段は、即物的な描写である。佐藤重臣は花田清輝を参照しつつ、戦後美学における人間のオブジェ化について語り、大島渚監督『太陽の墓場』(松竹、一九六〇年)で、釜ヶ崎の青年(佐々木功)が動物の臓物を顔にぶつけられるシーンに言及している(93)。モノとの即物的な関わりが、人間自体をモノ化させるのである。蔵原惟繕《これよし》監督『狂熱の季節』(日活、一九六〇年)における、芸術家コミューンの鶏小屋で飼われている鶏を勝手につかまえ、忍び込んだアトリエで丸焼きにして食う主人公（川地民夫）にも同じことがいえよう。『狂熱の果て』で、健次に轢き殺された老婆の脳が「白くて、トーフみてえに」（一二七）散乱するのも同じである。なお、このシーンは、冒頭で健次たちの車のせいで牛乳屋の自転車がひっくり返り、牛乳が散乱する情景と対になっている。

男性性への批判

太陽族映画では、社会は厳然として存在し、主人公はそこに個人的な挑戦を行なう。社会の再生産に主人公が関与しているという認識は乏しい。そのため、主人公の破壊的行為は既存の社会を揺るがさず、それどころか主人公の言動が既存の価値観と親和的な場合すらある。たとえば反モラルと一体であるところの肉体讃美は、運動部のようなかたちで、ホモソーシャルな構造や価値観と結びつく。

この点、山際における男性中心主義やマッチョイズムへの批判的な姿勢は明らかである。『狂熱の果て』で、ブルジョアの御曹司健次が肩入れするレスリング部の部員たちを、陽二は「あんなブタども」（一一〇）と一蹴する。試合のシーンで仰向けの下半身に接写していくのも、男性の身体のグロテスクさをむしろ強調している（身体の即物的描写の一例でもある）。陽二が「俺は男色、オカマ趣味なんだ」（一一五）というのも、同性愛への蔑視的言説ではなく、「正しい規範」やマッチョイズムの忌避として解すべきである。たしかに陽二は妊娠した恋人を捨てて自殺させており、こうしたインモラルな点は『太陽の季節』の主人公竜哉（長門裕之）などとあまり変わらない。だがこのエピソードの重さは、ミチ自身がゆきずりの男と、彼女の主導で関係をもつことによって、かなりの程度相殺されている。

『狂熱の果て』では父親像もまた弱々しい。『狂った果実』の大企業の重役然とした父親（深見泰三）や、『処刑の部屋』の息子（川口浩）に反抗されつつも世間を体現し続ける銀行員の父親（宮口精二）と比較すれば、その違いは明確である。この点では大島渚監督『青春残酷物語』（松竹、一九六〇年）の、娘たち（桑野みゆき、久我美子）に何もいうことができない父親（浜村純）と本作の父親像は似ている。

『狂熱の果て』で保守的な従来型の父親像を探すとすれば、ブルジョアの御曹司である健次の父親、野村貞之助（堀雄二）となる。彼は新洋産業の社長であり、新製品の米国キャンペーンに出発するところである。だが、渡米壮行会のガーデンパーティーで一幕ある。商品宣伝用のウィスキー瓶型の巨大バルーンが、ミチの仲間たちによってフォークを突きさされ、しぼんでしまうのである。このバルーンがアメリカに依存する日本企業の象徴であるとすれば、それがしぼんでゆく姿は去勢を思わせる。[94] アメリカへの戦後日本の従属は『狂った果実』でも重要なテーマで、そこでは白人男性が日本人女性（北原美枝）を支配する。そして日本人男性（石原裕次郎）が彼女を寝取るというかたちで、男性性の回復が基調となる。これに対して山際は、男性性そのものを否定するのである。『狂熱の果て』台本ではバルーンは缶詰の形をしているが（一一三）、低予算かつ短期間で撮らねばならなかったため、「古くなったものを探しだし、ウィスキーが理想ではありませんでしたが、使いました」ということである。[95] 結果として酒瓶型となったことで、性的シンボリズムが巧みに発揮されることとなった。

反マッチョイズム自体は、ほかの反青春映画にも見られる。大島『青春残酷物語』のほか、吉田喜重『ろくでなし』（松竹、一九六〇年）でも、社長秘書郁子（高千穂ひづる）の独立した精神は、社長の息子俊夫（川津祐介）やその友人淳（津川雅彦）をしのいでいる。その上でなお『狂熱の果て』がユニークであるのは、女性が単独の主人公である点である。たしかに大島『太陽の墓場』もそうなのだが、その主人公である釜ヶ崎の娘花子（炎加世子）は、ほとんど神話的な生命力をもっている。これに対してミチはあくまで等身大の娘である。遊び歩いている普通の娘が、「あたしはもっとすばらしいものがほしいのよ」と願い、だんだんと思いつめた立ち居振る舞いとなっていく。星輝美は見事にミチを演じた。星が起用されたのは、製作段階で新東宝で一番若かったのは彼女であり、「みんなが」星輝美といい、山際も「いいね」となったということである。[96] 俳優の中では彼女が、茂役の鳴門洋二とともに一番の功労者であろう[97]［図1-12］。

太陽族映画のモチーフの利用

女性が主人公であること、先述のお化け物という要素と並び、反青春映画のなかで『狂熱の果て』がユニークである点がもう一つある。それは、太陽族映画を意識して、六本木族を売り出そうとしていた点に関わる。『狂熱の果て』がもつこの商業主義的な側面は、山際の意図とは別次元に、企業経営上の観点から生じたものである。ただし、山際が商業主義的な映画製作を批判し、そこから距離をおこうとしていたのかといえば、話はそれほど単純ではない。新東宝の再建運動に深く関わった山際は、経営上の観点を無視しては映画製作ができないことに敏感であった。『狂熱の果て』は独立プロの製作であるが、山際は「独立プロにしても結局商売が成立たなければ映画は作れない」という認識を示している[98]。資本主義社会の一部として映画産業があり、映画の作り手もまたそうした構造の一部をなすのである。

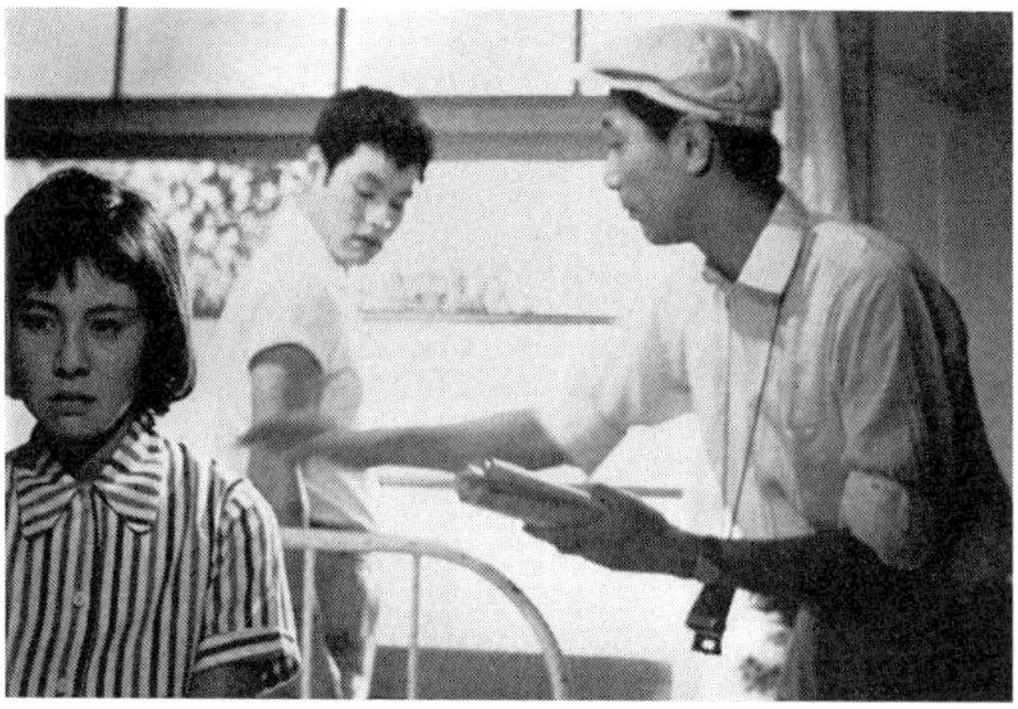

図 1-12 『狂熱の果て』撮影風景。右から山際、鳴門、星

こうした観点から、『狂熱の果て』と太陽族映画の関係をあらためて考える必要がある。たしかに『狂熱の果て』には、太陽族映画のモチーフが数多く登場する。レストランにたむろする若者グループ、大学の運動部、ナイトクラブでの乱闘、葉山の別荘、海とモーターボート、ジャズ、愛のない肉体関係と堕胎等々。シナリオ時評で小川徹は「太陽族の末路」「太陽〔族〕映画のなかには、こういうものがありましたね」と、もっぱら太陽族映画の枠内で『狂熱の果て』を見ているが、モチーフだけをとらえればそういうことになろう[99]。いうまでもなくこれは表面的な見方である。

反青春映画のなかでも『狂熱の果て』がユニークなのは、まさに太陽族映画のモチーフを使ってその否定を行なったことだ。「六本木族」という設定自体が、山際においては批判的な視座として機能しているのである。そこで批判されるのは太陽族映画だけではない。むしろ映画製作全体がもつ商業的側面と、それを支える自分自身とに、山際の眼差しは向けられている。この点を見逃すと、「作家自身が落ちこむ没主的な落し穴」「現代に於ける疎外を作家が当り前の状況の次元でとらえつづけ、その中に何かあるんじゃなかろうかと悩みを分かちあったりしていて首をつっ込んでいる様では、それをのり越える事は出来ない」という佐光曠の『狂熱の果て』評になる。[100]この評は当を得ない。

『狂熱の果て』に映画女優川村真紀子（奈良あけみ）なる人物が登場するのは、象徴的である。虚栄心の強い彼女は、同世代の若者からちやほやされている。実際には女優としての見込みは乏しく、ブルジョアの健次にすり寄り、いいようにされる。映画産業自体への自己言及的な批評がここにはある。あるいはまた、茂に自室で凌辱された翌日、ミチは友人のアキ子（秋本マサミ）を訪ね、連れ立って映画館に行く。脚本では劇場に入るシーン（一一八）があるが、実際にはアキ子宅のシーンのあと、突然川村真紀子の主演映画が画面全体に広がる。林の中をさまよう、真紀子のラブシーンである。そこにミチとアキ子の「ああ、この映画つまんないなあ」「出てどっか行こう」という声がかぶさる（この声も脚本にはない[101]）。皮肉のきいたシーンである。

太陽族映画のモチーフを多用したことは、『狂熱の果て』に娯楽作品の相貌を与えることになった。正確にいえば、娯楽映画のスタイルをとった「観念的」な映画が成立した。このことは、政治的な要素を若者の風俗の中に埋め込むことを可能にした。とりわけそれは、作品冒頭で登場する「君が代」についていえる。レストラン「六本木」でミチたちと踊る白人男性の姿に苛立った陽二が、トランペットでいきなり「君が代」を吹き始め、皆を白けさせるのである。[102]大島渚監督『日本の夜と霧』（松竹、一九六〇年）は、ストレートに政治的集団の姿を描いており、それが魅力であるとともに表現の幅を狭めている。吉田『ろくでなし』は、むきだしの資本主義を取り巻く人間群像を尖鋭なタッチで描き出したが、人物たちの会話には生硬さがまとわりつく。[103]これに対して

『狂熱の果て』は、冒頭にトランペットによる「君が代」をおくことで、政治的でもありながら娯楽的でもあるという、独自のトーンを打ち出せたのである。

山際自身は、新東宝のカラーである「エログロ」を徹底することをもって、太陽族的モチーフを消化することを狙っていた。政治・芸能のきわどい記事を多く載せていた雑誌『新週刊』一九六一年一〇月一二日号に、「ヌーベルバーグの第二波」という見出しで『狂熱の果て』が紹介されている。そこに掲載された山際の談話は次のようにいう。「新東宝の映画はエロ・グロだと、とかくの批判があるのですが、ぼくの今度の作品は完全なエロ・グロのカクテルです。脳ミソがペロリと出て来たり、子どもをハラましたり〝アウシュヴィッツ遊び〟などが出て来て、大いに世間のヒンシュクを買うつもりです」[104]。実際、ブルジョアの御曹司健次の別荘で繰り広げられる「アウシュヴィッツ遊び」は、若者たちの退廃と抑圧的な権力関係が二重写しになる、本編で最も印象に残るシーンの一つである。グロテスクであると同時に、いいように扱われる女たちの肢体にはエロチシズムも漂う[105]。

なお、昭和三六年（一九六一）度下半期、映倫管理委員会は『狂熱の果て』を含む邦画八本を成人映画に指定した（外国映画はゼロ）。指定対象とされるものは、「一．著しく性的感情を刺激するもの」「二．著しく粗暴性を助長するもの」「三．著しく残虐性をもつもの」のいずれかに分類されるが、上記八本はすべて一とされた。『狂熱の果て』への個別のコメントは、「若い男女の放埒な生活が展開されるが、これは青少年に批判的に受取られず、却って誤解される恐れがあると思われますので成人映画に指定します」である。参考までに、このとき指定対象となったほかの映画の名を挙げると、「バーレスク映画」二本を除きすべて大映作品で、水野洽《ひろし》『性生活の知恵』、阿部毅『性生活の知恵　第二部』、川島雄三『女は二度生まれる』、加戸敏『色の道教えます　夢三夜』、弓削太郎『男の銘柄』である[106]。成人指定されたことも影響しているのであろうが、『狂熱の果て』は『狂熱の誘惑　けもの』という煽情的な題名のもとで上映されたこともある[107]。

『狂熱の果て』の評価

歌舞伎町の地球座、それに大塚・蒲田の場末の映画館で『狂熱の果て』は上映された〔図1-13〕。満員であったが、上映館が少なく、山際は「さみしい思い」もした。佐藤重臣が『映画評論』にシナリオを載せてくれたが、それを読んだ人が観ようと思っても、映画館ではもう観られないという状況であった(108)。

それでも、映画としてまったく知られずに終わったわけではない。野獣会をモデルにし、そのメンバーが原作を書いたという触れ込みは、それなりの宣伝効果をあげたようである。「ロカビリー界の風雲児」藤木孝を抜擢したことも話題作りに貢献した。公開に先立って『週刊平凡』は、藤木が初の映画に取り組んでいることを取り上げ、「陽二とぼくは、とても似たところがあり共感できるんです」という藤木の談話、「俳優としての素質もじゅうぶんあるし、本人の努力しだいではのびる人だ」という山際の談話などを掲載している(109)。

『映画評論』に掲載されたシナリオを読んだ一人に寺山修司がいる。六本木についてのエッセイの中で、寺山は『狂熱の果て』のシナリオを引用している。「俺は、愛なんてまっぴらだ」「じゃ、もう一度寝《〔ママ〕》てやろか」といった陽二のセリフを含む、ミチとの会話部分を引用し、「これは山際永三が野獣会の秋本まさみの小説をシナリオ化したものの一部分」であると紹介している。もっとも、映画を観ずに書かれたエッセイということもあり、寺山の言葉は素っ気ない。「しかし事実はこんなかたちで展開しないことが、六本木にながくあそぶとよくわかる」として、イタリア料理店「シシリア」の壁の落書きにみられる「自己劇化、悲壮感のようなものが六本木族たちの中にはつよくあるのである」と寺山は記す。もし作品を観ていれば、寺山はもう少し『狂熱の果て』に共感したのではなかろうか。「カミュのムルーソー〔『異邦人』の主人公〕になりたいと思いながらなり得ない自分を、彼等〔六本木族〕はもっとしみじみと述懐している」とも寺山は記している(110)。すべてを否定することで不条理を生きんとする『異邦人』の主人公については、山際ももちろんよく知っていたわけであるから、二人に対話が成立する余地は十分あった。実際、六年後に彼らは『コメットさん』でいっしょに仕事をすることになる。

『映画評論』誌の一九六一年度ベスト・テンを見ると、山際の盟友佐藤重臣が『狂熱の果て』について「稚拙さを乗り越えるような作者のエネルギーが作品にありました。映画でものを考えようとした作品が少い昨今では、山際永三の登場はやはりクローズアップしておかねばいけない」と書いている。小川徹も、今日の映画が「ナショナルな芸術的完成の崩壊過程」にあり、「今日的映画であればあるほどオーソドックスでなくなっている」との認識に立ち、「アブノーマルな政治情勢や、そのもとでいかなるヒイローが可能であるかをとらえようとする『人間の条件』〈小林正樹〉、『飼育』、また、それら「政治」というものを象徴的に描いた『うるさい妹たち』〈増村保造〉『狂熱の果て』『水溜り』〈井上和男〉など、夢中になって見た作品です」と記した[111]。

まとまった批評で山際の意図をよくとらえたものは、先に触れた佐藤忠男「日本映画に突破口はないか」である。「最近の日本映画で、私がもっとも強い刺激を受けた」のは『狂熱の果て』であるとして、二頁にわたり基本的に肯定的な評価が与えられている。佐藤忠男によれば、「青春というものが、うす気味の悪いほどのタイハイと陰険なエゴイズムの面から描き出された点で、この作品は個性的である」。老婆の死やミチの父の自殺など「いっさい悲壮感をぬきにして人間をぶざまな恰好で放り出すやり方は、かつての新東宝のエログロ映画のタッチの応用であり、その挑発的な演出は凡庸ではない[112]」。この評は、意識的にエログロを徹底して反青春映画をつくるという、「新東宝ヌーヴェルヴァーグ」としての『狂熱の果て』が目指したものをよくおさ

図 1-13 『狂熱の果て』ポスター

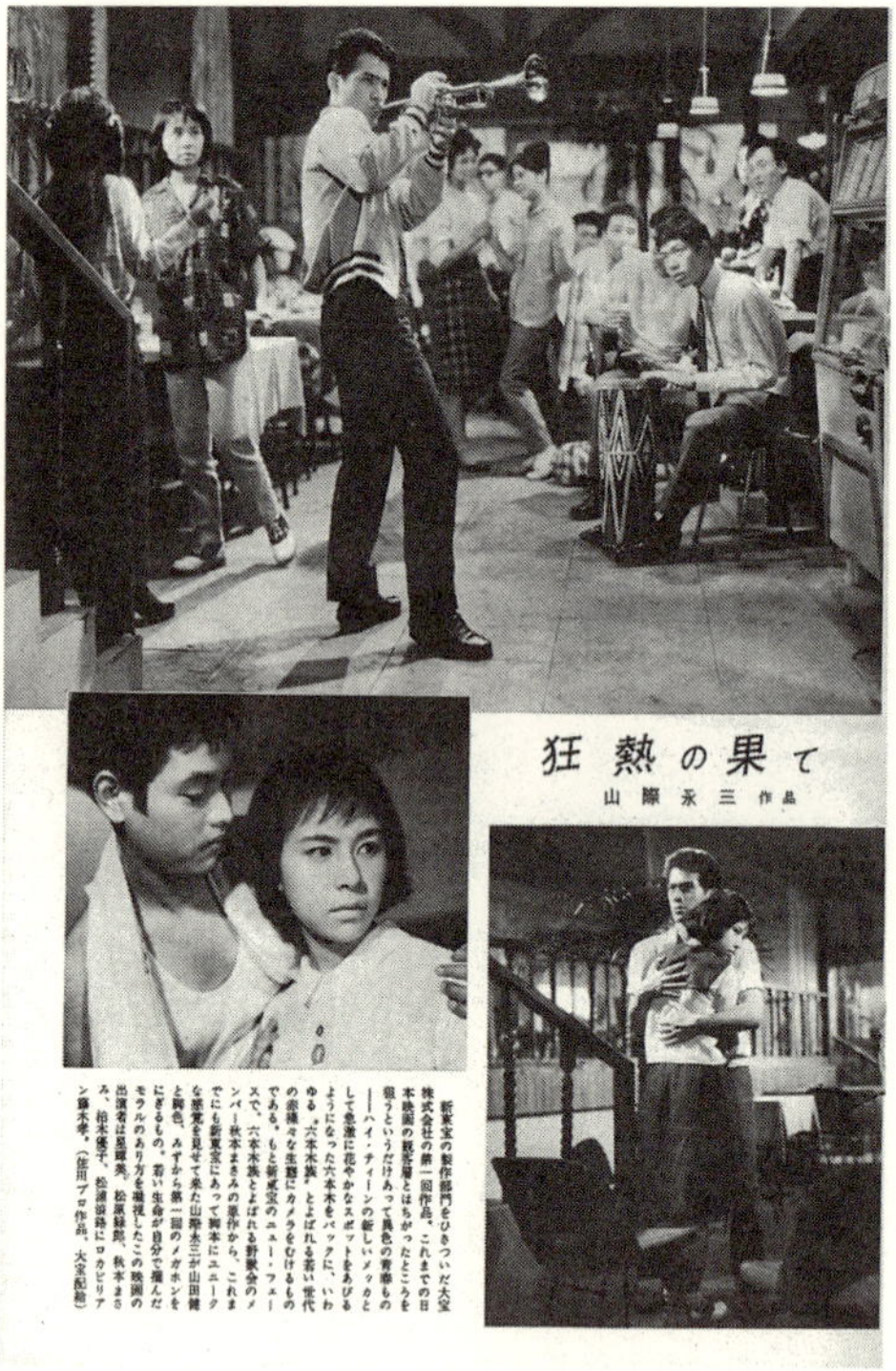

図 1-14　『狂熱の果て』の雑誌での紹介

えていた〔図1-14〕。

否定的な評としては、先述の佐光曠「ブタはブタのごとく死ね」が一九六二年一月の『映画評論』に掲載された。佐光は、「現代の歪められた青春を、単にその行動・エネルギーを取って描くならば、そこからは何ら歪められた青春を突き破る方向は見あたらないのだ」として、「青春をもてあました連中の内部意識とか（…）一番不愉快な個所である主人公の恋人同士のコミュニケーションの断絶を象徴した様なラストシーンは、すべて作者が言う前から解りきった当り前の事なのである」と断じる(113)。だが、主人公ミチは単に恋人とディスコミュニケーションに陥るわけではない。モーターボートから救われて以後の彼女の行動は、自分自身がその再生産に関わっている状況を何とかして打破したいという、優れて主体的な意志の結果である。佐光はこの点をとらえそこねている。

もとより、『狂熱の果て』に弱さがないということではない。まず父親像について、元戦犯という過去が物語るものが曖昧であるという印象は残る。とくに「お父さんには罪はなかったのだ」という遺書中の言葉は、弁明なのか、それとも迫害された者の悲痛な叫びなのか、とらえがたいところがある。ただし、一九六〇年代初頭であれば、元戦犯というだけで浮かび上がってくる共通の社会的理解があったのだろう。佐藤忠男が「元軍人の斜陽族の娘」という一言でミチを説明するのも、そうした共通理解によるのであろう。[114] 恐らくこの共通理解を有している者にとっては、父親の闇と同種の暗さを抱え込む存在として茂が見えてくる。佐藤忠男は、茂が自分を拾ってくれた男（ミチの父）のみじめな死に対して何の反応も示さないとした上で、次のように記している。「作者はここで、戦後の日本の恥部にさぐりを入れている。深く疎外された者が、いわばオバケとなってよみがえってくるようなイメージである」[115]。敗戦以前の闇がミチの父や茂を通じて主題化されている点は、『狂熱の果て』に日本ヌーヴェルヴァーグ映画中でも独特の陰気さを与えているのかもしれない。

シナリオ時評の中で関根弘は、ミチ以外の人物には「生活がない」と述べている。[116] とくにトランペット吹きの陽二には、社会的立場にも、性格付けにも、不明確さが残ったことは否めない。彼はかなり振幅のある人間である。恋人を妊娠させておいて捨てて、自殺させてしまう。一方でミチにだけは、「本当にひねくれ屋だったら、今ごろ生きちゃいない」（一一五）と繊細な内面を吐露する。白人相手に「君が代」のプロテストを行なうだけでなく、映像にはないが台本では「ラ・マルセイエーズ」を歌いながら、健次邸での乱れたパーティーから朝の屋敷街を帰っていく（一二四）。

陽二役の藤木孝は、役者でなく歌手であったが、一心かつ切なげにトランペットを演奏する演技は、人物の内面の煩悶をうまくにじみ出させている。[117] ときに浮かべる虚無の表情も印象深い。他方、ガソリンの切れたモーターボート上でミチとの摩擦が深まっていくシーンでは、彼の弱々しさだけが前面に出てしまっている。これは監督第一作目である山際の演出が、まだ行き届かなかったということでもある。

粕三平の批評と、ラストシーン

『狂熱の果て』に寄せられた評のうちで最も厳しかったものは、粕三平《かすさんぺい》（本名熊谷光之、一九二九—一九九八年）によるものである。[118] 映画監督・理論家である粕三平は、山際も参加していた『映画批評』誌の中心的人物であった。印象批評ではなく、映画の製作条件を具体的に考え、その中でどこまで製作者の意図が実現できたかを考えねばならないという方法論を、山際は粕から学んだ(119)。その粕による厳しい批評に、山際はかなりの衝撃を受けたであろう。

批評文の長さは四〇〇字原稿用紙一五枚にわたる。その内容には、かなり抽象的な部分もある。たとえば、「抑圧を再生産する状況を支えている行為というものは、ほんとうは錯覚にすぎない実体なのではないか」「ぼくらがほんとうに「肉体」をみたいなら、死体(「肉体の死」)から何が生れるかを問いつめない限り、決してみれないのではないか(120)」。こうした問いは、山際の問題関心を踏まえたものではあるが、なかなか答えるのが難しいものであろう。

作品全体については、粕は次のように記す。「シナリオ及び映画の最大の欠陥は、ドラマのはこびがいわゆる筋立につよく支配されていることにある」「シーンの殆どが、登場人物の行為と心理のまるで一枚岩のように単調な対応によって書かれ、そしてつつがなくはこばれていく」。これは、「観念的」な『狂熱の果て』の一つの特徴ではあろう。粕がとくに批判するのは、ミチの描写である。「特にこの作者は、絶望が好きだとみえて、行為のある局面で追求がゆるむとすぐ絶望の文字があらわれる」「何故絶望的表情というだけのト書におさまるのかわたしにはわからない。それではつまりつよがりのウラハラなミチというだけにすぎないではないか」。陽二の逮捕を知らされ、東京へ帰ろうと茂に促されたミチは「……(絶望する)」(一三二)となるが、「わたしなら(…)この(絶望する)に本能的な自己防ぎょの計算、そして悪意、その間の振幅を先ずは一度うたがってかかる」「行動の条件についての執拗な追いうちはみることができない(121)」。この批判は、ミチもまた状況の再生産に加担しているという山際のリアリズム論に沿いつつ、シナリオにおけるその不徹底を指摘するものであるから、一定の正当性をもつ。ただし、陽二の逮捕を知らされたときのミチの状況が出口なしの絶望として描かれればこそ、脱走してきた陽二を見捨て、さらに茂たちへの復讐へと向かう彼女の動きがダイナミックになることもたしかであろう。

ミチを最も苦しめる存在である茂については、粕は次のように記す。「ミチは「もっと本当にすばらしいものがほしい」女性である」「いわばそのような作者の「観念」の形象化である。茂はその通路を拒むミチの状況内の条件、現実的日常性を代表する影の男である。小メフィストフェレスといえばいいすぎにならうか。したがってもし彼を、たとえば「自殺した」「X」のユーレイのようなかなり不気味な存在として表現するためには、陽二と対応する人間としてつっこんで描くべきだったのではないだらうか」「むしろミチじしんのフラストレーションの意識、あるいは意識下の意識をじっと不気味に監視しつづける人間であり、そのためにミチの憎悪の対象であり（…）という人間として表現すべきだったのではないか」[122]。この評も、ミチと茂の分身的関係を正面から把握している点では正当である。とはいえ、そうした関係は実際の映像においてもかなりの程度まで表現できていたのではないかと筆者は考える。

総じて粕による批判は、『狂熱の果て』の狙いがもっていた意義を際立たせるものである。そして、山際はその狙いを十分に形象化できていたと筆者は考える。そのことはとくに、粕が注意を向けていないラストシーンについていえる。

ミチが茂を刺殺し、健次殺しには失敗して倒れ伏すラストシーンの意味を考えるために、『シナリオ』誌によって一九六一年二月九日に行なわれた座談会「日本映画変革のイメージ」を見たい。出席者は江藤文夫（映画評論家）、松本俊夫（記録映画監督）、山際永三（新東宝助監督）、恩地日出夫（東宝監督）、石堂淑朗（松竹助監督）である。山際が新進の助監督として注目されていたことが窺える顔ぶれである。山際は大島渚が追求している状況論を、「世の中が悪いというような結論になる状況論」ではなく、「個人という考え方」も否定し、「外部と内部とを総体的にとらえる状況論」だとして、共感を表明している。その上で、『青春残酷物語』に触れて、「最後に挫折したところがラストということで終ってるので、僕は（…）一度は確かに感動したのですがね、しかし僕はあとではやっぱりあの主人公が死ぬことのあとになにか変ったものを拡大してとらえる目というものがあれば、はじめてたんなる青春劇じゃない本当の状況のドラマができるのじゃないかという気がしたのです」と発言している。では、人物が壁にぶつかって倒れて終わるだけではないドラマとはどのようなものか。山際は自分の狙いを明確に意識し、次のように発言している。

何かを変えようとして壁にぶつかっていく青春というものが挫折したときに、自分がこう変えたいと思っていたことがそう変らずに、自分が予期しなかった結果が生れてくる。ただその結果の変化というものが必ずしも良い方向の変化ばかりじゃないかもしれない。むしろ一方では日本の抑圧の再生産ということにしかならないような、しかし変化が起きたことは確実だというような状況劇というものを考えていきたいと思っています。(123)

別のところで山際はまた、「状況そのものを傷つける」という表現も用いている。(124)『狂熱の果て』のラストは、こうした意図を踏まえてつくられている。殺人という行為において、物語はミチの破滅に終わる。ブルジョア御曹司の健次を殺すことはできなかったし、そもそも彼一人を殺したところで世の中は変わらない。だが、茂を殺すことによって、ミチは堕落した自分をたしかに殺したのである。それにより彼女は生への活路を切り開き、自分と社会を揺り動かすための一歩を踏み出していた。破滅的な行為が、破滅的であるにもかかわらず、状況を切り開く、あるいは少なくとも傷つける一歩となる。山際によるリアリズムの探究は、ここに最初の結実を見たのである。

おわりに

山際永三は大庭秀雄・木下恵介と対峙しながら、リアリズム論を練っていった。抑圧的な社会と登場人物とは一体的な関係であり、抑圧の再生産に主人公自身が関与している。この構造を明らかにし、かつそれに作者として主体的に関わり、状況を揺るがすためにはどうすればいいのか。これが、山際の探究に一貫する問いであった。新東宝時代の経験は、映画製作と社会という次元において、山際の認識をいっそう深めた。『狂熱の果て』はミチの破滅と、破滅を通じた状況の打開への一歩を描くことで、リアリズムをめぐる山際の問いに確かな答えを与えたのであった。

では、リアリズム論の探求と呼応しつつ、一連の映画運動において山際はいかなる活動を行なったのか。また、『狂熱の果て』ののちテレビに製作の場を移すことで、山際の探究はどのような展開を迎えるのか。次章以降では、これらの問題を検討する。

（1）『福島誌上県人会』（福島県友会出版部、一九二三年）、三五頁。副見恭子「ライマン雑記」（一九）、『地質ニュース』五六五号、二〇〇一年九月。以下、一九四五年までの記述は元号も併せて記す。

（2）『福島誌上県人会』、三五頁。『ポケット会社職員録　昭和十四年版（第四回）』（ダイヤモンド社、一九三八年）、六三三頁。『官報』三六七号、一九一三年一〇月一八日、三七八頁。同、一一八四号、一九一六年七月一二日、二八九頁。ひとり息子という点は、山際より筆者へのメール。二〇二四年三月一七日。

（3）山際太郎「向日葵より加里鹽の製造」、『農学会報』一七九号、一九一七年七月、四八三―四八八頁。この論文はその後も参照されるものとなった。稲留帯刀「向日葵の栽培」、『農業の満州』五巻一二号、一九三三年一二月、五〇頁、参照。

(4) 筆者による山際のインタビュー。二〇一七年六月一二日。
(5)『日本油脂三十年史』(日本油脂、一九六七年)、四―五、九―一一、七二―七八頁。
(6) 筆者による山際のインタビュー。二〇一七年六月一二日。
(7) 日本スケート会編『スケート』(日本スケート会、一九二一年)、四六頁。
(8) 筆者による山際のインタビュー。二〇一七年六月一二日。山際より筆者へのメール。二〇二四年三月一七日。『大衆人事録　第十三版　東京篇』(帝国秘密探偵社、一九三九年)、七九五頁。『大衆人事録　第十五版』(帝国秘密探偵社、一九五二年)、や一三頁。
(9) 松本克平『日本新劇史――新劇貧乏物語』(筑摩書房、一九六六年)、五一八―五二〇頁。なお、山際も高校時代には俳優座、文学座、民藝といった新劇によく通い、三好十郎の「ゴッホ」(民藝)には感激した。しかし、太郎と新劇の話をした覚えはないという。「私があまり話をしなかったのか、父があまりしたがらなかったのか、どちらかわかりません。／その両方が、なんとなくあったのかも知れません」。したがって、太郎と関口の交友についても、筆者が松本克平の本について伝えるまで、山際は知らなかった。山際より筆者のメール。二〇二四年三月一七日。
(10) 山際より筆者へのメール。二〇二四年三月一七日。
(11)『実業評論』五号、一八九九年五月、法人界一〇頁。『人事興信録　第六版』(人事興信所、一九二一年)、し二頁。
(12) 阿川弘之『志賀直哉』上(岩波書店、一九九四年)、四二四頁。筆者による山際のインタビュー。二〇一七年六月一二日。
(13)『大衆人事録　第十三版　東京篇』、七九五頁。次女と長男の名前は山際より筆者への手紙(二〇二四年四月八日消印)により訂正した。
(14)『日本技術家総覧　昭和九年版』(日刊工業新聞社、一九三四年)、三四頁。筆者による山際のインタビュー。二〇一七年六月一二日。山際より筆者へのメール。二〇二四年三月一七日。
(15)『東京紳士録　昭和九年版』(国際公論社、一九三四年)、八一三頁。
(16)『東京慈恵会第二十八報告』(東京慈恵会、一九三五年)、一三、四三頁。
(17)『大衆人事録　改訂第十三版　東京篇』(帝国秘密探偵社、一九四〇年)、七九五頁。『日本油脂三十年史』、一九〇頁、巻末の「役員就退任一覧表②」。専門については山際より筆者へのメール。二〇二四年三月一七日。
(18) 筆者による山際のインタビュー。二〇一七年六月一二日。山際永三・内藤誠・内藤研『監督山際永三、大いに語る――映画『狂熱の果て』から「オウム事件」まで』（彩流社、二〇一八年）、二九頁。
(19) 阿川『志賀直哉』上、四二四頁。筆者による山際のインタビュー。二〇一七年六月一二日。山際より筆者への手紙。二〇二四年四月八日消印。
(20) 筆者による山際のインタビュー。二〇一七年六月一二日。なお、山際の父・太郎は一九八〇年、母・淑子は一九九五年に亡くなった。山際より筆者へのメール。二〇二四年七月六日。
(21) 山際・内藤・内藤『監督山際永三、大いに語る』、三〇、三一、三七頁。筆者による山際のインタビュー。二〇一七年六月一二日。
(22) 山際弥太郎〔永三〕「随想――「白痴」をめぐりて」、『シネ・エッセイ』八号、一九五一年九月、五、一〇頁。
(23) アヌイ（芥川比呂志訳）「アンチゴーヌ」、『アヌイ作品集』第三巻（白水社、一九五七年）。サルトル（加藤道夫訳）「蠅」、『サルトル全集』第八巻（人文書院、一九五二年）。カミュ（渡辺守章訳）「カリギュラ」、カミュ（渡辺守章・鬼頭哲人訳）『カリギュラ・誤解』（新潮文庫、一九七一年）。
(24) 山際永三「随想「羅生門」をめぐりて」、『シネ・エッセイ』一〇号、一九五二年五月、一七―一九頁。
(25) 筆者による山際のインタビュー。二〇一七年六月一二日。直哉の異母弟でいっとき映画界にいたこともある直三と山際の交流について、山際・内藤・内藤『監督山際永三、大いに語る』、三三―三六頁。
(26) 中村光夫『志賀直哉論』（文藝春秋新社、一九五四年）、一二一頁。筆者による山際のインタビュー。二〇一七年六月一二日。山際・内藤・内藤『監督山際永三、大いに語る』、三九―四一頁も参照。
(27) 大庭秀雄「リアリズムについて」、『シナリオ』六巻三号、一九五〇年二月、一一二頁。
(28) 山際「随想「羅生門」をめぐりて」、一九頁。
(29) 「座談会　新らしいメロドラマの方法」、『現代映画』一号、一九五四年四月、一四、一九頁。出席者は大庭秀雄、宗達人、佐藤重臣、山際。この雑誌は創刊号だけで終わった。
(30) 山際永三「大庭秀雄と「愛欲の裁き」」、『Keio Cine' Land』三号、一九五三年六月、一〇頁。同誌は慶應映画芸術研究会の刊行になる。
(31) 大庭の作品が「行為の責任を主体に還元してセンチメンタリズムを排除して見せている」点を、山際は高く評価する。『君の名は』第一部での真知子（岸惠子）の家出も、本人の絶望と決心とから起こる。山際永三「大庭秀雄論」、『現代映画』一号、一九五四年四月、二三―二四頁。『帰郷』（松竹、一九五〇年）でも、主人公恭吾（佐分利信）と佐衛子（木暮実千代）の別離は、大佛次郎の原作にあるような単なる別れではない。「佐分利信が〔二人の運命をトランプ勝負に賭けておいて〕巧みなインチキをする、つまり自分の意志で女と別れることを選択するというところが、私にはショックでした。／原作はメロドラマ、大庭作品は近代的でした」。山際より筆者へのメール。二〇二〇年一月一八日。『帰郷』の該当箇所は以下を参照。『大佛次郎作品集』第四巻（文藝春秋新社、一九五一年）、二三六―二三七頁。

(32) 山際「大庭秀雄論」、二四、二六頁。

(33) 山際永三「『女の園』について」、『映画評論』一一巻一〇号、一九五四年一〇月、八六―八七頁。強調は原文。弁証法とは、ある主題と、それへの対立物に対して、両者を総合して認識の次元を引き上げ（止揚）、活路を切り開こうとする思考法である。社会は抑圧に満ちている（主題）が、自身もその一部である（対立物）とき、いかに両者を止揚するかを山際は問うていた。

(34) 「《座談会》『女の園』の青春像」、『シナリオ』二四巻一号、一九六八年一月、三〇頁。出席者は浦山桐郎、馬場当、藤田繁矢（敏八）、山際、矢島翠、加恵雅子、林玉樹。

(35) 山際・内藤・内藤『監督山際永三、大いに語る』、三七―三九頁。

(36) カミュ（清水徹訳）『シーシュポスの神話』（新潮文庫、一九六九年）、所収の「フランツ・カフカの作品における希望と不条理」、一二六頁。

(37) サルトル（伊吹武彦訳）「壁」、『サルトル全集』第五巻（人文書院、一九五〇年）。

(38) 筆者による山際のインタビュー。二〇二三年三月二五日。

(39) 「インタビュー山際永三」、映画秘宝編集部編『異端の映画史　新東宝の世界』（洋泉社、二〇一七年）、一四二頁。聞き手は下村健と編集部（秋場新太郎）。

(40) 『異端の映画史』所収の以下の論稿を参照した。下村健「新東宝の誕生――東宝争議と「十人の旗の会」」。同「大蔵貢の退陣、そして新東宝の解散」。藤木ＴＤＣ「稀代の〝興行師〟大蔵貢伝」。

(41) 「二〇一九年二月・シネマヴェーラでのトークショー映像」、『狂熱の果て』ＤＶＤ（ディメンション、二〇二〇年）、映像特典、における山際の発言。

(42) 山際・内藤・内藤『監督山際永三、大いに語る』、四三頁。敬子夫人は二〇一一年に病没した。旧姓・生没年は山際から教えていただいた。山際より筆者へのメール。二〇二四年四月三日。

(43) 山際はフォース助監督を務めた内田吐夢『たそがれ酒場』(一九五五年)について、高倉光夫名義で評論を書き、内田に渡している。内田組の製作現場が民主的であったこと、作品に人間への愛情と前向きの希望があることを評価しつつ、人物の動きと社会的現実との結びつきが希薄であることを山際は批判した。内田のスタイルは「一種の個人主義」に基づく昭和初期のプチブルインテリのものであるとして、山際は内田に「日本のこの現実と、選んだ仲間達の中へ、もっと深く深くアンガヂェすること」を呼び掛けた。高倉光夫(山際永三)「『たそがれ酒場』の問題」、『映画』七号、一九五五年九月、引用は三六、三七頁。同誌は新映画批評家集団の発行になる。山際はのちに内田の『飢餓海峡』(東映、一九六五年)を観て、「自分でやってみろと言われたら、ぜんぜんできないと、兜を脱ぎました」。内田は山際の批評について当時も後年も何もいわなかった。山際より筆者へのメール。二〇二〇年九月二日。『たそがれ酒場』DVD(紀伊國屋書店、二〇〇六年)、ブックレットに掲載の山際永三インタビュー(インタビュアー・構成、木全公彦)も参照。

(44) 山際・内藤・内藤『監督山際永三、大いに語る』、四二頁。「映画と批評の会」、『映画批評』五号、一九五七年一〇月、四三頁。

(45) 山際より筆者へのメール。二〇一八年二月二一日。

(46) 高倉光夫(山際永三)「アメリカ映画史から」、『映画』一〇号、一九五七年九月、二二頁。

(47) 高倉光夫(山際永三)「今井正論」、『映画評論』一一号、一九五八年六月、二三頁。志賀皎「『姦通』への疑問」、『映画批評』七号、一九五八年一月、二四頁。山際は、今井が実生活においては共産党員としての主体的な「観念」(理念)をもっているのに、作品をつくる上ではそうした「観念」をもって主体と状況の関係を説明することを避けていると批判する(「今井正論」、二四頁)。大島渚が山際のこの今井論を「細密である」と評価している。大島渚「今井正下手くそ説に就て」、『映画批評』一四号、一九五八年一〇月、二九頁。

(48) 山際永三「〝戦う主体〟形成の条件——新東宝・再建闘争」、『戦後映画』二号、一九六〇年八月、五頁。

(49) 「インタビュー山際永三」、『異端の映画史』、一四七頁。大蔵退陣後に新東宝はオール・スター、オール・キャストでオムニバス『恋愛ズバリ講座』(一九六一年)をつくり、山際は第三話「好色」(監督石井輝男)の四人の脚本の一人に名を連ねている。だが、この時期山際は新東宝再建の組合活動に専心しており、実際には映画製作には関与しておらず、名前を出しているだけである(これは二〇一八年一〇月五日に『監督山際永三、大いに語る』の出版記念会があった際に筆者が山際本人から聞いた)。

(50) 山際永三「新東宝のゆくえ」、『シナリオ』一七巻二号、一九六一年二月。関連する論稿として、次に検討する「チグハグなぼくらのたたかい」にくわえて、山際永三「その後の新東宝」、『映画評論』一八巻九号、一九六一年九月、参照。

(51) 山際永三「チグハグなぼくらのたたかい——新東宝とその周辺の問題」、『映画評論』一八巻七号、一九六一年七月。この論稿の引用は本文中に頁を示す。「チグハグな……」は山際の論稿のうち最も読まれているものであり、三度にわたり再掲されている。①『日本ヌーベルバーグ』(現代日本映画論大系3)』(冬樹社、一九七〇年)、四四九—四五五頁。②佐藤忠男・岸川真編著『「映画評論」の時代』(カタログハウス、二〇〇三年)、四四五—四五一頁。③山際・内藤・内藤『監督山際永三、大いに語る』、五〇—六一頁。③の冒頭に付された二行は、②の編集部のつけた説明であり、本来の「チグハグな……」の一部ではない。

花田清輝は「チグハグな……」を「新東宝の俗流大衆路線論者の自己批判」とした上で、その著者(山際)が「大衆の目とはなにかということについて、しきりにおもいなやんでいるようにみえる」とコメントした。このコメントは「大衆の論理」に内在的に迫るべきだという花田の関心に発するものであるが、「チグハグな……」に対してどちらかといえば共感したものであるといえる。花田清輝『新編映画的思考』(未来社、一九六二年)、所収の「映画ジャーナリズム論」、三五二頁。

偶々かもしれないが、「チグハグな……」の形式や雰囲気は、獄死した友人の遺した手記を紹介するかたちをとる椎名麟三「深尾正治の手記」(一九四八年)をどこか彷彿とさせる(椎名麟三『重き流れの中に』新潮文庫、一九七〇年改版、所収)。山際が椎名麟三を好きだったことは、注89参照。なお、椎名麟三はある会合で三輪彰から新東宝再建の苦労を聞いたことをきっかけにして、山際が名前のみ参加した『恋愛ズバリ講座』を鑑賞し、同情的な評を書いている。椎名麟三「新しい出発を」、『シナリオ』一七巻三号、一九六一年三月。

(52) 「チグハグな……」掲載の二か月後に、山際は新藤兼人論を発表している。山際永三「伝統の荷受人——新藤兼人」、『シナリオ』一七巻九号、一九六一年九月。この論稿はまず、『夜明け前』(近代映画協会・劇団民藝製作、吉村公三郎監督、一九五三年)における新藤の脚本について、歴史の外部と同等の重みで主人公の狂気にいたる内部を描いたとして高く評価する。ついで、新藤が監督した『悲しみは女だけに』(大映、一九五八年)について、どこまでも「苦悩の中の真実」を追求し、ヒューマニズムとリアリズムを交配させようと努めていると規定する。だが、この方法によって「激しく流動している現実をとらえ切れるかどうか」、と山際は疑問を呈する。ここから本稿は、中心的な論点である『裸の島』(近代映画協会、一九六〇年)評に移る。殿山泰司と乙羽信子の演じる夫妻は、自然との過酷な闘いを続けるが、そのような労働のあり方は、本来であれば社会的状況によって強いられたことである。だが、新藤(監督・脚本)は、自然との闘いを無媒介的に「不変の営み」として描いている。カミュのシジフォスが、巨大な岩石を山の上に押し上げる刑罰を「すべてよし」として受け入れたときに、現実変革の契機を取り落としてしまったのと同じで、新藤も夫妻の闘いから現実変革の媒介を奪ってしまったのだ、と山際は断じる(シジフォスについてはカミュ『シーシュポスの神話』を見よ)。筆者なりにまとめれば、『裸の島』において新藤は「自然主義」に接近してしまったというのが、本稿の主張であろう。

(53)『胎動期』について山際は、「新藤兼人氏の本が、いかにも古風なので、私は批判的でしたが、三輪監督の演出には感心しました」と振り返っている。山際はセカンド助監督として奮闘した。看護婦の一人の恋人が病死して、布団の上に「ヒヨコが沢山歩いているところ、脚本にはなかったが、三輪さんのイメージで急遽ヒヨコを集めた記憶があります」。さらに、看護婦寮での入浴シーンに際して、女優たちの体調の都合が悪いときにぶつからぬよう「配慮するのはお前の役目だと言われて大いに照れた思い出があります」。山際より筆者へのメール。二〇二〇年一一月一二日。

(54)山際「『女の園』について」、八七頁。

(55)下村「大蔵貢の退陣」、一二四頁。

(56)山際「その後の新東宝」、一七頁。

(57)「編集後記」、『映画評論』一八巻一〇号、一九六一年一〇月、一五八頁。

(58)下村健「わずか四か月の歴史・大宝映画の運命」、『異端の映画史』、および同書一四頁。『狂熱の果て』のフィルムは大宝倒産後に行方不明となり、山際はじめ関係者による長い探求をへて、二〇一四年に発見された。もともと『狂熱の果て』の現像は東洋川崎現像所で行なわれたが、恐らくは16ミリプリントを作成する目的で、ネガがソニーPCLに移されたらしい。ソニーPCLが二〇〇二年に現像から撤退したのち、同社が保管していた所有者不明フィルムのストックが東京国立近代美術館フィルムセンター(現国立映画アーカイブ)に「仮置き」された。その中に『狂熱の果て』のネガもあることを、フィルムセンターのとちぎあきらをはじめとする関係者が発見したのである。山際のさらなる努力によって、本作の著作権は監督にあることが認められ、二〇一六年一月に山際によってフィルムセンターに寄贈された。『狂熱の果て』は二〇一八年二月にフィルムセンターで上映された。山際・内藤・内藤『監督山際永三、大いに語る』、六四―六五頁。

山際永三「オーファン・フイルムの典型例」(二〇一五年五月。フィルムセンターに提出された文書)、二—三頁。同「通知書」(二〇二三年二月一日。『狂熱の果て』の著作権保護に関して、フィルムセンターに提出された文書)、一頁。二〇二〇年には株式会社ディメンションによりDVDが発売された。

(59)筆者による山際からの聞き取り(本格的なインタビューではないのでこのように表現する)。二〇一八年一〇月二四日。『「狂熱の果て」復刻秘話　山際永三監督インタビュー」(取材・文、高鳥都)、『昭和の不思議101　2020年　秋の男祭号』(大洋図書、二〇二〇年)、一四三頁。

(60)「インタビュー山際永三」、『異端の映画史』、一四八—一四九頁。山際・内藤・内藤『監督山際永三、大いに語る』、六三頁。「野獣会」については、「とび出した〝ケダモノ〟たち」、『新週刊』一巻六号、一九六一年六月一五日、を参照せよ。秋本マサミの書いた原作の小説「狂熱の果て」については、「野獣会というあるハイティーン・グループ」、『新婦人』一六巻七号、一九六一年七月、一六六—一六七頁に紹介がある。そのあらすじは以下のようなものである。

郊外から私鉄を利用して高校に通っているミチは、通学中に知り合った高校生修とデートを重ねるようになるが、それを知った彼女の家庭教師によって犯されてしまう。これをきっかけにミチの性格はがらりと変わり、盛り場をねり歩くようになる。ジャズ喫茶店でロカビリー歌手になった修と再会するが、彼は年上の恋人と同棲していた。心の傷をいっそう深くしたミチは夜遊びを繰り返し、いつしか六本木族の重要なメンバーとなっていた。乱れた生活の中で彼女は劇団の研究生である陽二と恋仲になるが、映画の主演に抜擢されたことで彼もまたミチのもとを去る。「二人は最後の日に激情的な夜を過ごす。／だが、狂熱にとりつかれたあとに残ったものは、みじめな孤独だった」。ミチが陽二の子どもを宿したことを知ったある日、陽二は交通事故で死ぬ。

(61)山際永三・山田健『狂熱の果て』、『映画評論』一八巻一〇号、一九六一年一〇月。

(62)以下、『映画評論』に掲載されたものを『映画評論』版、脚本の準備稿と決定稿をそれぞれ『準備稿』『決定稿』と呼ぶ。文中で脚本を参照する際には『映画評論』版を用い、カッコで頁数を表記する。『準備稿』は表紙に「準備稿」の記載があるが、『決定稿』にはその種の記載はない。なお、国立映画アーカイブには山際使用の脚本決定稿が所蔵されており、詳細な配役はその書き込みから知ることができる。

(63)『準備稿』(扉頁)。『決定稿』(扉頁)。

(64)山際より筆者へのメール。二〇一八年一一月一〇日。

（65）注41のトークショー（聞き手・下村健）において山際は、主演の藤木孝と星輝美に対して、「彼女と僕との関係がこのお二人の関係に投影されている」と述べている。

（66）『準備稿』（a—八頁）ではこうした述懐はない。父親は病室で看護婦に呼び鈴を鳴らしている。「さっきから呼んでいるんだが、起きて来ないんだ。あの看護婦はお父さんをバカにしているんだ」。これに比べ、『決定稿』では父親の恨みがより書き込まれた。

（67）『準備稿』（b—七頁）では父親の遺書は「茂君と結婚してくれたらいいと思う。彼も気の毒な青年だから」と締めくくられる。この箇所は『決定稿』では削られた（『映画評論』版一一七）。

（68）『決定稿』では「あたしは……もっと本当にすばらしいものがほしいの！」（『映画評論』版一一二）であるが、実際の映像中のセリフに従う。なお、『準備稿』（a—八頁）では父娘の会話はあっさりしており、ミチのこの言葉もない。

（69）このシーンは、今井正の『米』（東映、一九五七年）に対する山際の批判を想起させる。同作では「状況の壁をつきほぐすドラマの契機」がとらえられていない、ある人物の決意が別の人物の動きを惹起するような「相互にかかわりあう弁証法的なドラマツルギー」が見られない、と山際は記している。高倉〔山際〕「今井正論」、二八—二九頁。これに対してミチと陽二の動きは、ともに状況の一部として、逃れ難く絡み合っているのである。

（70）「五月藤江さんは、たしか無声映画時代には主役もやった人と聞いたことがあります。どんな小さな役でも喜んでやってくれる人でした」。山際より筆者のメール。二〇一九年四月一二日。

（71）アウシュヴィッツを主題とする、アラン・レネ監督のドキュメンタリー映画『夜と霧』（一九五五年）が話題を呼んだことが、このシーンの着想の一つではなかろうか。日本において同作は、一九五六年に「あまりにも残酷で風俗公安を害す」との理由により、東京税関で輸入差し止め措置を受けた。それ以来、一九六一年に一部削除の上で公開されるまで、同作は表現の自由などの観点から、関心を呼んでいたのである（ノーカット版公開は一九七二年）。ヴィクトール・フランクル（霜山徳爾訳）『夜と霧——ドイツ強制収容所の体験記録』（みすず書房、一九五六年）の刊行も、この映画の知名度を増幅させた（フランクルの本の原題には「夜と霧」という語はなく、映画の題名がこの書名に影響を与えている）。大島『日本の夜と霧』（一九六〇年）のタイトルも、レネの映画とフランクルの本の両方を意識しているだろう。「編集部付記——日本における映画『夜と霧』の受容について」、エーヴァウト・ファン・デル・クナープ編（庭田よう子訳）『映画『夜と霧』とホロコースト——世界各国の受容物語』（みすず書房、二〇一八年）、二六四—二六七頁。大島の映画と同じ一九六〇年に公開された吉田喜重『血は渇いてる』（松竹）でも、生命保険会社の課長（戸浦六宏）が女性社員にアウシュヴィッツに関する軽口を叩いている。

（72）ミチのセリフのあと、パトカーのサイレンの音が近づいてくる。陽二が「ミチ！　どうしてもか」というのに対して、ト書きは「ミチ動かない」と続く。山際使用の決定稿（f—一一頁）ではこのト書きに「重要」「長く」「ストイックに」という書き込みがある。実際の映像ではこの演出意図は、凝然と正視するミチの長いカットによって実現された。

（73）『準備稿』（e—一八頁）では連行される陽二は車中のミチに気づかない。『決定稿』では気づく（『映画評論』版一三三）。

（74）小川徹・関根弘「対談シナリオ時評」、『シナリオ』一七巻一一号、一九六一年一一月、一一三頁。佐藤重臣「まさに新人不毛の年」、『映画評論』一九巻一号、一九六二年一月、一〇頁。佐藤忠男「日本映画に突破口はないか――失われた作家の言葉を取戻すためには」、『映画芸術』一〇巻一号、一九六二年一月、二六頁。「映画と批評の会」、『映画批評』五号、一九五七年一〇月、四三頁。

（75）佐藤忠男「日本映画に突破口はないか」、二七頁。

（76）高倉〔山際〕「今井正論」、二四頁。

（77）筆者による山際からの聞き取り。二〇一八年一〇月二四日。

（78）高倉光夫〔山際永三〕「怪談映画の超現実」、『映画批評』一三号、一九五八年八月、三九—四〇頁。

（79）山際永三「青春の論理否定」、『リアリティ』一号、一九六三年一二月、一四—一六頁。これは新東宝撮影所助監督室の同人誌である。山際は敬子夫人が精神の不調に苦しむ状況のもと、『悲の器』も「興奮しながら読んだ記憶です」という。山際より筆者へのメール。二〇一八年一一月一〇日。

（80）〈鼎談〉山際永三・桂千穂・内藤誠「娯楽と過激さの間に」、『映画芸術』五五巻四号、二〇〇五年一一月、三五頁。

（81）「インタビュー山際永三」、『異端の映画史』、一四六頁。

（82）筆者による山際からの聞き取り。二〇一八年一〇月二四日。

（83）〈鼎談〉山際・桂・内藤「娯楽と過激さの間に」、三五頁。

（84）『準備稿』（a—一からa—四頁）冒頭では、あけがたの街路にトランペットのブルースが流れ、レストラン「六本木」のシーンとなり、陽二やミチが登場したのち、車が表に停まる。

（85）「インタビュー山際永三」、『異端の映画史』、一四五頁。撮影法に関して、山際は羽仁進『不良少年』（岩波映画製作所、一九六〇年）の臨場感にショックを受けた。人物間をつなぐ目線をカメラはまたいではいけない（人物の位置関係が混乱するので）というルールから、羽仁は自由だったのである。山際自身は『狂熱の果て』で、フルショットで人物の全体像を撮ったその次に、同じ方向で人物のアップを撮る方法を多用した。「この手法は、役者の表情やちょっとした身体・顔の傾きの違いに違和感が出ることがあり、あまりやってはいけない手法でした。しかしどうしてもやりたかったのです」。山際は自分の方法を「反自然主義による観客の意識集約論」と呼んでいる。山際より筆者へのメール。二〇一九年七月四日。

（86）山際「チグハグなぼくらのたたかい」、一八頁。

（87）筆者による山際からの聞き取り。二〇一八年一〇月二四日。

（88）山際永三「エログロオバケの系列——「明治天皇と日露大戦争」と新東宝のはらわた」、『映画芸術』一三巻八号、一九六五年八月、七四頁。

（89）山際より筆者へのメール（二〇一八年三月二二日）には次のようにある。

三輪彰という人は、まさに戦中派の典型で、なんぞと言えば中国戦線で、中国人のおばさんに食料をもらって生き延びた話を自慢するという、ある意味でひねくれた人でした。五所平之助監督の助監督として、「煙突の見える場所」の脚本作りに参加して、椎名麟三を知ったことから、私も椎名麟三を好きだったので、新東宝で唯一文学を語れる人として、兄貴分として尊敬もしていました。しかし何事も自分本位で、弟分の私をいじめてみたり、不思議な人でした。三輪さんが石井輝男さんに続いて監督をやるようになり、私はよく三輪組につきました。三輪さんの作品は、石井さんのようなケレン味もなく、伝統的な作風でしたが、ときどき脚本にはないシュールな絵作りなどあり、私としては勉強になり、いつか三輪彰に追いつき追い越すを自らに言い聞かせていました。私の「狂熱」の試写を見た、ある人（共産党的発想の人）が、「山チャン、どうしてこんな絶望的な映画を作るの？」と言ってきたときに、三輪さんが「山際の時代感覚が、わからないのか」と言ってくれたのを覚えています。そのときはうれしかったです。新東宝がつぶれた後は、あまりめぐまれず、テレビ映画を少し監督したり、ＰＲ映画を撮ったりしていましたが、業界から消えていった人です。

（90）山際永三「欲ばり青春論——シナリオ・コンクール作品を読んで」、『シナリオ』一八巻四号、一九六二年四月、六八頁。

（91）山際「欲ばり青春論」、七〇頁。

(92)〔鼎談〕山際・桂・内藤「娯楽と過激さの間に」、三五頁。

(93)佐藤重臣「ルイス・ブニエルと戦後美学」、『映画評論』一八巻一〇号、一九六一年一〇月、四九―五〇頁。

(94)『準備稿』(c―一三からc―一四頁)ではガーデンパーティーはない。健次の部屋での頽廃的な集まりに先立って小景的に、邸宅の応接間で会社の社長たちや夫人たちだけの渡米送別会が行なわれている。バルーンも潰れない。

(95)山際より筆者へのメール。二〇一八年七月二八日。

(96)筆者による山際からの聞き取り。二〇一八年一〇月二四日。

(97)新東宝の女優である星輝美(一九四一年生)は、『狂熱の果て』に先立って、渡辺祐介監督『少女妻　恐るべき十六才』(一九六〇年)において、戦争により孤児となり、やくざ組織のもとで売春やゆすりに従事する少女ユキを演じた。反道徳的な笑みを浮かべてゆすりを働く演技は、強く心に残る。

筆者が二〇二二年六月八日に東京都内で行なった星輝美のインタビューに基づき、役者としての彼女の背景について記しておきたい。星輝美は第二次世界大戦中、岐阜県養老町の養老の滝近くに縁故疎開していた。疎開先の村には父親が経営する工場があった。三菱の飛行機の部品を作るジュラルミンの工場で、村の人はみなそこで働いていた。学校では筆箱も下敷きもみな父親がジュラルミンで作ってくれて、「村で一番お嬢ちゃまだった」。だが、一家は戦争で豊かになったものの、戦後に名古屋に戻ってからは環境が変化し、小学四年生からあとは辛いことが多くなった。そのような少女時代を送るなか、中学二年生のときに近鉄電車の車中で佐川滉にスカウトされることになる。女優ではオードリー・ヘップバーンが一番好きだったという星は、石井輝男監督『女王蜂の怒り』(一九五八年)では、実際ヘップバーンを彷彿させる艶やかな姿で活き活きとダンスを披露している。だが、彼女はそうしたアイドル的な役にくわえ、先述の『少女妻』でのユキ、また山田達雄監督『湯の町姉妹』(一九六一年)での、下心をもった男に狙われているようで実は相手をだましている娘など、複雑な人物像も説得力をもって演じている。彼女自身の少女時代の苦労が、そうした奥行きのある演技をどこかで支えていたのではなかろうか。『少女妻』の成功に続いて、『狂熱の果て』のミチは、星輝美の代表作となった。

(98)「座談会　新しい映画作りの方法」、『映画芸術』一〇巻一号、一九六二年一月、三一頁。出席者は恩地日出夫、深作欣二、山際、橋田寿久年、富本壮吉、山田洋次、平山昭夫。

(99)小川・関根「対談　シナリオ時評」、一一二―一一三頁。

(100)佐光曠「ブタはブタのごとく死ね　『狂熱の果て』」、『映画評論』一九巻一号、一九六二年一月。

(101) このシーンの演出は、フランスのヌーヴェルヴァーグにおける、人を驚かすような手法から学んだということである。筆者による山際からの聞き取り。二〇一八年一〇月二四日。なお、『準備稿』(b—一八からb—一九頁)では、観客席の二人が「(あくびして)イヤんなっちゃうナ、こんなの」(アキ子)、「出ようヨ」(ミチ)と会話し、退出しようとして、隣のアベックの女の足をミチがわざと踏むという流れである。

(102) 『準備稿』(a—三頁)では陽二と白人のいざこざはなく、「君が代」も吹かない。

(103) 山際にとって大島は、それぞれ新東宝と松竹の助監督時代から、ともに映画の刷新を目指した盟友である。山際はその大島の仕事では『飼育』をとくに推すが、『日本の夜と霧』は「政治主義の戯画化」「週刊誌的」とする。大島作品とは別に、山際が高く評価するのが吉田喜重『ろくでなし』である。松竹大船の「色んな意味でのよさが出て」おり、「ちゃんといいたいことも出て」「状況を丸ごと吸い出すようなもの」であるという。「状況を丸ごと吸い出す」ということは、山際のリアリズム論における一つの理想であろう。筆者による山際のインタビュー。二〇一七年六月一二日。

(104) 『新週刊』一巻二三号、一九六一年一〇月一二日、四一頁。

(105) 石堂淑朗がブルー・フィルム論において、「かなりいい線までいっている」として挙げている一篇は、『狂熱の果て』の該当シーンとどこか通じ合うものがある。「私が見たので面白かったのは一組の性交を見ている男がのぞきでは我慢できず、強引に割りこむ、すると更にそれを見ていた女がハッスルして四人になり、更にそれを見ていた男、女、男、女と次々にのぞきから行動に参加し、遂に十数人の裸体の山ができあがった作品で、ラストショットの肉ダンゴの山は、それだけ見させられるとしばらくは白いアメーバがうごめいているようで、何が何やら見当がつくまいと思われるくらいであった」。石堂は、ブルー・フィルムは「性交を物の交わり」に変えるとし、「オブジェ意識の実地訓練はこれに限る」と結んでいる。石堂淑朗『怠惰への挑発』(三一書房、一九六六年)、一八四頁。ここにあるのは花田清輝・佐藤重臣のいう「人間のオブジェ化」の一例である。

(106) 『映倫管理委員会報告　昭和三十六年　下半期』(映画倫理規程管理委員会、一九六一年)、三一、三八—三九頁。本書の校正段階で刊行されたものとして、鈴木義昭『桃色じかけのフィルム——失われた映画を探せ』(ちくま文庫、二〇二四年)が一章を割いて、成人映画という観点から『狂熱の果て』を論じている。

(107) 「新東宝データベース　1947-1962」の『狂熱の果て』の項を参照。

(108) 山際・内藤・内藤『監督山際永三、大いに語る』、六四頁。

(109)「ボクは火山のような恋がしたい!!」、『週刊平凡』三巻四三号、一九六一年一一月一日、七二―七三頁。
(110)寺山修司「六本木でクリスマスだった」、『旅』三五巻一二号、一九六一年一二月、一一四頁。
(111)「一九六一年度映画評論ベスト・テン」、『映画評論』一九巻二号、一九六二年二月、一六―一七頁。
(112)佐藤忠男「日本映画に突破口はないか」、二六、二七頁。
(113)佐光「ブタはブタのごとく死ね」、三八―三九頁。
(114)佐藤忠男「ザックバラン映画評」、『新週刊』一巻二号、一九六一年一一月一六日、八二頁。
(115)佐藤忠男「日本映画に突破口はないか」、二七頁。
(116)小川・関根「対談　シナリオ時評」、一一三頁。
(117)陽二役は何人か候補がいたが、音楽に素養のある人を探しているうちに、佐川滉が藤木孝を見つけてきたのである。筆者による山際からの聞き取り。二〇一八年一〇月二四日。
(118)熊谷光之〔粕三平〕「『狂熱の果て』についてのノート」（コピー）。一九六二年二月。この未発表の文章は山際の提供になる。
(119)筆者による山際のインタビュー。二〇一七年六月一二日。
(120)熊谷〔粕〕「『狂熱の果て』についてのノート」、六頁。
(121)熊谷〔粕〕「『狂熱の果て』についてのノート」、七―八、九頁。
(122)熊谷〔粕〕「『狂熱の果て』についてのノート」、一〇―一一頁。
(123)「座談会　日本映画変革のイメージ」、『シナリオ』一七巻三号、一九六一年三月、五二、五九、六三頁。『狂熱の果て』のラストはまた、状況に反抗するというあり方を剝奪されたあとの青春が露呈する瞬間でもあった。山際によれば『狂熱の果て』は「現状に対して曖昧な不満をいだいている女主人公の現実否定、自己否定のエネルギーがふくらんで行く姿を示したいと思った」「青春の挫折のあとで何かが変ったとすればそれこそが、青春の論理なしの青春ではあるまいか――つまり〝すべてか、しからずんば無か〟ではない、〝ベストではないベター〟を、〝闘えないものの闘い〟を主張して、その方法が抑圧を拡大再生産することしかない今日の状況との闘いでどれだけの意味をもち得るかを見たかった」。山際「欲ばり青春論」、七二頁。
(124)山際「欲ばり青春論」、七〇頁。

第二章 『炎 1960 ～ 1970』――彼方の連帯

はじめに

一九五〇年代から六〇年代にかけて、日本では映画の革新を目指す運動が盛んに繰り広げられた。映画人や芸術家がいくつもの団体や雑誌をつくり、映画・芸術・社会の幅広い問題を議論した。製作・批評・鑑賞の垣根を越えて展開したこの動きを、本書では「映画運動」と呼ぶ。山際はこの運動に最も熱心にくわわった映画人の一人であった。

以下、第一節では一九五〇年代の山際の批評活動と、映画サークル運動への関与について検討する。そのための主な舞台となったのは『映画批評』誌である。第二節では一九六〇年代の山際の批評活動について、『記録映画』誌に発表された論稿を中心に検討する。それらの論稿において山際は、ＰＲ映画やテレビドキュメンタリーを含む多様なジャンルの作品について、記録とドラマの境界を越えるという大きな問題意識をもって論じた。第三節では「映像芸術の会」での山際の活動に焦点を当てる。松本俊夫や野田真吉などによってつくられたこの会において、山際は次第に中心的な役割を果たすようになった。第四節では一九六八年に山際が製作した短編映画『炎 1960 ～ 1970』を分析する。同作（『炎』と略述）は映画運動における山際の探求の、一つの到達点となった。

本章を執筆するにあたっては、『映像芸術の会会報』をはじめ、当時の諸団体の刊行になる印刷物を体系的に用いた。それらの多くは山際によって筆者に提供された。他方、山際所蔵分には漏れもあった。これを補完する上では、松本俊夫を中心にして戦後映像史を研究している阪本裕文氏から多大の助力を得た。さらに、古書店を通じて入手した西江孝之（「映像芸術の会」元運営委員長）旧蔵の資料も利用することができた。

二〇一九年七月一二日に東京大学で開かれたワークショップ「一九六〇年代の映像運動と山際永三」でも、山際から貴重な証言を得た。(1)

本章の先行研究としては、阪本裕文による松本俊夫研究が最も充実しており、山際の映画運動への関与に要所で論及している。山際の論争相手であった木崎敬一郎に関する塩見正道の研究も、映画サークル運動における山際についての貴重な言及を含んでいる。(2)

一　『映画批評』

記録とドラマ

一九五五年春に新東宝に入社した山際は、実作者・批評家の集まりである「新映画批評家集団」にくわわった。同集団の機関誌『映画』は、一〇号（一九五七年九月）で「記録とドラマ」特集を組んだ。新藤謙の巻頭論文は記録映画と劇映画をオーソドックスに区別するものであった。(3) 山際はそのような区別には立たなかった。彼は「アメリカ映画史から」と題する論稿を寄せ、「セミ・ドキュメンタリー」とドラマの関係を論じている。劇映画の範疇に属するセミ・ドキュメンタリーを題材としたのは、山際が「記録」を幅広くとらえていた証であろう。

セミ・ドキュメンタリーとは、第二次世界大戦後のアメリカ映画に登場したジャンルで、ロケを多用し、新聞の社会面の犯罪に材をとるなど、ドキュメンタリー風のつくりが特徴である。その嚆矢となったジュールズ・ダッシン監督の犯罪捜査もの『裸の町』（一九四八年）では、冒頭でニューヨークを鳥瞰し、俳優が無数の住人とともに街中でつくった映画であるとナレーションが強調する。だが山際によれば、セミ・ドキュメンタリーは次第にドラマ化の傾向を強めていく。それはなぜかというのが「アメリカ映画史から」の問題意識である。

山際の考えでは、セミ・ドキュメンタリーは大衆の生活をとらえようとするものだが、戦勝国アメリカでは社会秩序は刷新されず、保守的な要素が強まった。そのため生活をそのまま描こうとすると、「社会の壁」にぶつかり作品の身動きがとれなくなる。「社会の壁」とは「生活自体の中での秩序という意味」であり、「生活」とは「アメリカの具体的な大衆の生活」である。

日本の「小津、成瀬をはじめとする多くの作家達の場合」「そうした社会の壁は不動のまま、そのこちら側だけに沈潜する風俗物的な生活のリアリティを求める方向に向ってしまっている」のに対して、アメリカ映画は「あくまでもその壁を動かそうとする方向に動いた」。そのための方法が「生活のドラマ化」であった。「それは偶然に起ったかに見える事件の中に必然的なものを発見しようとする態度が、特定の条件の中で、必然的なものを組み合せて、現実にみせようとする、一つの抽象化の方法に変っていった過程でもある」「アクチュアルな事件というものが、生活の中の事件である限り、作品はその生活のあり方自体に規制されて、身動きとれないものになる危険性があるので、生活の矛盾を抽象化し、それぞれの要因を対立させるドラマを或る一つの場に移植する方法がと〔ら〕れたのだ(4)」。ここで「一つの場」といわれているのはたとえば、『真昼の決闘』（フレッド・ジンネマン監督、一九五二年）における、西部の田舎町でただ一人孤立する男といった設定のことである。

この論稿からは、ドキュメンタリー（記録）、セミ・ドキュメンタリー、ドラマが山際のなかで緩やかに連続していることが窺える。かつ、すでにこの時点で「社会の壁」を動かすにはどうすればよいかという思索が展開されていることも注目に値する。ここで論じられている、矛盾を抽象化し要因を対立させるという方法は、『狂熱の果て』における「観念的」（理念的）なつくりと同じことである(5)。

「新映画批評家集団」はこののち「制作者懇談会映画部会」の動きに合流した。粕三平や佐藤忠男ほか、両グ

図 2-1　『映画批評』7 号（1958 年 1 月）表紙

ループにまたがって参加している者も多かった。粕は『映画』一〇号の編集過程で同人組織の弱さを感じ、強力な編集主体をもつ雑誌の刊行が必要であると悟った。そこで粕が中心となり、「制作者懇談会映画部会」による編集・発行として『映画批評』が創刊された。一九五七年六月刊行の創刊号は「記録映画」特集であり、『映画』一〇号との問題意識の連続性が見られる[6]。同年九月には『映画批評』の運営母体として「映画と批評の会」が態勢を整えた。一四人の運営委員のうちに山際（ペンネーム高倉光夫）も名を連ね、五人からなる編集委員の一人にもなった[7]。『映画批評』での山際の最初の論稿は、七号（一九五八年一月［図 2-1］）に掲載されたダッシン論である。ダッシン映画の歴史的背景をニューディールとの関連で説いた好論であり、先述の論稿「アメリカ映画史から」の問題関心とも連続している。「セミ・ドキュメンタリーのチャンピオン」ダッシンが、『真昼の暴動』（一九四七年）で示した怒りとファイトを山際は賞賛する（実際、映画で監獄の暴動中に、囚人バート・ランカスターが、看守長ヒューム・クローニンを打ちのめすクライマックスは圧倒的である）。だが、オスマン帝国圧制下のギリシア人社会を描く『宿命』（一九五七年）では、「現実のドキュメント」「人物の人間関係そのもの」は曖昧であると厳しい評価を与える（たしかに同作では、保身的な村の有力者に背いて、同胞である難民を救おうとする登場人物の葛藤が見えてこない）。山際は、「現代の「悪」の実体と機構は複雑である」として、主体と社会の関係をより深く掘り下げていくべきことを説いている[8]。

この問題提起は、『映画批評』一一号（一九五八年六月）掲載の今井正論に引き継がれた。山際は今井の作品、たとえば『真昼の暗黒』（現代ぷろだくしょん、一九五六年）において、「記録主義的表現」が「社会の壁」を揺るがせていないことを批判する。それは「現実の機構」を抽象化するドラマづくりが欠けているからである。「表現的カットとしての記録主義的な方法というようなせまい記録主義ではなく、作品全体を貫く記録主義という、更に新しい考え方が必要であろう」と山際はいう。「作品全体を貫く記録主義」とは、「アメリカ映画史から」で論及された「生活のドラマ化」と同義であろう。また、『米』（東映、一九五七年）について山際は、こう記している。「弁証法的なドラマツルギーによって、単なる記録主義的カットの積み重ねによってはこぼれ落ちてしまう部分の現実を明らかにすることが出来るのではあるまいか」(9)。つまり山際は、作家主体が社会と対峙するための方法としての「記録」を、ドラマによって止揚することを求めていたといえる。

映画サークル運動

批評執筆とは別に、『映画批評』誌上で山際は独自の役割を果たしていた。それは、各地の映画サークル（映サ）の活動紹介および同人誌評である。これにより『映画批評』は、各地のサークルが経験を共有し、相互批判を行なうためのフォーラムとなった。

映画作家の主体はどうあるべきかという「記録とドラマ」をめぐる問題意識を、山際はサークル運動批評にも投影していた。というのは山際は、観客もまた、受け身の大衆となるのではなく、映画作家と問題意識を共有すべきだと考えていたからである。そのような存在として会員大衆をとらえているか否かが、サークル活動を批評する基準となった。

くわえて、映画サークル運動はそれ自体が「記録」と接点をもっていた。鳥羽耕史が論ずるように、一九五〇年代の日本では、文化や社会運動の垣根を越えて、サークル運動が爆発的に広がった。生活のありようを、芸術活動や作文などを通じて表現し、変革していこうとする意欲がそこには見られた。映画サークル運動においても、映画鑑賞・映画批評と生活変革の志向は強く結びついていた。あるいはまた、芸術家や知識人が、各地のサークル運動についてルポルタージュを記すこともあった。山際による映画サークル批評にも、そうしたルポルタージュと類似の側面があったといえる[10]。

当初、『映画批評』の同人誌評は佐藤重臣が担当した。取り上げた雑誌の大半は大学の映画研究会のもので、佐藤のコメントにもぞんざいなところが目立ち、ある種の閉鎖性が見られた[11]。山際報告に基づく同号の合評会で、この同人誌評は「既成雑誌の新人評と変りがなく、僕らの映画運動の観点がぬけている」と指摘された[12]。合評会報告が掲載された『映画批評』九号（一九五八年四月）には、「映画と批評の会」事務局が神田貞三、田畑慶吉、山際、粕の四人で構成されることになったとの公示も出ている[13]。これにより山際は、よりイニシャティヴを発揮できるようになったであろう。

事実、九号から、山際による映画サークル批評の掲載が開始されている。山際が取り上げた同人誌は、すべて職場や地域のサークルのものであった。「僕らの課題としては、新しい映画批評の基準をはっきりさせる理論と、新しい映画の創作と批評をうながす映画運動の展開という実践にしぼられてくると思う」として、映画運動の観点が前面に押し出された[14]。

山際が強く主張したのは、映画サークルの幹部が一般会員を指導するといった啓蒙主義的な観点ではいけないということであった。ここには日本共産党による教導主義的な文化活動への批判があった。それに対して広島映画サークル協議会編集部長の藤谷健が反論を寄せ、山際が再反論する一幕もあった[15]。他方、商業主義の突出も避けねばならなかった。山際によれば、都興協（東京の映画館主組合）の会員証割引停止措置は憂慮すべき事態であるが、そもそも「映サが館主の利害に従属的になってもっぱら割引活動重点主義になっている場合は本来の映サの目的からはずれてしまう[16]」。

一三号（一九五八年八月）で、山際はようやく大学映画研究会の同人誌（四点）を取り上げた。日本大学芸術学部映研の『映画芸術研究』のことは、「映画科を持つこの学校にふさわしく大変学究的な論文集とでもいった機

図 2-2　粕三平。1970 年頃（くまがいマキ氏提供）

関誌」と高く評価している。山際と日大芸術学部ののちの関わりを思うと興味深い[17]。

『映画批評』誌は全国の映画サークルにアンケートも行ない、その結果は一四号（一九五八年一〇月）に発表された。実に六八ものサークルの回答が掲載されている（掲載に間に合わなかったものがさらに二）。質問項目は、会員総数や刊行物の名称などの基本的なことにくわえて、「刊行物の常連の書き手の人数」「推薦基準の有無とその内容」など、活動実態の包括的な把握が目指されていた。「本誌への感想」では、当然ではあるが、山際の映画サークル批評への反応が目立った。「全国映サの近況と悩みを紹介し各映サ運営の資料とされていることは大変参考になる」（直方《のおがた》映画鑑賞会）、「「よい映画」を見せる運動と映画労働者、作家たちの斗いがどう結びつき、それをどう進めるかという点でもっと突こんでほしかった」（久留米映画サークル）、「高倉〔山際〕論文は的を射て非常に参考になるので、企業の分析、監督や作品の分析などをつうじて具体的に助言批判してほしい」（全神戸映画サークル協議会）など、映画サークルの全国的運動の拠点としての期待が示された[18]。最後に挙げた神戸の協議会は、熱心な活動によってとくに目立っていた。

『映画批評』一六号（一九五八年一二月）には、吉村道与（官公庁映サ会長）、増田正毅（東京簡保映画サークル）、山際の座談会が掲載された。組織運営上の問題のほか、全神戸映画サークル協議会の活発さがとくに言及された[19]。一七号（一九五九年一月）では、「映画と批評の会」の大会開催（四月）が予告されている。「日本映画の現状と仮題」というテーマのもと、六つの論題が設けられ、そのうち「いい映画とは何か・サークル運動の理論」については、山際、荒川純、吉村道与が報告者の予定であった。だが、財政難によって本号が『映画批評』最終号となり、「映画と批評の会」の運動は頓挫した[20]。中心にいた粕三平〔図2-2〕は資金作りのために故郷の山を売り飛ばしたという。[21] その粕は、「貯金をそっくりつぎこみ、たえず雑誌と運動の不浸透性《ユイガドクソン》を内側から批判しつづけた山際永三」と振り返っている。[22]

二 『記録映画』にて

戦後映画研究会

『映画批評』終刊後、新東宝も一九六一年八月に倒産した。同年中に山際の初監督作品『狂熱の果て』が公開されるものの、彼の映画づくりの可能性は狭まっていった。山際は新東宝の後継会社である国際放映（一九六四年まではその前身であるＮＡＣ。詳細は第四章参照）の社員として、テレビ製作に軸足を移す。[23]

これらのことと並行して、山際は以前にまして旺盛に批評執筆を行なった。それは必ずしも映画製作の代償ではなかったであろう。山際にとって製作と批評は一体であり、総体として映画運動に全力で取り組んでいたのである。

批評活動において、山際は引き続き、記録映画と劇映画（ドラマ）とを総合する視点を打ち出した。まず、「戦後映画研究会」の同人誌『戦後映画』一号（一九五九年一二月）に発表された「不感症と危機意識」を見よう。[24]

この論稿は「戦後映画研究会」が「芸術と政治」を主題にして行なった例会についての報告であり、松本俊夫の記録映画『安保条約』（日本労働組合総評議会映画製作委員会、一九五九年）が焦点となった。討論では、パチンコをやっている人や畠で働く農婦に「無関心な人々」というコメントをつけた箇所の「公式性」に批判が集まったという。ここから山際は、大衆（観客）と作家主体の関係についてのより一般的な考察へと議論を展開させる。大衆に危機意識がないからといって、「自己にある危機意識を大衆にぶっつける」こと、つまり大衆に対して教導主義的な立場をとることに山際は否定的である。他方で山際は、大衆の日常性をそのまま受け入れるべきだとも考えなかった。彼によれば、「むしろ大衆の日常性に新しい照明を当て、日常性そのものをイマージュ化し、それに汚液をひっかけることによって作家主体を運動する形象の中に提示することがどうしても必要である」[25]。あくまでそうした芸術的な方法を通じてのみ、作家と大衆（観客）との「意識の相互交流」が果たされると山際は考えた。ここにあるのは、日常性を拒否するのでも、ただ受け入れるのでもなく、芸術的イメージによってそれを抽象化し、さらには異化すべきだという弁証法的発想である。

「戦後映画研究会」はついで、アラン・レネの傑作『二十四時間の情事』（一九五九年）の分析に取り組み、その採録コンテ・資料をまとめた冊子を刊行した［図2-3］。コンテなどの翻訳は大島辰雄が行なっている。「戦後映画研究会」名義の「発刊に際して」には、レネのこの作品に対して、「個人の戦争体験を対自化し、綜合的なものとしてとらえなおす二十四時間のドキュメンタリー」との評価が与えられている。「そこには自然主義的な時間と空間の因果関係が解体されている」「すべての対象は時間化された空間としてとらえられ、しかも対極物の同時的なイメージ、上昇下降のダブルイメージによって組み立てられた、流動し、運動するイメージの構造物として作品は構成されている」[26]。個人の戦後意識のもつ重層性と断絶をどうイメージ化するかという課題に、レネは応えていたのである。

図 2-3　戦後映画研究会『採録コンテ・資料　二十四時間の情事』（戦後映画研究会、1960 年 4 月）表紙

　レネのこの映画（原題は『広島、わが愛』）は山際に、原爆への強い関心を喚起したようである。一九六二年五月に山際は画家の岡美行《みゆき》と二人だけで「原爆戦後史研究会」をつくっている。「研究家、運動家、又は原爆被爆者へのインタビュー、広島・長崎の現地調査、文献ライブラリーの作成等を通じて」「被爆者の現状（病理と治療、保障の要

求)」「被爆当時の諸事実」「原水爆に関する日本人の意識」「原水爆禁止運動の歴史とその評価」「原水爆に関する諸表現芸術とその評価」等々を検討することが、研究会の課題とされた。六月一五日に刊行された報告第一集は、山際の論稿「原爆詩にあらわれた意識像」と岡の論稿「原爆症の二重性」の二本のみからなる。山際は「原爆の災害を運命や人間一般といったところでとらえる意識」でも、「被害者意識」でもない原爆への向き合い方を、原爆詩の中に探っている。(27) この試みは、三年後に「映像芸術の会」においていっそう掘り下げられていく。(28)

観客の位置づけ

山際は一九六〇年代前半には『記録映画』誌にもしばしば寄稿した。記録映画作家協会(当初は教育映画作家協会)の機関誌『記録映画』は、一九五八年六月に創刊された。松本俊夫・野田真吉・佐々木守など、優れた才能が集まった同誌では、芸術創造の問題が広く論じられた。山際は記録映画作家協会の会員ではなかったが、(29) 記録映画の問題について独自の観点をもつ者として寄稿が求められたのだろう。

はじめのうち山際は、同誌においても『映画批評』の延長線上で、映画サークルについて論じた。まず、「映画運動の展望」特集(一九五九年一〇月号)に寄せられた論稿「映画サークルの問題点」がそうである。いわく、「映画革新運動の全体」は、「映画労働運動」「製作運動」「観客運動」「批評運動」という「四つの車」をもっている、この四つは問題意識を共有しており、観客もまた批評を通じて「映画を製作する主体の問題を検討する視点」をもてるはずだ、と山際は記す。(30) ついで「座談会　映画運動を模索する——観客運動と製作運動の接点を求めて」(一九六一年一月号)でも山際は議事進行を務めた。「ほかの運動体の持ってる問題点を本当にその中に入って理解するという理解のしかた」が大事だと山際は発言している。(31)

一九六三年五月号には、「映画批評とは何か?」が発表された。これは山際が映画サークル運動について書いた恐らく最後の論稿で、松本俊夫と木崎敬一郎の論争に関わっていた。木崎は映画サークル運動で突出していた全神戸映画サークル協議会（神戸映サ）の中心人物である。松本『安保条約』に対する批評において木崎は、大衆が同作を受け入れなかったことを重視し、大衆の実感にどう応じるべきかと提起した。それに対して松本は、木崎の立場を大衆の物神化であるとした。山際はこの論争にコメントして、木崎は前衛たる作家と大衆たる観客の二元論に立っていると批判した。山際によれば、「だいたい芸術における前衛などというものはすでに『在る』ものなのではなく、常に進行形で『ある』ものなのである(32)」。

　山際は神戸映サの活発な活動を知っていただけではなく、直接の交流もあった。神戸映サの機関誌『泉』一九五九年一月号（編集は木崎）には、山際の文章「「日本映画は面白くない」?――撮影所から神戸映サの皆さんへ」が掲載されている。その冒頭では、撮影所の見学に訪れた神戸映サの人びとと懇談会をもったこと、そのとき神戸側から日本映画の貧困について問いかけがあったことが書かれている。山際はこの問いかけに答えて、資本家の商業主義が貧弱な製作条件を押しつけてくることが最大の問題であり、「大衆の力、働く者の組織」だけがそうした条件と闘うことができるとした。大衆の組織とは、観客の側では映画サークルであり、作り手の側では労働組合である。

　だが、労組も弱さを抱えている。映サ向けの文章ということもあり、山際は労組自身が抱える内的な弱点について細かく説明している。企業間に分断されていること、闘争により会社に打撃を与え過ぎると組合員の利益にはねかえってしまうこと、「ある人が組合活動をすることは、他の人の仕事量がそれだけ増えることになってしまう」ことである。とくに最後の点について、山際は職場の複雑な構造を丁寧に論じている。この箇所からは、新東宝で働くなかで山際が社会の仕組みについてリアルな理解を得たことがよく伝わってくる(33)。すなわち、撮影所というところほど様々な職種が集まっているところは珍しく、「事務員、芸術家、技術者、職人、筋肉労働者、男優女優等…それがまた契約者、組合員、臨時というぐわい〔ママ〕に分れて、実に複雑な関係を作っています」。工程も「天候には左右されるし、早朝場面もあり、夜間場面もあり、ロケーションあり、セットあり、それがいつも数組が並行して仕事をしている」。したがって時間内職場会をやるにせよ、時間外拒否をやるにせよ、「何一つとして割り切れることはない」。たとえば「ロケ先での職場会はどうするのだとか、撮影所に帰って来るバスの中で定時になってしまったらどうするのか」「こんな調子で撮影所の中でも組合は、それほど評判のよい存在ではありません。しかし皆んな、自分達の首を守ってくれるのは組合だけだということ、そして会社に対してはっきりとものが言えるのも組合だけだということを知っています[34]」。

こうした交流があり、かつ山際が観客運動の意義を高く評価していただけに、木崎にとって山際が「映画批評とは何か？」でとった姿勢は、「前衛」的立場に閉じこもるように映った。『自主上映』二一号（一九六三年七月）において木崎は、論稿「現実からはなれた荒廃と堕落の理論――既成映画ジャーナリズムの〝前衛〟批判」を発表し、「山際永三の変わりよう」を批判した。「現実の多様さ、複雑さに対応して、自己の論理をいよいよ屈折させていこうという傾向が、ここにもうかがうことができます」と木崎は記した。かつて『泉』前掲論文において、膨大な観客こそが資本が押しつけてくるものをはねかえすことができると書いた山際の「今日のこの変わりようを見るとき、現在の映画ジャーナリズムの理論的混迷を他人ごとでない不幸と感じます[35]」。

木崎の立場には「前衛」「大衆」を固定的にとらえる傾向があり、この点が山際との対話を妨げた。他方、「大衆」を「集団」としてとらえかえすならば、木崎が提起した大衆批評の意義はなくなっていないと塩見正道が記すのは正当である。映画に関わる者の共通の基準として「批評」行為を確立しようとする点では、木崎と山際の問題関心には重なるところがあった[36]。

イメージの抽象化

『記録映画』［図2-4］誌上で山際は、方法論も正面から論じた。まず、一九六〇年七月号に掲載された「私の記録映画論――ZOOと記録の関係」がある。そこでは「夫婦ゲンカの翌日の日曜日」に行った東京の井の頭自然文化園（動物園）での観察を出発点にして、擬人化という人間の想像力と、動物のグロテスクという現実とを、弁証法的に統一することが構想されている。「ラクダのおじさん」のイメージが、次の瞬間にラクダのグロテスクによって裏切られ、「更に想像力は今度はおじさんといったものではない、更に複雑なものにそのグロテスクをのりこえて行く。そのくりかえしの中で、何とも言えぬ驚きと感動のイメージ、正真正銘のイメージが生れてくるのではあるまいか」。先に松本『安保条約』との関連で論じていたのと同様に、山際は日常性を異化するための方法論を練り上げていた。

山際は動物園という社会的制度にも目を向ける。「動物園で動物を見る側の感動は、その総体の中に当然その動物園の管理運営及び観客の立場を含む下部構造をその複雑さの中に内包している」。この下部構造は、時間軸にも関わる。「動物園を作った人間の過去と未来図をどうつかむか」「ここでもイメージの衝突が要求されている。僕らにとってイメージの追求が即モンタージュであるゆえんがここにある」。これらのことは「工場にしろ部落にしろ都会にしろ同様である」（「アメリカ映画史から」において「生活のドラマ化」が、西部のある町のような、一つの場における抽象化の方法であったことを想起しよう）。かくして、過去・現在・未来の中で、ある場において、イメージの抽象化と衝突を通して、作家の主体と現実とが切り結ぶ。これが山際にとっての作品ということになる。

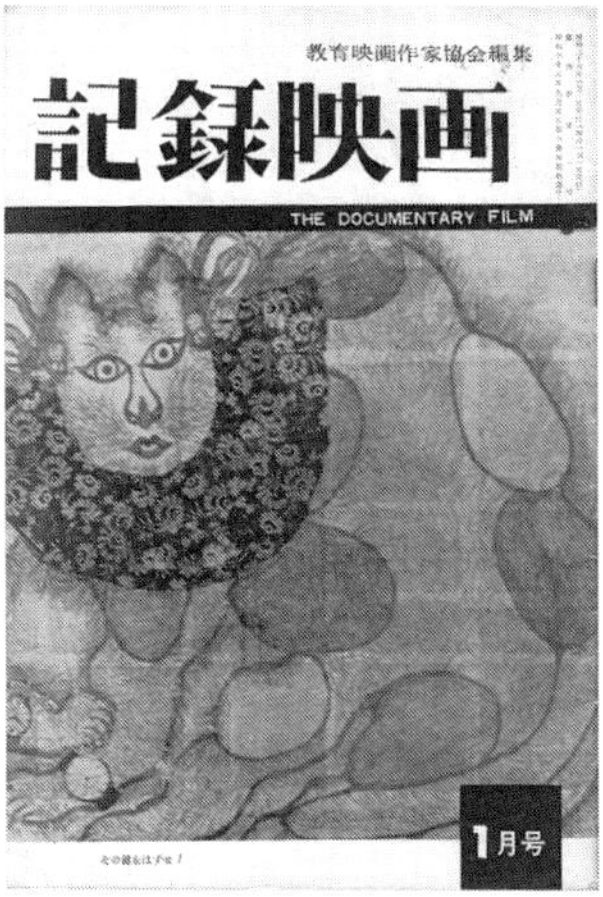

図 2-4 『記録映画』4 巻 1 号（1961 年 1 月）表紙

山際にとって大事なのは方法論を確立することであり、ジャンルの違いは問題にならなかった。「弁証法的な統一又はそのくりかえしの総体を真のイメージと考えて映画を作って行くことに於ては、僕の考える記録映画も劇映画も全く変りがない。我が新東宝の十八番、怪談映画の本質もこのグロテスクとフィクションの統一にあることは衆知のことである」[37]。

こうした立場から山際は多様なジャンルについて、自分の問題として論じることができた。実際、「記録映画」というくくりは、山際が諸ジャンルについて挑戦的に語ることを可能にした。たとえばPR映画論がある。「PR映画とは私有財産制の害をごまかすための手段である」という松川八洲雄の意見には、観客論が抜け落ちていると山際は見る。原則論に徹した「ドキュメンタル狐」では「スポンサー狸」にしっぽをつかまれるのが落ちだから、「楽しいPR映画」をつくる「サーカス狐」になるのがよいと山際は提案する。その点、家具材料デコラのPR映画『暮しと家具』（岡野薫子脚本、長野千秋演出）には、「モダンな家具」という主題に観客をひきずり込む好調なテンポがみなぎっている。ただし終盤の家族シーンは「プチブルの幸福」の域を出ない。「人間を出すとしても手先だけに限定し（…）モダンリビングからその道具性だけを抽象化し、大きく言えば〝デコラこそが生活を変える〟という一つのファンタジイ、楽しいPR映画を提供する可能性を考えたいのである」[38]。ここでは「生活のドラマ化」論がPR映画論にうまく応用されていた。その結果として、山際はPR映画を商業主義・資本主義への屈服といった原則論によって否定することなしに、生活を変える表現に結びつけるにはどうすればよいかという積極的な観点を打ち出していた。

作家主体のあり方

『記録映画』誌に発表された山際の論稿でとくに充実しているのは、一九六二年一月号に掲載された「作家の構造」である。この号は「私の記録映画論―各界からの苦言と提言―」特集号であり、山際は野間宏、寺山修司、吉井忠、林光などと並ぶ一三人の寄稿者の一人であった[39]。

山際はまず、「「記録映画作家協会」なんて言わずに、「短篇映画作家協会」と呼ぶべきだ」として、「「劇」とか「記録」とかの概念を打破して、共通の問題意識をさぐることこそが本来の映画における記録を明らかにする操作だ」と端的に記す。

ついで、作家の立場を次のように位置づけている。「結局僕らは、現実に対する総体的な把握ないし展望といったものと、作家と観客との断絶を前提とした作家の自由といった立場に立とうとして映画を作っているのではあるまいか。少くともその立場に至ろうとする挫折の反復が作品だということかも知れない」。ここで山際は、現実（社会）・作家・観客の三者それぞれについて、自立し、かつ相互に働き合うような構造を想定している。社会の政治的現実や、観客の関心に応えつつ、作家はそれらと自己を同一化するのではなく、主体的自立を維持するのである。

恐らくこうした把握は、映画製作の可能性が狭まっていくなかで、所与の条件下で主体性を貫徹することを真剣に追求した結果なのではないか。実際、山際によれば、上記の立場に至ろうとする「内的な要請があればこそ例えて言えば商業主義的なプログラムピクチャーの観念劇やユーモアに手を出したりPR映画の所謂「狐」になったりすることの可能性も出て来るのであって、そうでなければ、まじめで純粋な実験映画しか作れないし、観客の意識に直接くい込むことも出来ないし、平等な相互批判も成立しない」「総体的な展望と同時に作家の自由を志向する、この作家主体の構造の質こそ問題なのであって、その限りにおいては記録も劇もどうだっていい」。

後半で山際は、劇映画と記録映画の違いを超えて、二つの作品を評している。一つ目は大島渚『飼育』（パレスフィルムプロダクション製作、大宝配給、一九六一年）である。同作は山際の考える作家の立場を、理想に近いかたちで表現していた。「個々の人物のヒューマンなコミュニケーションを断絶させることによって、全く疎外され孤立化されたエゴしか持ち得ない人々の状況を見つめ——或いは作家自身がその状況を創り出し、主体内部で傷つきながら、それ故に作家の自由が、又観客の自由が、人物の自由と相互に告発し合える、そういう真横の対決になって、総体的な今日の問題（戦後責任他）に直結されている」。

二つ目は松本俊夫『西陣』（京都記録映画を見る会、一九六一年）である。「ハタを織る手や足もすべて細部に分断され、物と同様に作家の総体的な客観を保証する。そしてそれらの日常性そのものは何も語らなくなり観客はイメージから直接触発されることなく、曖昧なままにただ作家主体の冷厳な総体性と自由を確認しつつ映画が終るのを待つより他ないのだ」。ここで注目すべきは、分断された手足が人間と道具の関係を抽象化する点に注目することで、山際の『西陣』評が『暮しと家具』評と連続していることである。

『飼育』と『西陣』はともに、イメージに曖昧さを残したと山際はいう（『飼育』の例としては、最後の二つのかがり火がそうであろう）。しかし、この曖昧さは「作家主体の構造にとって必然的」であると山際は考える。つまり、社会・作家・観客の三者の関係が、矛盾をはらんだ永久運動となっている以上、不可避的に生じる曖昧さということなのであろう。山際はむしろ、この曖昧さにこそ可能性があると見る。すなわち、体験や認識の資質ではなく「想像力の資質」が、「作品の未完な「曖昧さ」を更に克服し、もしあるとすれば観客との新しいコミュニケーションを回復するための、唯一のきめてになるのだろう」。ここにおいて山際の映画論は、想像力に賭ける正攻法となる。この認識のもとで「記録」はより高次元に解体される。「そういう意味で記録ということも、体験や認識の次元で問題にされている限り無意味だし、総体的な展望と作家の自由を更新しつづける想像力の次元では、記録という言葉が無意味になるのではないか。記録はあくまでも方法論なのであろう」。

テレビドキュメンタリー

「作家の構造」でプログラムピクチャーやPR映画について語ったとき、山際はテレビ製作も意識していたのではないか。映画製作を離れてテレビ製作現場にいることに、山際が辛さを感じていたであろうことは想像に難くない。しかし、ジャンルを超えて作家主体に関する方法論を深めていったことは、テレビの現場で創造的な仕事を行なうことを後押ししたであろう。実際、テレビドキュメンタリー製作をめぐる論稿「創造の条件」を、山際はほかならぬ『記録映画』誌（一九六二年九月号）に発表している[40]。

この論稿が書かれた頃、山際は粕三平たちとともに「制作工房」にいた。山際によればこれは、フジテレビにいた田畑慶吉の個人プロダクションのようなものであった。田畑は京都大学在学中は大島渚の劇団仲間で、製作者懇談会に演出家としてくわわった。フジテレビ入社後は秘密裡に組合をつくる中心となった。「制作工房」は田畑が、NACに在籍中とはいえ失業状態に近かった山際（この時期、会社の経営はいまだ不安定であった）や、その仲間たちに居場所をつくってくれたかたちであった。田畑がプロデューサーを務めたのが『くらしの歌』で、毎週金曜午前一〇時四〇分から放送された正味二三分の番組である。山際は一年ほどこの番組に関わり、三本を手掛けた。以下にそれらを紹介しよう。

「ネオン野郎」は、小さなネオン塔会社の営業をやっていた副島輝人（「創造の条件」ではS）が主人公である。副島は山際と同人誌『シネ・エッセイ』をつくっていた古い友人で、のちにジャズ評論家となった。副島はネオンを新しい芸術のジャンルとして考えており、増村保造『巨人と玩具』（大映、一九五八年）における「巨大なマスコミのメカニズムを動かそうとしているうちにまき込まれ、おしつぶされる個人といったイメージ」とは対極にある。「タイトル前のトップシーンで、ある大きなネオン塔の頂上にポツンとついている黒点にズームアップすると、それが背広姿で街を見下ろしているSで、それまで聞えていた電子音楽が急転直下バップのジャズに変り、タイトルが出たあと、長焦点でとらえた群集の流れの中に、いつのまにかせかせかと歩いているSをつかみ出し、パンで追う」。日常の異化という山際の狙いは、この作品によく実現されていたであろう。実際には「Sの内部にひそむ現実否定の自由なエネルギーと絶望」のいずれにも与しえず、「その堂々めぐりが、作品の曖昧さとなって出てしまった」と山際は振り返っている。しかし、こうした「曖昧」さこそ山際の目指すところであったことは、「作家の構造」にある通りである。山際自身、「もっと肯定的な或いはもっと徹底的に否定的な創造の主体的条件はこの曖昧さを通してしか出てきっこないと思っているのです」といい切っている(41)。

「アジアの友」は、シチズンの工場で時計製造を学ぶインド人グループの一人を追う。精密工業技術を学んだ彼らは、将来インドで武器をつくるだろうといわれていた。そのことを意識して山際は、主人公が休日の街歩きの最中に、募金活動中の傷痍軍人の前を通るところを撮影した。自分は傷痍軍人とは関係がないといって、この主人公は怒ってしまったという。もう一本は日本映画新社の小笠原基生の企画で、岡山県のイグサづくりを取材したオーソドックスなものである。夏の暑いときの刈り取りという重労働にあたる、香川県からの出稼ぎの人たちの日常を追った。「明日もまた暑いでしょう」というスピーカーの声で作品は終わる。

こののちNACがテレビドラマの製作を開始し、山際は同社での仕事に戻った。テレビドキュメンタリー製作は、記録映画をめぐる方法論を実践するためのユニークな機会を山際に提供した。

三　「映像芸術の会」と山際永三

「映像芸術の会」の発足

一九六四年二月、記録映画協会は分裂し、『記録映画』も休刊した。阪本裕文は分裂の原因を、芸術運動を指向するグループと職能組合的な方向を指向するグループの路線対立として整理し、日本共産党内部での対立も背景として指摘する。芸術運動を指向するグループは、日本共産党中央により修正主義者として難じられた。野田真吉や松本俊夫をはじめ芸術運動を指向するグループは、記録映画の領域にとどまらない広範な運動を展開すべく、あらたな組織づくりに取り掛かった。彼らは一九六四年三月四日に「芸術運動についてのアッピール」を発表し、個別な芸術運動を連帯のなかで共有すべきことを訴えた(42)。

四月二日に「仮称記録芸術の会」の最初の準備会合があった。四月一〇日の第一回運営委員会で任務分担が行なわれ、山際も「組織」担当の一人となった。「不毛な、無責任なダべリ会には出席したくありません」「やはり機関誌がほしい。そのために「記録映画」誌の足を引っぱり、それを破壊した連中を憎む」というのが『準備委員会通信』に寄せられた山際の見解であった(43)。

五月一〇日に結成大会が開かれるはずであったが、準備委員会の手落ちで出席者が少なかったため、基本方針案の拡大討論に切り替えられた。松本俊夫と黒木和雄の起草になる「基本方針案」が、松本により提起された。芸術の自立性を守ろうとする松本の姿勢が「基本方針案」には色濃く反映されていた。これに対して山際は、「もっと具体的に書くことが必要だ。意欲がある→やる、というだけでは、運動はまただめになってしまう」と批判した。山際はさらに、「今後の会の方向としては、アナーキーにいくのか、あるいは成果をかためつついくのか、この会のメンバーが企業で大いに仕事をできるようみんなでバックアップしていくのか、つまり企業からほされるようなアナーキーな会になるのか、体制の中で抵抗しつつ創る活動を組織してゆく会になるのか」と述べている。アナーキーを彼が避けたかったことは明らかである。資本の論理のもとで、いかに作品をつくるための態勢を整えるか、具体的な議論が必要だと山際は考えていた。(44)「今日、スポンサード映画でない映画があるなどというのは単なる夢想にすぎない」と、西江孝之宛ての私信（四月二一日付）でも山際は記していた。(45)

「映像芸術の会」の創立総会は五月二四日に渋谷区の桑沢デザイン研究所で開かれた。運営委員長黒木和雄、副委員長松本俊夫という布陣で、山際は六月三日に機関誌編集委員会に選出された。(46) 会ができてすぐに、佐々木守の文章をめぐって議論が起こった。佐々木は『映画芸術』七月号にルポ「記録映画界の大騒動をめぐって」を発表したが、これは記録映画作家の分裂がもつ政治的対立の側面を強調し、かつ戯画的なタッチで書かれていた。(47)「映像芸術の会」運営委員会は六月二日付で、佐々木の文章を「無責任」とするとともに、「佐々木守氏は、本会の会員ではない」ことを確認した。(48)

運営委員会のこの姿勢を山際は批判した。「芸術運動についてのアッピール」には佐々木の署名もあった、それなのに今日運営委員会が彼を「会員ではない」とするのはおかしいではないかと山際は記した。山際の問いは、単に佐々木との個人的な関係（第四章で見るようにTBSのドラマ製作を通して接点があった）によって発せられたものではなかった。運動論におけるパーソナルな側面とインパーソナルな側面を混同してはならないというのが、山際の問題意識であった。すなわち、自分はアッピールの署名者一人ひとりに対してはパーソナルに応じる気持ちであったが、アッピールの趣旨に対してはインパーソナルに応えた。ところが、アッピールの発起人たちが、ある種の仲間意識（パーソナルな）によって佐々木に署名者になるよう声をかけ、彼の文章に腹をたてたからといって、またそのパーソナルな関係を絶つというのでは、運動のインパーソナルな側面がないがしろにされているではないか、と山際は問うたのである。[49]運営委員会は、山際の問題提起を「誠実で正確なものである」として受け入れ、「本会の会員ではない」という文言の背景説明を行なった。[50]

『映像芸術の会会報』に寄せられるアンケートからは、テレビ製作で大変であった山際の姿が浮かび上がる。「無理に押しつけられて又仕事に入ってしまい、先日の編集委にも出られず申し訳ありません」[51]「十一月から始まるＴＢＳのホームドラマ「心暖まる」奴をどう扱うかイライラしているところ」[52]。だが、製作現場が大変であればあるほど、山際は「映像芸術の会」の活動に力を入れた。機関誌が必要であると創立準備の時期に述べていたように、機関誌『映像芸術』の創刊に山際はとくに熱意を傾けた。創刊カンパは大半の会員が一〇〇〇円であったが、山際は三〇〇〇円を出している。[53]一人五部以上売るのが目標であったが、山際は一九六五年一月二二日時点で二二部を売った。これは会員中で一番多かった。[54]

機関誌『映像芸術』は、一九六四年一二月に創刊号が出た。同誌上で山際は、科学映画『血液　止血とそのしくみ』（監督杉山正美・二口信一、桜映画社、一九六二年）をめぐるシンポジウムの議事進行役を務め、たびたび発言している。「観客の日常的に道具化した生活意識からは全然出て来ないような新鮮な（…）認識」を作中に見出すなど、ジャンルを超えた関心のありようが山際らしい。[55]

なお、山際の住所は三号（一九六四年七月三一日）時点では日野市多摩平の松谷方であったが、一九六五年一月までに調布市小島町の調布住宅に移った（この住宅は『罠』に登場する）。[56]

自衛隊問題

一九六五年五月三〇日、「映像芸術の会」は第二回総会を桑沢デザイン研究所で開いた。総会で論点となったことの一つは、会員である滝沢林三が自衛隊のPR映画のシナリオを書いたことへの批判であった。「自衛隊の企画についてこそとりくむべきであると私は思うが」と平野克己は述べ、味の素のPR映画も自衛隊のPR映画も同じではないかと飯島実および西江孝之も発言したが、これらは少数意見であった。「私がショックを受けたのは、自衛隊の映画をつくった人がこの中にいるということだ」という羽田澄子の発言、「自衛隊の映画を作ることは芸術でも運動でもない。それは許せない」という黒木和雄の発言が、全体の調子を代表した。山際も自衛隊映画を拒否する点は同じであったが、個人の問題にすべきではないとの意見であった。「自衛隊が直接スポンサーになるような映画は拒否する。拒否したい。シナリオコンクールのはじまったとき、なぜその参加十二社全部に参加拒否を会がよびかけなかったかということが問題。いまごろになって個人の問題としてしまっているのが残念だ。敏感に反応していく組織であるべきだ」と彼は発言している。

各人の属する企業内の立場もあり、仕事の選択は難しい問題であった。滝沢本人も「シナリオは書いたが、スタッフとしては参加しないことを会社〔学研映画〕に表明してある。書いたがスタッフに関係しなくていいのか苦しんでいるところ。憲法第九条にのっとって話してはいる」と苦しい胸中を打ち明けた。山際も一九六三年に、スマトラ島パレンバン空挺隊をモデルにした太平洋戦争もののテレビドラマ『全員降下せよ』をつくっていた。「銀行PRと「全員降下せよ」の二つがあって、自分は後者をえらんだ。そっちがシナリオを改良する余地があったから。それを喜劇としてやった」と山際は説明した。これに対して黒木和雄はこう批判している。「銀行のPRと「全員降下せよ」を二者択一する場合、ぼくは銀行の方をとるべきだと思う。「全員・・・」の場合は単に敵の中にとびおりて人を殺すという単純なものだ。銀行をとるのは、独占資本の牙城の複雑さを観客に知らせるだけでも効果がある」[57]。

第二回総会は二日に分けて行なわれ、後半は六月二七日に開催された。論題の一つは厳しい財政状況であり、とくに人件費の遅配が問題となった。山際は「三ヶ月以上の滞納者はやめてもらう」「常任の給料遅配の具体的保障が明確にならないと、あらゆる提案に賛成できない」と発言している。[58] 芸術論とは別に、組織維持を現実的に考えねばならないという姿勢の表れである。

態勢立て直しを課題として、一五人からなるあらたな運営委員会が選出された。山際も運営委員会に選出された。投票総数四四のところ、松本俊夫が四〇票で一位、ついで西江孝之と野田真吉が三七、東陽一が三五、土本典昭と松川八洲雄が三四、大沼鉄郎が三〇、山際が二九という具合であった。松本が委員長となり、山際は運営委員会における研究部会担当の一人となった。[59]

「映像芸術の会」を何とか続けていくために、山際はこれまでの映画運動の歩み、またその問題点について振り返ることが必要だと考えていた。そのために書かれた文章が、『映像芸術』二巻七号（一九六五年七月）に掲載された「重い運動体験」である。これは『映画批評』運動の批判的総括といえる（この論稿については、『映画批評』について論じた箇所でたびたび参照した）。「情勢が要求する時にのみ運動が起る」という見方を山際は否定する。映画運動は製作と並行して参加するといった類のものではない。「運動は自己にとって必要だし、そして続けられるだろう」と山際はいい切っている。[60] 論稿のタイトルが示す通り、山際にとって映画運動を行なうことは、己を主体的存在となすための不可欠のありようだということが、まざまざと浮かび上がる一篇である。

原爆を問う

研究部会において山際は、原爆問題に関する企画にとくに力を入れた。八月一〇日には『映像芸術』に発表した「広島についての仮説」（後述）に基づき報告を行なっている。原爆問題に関して実際に作品をつくった長野千秋（『偽名少女』）、飯島実（『すべてのものの記憶』）の発言もあり、ミクロ的に被爆者のありように迫る方法と、マクロ的に核爆弾の「世界史的意味」をつかんでいく方法との関連、被爆者を「特殊視」することとの問題など、五時間近く討議がなされた。[61]

アメリカに没収された記録映画『広島・長崎における原子爆弾の影響』(日本映画社のスタッフが被爆後間もない広島・長崎で撮影)の返還・公開要求運動も並行して展開された。山際は八月一四日に長野千秋、平野克己とともに、日本映画新社製作部次長の水野肇と会い、今後の協力を要請している。水野は上述の記録映画についての著書『ヒロシマ二十年――原爆記録映画製作者の証言』(弘文堂、一九六五年)を加納竜一との共著で出していた。ついで八月一五日には山際は一人で中国新聞社の大牟田稔と連絡を取り、今後の情報提供を頼んでいる。このことを伝える『映像芸術の会会報』の記事には「(被団協、大江氏の線)」とも記されている。これは、日本原爆被害者団体協議会、それに原爆問題に取り組んでいた大江健三郎との「今後の協議」の可能性を見据えたものである。[62]

八月二〇日には「映像芸術の会」による上映活動「記録と映像の会」の八月例会で、山際が中心になって原爆問題特集が組まれている。長野千秋の演出によるNTVノンフィクション『偽名少女』が上映作品の一つに挙げられている。これは広島の被爆者Nさんの娘が、家を出て名を偽って酒場で働いている、「その痛ましいゆがみ」に切り込んだドキュメンタリーである。ほかに、「子供の図画によって意識下の戦争体験をイメージ化した」チェコ映画『蝶々はここに住まない』(ミロ・ベルナート監督、一九五八年)なども上映予定とされた。[63]ベルナートのこの記録映画は一三分と短いものであるが、ゲットーやテレジン収容所に閉じ込められ、大半は殺された子どもたちが遺した図画を素材としたもので、重い印象を残す。一見普通の部屋を描いたような絵でありながら、ベッドは収容所のものであるといったディテールが、「意識下の戦争体験」を浮かび上がらせる。

山際の上述の論稿「広島についての仮説」は、『映像芸術』二巻八・九号(一九六五年九月〔図2-5〕)に発表されたもので、レネ『二十四時間の情事』に触発されて広島を訪れたところから始まる。原爆投下を被害者意識を超

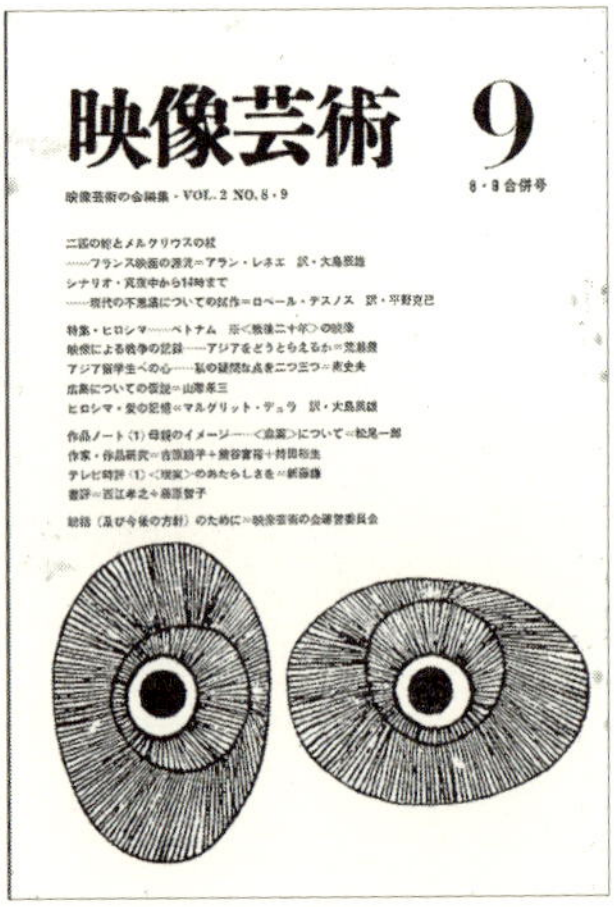

図 2-5　『映像芸術』2巻8・9号（1965年9月）表紙

えて受け止めるにはどうすればよいのかが、本稿の基礎にある問題意識である。倫理観や政治主義に基づくのではない記録として、山際は歌集広島編集委員会編『広島：歌集』（第二書房、一九五四年）を挙げる。「一部のストレートなドキュメントの中から更に一種のモラル以外のもの、つまりは人間のワイザツさといったものを発見することが出来る。それこそ死に対する生の証言と言うべきではなかろうか」。

人間の欲望や妬みや恨み、また「一般に公認され得るオピニオンの中には表現しつくせない錯乱や怒り」が表現された短歌や同人誌作品に照らしたとき、山際は大江健三郎『ヒロシマ・ノート』（岩波新書、一九六五年）は弱いと考える。「自殺せずに生きぬいて来た被爆者の人間的威厳」といったものを見ていく大江の姿勢が「あまりに倫理的で、問題を常に原爆一般、戦争一般になしくずしてしまう危険をはらんでいる」からである。記録映画公開問題をめぐっては大江との協議の可能性を視野に入れていたものの、山際個人としては大江のアプローチに批判的であったことが分かる（山際と大江の関係については第六章で立ち返る）。

最後に山際は、全面核戦争がいつでも起こりうる時代について、「僕らは或る意味では無責任の体系そのものである現実に、とっぷりと身をつけている。それだからこそ、すべてについて責任があるのだ。現実の中にいて、同時にその現実を否定し切ってしまわねばならないのだ。一見このずるい、非合理的な立場は、方法的にそれ以外にない、僕らの立場なのだ」と記す。この情勢把握は「社会の壁」という言葉で示された認識と相似形である。

全面核戦争が起これば人類の絶滅がもたらされるので、アメリカの戦略家は「限定長期化消耗戦」としてのベトナム戦争を遂行している。つまりベトナム戦争は全面核戦争の裏面であり、「日本の僕らの日常が、ヴェトナムの日常を通じて、ネガティヴに核爆弾と結びついている」。このような時代・情勢認識に立った上で、山際は作品製作の姿勢表明を行なっている。「核爆弾＝権力がはりめぐらしている奴らの抽象をぶちこわすために、〝人間の意識にとって核爆弾の世紀は、ゆれうごく超現実である〟という仮説を僕はたて、それに固執する」[64]。

こうして山際は、原爆投下をどう認識し表現するかという問題から始め、全面核戦争の危機に満ち、ベトナム戦争が続いている時代において、想像力の次元においてどう情勢および自己に対峙するかという議論を展開した[65]。最後の「超現実」について作品製作上の具体的なイメージ展開が示されているわけではないが（意識下の戦争体験をイメージ化したという『蝶々はここに住まない』は、山際の問題関心と交差したであろう）、この論稿からは冷戦ただなかの一九六〇年代半ばにおいて、山際の脳裏にあった大きな問題関心を知ることができる。

「彼方の連帯」

一九六六年一月二三日には「映像芸術の会」第三回総会が桑沢デザイン研究所で開かれた。『総会議案書』に「研究部会一委員からのアッピール」として山際の文章が出ている。「会をつぶす」ことでも、「会に対して直接的で幸福な成果を期待する」ことでもなく、「各人の孤独な自立を前提と」した「連帯」を目指すべきだと山際は訴えた。ここにあるのは、現実の条件を踏まえた上で、全否定ではなく、少しでも状況を変えることを目指すという、山際が組合闘争でも、リアリズム論でも、語ってきたことと同じである。「孤立と連帯をくりかえし、常に僕が〝青春の論理〟と呼ぶところの〝オール・オア・ナッシング〟をくりかえすことはむだだ」と彼はいう。「映像芸術の会」においても山際は、映画製作においてと同様、自らを状況の犠牲者と位置付ける「青春の論理」を否定し、反青春の論理にこだわり続けていたのである[66]。

第三回総会の議事録に山際の発言は見当たらない。欠席の可能性もある。総会では一四名からなる運営委員会が改選された。有効投票総数四九のところ山際は二一票で、下から三番目であった[67]。

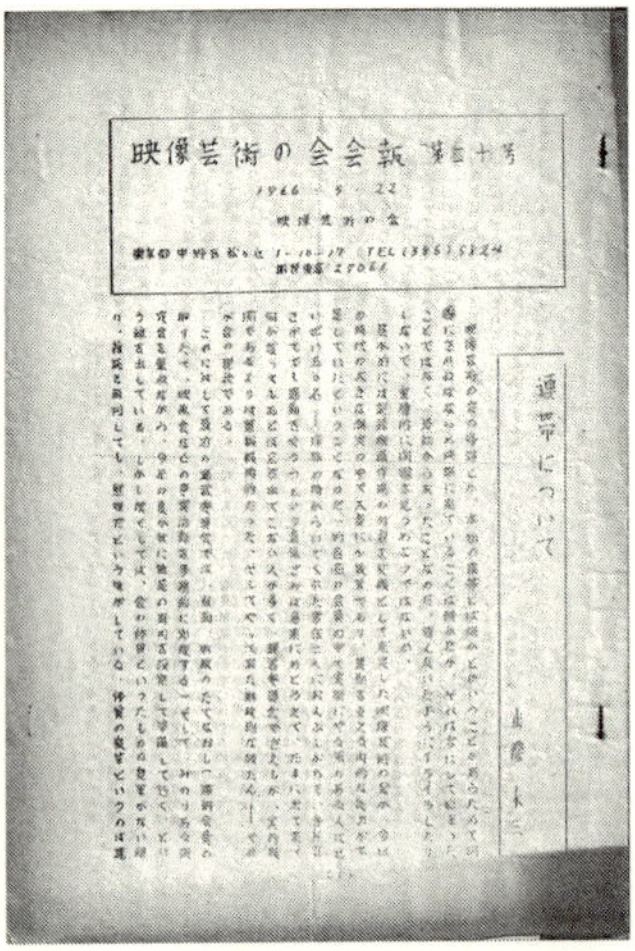

図 2-6 『映像芸術の会会報』20 号（1966 年 5 月 22 日）1 頁

『映像芸術の会会報』二〇号（一九六六年五月二二日［図2-6］）は、巻頭に山際の文章「連帯について」を掲載した。ここでも山際は、無理に理論の次元での統一を目指さず、各人が個々に製作の現場で努力し、できる範囲内で連帯すればよいという、現実主義を唱えていた。山際によれば、会の停滞はいまに始まったことではなく、「基本的には記録映画作協の分裂を契機として発足した映像芸術の会が、今日の時代の大きな潮流の中で大変に少数派であり、運動を支える内的な能力が不足していたということなのだ」。「作家の共通、普遍的課題」を理論化することを求める声もあるが、「共通性・普遍性のないところから、あえて出発し、あえて集ったのが我々なのではなかろうか」。

他方、作家たちがばらばらで、孤立したままでよいとも山際は考えない。「本当に字義通り孤独に徹し、或いは少数グループで何か出来ると思う人は、直ちに会をやめるべきだと思う」。共通の課題の理論化を求めることと、孤独に徹することの、いずれの極端も山際は排した。「共通性よりはむしろ相違性をはっきりさせ、とぎすまし（…）ぶつけ合わす場――映像芸術の会はそんな、こわい会であるべきだと僕は思うのである(68)」。

共通性をもたない人々が連帯するためにも、機関誌が大きな役割を果たすべきであった。『映像芸術の会会報』二一号（一九六六年六月二〇日）に掲載された運営委員会の文章（文責は山際と持田裕生）にも、「研究会活動の確立、機関誌「映像芸術」の再刊とその定期的刊行体制の確立をみるときこそ、はじめて映像芸術の会の存在理由および会員の参加理由を明確に示すことができるのである」との認識が示されていた(69)。

現状は厳しかった。自分たちのあいだに共通性・普遍性はないとした山際に対して、丸山章治は「全然共通性普遍性のないところに、組織や連帯はうまれっこないですよ」と反論した。山際はこれに、「芸術運動における連帯というものは、「つくる」ものであって「ある」ものではない」と応えた。「夫婦は、ほとんど或る時間愛し、他の時間憎む。結婚イコール愛ではないのと同じく、組織イコール連帯ではない」というのが山際の考えであった。山際はあくまで、「会外の見知らぬ人々に対しても、「彼方の連帯」をつくって行きたい」と願っていた。しかし、会の現状は「いいかげんくさりかけた夫婦」であり、「何人かのボスがいて、それにつながる後輩とか助監督とかキャメラマンとかいう職能的な（それも短篇映画界のつながりの）線で集まっているのではないかと思えるふしが多分にある」(70)。

「彼方の連帯」を求めつつ、山際は製作現場での仕事にも打ち込んだ。二一号に掲載されたアンケートを見ると、研究会に「とりあげてほしい自分の作品など」の項目に、山際は「TBS「チャコちゃん」の中の一本16ミリ」と答えている。「チャコ」シリーズへの思いと自信が伝わってくる（第四章参照）。「この半年間の仕事状態」の項目には、「国際放映でTBSのテレビ映画」とだけある。テレビ製作に追われていることは同じだが、多忙をこぼす言葉がないことは、それだけ山際の仕事が軌道に乗ってきたことを示すのかもしれない。「会についての意見」の項目には、「組織のためにも新作研究会をもっとひんぱんにやるべきだ。企業の試写室を利用して、会員外の作品もとりあげつつ」とある(71)。会外の人々との「彼方の連帯」という考え方が、ここにも現れていた(72)。

『映像芸術』

「映像芸術の会」機関誌『映像芸術』は、一九六六年四月に資金調整のために刊行停止したのち、一一月に季刊誌として復活した(73)。復刊号に山際は、松川八洲雄の記録映画『鳥獣戯画』（映像社、七人の会、一九六六年）をめぐる論稿を発表した。福井利吉郎（美術史家）、寿岳文章《じゅがくぶんしょう》（文学者）、家永三郎（歴史家）など、多くの学者の仕事を参照した文章で、山際の勉強家ぶりが窺われる。

議論の焦点は「ざれ」、ユーモア論である。山際によれば松川は、戦乱の時代という社会的背景を無視して、この絵巻を「ざれ絵」ととらえた上で、そのユーモアに現代の人間に通じるような批評性を読み込んだ。これは福井利吉郎による階級的読解に比べれば、はるかに柔軟である。しかし、社会的背景から切断して、「ざれ絵」のユーモアを味わえばそれでよいのか。ここで山際は、『鳥獣戯画』と同様の戦乱の時代を生きている人間としてのサルトルが、一九五一年、戦争とユーモアの関係をどう論じたかを想起する。戦争の意味を総合的に理解することを欲するサルトルは、意味を破壊するものとしてのユーモアによって戦争を語ることを拒んだのである。「「ざれ」に満足すると「ざれ」におし流されて、真の普遍へ前進して行く姿勢と観念が失われるのではないだろうか?」。

とはいえ、サルトルの議論もまた「完全なリゴリズム」であり、硬直的である。山際はこのようにサルトルを批判したのち、議論をより高次に引き上げるために、アンドレ・ブルトンを参照する。ブルトンはユーモアに「自我の不可侵性」を見たのであった。この観点に照らしたとき、松川には「映画の作者の観念、主張——トータルな現実の意味を問う、苦しい作業は大変に弱かった」「「ざれ」の中に身を置きながら、その現実否認の批判的な姿勢をもう一度ひっくりかえして(…)分析と綜合の接点とも言うべきものに立脚すること」が必要ではないか。具体的には山際は、異なる人物の手になるともいわれる「畜生界」部分とのカットバックを提案している(74)。動物のイメージ化について論じた「私の記録映画論」と同様に、このユーモア論でも、現実と主体との弁証法的な把握が打ち出されていた。

くわえて、かつて中川信夫論において「超現実」を参照したのと同様に、山際はここでもブルトンという超現実主義者(シュルレアリスト)を参照することによって、イメージ上の突破を図っていた。シュールリアリズム(シュルレアリスム、超現実主義)は、「社会の壁」を揺るがし、状況に傷をつけることを目指す山際のリアリズム(「間接的リアリズム」であり、突き詰めたかたちではアンチ・リアリズムとも重なる)を、表現において支援するための大事な方法なのであった。

『映像芸術』誌のあり方をめぐっては、山際は一九六七年一月発表の文章で、「少数精鋭再発足説反対!! 同人誌化反対!! フイルム実作第一主義反対!!」と唱えた。幅広い作り手が、批評を交わす場として、山際は機関誌の役割を考えていた。「実作者同志の創造的批評こそ「映画芸術」でなされるべきであり、それこそが映画運動なのである」と彼は記している[75]。この一文は山際による「映画運動」の簡潔な規定としても大事である。

山際にとって批評とは、相互の作品の評価だけに関わる行為ではなかった。テレビドラマ製作においても、脚本家と監督との共同作業が、各人の「心情告白」に終わらぬためには、「批評の基準」が両者のあいだで討議されていることが大事だと山際は考えていた[76]。批評を書くことと作品を製作することとは山際のなかで一体的であった。

二月五日には、『映像芸術』再刊一号の内容をめぐるシンポジウムがもたれた。山際は「各人の意識の相違が、無媒介につきあわされることによる（…）みのりのない論議の空転」という感想を残しているが、再刊二号の準備を進めたいとの意欲も表明している[77]。会および機関誌の展望は不透明であったが、前向きの話もあった。粕三平がチェコスロヴァキアから来ていたヴラスタ・チハーコヴァーに声をかけて、チェコ映画の研究会を始めたのである。この動きは次章で扱う『罠』に結実する[78]。

テレビドラマ製作においても、山際は主体性を何とか発揮して仕事を続けていた。四月三〇日、「映像芸術の会」の会員による作品試写会に、山際は『泣いてたまるか』の一本「僕も「逃亡者」」を出している[79]。

五月二一日には第四回総会が予定されたが、総会に向けた文章において山際は、「会のあり方について書くことが」どうしてもできないとして、『アルジェの戦い』（監督ジッロ・ポンテコルヴォ、一九六六年）論を綴っている。この作品における「安定した、客観的に自由なキャメラ・アイ」は「根本的に古き劇映画の形式に」のっとったものであり、「真にやみくもな不安と、人間の解体状況にあったであろうアルジェリアの人々（…）の側（意識及び現実そのもの）にたったキャメラの、ドキュメンタリーとは、とても言いがたい」と山際は書いている。[80]
ここにあるのは、混乱した状況にある客体を、作り手＝主体はどのように自らの問題としてとらえ、映像で表現することができるのかという問いである。同時にまた、先行き不透明な「映像芸術の会」の混乱した現状に、各人が主体としていかに向き合うべきかを考えよという訴えも、この論稿の背後にはあったかもしれない。

「映像芸術の会」の崩壊

一九六七年五月二一日、「映像芸術の会」は東中野の新日本文学会会議室で第四回総会を開いた。総会は運営委員長に西江孝之、書記局長に山際を選出した。[81]山際は、第一回総会は「運動の高揚と会創立の総会」、第二回は「自衛隊映画の問題等をめぐって、連帯の意味を問う矛盾の総会」、第三回は「財政的、組織的ゆきづまりに直面した収拾の総会」、第四回は「運動の再確認、再出発の総会」とまとめた。[82]
だが、この頃から「映像芸術の会」はそれまで以上に軋み出した。日米安全保障条約の自動延長（一九七〇年）が近づくにつれ、学生運動・社会運動が徐々に盛り上がり始めた。この気運が「映像芸術の会」を活発化させるとともに、会員間の見解の相違も際立たせることになったのである。
議論の焦点となったのは、小川紳介の仕事である。一九六七年に彼がつくった『圧殺の森　高崎経済大学闘争の記録』（小川プロダクション）は、裏口入学を容認し、管理体制を強める大学当局に抗議する、少数の学生に密着した記録映画である。彼らは学生ホールを占拠して闘争を続けるが、大学側は退学の警告や親への働きかけを通じて切り崩しを行なう。闘争を徹底させようとする彼らに共感しない学生たちや新聞部の姿、さらには仲間の一人が闘争を離脱して尾瀬に行こうとする事件がとらえられることで、中心人物たちの焦りや孤立感が生々しく伝わってくる。山際はこの作品を高く評価し、「未来の全生活を（…）破壊させられるであろう青年たちの斗いに密着し、加担し、全肯定することによって、その現実そのものが、われわれ観客を含めた全現実への批評となってくるような関係が成立しかかっている」と記した[83]。

一〇月八日には佐藤栄作首相の南ベトナム訪問阻止を図る全学連が機動隊と激しく衝突し、京都大学学生の山崎博昭が死亡する事件が起こった[84]。小川がこの「羽田事件」の記録映画を製作する意欲を示すと、「映像芸術の会」運営委員会は全面的な支援を決定した。とりわけ山際が書記局長を務める運営委員会書記局が、積極的な姿勢において際立っていた。製作・上映実行委員会がつくられ、資金カンパが募られた[85]。

だが、完成した小川の作品『現認報告書 羽田闘争の記録』(小川プロダクション、一九六七年)は、山際たちの期待に反して、権力側対全学連という平板な二項対立に終始するものであった。それでも山際は、『現認報告書』の上映運動を支援した。他方、小川や山際の動きから松本俊夫は距離をおいた。松本は政治的傾向の強い映画を製作することに忌避感をもっていた。『現認報告書』の不出来は、彼の忌避感をいっそう深めた[86]。

『映像芸術(季刊)』三号(一九六八年二月)には、小川の上記二作品をめぐる討論の記録が掲載されている。松本は、『現認報告書』のアプローチは「反権力内部の複雑な動きに触れる」ことを避けたものであり、「政治主義的」であると直截に批判した。山際は作品の弱さは認めつつ、それは「小川君およびそれを包んだわれわれ〔製作・上映〕実行委員会の弱さ」であると述べ、自分の問題として引き受けようとした[87]。

『西陣』などへの評価に見るように、山際は松本の作品をよく理解してきた。「映像芸術の会」創立時に、松本が芸術の自立性を強調し、山際が具体的な製作の問題を論じようとしたことに見るように、二人の方向性には違いがあった。それでも山際にとって松本は、批判しつつもともに映画運動に取り組む関係であった[88]。だが、小川作品への態度の違いを一つの契機として、二人の距離は開いていった。

短編映画界を取り巻く状況も、「映像芸術の会」内の亀裂を深めた。ニュース映画もPR映画も、テレビが肩代わりするようになっていた。この苦境のなかで、大島渚や吉田喜重にならって自分たちで独立プロをつくり、各自が自主映画をつくればよいという立場が勢いを得た。この立場に立つ人々は、「映像芸術の会」解散を唱えるようになった。解散論に反対した山際を、松本は「組合主義者」と呼んだ[89]。個々人の活動にまかせるのではなく、団体をつくり、製作条件の改善を一歩ずつでも実現しようとする、山際の基本的な姿勢についての評価といえよう。

一九六八年二月五日、「映像芸術の会」運営委員会の席上、運営委員である東陽一、黒木和雄、土本典昭から退会の意思表示があり、同委員会は「会運営の決議機関としての機能を停止した」。松本も二月一〇日付けで退会届を提出した。松本は「会員ひとりひとりの自発性と主体的な参加意志に基づかない芸術運動など意味がない」と記した[90]。山際は「運動論の欠落」という文章を書き、「組織運動においてはインパーソナルなかかわりこそ大切なのではなかろうか」と松本に応じた。山際にとって「映像芸術の会」は、「映画運動における唯一のインパーソナルな、ジャンルと職能をこえた組織であり、広場だった[91]」。

三月三日、「映像芸術の会」は臨時総会を開いた（出席者三九名、委任一五名、グループびじょんの三名が傍聴）。一〇時間におよぶ討論ののち、山際を含む一一名の暫定組織委員会が選ばれた。臨時総会の動きを伝える『映像芸術の会会報』三五号（一九六八年三月二二日）で山際は、『現認報告書』の「製作上映運動（…）を契機として映像芸術の会の分裂と解体が顕在化した。それは僕自身が裸にさせられる──その意味において、僕には大変重いことである」と記している。さらに、「『現認』を総括する過程で、「現認」の運動が「政治的」でしかなかったのが残念である──といった評価をしか言えない部分がいることは、大変残念である。／僕はそういう部分を断乎許さない」と強い調子で書いているが、これは松本批判であろう。最後に山際は、平野克己（臨時総会で『現認報告書』製作上映運動報告を行なった）がいう、「創造行為そのものの現実的矛盾の共有」を目指し、「場における具体的なたたかいのフラクション連合を組織してゆく努力をしたい」と結んでいる。暫定組織委員会は三月一〇日に会合をもったが、これで映像芸術の会は事実上終わった[92]。

四 『炎 1960〜1970』

『炎』の成立

小川作品をめぐる『映像芸術（季刊）』誌上の討論で山際は、「止めどなく後退している現実」に対して、「作家自身がノイローゼ的な状態にありながらそれをうまく表現できなかった」と小川を批判した上で、自己の立場をこう表明した。「この日本の状況と、この時点に於ける一インテリゲンチャとしてのぼく自身のそういうノイローゼ状態というものをどういう具合に主体的に表現できるか、どういう形の怒りとして表現できるかということをまさぐっていきたい(93)」。

一つの方法としては、直接的な政治運動への関与があった。山際は一九六七年頃には「テレビ映画の間の時間には、ジャテック（脱走米兵のかくまい）の手伝いをやり、六八年からは日大芸闘委支援にのめりこんでいました(94)」。

だが、山際の本来の表現の場は、映像製作をおいてなかった。日本および自身の状況に対する怒り（あるいは山際がよく使う表現を用いれば「うらみつらみ」）の主体的な表現、それが『炎 1960〜1970』（自主映画製作協議会、一九六八年）である。これは山際が一九六八年に仲間とともに製作した、一一分半の短編映画である。三派全学連の一角であった「中核派の人」から、一九六〇年の安保闘争における樺《かんば》美智子の死を記念する映画製作を依頼されたことが企画の発端であった(95)。だが、山際は「単なる政治プロパガンダ映画」をつくりたくはなかったし、樺美智子一人を突出させようとも思わなかった。「闘いの本当の意義は闘いの中で死んでいった人のみが知っているのではないか」という想いから、山際は「闘いの中で死んでいった多くの死者を登場させ、その人々の怨念を映像化することをモチーフに据えることにした(96)」。それゆえ『炎』は個別の党派とは無関係の作品となった。

山際はどの党派からも作品の内容に文句をいわれたことはなく、中核派から製作費ももらっていない[97]。

実際、山際にとって『炎』製作の動機は内的なものであった。当時の自主映画祭パンフレットに掲載された〈製作者のことば〉には、次のようにある。

私たちをこの映画の製作につき動かした主な契機として、羽田闘争の記録「現認報告書」の製作運動に私たちが参加したことがあり、そして奥浩平君の手記の内実がもつ豊かさに感動したことがあると言うことが出来ます。

奥君は「論理的人間と感性的人間との媒介的統一」ということを言っています。それは今日のあらゆる形式にとらわれず、勃起し、急速に高まってゆく、あらゆる運動の中に見られる真に自立的な思想の核であると思います[98]。

奥浩平は横浜市立大学の学生で、一九六五年二月に外相訪韓阻止の羽田闘争で鼻骨を砕かれ、翌月自殺した。党派闘争が恋愛関係を行き詰まらせたことも、自殺の背景にはあった。彼の遺稿集『青春の墓標』（一九六五年）から山際は強い印象を受けた[99]。

『炎』のスタッフクレジットには「監督」はなく、「構成」として山際永三、岡田道仁《どうじん》、北村隆子、飯島実、中島彰亮の名がある。「みないろんなアイディアを出してくれたけれど僕がまとめた。みなもそれを認めていたということで、監督というのはおこがましいので構成にした」[100]。もとより山際が中心にいたが、岩波映画の岡田道仁も全面的に手伝った。神田の岩波映画スタジオでの撮影中、外が騒がしいので山際が窓から下を見たら、ヘルメットにゲバ棒の学生たちが狭い道で大騒ぎをしていた。これが山際が日大闘争に関わるきっかけとなった［図2-7］。北村隆子は、日大芸術学部の闘争と小書店の労働運動を題材に『死者よ来たりて我が退路を断て』（グループびじょん、一九六九年）を翌年に撮る人である。この映画は学生運動のパートと、解雇された書店員の労働闘争のパートとのつながりが唐突である。だがそれだけにかえって、人々を運動に動かすものをとらえたいという作り手の熱意が焼き付けられた一篇となっていた[101]。

『炎』スタッフはさらに、「音」が大野松雄と小杉武久、「声」が林昭夫、「字」が「原爆戦後史研究会」でいっしょだった岡美行である。製作は「自主映画製作協議会」で、岩波映画労働組合、グループびじょん、理研映画労組有志、映像社、演劇批評が協力した。音担当の大野松雄は岩波映画で短編映画の音を多く担当しており、岡田道仁の紹介で最低ギャラで参加してくれた。小杉は音素材の一部を録音した。「大野さんは、青山六丁目の古いマンションの一室を改造して、簡単なスタジオ（音響器械のほか、16ミリ映写機からの雑音を遮断するための防音壁など）を所有しており、そこで、前もっていろいろな音素材を加工して用意してあり、私たちが行くと、映写しながら音を出して、私などはほとんど感動して、いいですね！　というわけです[102]」。

図 2-7　日大闘争救援会の集会でカンパ活動する山際（1970 年）

元来『炎』は、日比谷野外音楽堂における一九六八年の六・一五記念集会（六月一五日は樺美智子の命日）で上映される予定であった。だが、中核派と革マル派が竹竿で内ゲバを始めたため、上映は実現しなかった。山際は「フィルムだけを抱えて隅の方に逃げ、唖然として〝内ゲバ〟のすさまじさを凝視していた」。少しあとになって、江古田の日大芸術学部闘争委員会のバリケードの中で上映され、岩波映画労組を通じて貸出しも行なわれた。一九六九年に大阪で開かれた「反戦のための万国博」（ハンパク）でも上映された[103]。

『炎』の構成

『炎』は一九六〇年以来の学生運動や社会運動の中で死んでいった人々のイメージを中心に据え、ハンガリー動乱やキューバ革命といった世界の社会運動とシンクロする。タイトルの数字「1960〜1970」は、かつての安保闘争と来る安保闘争を念頭においているのであろう。記録写真が主な素材であるが、日常風景にまつわる写真や、裸婦の映像（カット49〜52、56、58）も組み込まれる。したがって、写真の連なりという点では、松本俊夫の『石の詩』（TBS、一九六三年）や大島渚『ユンボギの日記』（創造社、一九六五年）と共通しつつも、

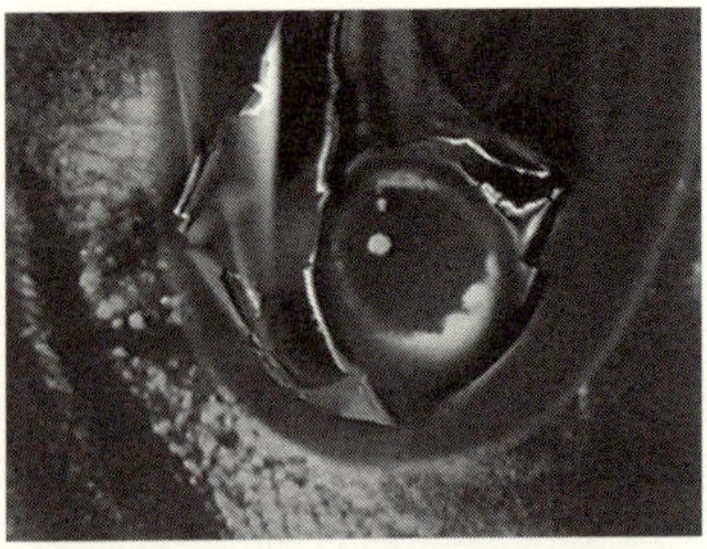

図2-8　『炎』目の写真が焼ける（カット37）

より幅広い手法が用いられている。

最も印象に残るのは、人間の顔などが映っている写真を裏側から焼くという手法である〔図2-8〕。写真には焼け焦げが生じ、穴が開き、ときにべろべろと燃え落ちていく。これにより死者、また作者の痛みがイメージ化され、同時に対象はモノとして客体化される。写真を撮影する際には、ズームやパンなど、視点の移動が効果的に用いられている。写真は静止しているように見えるが、実は微妙に揺らいでいる。山際によれば「岩波映画社（水道橋）のスタジオで、黒幕をバックに、枠に写真をつるして、止め、裏からガソリンと灯油半々のものを筆で塗り、それでカメラを回してから、ライターで火をつけました。当時の美術や映画の世界で、「自動筆記」だったか、「自動表現」だったか、そうした偶然の要素を選ぶというのがあったと思います。私は、それは、作家の感性のフィルターにすればいいのだと解釈していました」[104]。「絵画とか静止写真を素材にして、映画のカメラを移動させたりズームさせたりして再構成する映画（短編）」という発想は、アラン・レネ『ファン・ゴッホ』（一九四三年）と松川八洲雄『鳥獣戯画』から学んだ[105]。

『炎』にストーリーはないが、エルネスト・ゲバラの手紙が朗読される中盤を挟み、おおむね三部分からなる。筆者の整理になるカット構成とそのカットの開始時間（単位は分秒）は以下の通りである。[106]

●1「死」と墨で白い紙に大書。焦げる（54まで音楽。00：20［図2-22］）●2「者」（00：26）●3「は」（00：29）●4左目。眼球が焦げる（00：33）●5ゲバラの死体。焦げる（00：37）●6「何」。炎がかぶさる（00：45）●7「を」（00：47［図2-9］）●8樺美智子。かすかに焦げる（00：49）●9「１９６０・６・１５」と黒地に白字。ズームイン。炎がかぶさる（00：55）●10群衆の俯瞰。上にパンすると国会議事堂（00：59）●11樺美智子。左目にズームイン（01：06）●12周恩来。首筋に丸い焦げが生じる（01：09）●13逮捕学生。ズームアウト。焦げが広がる（01：22）●14倒された学生。焼け、炎がかぶさる（01：27）●15横倒しの大型車。焦げる（01：33）●16「１９６０・３・29」と黒字に白字。炎がかぶさる（01：34）●17若い男性の顔。焦げる（01：36）●18操車場での闘争現場（01：44）●19「１９６０・10・11」と黒地に白字。ズームイン。

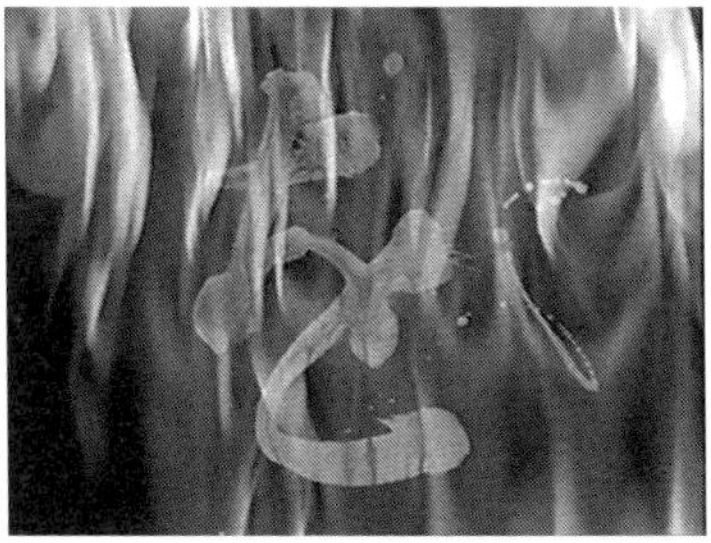

図2-9 『炎』文字に炎がかぶさる（カット7）

炎がかぶさる（01：45）●20学生服の男性。焦げる（01：47）●21「１９６０・12・５」と黒地に白字。炎がかぶさる（01：49）●22眼鏡の若い男性。焦げる（01：50）●23「１９６５・３・６」と黒地に白字。炎が重なる（01：53）●24奥浩平。左目のあたりから焦げる（01：54）●25その左目に切り替わり、ズームイン（01：58）●26人の背中。肩のあたりに鮮血。それがめらめらと燃えていくところにゆっくりとズームイン。燃えている下地はまだら模様に（02：01）●27機動隊と学生の横顔。若干ズームイン。燃えていき、学生と機動隊の間で裂ける。真っ黒な下地が見える。右側の裂け残りである学生の横顔も焼けて皺がより、倒れていくかのよう。ズームイン（02：28［図2-10］）●28下地から出て

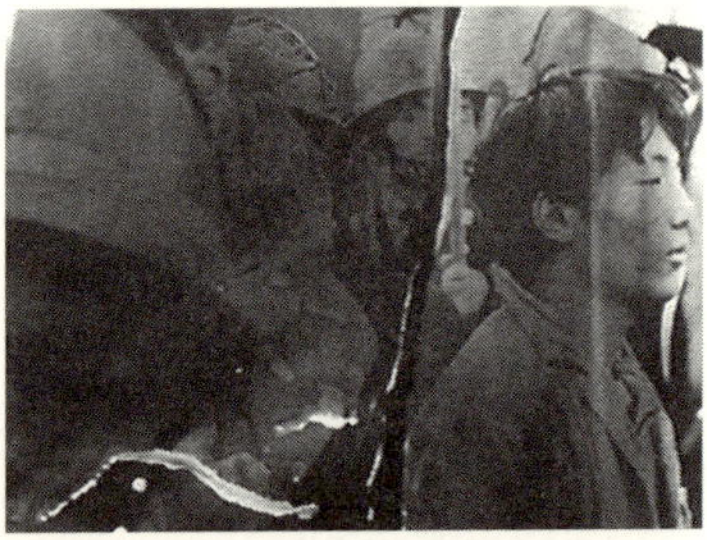

図2-10　『炎』学生と機動隊の写真が燃えて裂ける（カット27）

きたかのように、「多くの死者たちの歴史」と黒地に白字。炎が重なる（02：39）●29「1871年5月　パリ・コンミューン」と黒地に白字。焼け、手前にめくれ落ちる（02：43）●30「1917年11月　ソヴェト革命」と黒地に白字。焼ける（02：45）●31進む軍靴（02：46）●32日本海軍水兵（02：47）●33吊るされた五人の遺体（02：49）●34「1956年11月　ハンガリア革命」と黒地に白字。燃え落ち、黒い下地にズームイン（02：50）●35スターリンの肖像を焼く群衆（02：51）●36柵に逆さにぶらさがる二人の若い女性。遺体か（02：53）●37褐色の顔の男性、左目にズームイン。目玉にそって焼ける（02：56［図2-8］）●38「1967・10・8」と黒地に白字。炎が重なる。燃えていく（03：04）●39両眼だけがくっきりと見える山崎博昭の写真。左目にズームイン（03：06）●40学生運動の集会。一人の学生のヘルメットに穴が開くように焦げができる。上にパンすると小さな燃え穴がところどころに。炎が重なり、燃える（03：09）●41角材をもった学生たちの隊列。右にパン（03：18［図2-11］）●42羽田闘争。橋の上で機動隊の車と群衆（03：23）●43目だけをくりぬいた白い袋をかぶり顔を隠した高崎経済大学の学生たち（03：24）●44男子学生。焦げ、焼ける（03：26）●45「虐殺された」と黒地に白字。ズームイン（03：30）●46「生んで　たたかい」と黒地に白字（03：32）●47デモ隊の中の樺美智子。焦げる（03：33）●48ゲバラ。焼け跡が白く広がる（03：42）●49女性の耳の接写（52まで動画。03：47［図2-18］）●50開閉する女性の唇の接写（03：48［図2-19］）●51裸の女性を背後から。腰から背中を見上げて（03：51［図2-12］）●52裸の女性の背後、髪があがる（03：54）●53男子学生（44と同じ人物）。わずかに鼻が焦げる（03：57）●54樺美智子。炎が重なり、焼け、真ん中から裂ける。肖像は左右に裂け落ち、日常的な都市風景が現れる（音楽途切れる。03：59［図2-14］）●55赤瀬川原平の零円札にズームイン（04：26）●56女が両手の指をからませている接写（動画。04：38［図2-20］）●57零円札（04：41）●58女の裸体の接写。臍《へそ》のようなくぼみ（動画。04：45［図2-21］）●59ゲバラ横顔（04：49）●60ドアにFiDELと落書き（04：52）●61演説するカストロ。音楽とともに、ゲバラの「カストロへの手紙」ナレーション開始（04：53）●62杭。下にパン（04：54）●63サングラスの黒人男性（05：01）●64白地の背景。下にパンすると黒人らしき人のシルエット（05：04）●65都市部に散列状態となる兵士。右にパン（05：08）●66官憲に怒り抗議する男（05：12）●67手錠をかけられた黒人男性と女性。手錠と鎖にズームイン。さらに左から上にパンしていくと、別の人も鎖につながれている（05：14）●68倒れ込み叫ぶ黒人（05：33）●69黒人兵士。泥沼。ベトナム戦争か（05：34）●70叫ぶ男性。ズームアウトすると兵士に叫んでいる（シャープビル虐殺事件か。05：35）●71商店を襲撃する黒人市民たち。左から右、また左に急激にパン（05：40）●72機関銃を掲げる兵士の隊列に向き合う男性（05：43）●73黒人男性たち（05：44）●74 STOP KILLING! END THE DIRTY WAR! のプラカードをもち座り込みをする白人市民たち。右にパン（05：46）●75黒人女性たち（05：48）●76サンダルで闊歩している二組の足。黒人市民か（05：50）●77両目から大粒の涙を流す幼児。黒人か（05：52）●78官憲。右にパンするとたたきのめされる市民（05：54）●79警官。ズームアウトすると警官の隊列（北アイルランドか。05：57）●80黒人青年を間に挟んだ白人青年のデモ。真ん中の黒人にズームイン（06：00）●81警棒を振り下ろそうとするどこかの国の官憲の姿（06：03）●82血を流し倒れ込んでいる男性。恐らく遺体（06：04）●83投石する白人男性（06：05）●84街頭での闘争。右にパン（06：06）●85苦悶するアジア人の年輩女性（06：10）●86恐らくアジア人男性老人。頭部・目・耳を覆われ、さるぐつわ（06：12）●87白線のひかれた道路。ズームアウトすると機動隊の隊列（06：13）●88機動隊車の

図2-11　『炎』学生の隊列（カット41）

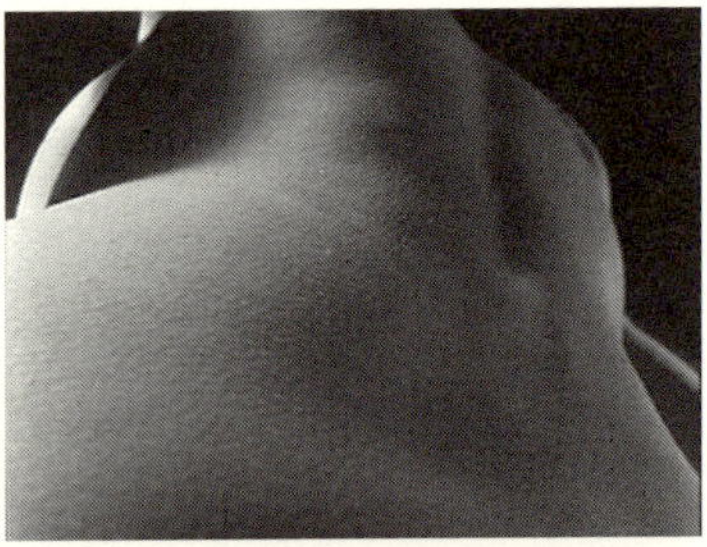

図 2-12　『炎』女性の身体（カット 51）

屋根に乗る学生たち（06：16）●89機動隊に囲まれ、へたり込む学生（06：18）●90線路上の学生の群れ、カメラはゆらゆらしながら右にパン（06：19）●91闘争する学生たち（06：26）●92学生デモ（06：28）●93機動隊と戦う全学連（06：29）●94ジュラルミン盾にぶつかっていく学生。ズームアップ（06：30）●95放水されるなか戦う学生たち（06：32）●96郵便ポスト脇に追いやられたデモ参加者（06：33）●97学生と機動隊。ズームアウト（06：34）●98学生と機動隊の衝突（06：36）●99中核派、全学連のヘルメットをかぶった学生（06：37）●100学生たちを背後から（06：38）●101苦しそうに目をこする学生たち（06：39）●102ひしめく学生（06：41）●103学生デモ。ズームアウトし、やや左にパンし、またズームイン（06：42）●104学生デモ（06：44）●105居並ぶ機動隊のジュラルミン盾（06：45）●106腕組みしたりマイクをもったりしている学生たち。下にパンすると学生たちが話を聞いている（06：47）●107学生集会を別の視角から（06：49）●108学生集会をまた別の視角から（06：50）●109衝突後らしき光景を上から。ヘルメット、角材が落ちているところを中心にカメラはぐるりと回る（06：51）●110学生デモ。西部劇映画『墓石と決闘』の立て看板をひっくりかえして盾に使っている者がいる（06：53）●111同じ写真のアップ。ミュージカル映画『モダンミリー』の立て看板がひっくり返されている（06：55［図2-16］）●112包帯を巻かれた腕と指。闇の中を上にパンしていくと、ヘルメットと覆面をした顔（06：56）●113橋の上に学生が一人。ズームアウトすると放水されている（07：05）●114放水されているなか進んでいく学生の隊列。先頭は強い水を浴びて人の姿もはっきり見えないが、そこにズームイン（07：07）●115悲嘆する若いアジア人女性。日本の学生か（07：15）●116機動隊の群れ、カメラはゆっくり下方にパン。つかまった学生たちにややズームイン（07：17）●117三里塚闘争。老人行動隊（07：25）●118「［農地］死守　公団出て行け」のプラカードを掲げ、絶対反対のはちまきをした人々（07：27）●119農地死守などのプラカードと隊列（07：28）●120角材で戦う人々、さっと右にパンすると網をもった機動隊（07：29）●121頭を抱えて倒れている人。近くに機動隊員の足が並ぶ（07：31）●122学生運動。学生と機動隊のひしめきあい（07：33）●123崖をおりて向かってくる機動隊。下方にパンすると、若い女性が一人逃れるように走っている（07：36）●124アスファルトの路面と居並ぶ機動隊（07：39）●125駆ける人（07：40）●126駆ける人（のように見える、腕の動き。07：41）●127ジェラルミン盾にズームイン（07：41）●128機動隊と対峙する学生たち（07：42）●129倒れ込んだ人にズームイン（07：44）●130頭を抱え込む黒人の若い女性。頭から顔へとパン（07：48）●131くずおれる黒人男性（07：55）●132プロペラ部。下にパンしながらクローズアウト。ヘリコプターと分かる（07：56）●133鉄条網越しにアジア人男性たち（ベトナムか。07：59）●134零円札（08：01）●135零円札（ロングショット。08：02）●136零円札（134と同じ。08：02）●137空港の金網越しに巨大な戦闘機（08：03）●138「団結」「第13回原水禁世界大会を成功させよう」などと書かれた旗。沖縄県の団体。旗を背にして男性老人たち。下にパン。彼らは座り込んでおり、やかん、茶わん、たばこ、むしろなどが映る。赤ん坊もいるようだ。老人の手にズームイン。ついで顔へとパン（08：05［図2-15］）●139「土地を返せ　伊江島土地を守る会」と書かれた立て看板と老人男性（08：19）●140「軍労」と読めるはちまき男性（08：21）●141「祖国へ（…）」ののぼり、軍用とおぼしきトラックが走っている。トラックの底部にズームイン（08：22）●142叫ぶ人（赤ん坊か）の顔（08：24）●143「基地B52撤去せよ」のリボンをつけた人。上にパンすると、恐らく黒人と日本人の混血の若い女性と分かる。彼女の左目からこめかみのあたりにズームイン（08：25）●144轢き殺された幼女の遺体と米兵の、沖縄の有名な写真（08：35）●145座り込む抗議運動の人々（08：38）●146「二つ三つのヴェトナムを！」と黒地に白字（08：41）●147沖縄の抗議運動。すぐ後ろに機関銃を抱えた米兵。機関銃にズームイン。その前にいる男性にパン（08：44）●148辛そうな老人の顔（08：52）●149沖縄の抗議運動、対峙する米兵。B52と書か

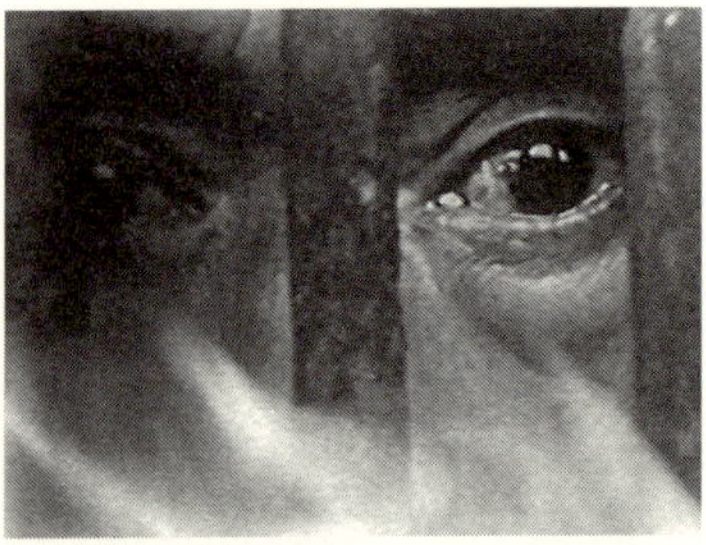
図2-13 『炎』鉄柵からこちらを見据える男性（カット180）

れたはちまきにズームイン。音楽途切れる（08：53）●150「米国支配への呪いをこめて」の旗。抗議運動。上にパンすると、延々と続く抗議運動の行灯の光。ぼんやりと日の丸の旗も（08：57）●151「二つ三つのヴェトナムを」と黒地に白（接写なので一部のみ見える。09：05）●152ぞうりばき。上にパンするとお婆さん。恐らく沖縄（09：06）●153「沖縄を返せ」とはちまきした小学生と中学生、大人（09：10）●154赤瀬川原平の「順法絵画」。上にパンすると零円札（09：14）●155ここからまた最後まで音楽。ぼやけた画像、フォーカスが合うとマンホール（またぼやけ、またフォーカスが合う。09：24［図2-17］）●156「虐殺者岸を」などの見出しと樺美智子の肖像を掲げた新聞。炎が重なる（09：33）●157『戦旗』一九六〇年六月七日。炎が重なる（09：38）●158「6・4ゼネスト」などと書かれた『戦旗』の別カット。炎が重なる（09：42）●159学生集会。焦げる（09：46）●160学生たち。焦げ、燃える（09：56）●161学生たちの隊列が足だけ。押し戻されてバランスを崩している。燃える（10：06）●162学生たちのデモ。右にパンすると突っ込んでくる機動隊が映る（10：10）●163機動隊に取り囲まれ、座っている逮捕された大勢の学生（10：13）●164けが人らしき人をかかえた人々（10：14）●165けが人をかかえた人々（10：16）●166カメラが道路から上にパンすると、両手をつき、ひざまずく若者。助け起こそうとする人々（10：18）●167国鉄操車場に座り込む人々（10：23）●168大規模集会。ズームアウトすると、「岸打倒国会解散」の幕（10：25）●169「キシモイク　チンモイク　あーイク」と書かれた戯画（10：31）●170はちまきをした男性たち。ズームアウトすると葬列（三井三池炭鉱の戦いでの死者。10：33）●171機動隊か何かに抑え込まれる人。焦げ、煙と炎（10：38）●172倒れ伏す人。焦げ、焼けて裂ける（10：41）●173ひしめきあう機動隊か。焦げ、煙と炎（10：44）●174ヘルメット（官憲か）をかぶった人々の群れがうっすらと。焦げ、煙と炎（10：50）●175何かの集会の様。わずかにズーム。焦げ、焼ける（10：54）●176混乱する人々。炎（10：58）●177ヘルメット（官憲）と学生たち。べろべろと燃えていく（11：01）●178かがみこんでいる人の頭部。炎が重なる（11：08）●179零円札。わずかにズームか（11：12）●180鉄柵の向こうからこちらを見つめる人の目と鼻。炎が重なり、写真は焼けていく（11：16［図2-13］）●181焼けていく写真の続き、真ん中が裂けていく（11：30）●182「炎 1960～1970」と黒地に白字（11：35）●183「構成　山際永三　岡田道仁　北村隆子　飯島実　中島彰亮　音　大野松雄　小杉武久　声　林昭夫　字　岡美行」と黒地に白字（11：39）●184「自主映画製作協議会　協力　岩波映画労働組合　グループびじょん　理研映画労組有志　映像社　演劇批評」と黒地に白字（11：48）

『炎』の達成

『炎』は全編、単調な唸りや軋みのような音楽が流れる（カット55から60までと、150から154まで短い中断）。死者の怨念のような不気味な音楽である。中盤ではゲバラによるカストロへの「別れの手紙」のナレーションが入る。(107)

図 2-14 『炎』樺美智子の肖像が燃えて裂ける（カット 54）

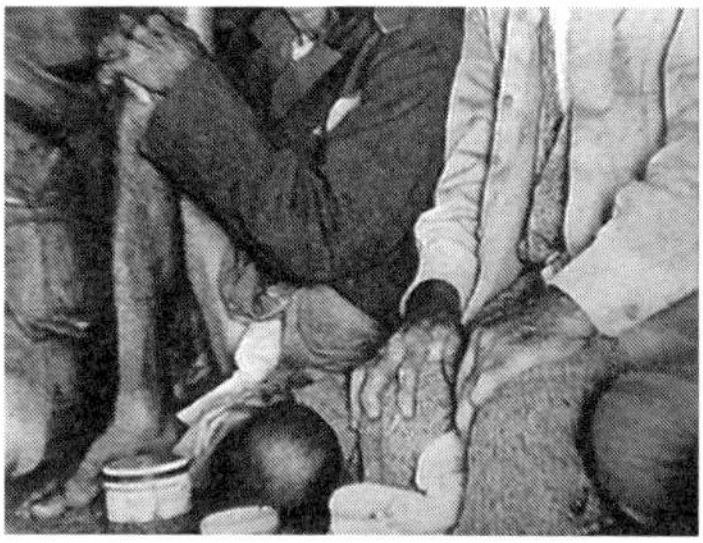

図 2-15 『炎』沖縄の老人たちの膝元（カット 138）

そこではテキストの区切りや意味を意識して、カットは細かく編集されている。テキストの意味とカットのイメージは、ときに重なり、ときにずらされる。単純な対応の例としては、「われわれが老成した」にイギリス官憲の写真が重なる。逆説的な対応の例としては、「僕を息子のように受け入れてくれた国民」に合わせて、学生と機動隊の衝突の細かいカットが次々と挿入される。「党」という言葉に、旗を

図2-16　『炎』映画の看板（カット111）

掲げた学生デモが重なるのもアイロニカルである。とくに秀逸なのは「僕はこの地に、僕自身の一部を残して行く」の箇所で、二度の「僕」の間でカメラは倒れている学生にズームインし、「僕」と学生が重なる印象を生む。

政治運動の情景と日常的な情景とは、カット割りによって、違和感を孕ませつつ、つながれる。その効果は複層的であり、政治が日常の延長線上にあることも、政治が日常を破壊していることも、ともに示される。さらに、日常風景それ自体が、緊張を孕んだ見知らぬものに見えてくる。樺美智子の写真が燃え、裂けると、その向こうからどこにでもある都市部の建物群が現れるカットは、日常の異化がとくに成功している（54［図2-14］）。沖縄で政治闘争に取り組む老人たちの写真（138［図2-15］）では、下にパンすると、座り込む彼らの前に敷かれたむしろ、その上に置かれた湯呑茶碗や煙草、寝かされた赤ん坊が映され、ついで老人の手、そして顔へと視点は昇っていき、被写体の人間としての存在、その生活が強く印象付けられる。街頭闘争を行なう学生たちが映画（『墓石と決闘』『モダンミリー』）の立て看板を逆さにして盾にしている情景（110・111［図2-16］）にも、山際のこだわりが感じられる。

オブジェもまた、政治と日常を独特な形でつないでいる。マンホール（155［図2-17］）は、かさぶたのようにも、基地に似た巨大な構築物にも見え、社会の分裂や人間の疎外を気味悪く、見事にイメージ化している。赤瀬川原平の零円札（一九六七年）がたびたび挿入されるのも、社会情勢を斜めから映し出している。裸体の女性の映像では、耳、開閉する口やくぼみが接写されることで、生命や性が強調される反面、人体のモノ化も端的に示されている［図2-18—2-21］。総じて『炎』は、「日常性そのものをイマージュ化し、それに汚液をひっかける」[108]という山際の映画論の、生々しい実践となった。

『炎』は冒頭で、筆で大書された「死」という文字が大写しになる［図2-22］。そこから、「死者は何を」という言

図 2-17　『炎』マンホール（カット 155）

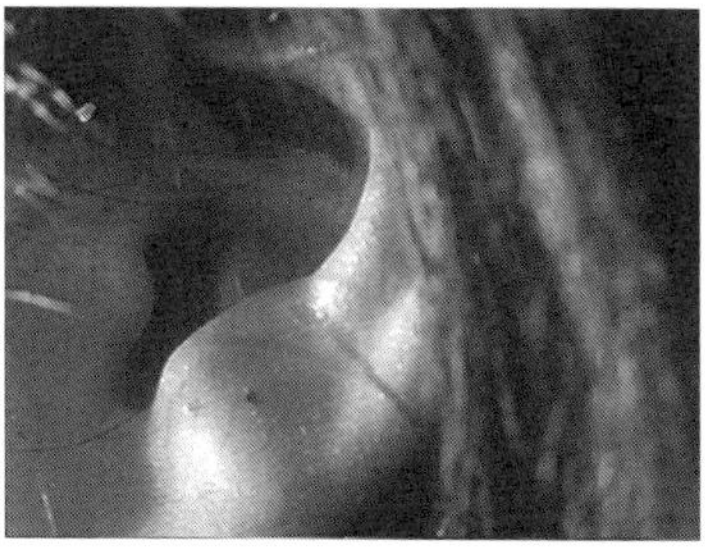

図 2-18　『炎』女性の耳（カット 49）

図 2-19　『炎』女性の口（カット 50）

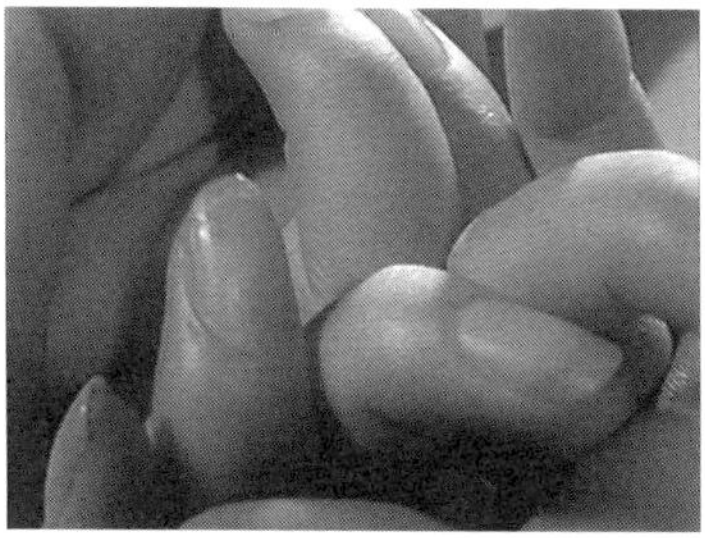

図 2-20　『炎』女性の指（カット 56）

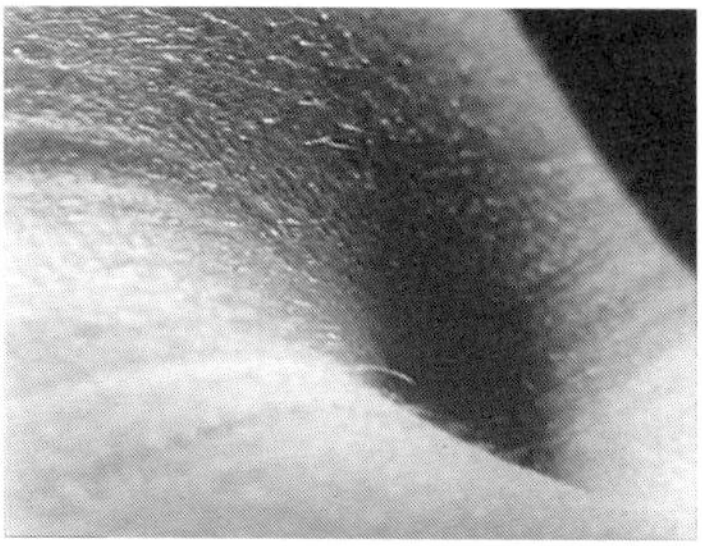

図 2-21　『炎』女性のくぼみ（カット 58）

図 2-22　『炎』「死」の文字（カット 1）

葉が一文字ずつ映されていく。死者とどう関わるかは『炎』のメインテーマであった。一九六八年に山際は書いている。「たたかいの中で死んでいった死者たちが見たものは何んだったか？　彼らはすばらしく豊かな「生」を望み、それ故にたたかい、それ故に虐殺されたのです。死者につづけというスローガンはナンセンスです。死者の眼をもって「生」をつらぬくこと、その執念を自らのものとすることこそ大切だと思うのです[109]」。自分たちはあくまで生者として、死者の語りを受けとめながら、状況と切り結んでいかねばならないと山際は考えていた。

樺美智子や山崎博昭をはじめとする死者たちのうち、山際が『炎』を撮る際に最も意識していたのは奥浩平である。一九六八年一二月に、国際放映撮影所内でつくった同人誌に発表された総括的な文章の中で、山際は奥の遺稿集『青春の墓標』に言及している。同書中にある「論理的人間と感性的人間の媒介的統一」という言葉に、山際は「一種のショックを受けた」という。従来の自分は「観念と欲望の媒介的統一」を課題にしてきたのであるが、「あらゆる場面において、論理的にも、感性的にも、僕は今まで日和見をつづけて来たのではなかったか？[110]」。

山際において「観念」は、政治的な意味を多分に含む理念の意味で用いられている。そうした観念と欲望を補助線にして、分裂した現実を主体的にとらえ直すことが、まさに山際の方法であった[111]。自分より若い奥浩平のアプローチに自分の試みとよく似たもの、だがより極端に突き詰められたかたちで提出されたものを見出して、山際は共感と衝撃とを覚えたのであろう。奥の言葉を受けて、山際は記している。「真の自立性が問われる局面においては、結局おのれの日常性と状況全体との関連、その論理と感性の部分や断片によってのみ構成されるリアリティが大切なのだということを痛感するのである。それをつらぬく「当事者の論理」を発見する行為こそ「表現」と呼ばれるべきだろう[112]」。一九五〇年代終わりから山際が映画運動において行なってきた探究は、ここに一つの到達点を迎えたのである。

おわりに

一九五〇年代から六〇年代の映画運動の中にあって、山際の問いは一貫していた。社会、また観客からの作家の自立性を前提とした上で、なおかつそれらと関わり合い、主体を表現していくにはどうすればよいのか、という問いである。この問いを探求することは、「記録とドラマ」という対置を克服することでもあれば、映画製作・批評・鑑賞の範疇を超えることでもあれば、劇映画・記録映画からPR映画・テレビ作品にいたるジャンルを貫通して、主体としての視点を鍛えるということでもあった。

映画運動の展開は、戦後日本社会における、学生運動をはじめとする政治運動の高揚とも連動し、共振していた。山際は政治に対する映画作家の主体性を軸に据えた上で、社会の状況とも深く関わり合おうとしていた。そのために山際は、日常の風景をあらたな視点のもとで照らし出すという方法を強く打ち出すにいたった。その成果が『炎 1960〜1970』である。

山際にとって運動を行なうことは、社会また他者との関係において、主体であり続けることと同義であった。資金不足や内部分裂といった現実の壁の前で、山際の関わった一連の映画運動は解体していった。それにもかかわらず山際は、断絶を前提とした上で主体として他者と関わり合うという姿勢を捨てようとはしなかった。社会と自己との関係を製作また批評の中で絶えず問うという山際の姿勢は、むしろ映画運動の解体を通して、より自覚されたかたちで出発点へと回帰するのであった。一九六八年一二月、すでに触れた職場の同人誌において山際は書いた。「僕らはまず「当事者」であるおのれを発見せねばならず、その「当事者の論理」をもって、名付けえない今日の、一見混乱しながらも確実に動いている時代に向き合い、時代に入って行かねばならない」。

彼はさらに、次のように続けている。

「当事者」として状況と向き合うということは、安易なコミュニケーションの断絶を前提とすることでもある。この複雑な時代に、毎日の多忙な労働に追われながら、何かを表現し行為することを決意するということはなみたいていのことではない。おのがじし、自らの言葉を論理化して口に出すこと以外に、他の存在に一般化し得ないおのれの生命のレゾンデートルを明らかにすることは出来ないだろう。そういう意味で僕はあらゆる人との出会いを大切にしてゆきたいと思っている。[113]

（1）ワークショップは東京大学文学部西洋史学研究室の主催で行なわれた。アナスタシア・フィオードロワ（ロシア国立研究大学准教授）の戦後日本映画に関するレクチャー、山際の映画作品『炎 1960〜1970』および『罠』（一九六七年）の上映に続いて、筆者による山際へのインタビューが行なわれた。ワークショップの録画（映画作品を除く）は、東大文学部附属視聴覚教育センターで視聴することができる。

（2）阪本裕文「前衛記録映画論の戦後的意味——1970年までの松本俊夫の諸活動をもとに」（二〇一六年度博士論文、京都精華大学芸術研究科芸術専攻）。塩見正道『「木崎理論」とは何か——映画鑑賞運動の理論と木崎敬一郎』（風来舎、二〇一八年）。ほかに、井坂能行「〈映画のビラ〉シネトラクト運動——岩波映画労働組合とその周辺」、丹羽美之・吉見俊哉編『戦後史の切断面——公害・若者たちの叛乱・大阪万博（記録映画アーカイヴ3）』（東京大学出版会、二〇一八年）、も『炎』に言及している。

（3）山際永三「重い運動体験——《映画批評》運動の総括」、『映像芸術』二巻七号、一九六五年七月、一四頁。新藤謙「記録とドラマ（今日の問題）」、『映画』一〇号、一九五七年九月。

（4）高倉光夫（山際永三）「アメリカ映画史から」、『映画』一〇号、一九五七年九月、一八、二〇、二二—二三頁。

（5）第一章で見たように、山際は黒澤明論の中でアヌイ『アンチゴーヌ』、サルトル『蝿』、カミュ『カリギュラ』をアンチ・リアリズムとしていた（山際永三「随想「羅生門」をめぐりて」、『シネ・エッセイ』一〇号、一九五二年五月）。この三作がアンチ・リアリズムであるのは、状況の不条理性を際立たせるという明確な理念に即して、物語の展開が構築されているからであろう。そうであれば実は、ある物語世界で状況を設定し、人物と状況の一体的な関係を追求するという山際のリアリズム（これはまずは大庭秀雄や木下惠介をモデルとする「間接的なリアリズム」として表現される）は、研ぎ澄まされたかたちにおいてはアンチ・リアリズムと収斂すると考えることができる。アンチ・リアリズムと間接的リアリズムが、人物を状況の犠牲者としてしか描かない「私小説的なリアリズム」「自然主義」を挟撃しているのである。

（6）山際「重い運動体験」、一四―一五頁。

（7）「映画と批評の会」、『映画批評』五号、一九五七年一〇月、四二―四三頁。

（8）高倉光夫〔山際永三〕「ダッシンは勝つか負けるか」、『映画批評』七号、一九五八年一月、三〇―三二頁。

（9）高倉光夫〔山際永三〕「今井正論」、『映画批評』一一号、一九五八年六月、二七―二九頁。

（10）鳥羽耕史『一九五〇年代――「記録」の時代』〔河出書房新社、二〇一〇年〕、とくに第二章。映画サークルについては、塩見『「木崎理論」とは何か』、とくに一二―一七頁。

（11）佐藤重臣「同人雑誌素見」、『映画批評』八号、一九五八年二月。

（12）「合評会ノート」、『映画批評』九号、一九五八年四月、六九頁。「映画と批評の会事務局」名で掲載され、「文責高倉」とある。

（13）「映画と批評の会　メモ」、『映画批評』九号、一九五八年四月、六〇頁。

（14）高倉光夫〔山際永三〕「映画サークル機関誌――紹介と批評」、『映画批評』九号、一九五八年四月、五七頁。

（15）高倉光夫〔山際永三〕「集団批評の行方」、『映画批評』一〇号、一九五八年五月。藤谷健「スクラム　映サ機関誌のありかた」、『映画批評』一一号、一九五八年六月。高倉光夫〔山際永三〕「映サと批評運動」、同号。

（16）高倉光夫〔山際永三〕「映サと商業主義」、『映画批評』一二号、一九五八年七月、四一頁。

（17）高倉光夫〔山際永三〕「映研機関誌紹介」、『映画批評』一三号、一九五八年八月、四一頁。「山際永三さんインタビュー日大闘争にかかわって、人生が楽しくなりました」、『日大闘争の記録vol.8　忘れざる日々』〔日大闘争を記録する会、二〇一七年〕。

（18）高倉光夫〔山際永三〕「映サと批評活動」、『映画批評』一四号、一九五八年一〇月、四一、四六、四九頁。アンケート回答の収録者は粕三平。

(19)「《座談会》矛盾のなかで——映画サークルと批評活動」、『映画批評』一六号、一九五八年一二月。吉村道与の名は「道子」と誤植されている(四八頁)。
(20)「RADER」、『映画批評』一七号、一九五九年一月、二頁。山際「重い運動体験」、一七頁。
(21)山際永三「先触れ粕三平の『映画批評』」、『映画芸術』四九巻一号、一九九九年五月、七〇頁。
(22)粕三平「註」、『映像芸術』二巻七号、一九六五年七月、二〇頁。
(23)「インタビュー山際永三」、映画秘宝編集部編『異端の映画史 新東宝の世界』(洋泉社、二〇一七年)、一四七—一四八頁。新東宝再建の組合運動が、山際にとっての六〇年安保闘争への参加であったといえる。「山際永三さんインタビュー 日大闘争にかかわって、人生が楽しくなりました」、一二八頁。
(24)高倉光夫(山際永三)「不感症と危機意識」、『戦後映画』一号、一九五九年一二月。戦後映画研究会は一九五九年春に発足したが、三冊のパンフを出したのち自然消滅した。同人は神田貞三、粕三平、高島一男、高倉光夫(山際永三)、長野千秋、野田真吉、松本俊夫、吉田喜重である。『戦後映画』一号、一九五九年一二月、二二頁。山際「重い運動体験」、一八頁。
(25)高倉(山際)「不感症と危機意識」、五頁。
(26)戦後映画研究会『採録コンテ・資料 二十四時間の情事』(戦後映画研究会、一九六〇年四月)。「発刊に際して」の引用頁は三頁。刊行日は一九六〇年四月一二日。
(27)『原爆戦後史研究会 報告1』(原爆戦後史研究会、一九六二年六月一五日)。山際の引用は、山際永三「原爆詩にあらわれた意識像」、三頁。会の課題については、この報告書に挟み込まれた「原爆戦後史研究会」の発足挨拶に記されている。山際と岡の二人だけの研究会であったことは、山際より筆者へのメール。二〇二四年四月一一日。
(28)人間性一般を否定するところから入るのは、山際の基本姿勢である。「〝家庭の幸福〟などという単純な夢想は、どんな場合でも成り立たないということであり、そうした人間性一般に対する疑問、否定こそが状況論の前提であり、それが戦争という現実にいやがおうにも当面させられた第二次大戦後の我々の大衆的な現実なのである」。山際永三「欲ばり青春論——シナリオ・コンクール作品を読んで」、『シナリオ』一八巻四号、一九六二年四月、七一頁。
(29)阪本「前衛記録映画論の戦後的意味」、二〇—二三、二九頁。
(30)高倉光夫(山際永三)「映画サークルの問題点——集団批評の肥沃な土壌に」、『記録映画』二巻一〇号、一九五九年一〇月、一二三頁。

（31）「座談会　映画運動を模索する——観客運動と製作運動の接点を求めて」、『記録映画』四巻一号、一九六一年一月、二八頁。参加者は高倉光夫〔山際〕（演出助手・新東宝）、山之内重己（東京映愛連）、桑島達（東京映愛連）、浅井栄一（京都記録映画を見る会）、大島辰雄（評論家）、坂斉《さかさい》小一郎（共同映画社）、徳永瑞夫（記録映画作家）、野田真吉（記録映画作家）、岩佐氏寿《うじとし》（本誌編集長）。山際は議事進行を務めた。

（32）山際永三「映画批評とは何か？」、『記録映画』六巻四号、一九六三年五月、三五頁。木崎・松本論争については塩見『「木崎理論」とは何か』、九七—一〇〇頁、参照。

（33）製作現場で山際が積んだ経験の一端をここに記しておく。山際より筆者へのメール。二〇一九年四月一二日。

「狂熱」のラスト近く、恵比寿駅前で藤木孝に「中岡だな！」と近づき逮捕しようとする刑事の役をやった国創典《くにそうてん》さんは五月〔藤江〕さんの旦那だったと思います。この人も古くからの役者でした。たしか私が駆け出しの助監督時代、撮影所内のオープンセットで通行人エキストラとしてきていた国さんに、私が「そこの人、休んでないで歩いて！」と怒鳴ったら、国さんが、「俺にも名前があるんだ、名前を呼べ」と言ってきたことがありました。以来私は国さんに頭が上がらなかったのです。

そういう撮影所の雰囲気、小道具さんや大道具さんは小学校卒ばかり、大卒の助監督はとかくいじめられることも多い職場でした。でも私は二年ぐらいすると組合の幹部になったので、小道具・大道具・照明部の人たちからは信頼を獲得しました。

（34）高倉光夫〔山際永三〕「「日本映画は面白くない」？——撮影所から神戸映サの皆さんへ」、『泉』（全神戸映画サークル協議会機関誌）八一号、一九五九年一月、引用は一一頁。この論文の存在を教えて下さり、コピーもお送り下さった塩見正道氏に対して、御礼申し上げる。

（35）木崎敬一郎「現実からはなれた荒廃と堕落の理論——既成映画ジャーナリズムの〝前衛〟批判」、『自主上映』（自主上映促進会全国協議会機関誌）二号、一九六三年七月、引用は一一—一二頁。この論文のコピーも塩見正道氏が送って下さった。ここに御礼申し上げる。木崎がここで直接に批判の対象としているのは山際永三「情念の構造改革——サド覚え書」、『映画芸術』一一巻四号、一九六三年四月、である。

（36）塩見『「木崎理論」とは何か』、六二—六五、九七—一〇三、一二五頁、参照。

(37)山際永三「私の記録映画論――ZOOと記録の関係」、『記録映画』三巻七号、一九六〇年七月、一六―一八頁。
(38)高倉光夫（山際永三）「楽しいPRのために――作品評「暮しと家具」」、『記録映画』三巻二号、一九六〇年二月、三六―三七頁。
(39)山際永三「作家の構造」、『記録映画』五巻一号、一九六二年一月、一四―一六頁。
(40)山際永三「創造の条件――テレビドキュメンタリーをめぐって」、『記録映画』五巻九号、一九六二年九月、六―八頁。以下、この「テレビドキュメンタリー」の項の叙述は同論文にくわえ、筆者による山際へのインタビュー（二〇一九年一二月一六日）に基づいた。田畑慶吉については、山際「重い運動体験」、一四頁、も参照。
(41)Sは、テレビドラマ『泣いてたまるか』（国際放映、TBS、一九六六―六八年）の山際監督回「やじろべえ夫婦」に出てくる、売れないおもちゃ開発に没頭するあまり、玩具会社を解雇される男（渥美清）を彷彿させる。企業の論理からはじき出される彼も、増村『巨人と玩具』の主人公と対照的な存在である。総じて玩具製造というモチーフは、子どもと結びついた純真性と、機械生産がもつ無機性や搾取性との対置を浮き彫りにする。安部公房『他人の顔』（新潮文庫、二〇一三年）、三三三頁に出てくる町工場もその一例である。
『泣いてたまるか』と同じ頃の座談会において、山際はテレビ映画をつくる姿勢として次のようなことを述べている。「ライターでも監督でもいい、何か今日の状況を動かすというか、状況に参加する、もっとオーバーに云えば状況を傷つけるという形で何らかのことができれば、それが一つの充実した作品になる」。ここで語られた「状況を傷つける」とは、『狂熱の果て』のラストにおいて追求されていたのと同じ認識である。山際の論理はテレビドラマ製作においても『狂熱の果て』と変わっていなかったといえる。「〈座談会〉作家の秘密」、『シナリオ』二二巻九号、一九六六年九月、三二頁。出席者は大山勝美《かつみ》、山際、大津皓一、矢島翠《みどり》、篠田正浩、山田信夫。
(42)阪本「前衛記録映画論の戦後的意味」、一二九頁。
(43)『準備委員会通信』（一号）、一九六四年四月二六日、一、五頁。
(44)『総会準備委員会通信』二号、一九六四年五月一七日、一六、一七頁。五月一〇日の会議をとりまく事情については、佐々木守「記録映画界の大騒動をめぐって」、『映画芸術』一二巻八号、一九六四年七月、八四頁。
(45)西江孝之宛ての山際永三の手紙。一九六四年四月二一日。これは西江孝之文書の一部で、新東宝の便箋に七枚にわたり書かれている。

(46)『映像芸術の会会報』一号、一九六四年六月一〇日、一頁。会場は、『総会準備委員会通信』二号、一九六四年五月一七日、一頁。

(47)佐々木「記録映画界の大騒動をめぐって」。佐々木は記録映画作家協会に残った共産党系の作り手だけではなく、松本俊夫をはじめ「記録芸術の会」をつくった人々もからかった。佐々木にはあえて「記録芸術の会」をつくる必然性が見いだせなかったのである。この文章で佐々木は、山際が松本に対して発した「きれいごとすぎる」という言葉を共感を込めて引用している。佐々木はまた、「記録映画紳士録」と銘打って、「心情的弁舌魔」(西江孝之ほか)、「一見大家的代表魔」(野田真吉ほか)、「支柱的かつがれ魔」(松本俊夫ほか)などとかたっぱしから切っているが、山際(および大沼鉄郎・富沢幸男・杉山正美・松川八洲雄)のことは「裏面的ジックリ魔」で「表面には余り出ず、ジックリ考えているのかどうかわからないがとにかくゆるやかに行動」と控え目であった。

(48)「「記録映画界の大騒動をめぐって」(『映画芸術』七月号所載)という佐々木守氏の文章について」、『映像芸術の会会報』一号、一九六四年六月一〇日、三五頁。

(49)山際永三「佐々木守の「映画芸術」(七月号)に書いた文章をめぐってのこと」、『映像芸術の会会報』二号、一九六四年六月二七日、一三―一六頁。山際と佐々木の製作現場における関係については第四章で論じる。

(50)「再び佐々木守氏の「映画芸術」誌上での発言について――山際永三氏の批判にこたえる」、『映像芸術の会会報』二号、一九六四年六月二七日、引用は一七頁。運営委員会のこの応答は岩佐寿弥の文責で書かれた。同号には佐々木への疑問を丁寧に綴った大沼鉄郎「山際永三君へのコミュニケーションの試み」も発表された。

(51)『映像芸術の会会報』五号、一九六四年九月三〇日、一〇頁。

(52)『映像芸術の会会報』六号、一九六四年一一月一三日、六頁。一九六四年一一月開始のTBSドラマで山際が関わった番組の記録は見あたらない。

(53)彼より多い額は、松本俊夫と野田真吉がそれぞれ別格で一万五〇〇〇円、飯島実が三五〇〇円。持田裕生が山際と同じ三〇〇〇円。『映像芸術の会会報』九号、一九六五年三月九日、六―七頁。

(54)『映像芸術の会会報』八号、一九六五年一月二三日、五頁。

(55)「シンポジウム　科学の論理と映画の論理――『血液』をめぐって」、『映像芸術』一巻一号、一九六四年一二月、一八頁。

(56)『映像芸術の会会報』三号、一九六四年七月二一日、三六頁。同八号、一九六五年一月二三日、一〇頁。

(57)『映像芸術の会会報』一三号、一九六五年六月一七日、一、八―一三頁。
(58)『映像芸術の会会報』一五号、一九六四年七月二四日、一、一六―一七頁。
(59)『映像芸術の会会報』一五号、一九六四年七月二四日、一三、一八頁。
(60)山際「重い運動体験」、一八頁。
(61)『映像芸術の会会報』一六号、一九六五年八月二七日、四頁。
(62)「「原爆記録映画」返還・公開要求運動に参加しよう」、『映像芸術の会会報』一六号、一九六五年八月二七日、八―九頁。「映像芸術の会」としての文章であるが、註のあとに山際の署名がある。一九六八年二月までに、『広島・長崎における原子爆弾の影響』の16ミリ複製プリントが文部省に「贈与」された。文部省は医学研究用の手つかずの版とは別に、一般向けには「悲惨な人体部分」をカットした版をつくって公開するという計画をたてた。これに対して山際は、「広島、長崎数十万の死者への冒瀆であり、そのようなギマン的な良識こそが、今日の日本のヴェトナム戦争加担の役割を果す意識とつながっているのである」と厳しく批判した。山際永三「「原爆記録映画」について」、『映像芸術の会会報』三四号、一九六八年二月六日、七頁。
(63)山際永三「原爆へのうらみつらみ――八月例会・原爆特集」、『記録と映像の会会報』一〇号、(一九六五年六月)、一六―一七頁。この会報の刊行年月は山際の書き込みに基づく。『偽名少女』は「長野千秋、大島渚による」(一六頁)となっている。大島の関わりについて、「アドバイスをする役割だったのではないか」と山際は筆者へのメール(二〇二四年七月一五日)で記しているが、詳細は不明である。「記録と映像の会」については阪本「前衛記録映画論の戦後的意味」、二九頁。
(64)山際永三「広島についての仮説」、『映像芸術』二巻八・九号、一九六五年九月、引用は二四―二五頁。
(65)ベトナム戦争については、山際永三「ヴェトナム大衆の日常の異常――「戦乱の中の信仰」」、『記録と映像の会会報』八号、(一九六五年四月)、がある。これは南ベトナムの従軍僧に取材したNHK特派員報告「戦乱の中の信仰――南ベトナムの仏教徒」評である。傀儡政府軍を精神的に支援しているだけに見えつつ、従軍僧が決してだまされているわけではなく、能動的に行動していることが伝わってくる、と山際は作品を評価した。ネオンで飾られた仏像などからは、「意識であり、生活の伝統であり、そして方便である仏教」の姿が浮かび上がる、とする。山際によるこの仏教理解は、社会関係の重層性をよくとらえたものである。「風流如意袋」(コンドーム)を屋台で売っているといった生活の実景も映し出され、

「感情的ヒューマニズム」とは異なる姿勢が同作品にはあった、と山際は論じている（引用は四―五頁）。

(66) 山際永三「研究部会一委員からのアッピール」、『映像芸術の会第三回総会議案書』（映像芸術の会、一九六六年）、一八頁。

(67) 『映像芸術の会会報』一九号、一九六六年二月二七日、一―一九頁。

(68) 山際永三「連帯について」、『映像芸術の会会報』二〇号、一九六六年五月二二日、一―二頁。文章の日付は五月一六日。この文章は、丸山章治「松川八洲雄さんへの手紙」、同号、三―六頁、において共通課題の探求が訴えられていることへの応答でもある。

(69) 「六月八日の運営委員会から」、『映像芸術の会会報』二一号、一九六六年六月二〇日、八頁。

(70) 『映像芸術の会会報』二一号、一九六六年六月二〇日、所収の、丸山章治「〝連帯アレルギー〟を起すな」、一三頁、山際永三「再び彼方の連帯について」、一五頁。

(71) 『映像芸術の会会報』二二号、一九六六年六月二〇日、一九頁。

(72) 一九六六年一二月二五日の「映像芸術の会」運営委員会の模様を伝える泉田昌慶の文章によれば、山際はそこでも「インパーソナルな関係でありつつ、彼方の連帯を目指してこれからがやる必要があるという堅実な活動続行論」に立っていた。なお、泉田は大沼鉄郎について、「今年もっとも運営委で誠実に山際氏と共に活動した委員です」と紹介している。泉田昌慶「会の自閉症について」、『映像芸術の会会報』二四号、一九六七年一月一六日、九頁。

(73) 阪本「前衛記録映画論の戦後的意味」、三三一―三三三頁。

(74) 山際永三「「ざれ」の今日的意味――映画「鳥獣戯画」研究」、『映像芸術（季刊）』一巻一号、一九六六年一一月、とくに九七頁。山際による書き込みに従い誤字を修正した。

(75) 山際永三「レゾンデトル有り」、『映像芸術の会会報』二四号、一九六七年一月一六日、七頁。

(76) 「〈座談会〉作家の秘密」、三三一頁。

(77) 『映像芸術の会会報』二四号、一九六七年一月一六日、一頁。同、二五号、一九六七年三月七日、五頁。

(78) 『映像芸術の会会報』二五号、一九六七年三月七日、一二頁。

(79) 『映像芸術の会会報』二七号、一九六七年、五月一五日、九―一〇頁。ただし、山際はディスカッションには出席できなかった。『泣いてたまるか』において山際は、主役の渥美清が「無気力なままで終わってしまうようなペシミズム」を避け、「あらゆる逆境にめげず（…）しぶとく這い上って行くような」ものをつくろうとした。先述の「やじろべえ夫婦」

（桜井康裕・山根優一郎脚本）は、はじめは「オバQ夫婦」といって、全編オバQのイメージを氾濫させようとしたが（渥美の妻役の曽我町子はオバQの声をあてていた）、スポンサーのクレームでこれは挫折した。「僕も「逃亡者」」（大石隆一脚本）は農村から東京に出てきた男（渥美）が瓜二つの銀行強盗と間違われてさんざんの目にあい、最後は故郷で農業に戻るという話である。「渥美清の一人二役で、いつも被害者でしかない渥美が、加害者（真犯人）とダブルイメージになる点をねらった」。山際永三「テレビ映画と映像の論理」、『シナリオ』二三巻五号、一九六七年五月、三四―三五頁。小道具に手配書が出てくるが、この点は『罠』および『コメットさん』「いつか通った雪の街」とも共通する。山際が撮った『泣いてたまるか』の三本目「冬立ちぬ」は、中村嘉葎雄が主役を演じ、木下恵介が脚本を書いた。山際は木下に挨拶に行っている。木下の故郷浜松の雰囲気を入れた青春もので、山際は忠実に撮った。ワークショップ「一九六〇年代の映像運動と山際永三」での山際の発言。

(80) 山際永三「映画史はどこへ?」、『映像芸術の会会報』二七号、一九六七年五月一五日、五、六頁。総会日程は同、一頁。

(81)『映像芸術の会会報』二八号、一九六七年六月五日、一、五頁。

(82) 山際永三「運動の再確認」、『映像芸術の会会報』二八号、一九六七年六月八日、一六頁。なお、このすぐあとの一九六七年六月に作成された会員名簿には、八八名の名前が挙がっていた。『会員名簿』（映像芸術の会事務所、一九六七年）。

(83)「〈研究会報告〉『圧殺の森』をめぐって」、『映像芸術の会会報』三三号、一九六七年一二月九日、八頁（一一月六日の研究会における「山際報告要旨」）。

(84) この事件に関係した学生を共産党は暴力分子として非難した。これに対して岩田宏ほかが発起人となり、共産党を批判する「一〇・八羽田デモについての呼びかけ」を出した。山際を含む「映像芸術の会」会員も数多く賛同者に名を連ねた。共産党中央委員会の雑誌『文化評論』誌上では、山田和夫が「呼びかけ」賛同者を次のように糾弾した。「松本俊夫、野田真吉は「安保闘争」ののち日本共産党から脱走し、「記録映画作家協会」の指導部占拠が失敗すると、「映像芸術の会」という分裂組織をつくった反党修正主義者で、土本〔典昭〕、東〔陽一〕、藤原〔智子〕、黒木〔和雄〕、岩佐〔寿弥〕らは「映像芸術の会」に所属しています。黒木は劇映画「とべない沈黙」の監督でもあり、山際は元新東宝の監督、石堂〔淑朗〕と大島〔渚〕については、改めて説明するまでもありません」。山田和夫「トロツキストの映画と映画論――「圧殺の森」「現認報告書」とその背景」、『文化評論』七八号、一九六八年三月、一五二頁。

(85)「報告とアッピール」、『映像芸術の会会報』緊急号外、一九六七年一一月四日（書記局名義で、山際の文体である）。「「現認報告書」上映運動へ！」、『映像芸術の会会報』三四号、一九六八年二月六日。井坂「〈映画のビラ〉シネトラクト運動」、一一四頁。ワークショップ「一九六〇年代の映像運動と山際永三」での山際の発言。

(86) ワークショップ「一九六〇年代の映像運動と山際永三」での山際の発言。

(87) 「シンポジウム　つきぬけたもの・ぶつかったもの」、『映像芸術（季刊）』三号、一九六八年二月、七〇、七二―七三頁。共産党の山田和夫は、山際が「トロツキストの映画」の上映活動をいかに熱心に支援しているかについて、次のように記している。「〝羽田アピール〟の賛同署名者のひとりである山際永三は、東京の調布地区労働組合評議会と日活の調布撮影所労働組合にたいし、「圧殺の森」「現認報告書」の上映活動への協力を申し込み、また岩波映画労働組合は民主勢力の支持で自主製作されている記録映画「新潟水俣病」に結集した映画人会議に、同様の支持・協力を訴え、ともに拒否されましたが、かれらの働きかけは民主運動のいろいろな分野にしつようにつづけられています」。山田「トロツキストの映画と映画論」、一五七頁。

(88) 松本作品に対する山際の批判的コメントとして、たとえば『母たち』（電通・藤プロダクション、一九六七年）に対するものがある。この作品を観て観客は「わたしもお嫁にいって赤ん坊を生んでお母さんになりたい」などと思うのではないか、「家族制度とか一夫一婦制とかのモラルに批評的思考が向けられていない」、と山際は「映像芸術の会」による『母たち』研究会（一九六七年七月一六日）で述べている。大沼鉄郎「「母たち」研究会報告」、『映像芸術の会会報』三〇号、一九六七年八月一四日、一八頁。『母たち』は数か国で撮影された母子の姿を用い、事実、母性賛美の精神でつくられている。とはいえ同作は食中毒事件を起こしたプリマハムが企業イメージ回復のために企画したものなので、そこに家族制度への批判を求めるのもなかなか難しいことではある（同作については阪本「前衛記録映画論の戦後的意味」、五一、八七頁、参照）。山際の批判はむしろ、一九六七年時点でかなり先鋭的な家族観を彼がもっていたことの表れとして受け止めるべきであろう。なお七月一六日の研究会では、藤原智子も「母親をやたらにもちあげる必要はなく、母は母にすぎないのだ」とのコメントを発している（大沼「「母たち」研究会報告」、一八頁）。

(89) ワークショップ「一九六〇年代の映像運動と山際永三」での山際の発言。

(90) 『映像芸術の会緊急会報』、一九六八年二月一四日、所収の、「報告」（運営委員会による。文責は平野克己）、二頁、および、松本俊夫「退会届」、七頁。

(91) 山際永三「運動論の欠落」、『映像芸術の会緊急会報』、一九六八年二月一四日、二〇、二一頁。この文章は一九六八年二月一〇日付。

(92)『映像芸術の会会報』三五号、一九六八年三月二二日、所収の、「三・三　総会報告」、二―三頁、および、山際永三「「映画・運動」の再再出発」、四頁。

(93)「シンポジウム　つきぬけたもの・ぶつかったもの」、『映像芸術（季刊）』三号、一九六八年二月、七〇頁。

(94)山際より筆者へのメール。二〇一九年七月一〇日。

(95)山際より筆者へのメール。二〇一九年八月一七日。

(96)山際永三「『炎』について」、『Yamagata International Documentary Film Festival '93』（山形国際ドキュメンタリー映画祭実行委員会、一九九三年）、五七頁。

(97)山際より筆者へのメール。二〇一九年八月一七日。

(98)『第19回平潟祭　反戦と反権力のための映画祭』（関東学院大学自主映画製作委員会、一九六八年）、二五―二六頁。発行日は一九六八年一一月一日。「編集後記」にはお世話になった人々として「国際放映の山際永三氏」の名も挙がっている（四三頁）。

(99)奥浩平『青春の墓標――ある学生活動家の愛と死』（文藝春秋新社、一九六五年）。山際が引用している言葉は一五八頁。

(100)筆者による山際へのインタビュー。二〇一九年一二月一六日。

(101)山際より筆者へのメール。二〇一九年八月一七日。「山際永三さんインタビュー　日大闘争にかかわって、人生が楽しくなりました」、一二九頁。北村隆子「日大闘争とグループびじょん」、丹羽・吉見編『戦後史の切断面』、所収、も参照。

(102)山際より筆者へのメール。二〇一九年一二月七日。

(103)山際「『炎』について」。山際より筆者へのメール。二〇一九年八月一七日。井坂「〈映画のビラ〉シネトラクト運動」、一二三頁。『日刊ハンパク』一九六九年八月九日号（釜ヶ崎資料センターのサイト http://www.kamamat.org/mukai-kou/hanpaku/hanpaku.html にある）の二頁、「土曜映画招待席」欄に『炎』の名がある。

(104)山際より筆者へのメール。二〇一九年一二月五日。

(105)山際より筆者へのメール。二〇一九年八月一七日。

(106)山際より筆者に送られた『炎』ＤＶＤは、冒頭二〇秒は黒味。時間のカウントはこのＤＶＤに従う。二〇二〇年に株式会社ディメンションにより発売された『狂熱の果て』ＤＶＤにも『炎』は収録された。

〔107〕「別れの手紙」（一九六五年四月一日）は、革命後のキューバ体制が硬化していくなかで、フィデル・カストロとの溝が深まっていったゲバラが、決別の思いを込めて書いた。複数の翻訳があるが、ゲバラ（真木嘉徳訳）『革命の回想』（筑摩書房、一九六七年）、一九七―一九九頁、所収と同じテキストが、若干の変更の上、用いられている。以下、テキストとカットの対応関係を示す。テキストに変更が加えられている箇所は下線を付し、元の文を〈〉内に示す。

「僕は〔61〕いま、〔62〕いろいろのことを思い出している。マリア・アントニナの〔63〕家での、われわれの〔64〕初めての〈初の〉出会い、同志に加われという君〔65〕の誘い、遠征のための〔66〕忙しく張り切った準備。〔67〕

　われわれはあるとき、死んだら誰に知らせるかと聞かれたことがある。そのころ、そんな結果になる〈なるなど〉とは思いもよらなかった。しかしよく考えてみると、それはありうることだった。〔68・69〕革命では〔70〕（それが本当の革命ならば）、人は勝利〔71〕を収めるか、死ぬか――だ。〔72〕勝利への途上には〔73・74〕多くの人々が横たわっている。〔75〕

　今となって見〔76〕ると、すべて〔77〕これらは、それほどドラマチック〈ドラマチカル〉な〔78〕こととは言えない。われわれが老成したからだ〔79〕。〔80〕しかし、とはいえ、同様なことは起り〔81〕うる〔82・83〕。〔84〕私は、キューバ革命に、〔85〕その地で僕を結びつけていた義務を〔86〕、一部分果しえたと思う。〔87〕そこで僕は君に、同志〔88〕たちに、貴国民〔89〕に――今は〔90〕僕の国民となったが――お別れを言いたい。

　僕は〔91〕、党〔92〕指導部における〔93〕僕〔94〕の地位、大臣〔95〕の地位、〔96〕少佐の地位、〔97〕キューバ〔98〕市民たる地位〔99〕を公式〔100〕に放棄する〔101〕。〔102〕公式的には〔103〕、もはや僕〔104〕をキューバに結び〔105〕つけるものは何もない〔106〕――地位を棄てるように、あっさりと〔107〕棄て切れぬ〔108〕、他の種類のキズナ〔109〕を除いては――何もない〈である〉〔110〕。

〔111〕現在〔112〕、世界の他の土地が、僕のささやかな努力の力ぞえを求めている。僕はそれに〔113〕応ずることができる。〔114〕君にはそれができない――君はキューバの責任者だから。お別れの時が来た〔115〕、というのは、こうした次第だ。〔116〕

　僕が喜びと同時に、苦痛を感じていることを察してほしい。〔117〕僕はこの地に〔118〕、〔119〕創造者としての〔120〕僕の生涯〔121〕最高の希望を残し、僕〔122〕にとって、もっとも貴重〔123〕であった人々を残して行く……。僕〔124〕はこの地に〔125〕、〔126〕僕を息子〔127〕のように〔128〕受け入れてくれた国民を残し、〔129〕僕はこの地に、僕自身の一部を残して行く。〔130〕僕は、新しい戦場に、君が僕に吹き込んでくれた信念と、〔131・132〕わが国民の革命魂と、〔133〕もっとも神聖な〔134〕革命家〔135・136〕としての義務を果すための〔137〕良心をたずさえて〔138〕出かける。帝国主義のあるところ、いたるところで戦う。それが僕の決意を固め、僕の苦痛を柔らげよう。〔139〕

〔140〕僕はどこにいても〈いようと〉、〔141〕キューバ革命家としての責任〔142〕を感ずるだろう〔143〕。そして、そのように戦うだろう。僕は子供たちや妻には、何の財産〔144〕も残さない。しかし、〔145〕それは自分を飾るためではない。僕〔146〕はそのことに十分満足している。〔147〕国家が彼らの生活と教育のため必要なものは与えてくれると思う〔148〕から、〔149〕何も彼らのために要求するものはないのだ。」

(108) 高倉〔山際〕「不感症と危機意識」、五頁。

(109) 『第19回平潟祭　反戦と反権力のための映画祭』、二六頁。

(110) 山際永三「当事者の論理」、『メタ・メタ』一号、一九六八年一二月、六頁。奥付によればこの雑誌の「編集」は「グループ・メタ」で、その所在地は「国際放映撮影所内」であった。

(111) 観念と欲望は山際のテレビドラマ製作における基本的な発想であった。これについては第四章で検討する。

(112) 山際「当事者の論理」、六頁。

(113) 山際「当事者の論理」、五頁。

第三章　『罠』——狂気と象徴

はじめに

一九六七年、『罠《わな》 TRAP PAST』（以下、『罠』）という題名をもつ実験映画が製作された。全体で三一分の『罠』は四つの話からなり、粕三平、山際永三、村木良彦、田原総一朗がそれぞれの部分を監督した。各話は独立の内容をもつが、主演は共通してチェコ人のヴラスタ・チハーコヴァー（Vlasta Čiháková、一九四四年生）である。一九六七年秋に開催された第一回草月実験映画祭で、『罠』は優秀賞を受賞した。

現在、『罠』の全体を視聴することは困難である。その大きな理由は、製作の「数年後、全然別のことで（テレビ取材のことで）田原のやりくちに腹をたてた山際が田原に絶交状を送るという出来事があり、以後四部分をつなげた状態での上映は拒否すると決めてしまった」からである。[1]『罠』全編の原版は、国立映画アーカイブに寄贈された。同アーカイブの検索システムを使うと、上映用ポジとして六分と七分の二つのタイトルが出てくるが、これはそれぞれ粕と山際の部分である。この二人の部分は、粕の手でそれぞれ私家版のＤＶＤに焼かれている。[2] 筆者はこのＤＶＤで、山際が監督した部分を視聴した。

本章では『罠』山際パートの分析を行なう。[3] さらに、史料が許す範囲で『罠』全編についても検討する。『罠』が製作された一九六七年、「映像芸術の会」の会員たちは、第二章で見たように互いの相克を抱えつつも、実験

図3-1 『罠』山際パート、資料写真

的な作品を意欲的に世に送り出していた。『罠』もまた、集団製作である点をはじめ実験的な性格を色濃くもち、一九六〇年代後半の映画運動の重要な産物である。だが、全体を扱ったものであれ、個別のパートを扱ったものであれ、『罠』の先行研究は管見の限りないようである。本章は、山際の製作パート［図3-1］、および『罠』全編を分析することで、戦後日本映画史・文化史研究にあらたな知見をつけくわえることを目指す。

一九六〇年代後半の映画運動の産物であるということにくわえ、『罠』全編には独自の特徴があったことを、ここで強調しておきたい。それはチェコ（チェコスロヴァキア）[4]との関係である。チェコ人チハーコヴァーを主演女優としたことは偶然ではなく、粕三平をはじめとする映画作家たちのチェコ映画に対する強い関心が『罠』製作の前提であった。そうした関心が生ずる上では、チハーコヴァーが粕たちにチェコスロヴァキア・ヌーヴェルヴァーグを紹介したことが大きな役割を果していた。チェコスロヴァキア映画界では一九六三年前後から、現状批判を志向し、新しい方法を用いる清新な作品群が登場した。チハーコヴァーはこれをいちはやく日本に伝え、日本では粕三平がこの動向を誰よりも鋭敏に受け止めた[5]。一九六〇年代という時代にあって、チェコと日本における映画製作者および批評家の問題関心が共鳴したのである。草月実験映画祭などのインターナショナルな枠組みが示す通り、両国の動向は世界的な映画運動の一部でもあった。こうしてオムニバス『罠』は、日本とチェコの文化的接触の産物であり、同時にまた、一九六〇年代の日本の文化状況を国際的な視点から考え

るためにも興味深い作品となったのである。(6)

一 「映像芸術の会」とチェコ映画

一九六七年当時、山際は国際放映でテレビドラマの製作にあたりつつ、「映像芸術の会」(一九六四年五月〜一九六八年三月)の活動に打ち込んでいた。第二章で見たように、会の発足直後に機関誌編集委員となり、一九六七年五月には運営委員長(西江孝之)に次ぐ役職である書記局長となっている。

『映像芸術の会会報』は、二四号(一九六七年一月一六日)のニュース欄に「チェコ映画試写会開く」という記事を載せている。(7) チェコスロヴァキア大使館の好意により、ヤン・ニェメッツ監督による『一切のパン』(『一口の食糧』、一九六〇年)と『夜のダイヤモンド』(一九六四年)の二作を、岩波映画試写室(一九六六年一二月一六日)と映像社(一九六六年一二月四日、一九六七年一月五日)で試写したとある。(8)「三十才の若い監督の作品らしく、カフカあり、ブニュエルあり、ベルイマン、フェリーニありで、それを自分のものに紹介している点大変面白かった」との感想も記されている。後述する山際のニェメッツ論とこの記述は重なるので、この文章も山際の手になるのかもしれない。

チェコ映画を「映像芸術の会」に紹介した中心人物は、粕三平(本名熊谷光之)である。演出家・理論家・批評家である粕は、一九五〇年代後半以来、一連の芸術組織において山際に大きな影響を与えてきた。粕の娘であるくまがいマキの回想によれば、粕は一九五〇年代終わりからチェコとの関わりをもつようになった。『映画批評』編集長として世界の映画人とのコンタクトを図るなかで、チェコにも手紙を送ったのである。(9)

「映像芸術の会」会員にチェコ映画を紹介する上で、粕に助力したのがチハーコヴァーであった。プラハ大学日本語学科の学生であった彼女は、一九六五年三月に訪日した(一九六七年一〇月まで滞在。ついで、一九六八年八月にワルシャワ条約機構軍によって「プラハの春」が鎮圧されたことを受け、同年秋に再来日）。東京オリンピックののち、チェコを訪れる日本の旅行団が増えるなかで、現地で大学教員のグループに出会ったことが彼女に留学の道を開いた。通訳として助けてくれた彼女に対して、大学教員たちが奨学金の手配をしたのである。美術専門であったので日本大学芸術学部（東京・江古田）が留学先となったが、学生運動が激化しており、授業を受けられる時間が少なかった。そのため彼女は日大理工学部の日本建築史コース（同・お茶の水）に移り、東京藝術大学の美術史の聴講生にもなった。かつてチェコ訪問団としてプラハに来た安部公房、いいだもも、長谷川龍生、針生一郎とも再会した。芸大の聴講生になって下宿を江古田から荻窪に移してからは、赤瀬川原平の千円札裁判に関わる人々と出会い、「荻窪派」の一員として美術界で行動を広げた。この初来日時に画家の池田龍雄の紹介で粕と知り合いになった(10)。

『映像芸術の会会報』では、彼女の名前は二五号（一九六七年三月七日）に最初に登場する。それは「資料研究会」によるチェコ映画上映会の報告においてである。「資料研究会」は「映像芸術の会」の内部で、TBSのドキュメンタリー番組に対する批判的検討などを行なっていた（「研究会」という言葉は、固定的な組織ではなく、そのつどの検討会といった意味である）。資料研究会の事務局は、粕三平、間宮則夫、山際永三、北村皆雄、大沼鉄郎からなっていた。彼らによるチェコ映画上映会の最初のものは、一九六七年二月二八日に行なわれた。報告によれば、「〔チェコスロヴァキア〕大使館広報部にてブラスタ・チハーコバさんを囲んで二つの作品を見、参加者との話し合いを」した。出席者は「〔映像芸術の会〕会員」一二名、「雑誌筆者」三名、「雑誌読者」一四名である。チハーコヴァーのことは「日本戦后美術史勉学の為来日している方です」と紹介されている。当日はパヴェル・ユラーチェク『支えがほしい（ヨゼフ・キリアン）』（一九六三年）とヒネク・ボチャン『誰も笑わない』（一九六五年）の二作が上映され、チハーコヴァーがレクチャーを行なった（粕による摘要が掲載されている）。チハーコヴァーは親交のあるユラーチェクについて主に話した。『支えがほしい』が当初は目立たず公開されたことを回想し、「文化の雪どけの季節に顔をそっとのぞかせた作品のひとつだった」とする。同作には即興演出や隠しカメラなど、方法上の趣向が凝らされていること、カフカの影響が見られることを語り、シナリオと映画の違いも具体的に説明している。全体として水準の高いレクチャーである[11]。

資料研究会は、第二回（日付不明）にヤーン・ロハーチュとヴラジミール・スヴィターチェクの『もし千本のクラリネットだったら』（一九六五年）、第三回（七月七日）に『黒い羊』（ミロシュ・フォルマン〔ミロス・フォアマン〕の『黒いペトル』、一九六三年か）を大使館で上映した。『黒い羊』の映写後には「才媛チハーコバさんを囲んで討論」があった。記事の筆者（山際かもしれない）は、これまで見てきたなかでは『夜のダイヤモンド』と『支えが必要』が「一番面白かった」としている[12]。

図 3-2　『夜のダイヤモンド』

ここで名の挙がった『夜のダイヤモンド』〔図3-2〕と『支えがほしい』〔図3-3〕、とくに前者に寄せて書かれた山際の論稿が、「意識のドキユメンタリー――映画〈夜のダイヤモンド〉」である。これは『映像芸術（季刊）』二号（一九六七年九月）に発表された[13]。同誌は「映像芸術の会」の機関誌で、松本俊夫が編集長を務めていた（山際はすでに編集委員ではない）。

ニェメツの『夜のダイヤモンド』は、ナチスの収容所に向かう護送列車から脱走した、二人のユダヤ人青年の物語である。飢えや足の痛みに苦しみながら二人は逃避行を続ける。幻想の中にかつて過ごしたプラハの街並みが現れる。だが、ドイツ人集落で彼らは囚われる。飢えている二人の前で、集落の老人たちはビールとソーセージで饗宴を開く。それから二人は連行され、銃声が響く。だが、画面は逃走を続ける二人の姿へと切り替わり、銃殺が執行されたのか、彼らは逃げたのか、あるいは過去の光景が映し出されているのかは明確にはならぬまま、作品の幕は閉じられる。

題名にある「ドキュメンタリー」の語が示すように、山際のこの論稿は記録映画を意識したものである。山際は一九五〇年代半ばから、主体とそれを抑圧する状況の関係を、単に対立的にとらえるのではなく、主体もまた状況を再生産するという構造からとらえようとしてきた。この構造を見つめた上で、なお状況を少しでも揺るがすためにはどうすればよいのか。これが山際の創作の根底にある問いである。一九六〇年代の山際は、記録映画の方法を積極的に摂取することでこの問いに向き合っていた。その延長線上で山際は、自分の問いへのヒントを、ドキュメンタリーのようなリアリズムと、超現実的な幻想を組み合わせた『夜のダイヤモンド』に見ていたのである。

図 3-3 『支えがほしい』

山際によれば同作は、「収容所を脱走した二人のユダヤ人青年の、ただひたすら歩き続ける行動と意識そのものを、限界状況にたちむかって生き続ける人間の主体と、ゆれ動く状況の壁との関係に普遍化して見せようとする」。ここにある「主体」と「ゆれ動く状況の壁」の関係は、山際が一貫して問い続けてきた問題である。

ニェメツは主体と状況のこの緊張をはらむ一体的関係を表現するために、超現実的なイメージを挟み込んだ。とくに心象風景としてのプラハがそうである。飛び乗った電車が廃車であったり、狭い露地を歩いてゆき、アパートに入ってもドアというドアが音をたてて閉ざされてしまったりするといった情景は、山際に強い印象を与えた。「作者は、ストレートに表現的なイメージの連続、そのモンタージュとして映画を考えているのである。従ってすごくリアルなのだが、それは所謂客観主義的なリアリズムといったものではないのだ。正に意識のドキュメンタリーと呼ぶことが出来る作品である」。

　論稿「意識のドキュメンタリー」において山際はさらに、ユラーチェクの『支えがほしい』にも触れている。本作は寓話性の強い短編で、主人公の男はある人物を探しているのだが見つからない。探索の過程で「猫貸しセンター」から猫を借りたのだが、こちらもセンターがなくなっていて返せない。書類棚が立ち並び、請願者があてどなく待つ迷宮のような役所の中、主人公は猫を連れたまま人探しを続ける。山際によれば、「最近映像芸術の会（資料研究会）としてチェコ大使館で何本かを見せてもらったが、その中ではユラーチェクの『支えがほしい』という作品が最も面白く、問題提起性をもった作品だった」「全体的に正にカフカのイメージなのである」。後述するように、ニェメツ、ユラーチェク、それにカフカは、いずれも山際の『罠』に影響を与えた(14)。

二　草月実験映画祭と『罠』

『罠』製作の直接のきっかけとなったのは、草月実験映画祭の開催である。その主催者である草月アートセンターは、一九五八年に映画監督の勅使河原《てしがはら》宏を代表として設立された。赤坂の草月会館ホールを拠点として、一九六〇年代の日本の芸術諸部門、とくに音楽と映画において革新的な役割を果たした。一九六五年からは、それまで主体であった音楽にかわり、映画が活動の中心となった。一九六六年二月に「世界前衛映画祭――映画芸術の先駆者たち」、同年六月～七月に「アンダーグラウンド・シネマ――日本・アメリカ」、一九六七年三月に「アンダーグラウンド・フィルム・フェスティバル」、同年五月に「アメリカの実験映画――シュールレアリスムからアンダーグラウンド・シネマまで」が、同センターにより組織された(15)。

　この流れのなかで、一九六七年一一月に「第一回草月実験映画祭」が催されることになった［図3-4］。草月アートセンターの公募案内は、以下のような趣旨を掲げた。「新しい時代の新しい表現を求めて、映画はいま大きく

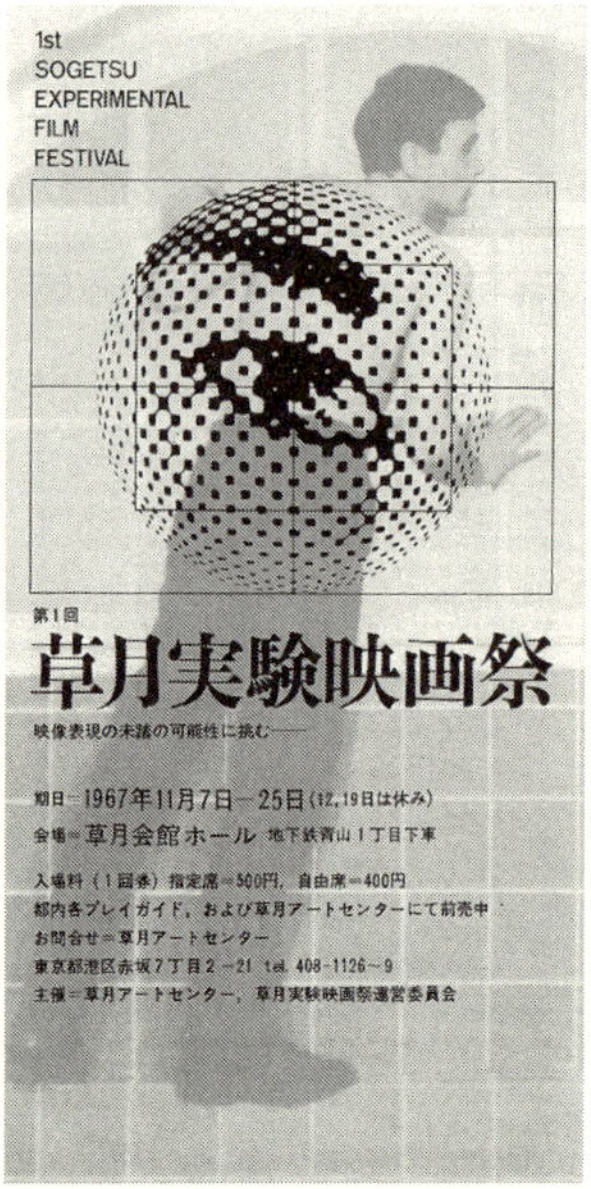

図3-4　第1回草月実験映画祭パンフレット

変りつつあります。それは何よりも映像表現の未踏の可能性に挑む実験精神によって変えられなければなりません。既成の映画常識を打ち破る創造の気運がいまようやく高まろうとしているとき、こうした映画における自由な探求をいっそう盛んにする目的のもとに、草月アートセンターは次のように草月実験映画祭を開催します」。ついで開催期日（一九六七年一一月七日〜二二日）、開催場所（草月会館ホール）、招待部門と公募部門がおかれることが記された。公募作品の審査には粟津潔、植草甚一、川喜多かしこ、久里洋二、勅使河原宏、松本俊夫からなる運営委員会があたった。

公募部門の参加規定は次のようであった。「イ）対象とする作品は前文の趣旨に沿う実験的意図をもつものであればよく、ジャンル・スタイル、方法は問いません」「ロ）今回は作品が製作された年度に制約はありませんが、必らず未公開作品であること」「ハ）サイズは16ミリか35ミリのいずれかに限り、上映時間は二分以上六〇分以内であること（…）」。ホ）項では参加申し込みは九月一〇日まで、「参加のプリントは、九月三〇日迄に事務局に届けてください」とされた。公募作品に対する賞は、優秀作品賞（二〇万円）一本、奨励賞（五万円）一〇本以内（「以内」は手書きで書き込み）、日本アート・シアター・ギルド賞（トロフィー）一本である。公募受賞作品は国外へ紹介されることになっていた。(16)

公募情報は各種メディアに掲載された。早いものでは一九六七年八月一〇日の『報知新聞』に出ている。(17) 映像作家たちは草月アートセンターから直接に情報を得ていたかもしれない。『映像芸術の会会報』三〇号（一九六七年八月一四日）のニュース欄は、「実験映画シリーズ「わな」クランクイン」と伝えている。「熊谷光之（粕三平」、北村皆雄、山際永三など資料研究会の面々が、会員外の有志と共に一人五分づつの実験映画シリーズを自費で製作することになり、チェコ留学生チハーコバさんを被写体として九月上旬完作予定[18]」。

ここで名前の挙がった映画監督の北村皆雄は、「資料研究会」の事務局の一員であったが『罠』の製作には参加しなかった。山際によれば、「北村皆雄氏について、『罠』との関わりは、言われてみればという程度ですが、粕氏が、北村氏を仲間に入れようとしていたという、ぼんやりしたイメージがあることはあります。北村氏は、どちらかと言えば、岩波系ではなく、他の会社で仕事をしていたような気がします。映像芸術の中では、岩波系の人は、何となく共通のアイデンティティーがありました。『罠』の撮影が始まってからは、北村氏は、具体的な参加はなかったように記憶しています[19]」。

実際に『罠』の監督となった四人のうち、粕と山際以外の二人について簡単に触れる。村木良彦は一九六七年当時はＴＢＳテレビ報道部にいた（翌六八年、配転を拒否し、これがＴＢＳ闘争の出発点となった。六九年にＴＢＳを退社後、七〇年にテレビマンユニオンを設立）。村木は自身の略歴において「六七年夏、チェコの才媛Ｃ嬢を軸としたオムニバス映画「罠」の第三話を演出、草月実験映画祭で奨励賞を受賞する」と記している[20]。田原総一朗は東京12チャンネル（現テレビ東京）のドキュメンタリー番組ディレクターで、過激な手法で世相に迫ることで評判を集めていた[21]。

草月実験映画祭のアーカイヴ史料には、諸作品の「公募参加申込書」が収められている[22]。『罠』の申込書の右上には9／13と記入されており、恐らく申込日であろう。作品題名は「罠」であり、英文題名が「TRAP」とある。「サイズ・長さ」は「16ミリ」、「上映時間」は「三一分」、「種類」は「黒白」「スタンダード（1・35×1）」で、「サウンドの方法」は「オプティカル」である。「製作者（氏名、住所）」の欄には「粕三平」とあり、練馬区上石神井の住所が記されている。監督は粕三平、山際永三、村木良彦、田原総一朗の順で記されている（これはオムニバスの順番通りである[23]）。脚本は「各自及び内田栄一」、撮影は浅井隆夫、河井昭、納井戸弘、中島彰亮、井上和夫である。音楽の欄は「音響」と書き換えられ、大野松雄と記されている。さらに「出演（ブラスタ・チハーコヴァ）」と書き込まれている。「完成年月日」が「（昭和）42・9・18」とあるのは予定であろう。「賞の有無」は「なし」である。

次に「作品解説」がくるが、これは後に回す。「氏名・年齢」欄は粕三八歳、山際三四歳（実際には三五歳）、村木三二歳（実際には三一歳）、田原三一歳（実際には三三歳）とある。不正確な点が目立つのは、本人に確認せずに記入されたからであろうか。「住所・電話」は粕のもので、最後に「職業・所属団体」が「記録映画作家・映像芸術の会」である。

「作品解説」欄の全文は、以下の通りである（粕三平の手書き）。

作品のモチーフは、ただひとつである。日本と現代の恐怖、あるいは不安を描くことである。チェコスロヴァキア人のヴラスタ・チハーコヴァさんをつうじて、わたしたち自身の日常的な恐怖、何ものかに仕掛けられる罠、何ものかをからめとる罠を表現した作品である。

そしてその独自な形式は、四人の作家が、全く自由にそれぞれ四つのシークエンスを分担して、一本の映画を作ったらどうなるかというやり方をとった。ひとつひとつのシークエンスで完結し、しかも未完結なその性格を利用して、一本の統一作品を作った。

日本の文化を学ぶために訪れていたチハーコヴァーは、粕にとって、自分たちの日常を異化するためにうってつけの存在であったといえるだろう。山際によれば「私は、粕氏からチハーコヴァさんを紹介されて、初めて会った記憶です。そして、いきなり、「この女性を主人公にして、実験的な映画を作ろう」でした」(24)。なお、チハーコヴァーには演技経験はなかったが(25)、山際のパートでは見事に主人公を務めている。

チハーコヴァーは「罠」の意味するところについて、次のように語っている。[26]

私は荻窪に住んでいて、美術の学生として画廊を訪ねたりして大勢の仲間もつくることができたんですけれども、どこかでやっぱり外国人として寂しい生活を送っていたんです。社交的には恵まれていたんだけれど、食べ物とか。交通機関を使うと、ラテン文字で書かれた名称が少ないんですね。駅の名前とか入り口出口程度のしるしがあって、あとはラテン文字がほとんどない。全部漢字なんですね。学校でも当然講義は全部日本語なので、メモをするにも困っていて。だから言葉はじめ食事で、色んな住まいの問題とか日常生活までやはりこう、罠というのが成り立つような言葉だったんですね。つまり外国人として日本の罠に陥ったという意味なんですよ。それで粕三平の解釈では、この罠からなかなか抜け出られない、どんなに頑張ってもどんなに活躍しても、あるいは勉強してもなかなか日本の文化は把握できないという意味合いが含まれていたと思うのね。ただ、私自身が努力するだけで精一杯だったので、努力だけでもまあいいと思ったんです。だから、罠ではあったけれども罠から自分なりに抜け出られるとは思っていたんです。

したがってチハーコヴァーにとっても粕のコンセプト、また「罠」という言葉は、実感を込めて受け止めることができたといえよう。

上述の日本語解説とは内容が異なる、英文の作品解説（手書き）も提出されている。[27] 恐らくこれは、受賞後に国外での紹介のために書かれたものである。[28] その全文は以下の通りである（つづりの明らかな間違いは直し、ピリオドも補った）。

This is an image documentary. / Since old time the Japanese people domesticated in their mind their most dreadful

antagonists, most abominable opponents, most heartful being as if they had a large family. / Contrary to the European mind, in this consciousness there is no absolute antagonism of conqueror and conquered. / In such a permanent relativity of fear and one's ownself, fear was, so to speak, inextricably twisted up with laugh, making an end of ego's endless tail〔tale?〕, playing with fact as if it were fiction, thus turning out of it various phantasmagoria, the Japanese populace knew how to make fun of fear, in changing it substance in to another quality, laughing at fear with fearful laughter.
（池田による訳：これはイメージ・ドキュメンタリーである。／古来より日本人は、自身の精神において、彼らの最も恐ろしい敵対者、最も忌まわしい反対者、最も心に触れる存在を、あたかも大家族を有しているかのように、飼い慣らしてきた。／ヨーロッパの精神とは反対に、この意識においては征服者と被征服者の絶対的な対立は存在しない。／このような恐怖と自我との永遠の相対性においては、恐怖は、いわば、不可分に笑いと絡み合い、自我の終わりのない尾〔語り？〕の終わりをつくり出し、事実とあたかもそれがフィクションであるかのように戯れ、そのようにしてそこから様々な幻想を生じさせるのである。日本人はどのようにして恐怖から笑いをつくり出すかを知っていた、それはその本質を別の質に変えることによってであり、恐れに満ちた笑いによって恐怖を笑うことによってである。）

英文の作品解説では、日本とヨーロッパの対比が日本語版以上に強く打ち出されている。粕三平の日本文化論といっていい内容である。

各監督はどのような『罠』を撮ったのであろうか。山際によれば、粕のものはチハーコヴァーが墓地を行ったり来たりするもので、ストーリーらしいストーリーはない。恐らくやはり粕のものについてチハーコヴァーは、「私が観音様の彫像が立っている大きなお寺に、階段を裸で上がっていくという場面がある」と記憶している[29]。

村木のものは山際によれば、チハーコヴァーがラジオやテレビで使うデンスケ録音機を肩からさげて、靖国神社の中を歩くというものであった。彼女は見たものをそのまま声にする。それ以外にも自分の考えなどをチェコ語で呟きながら、延々と歩き回る。変な兵隊らしき人物がいたり、そうした風俗もちらちらと出てくる。村木パートに関連してチハーコヴァーは、「私が滞在したときはちょうど安保闘争の時代だったんで戦争がさほど遠いことではなかったんですよね。要するに、安保闘争でアメリカ人の軍がまだ沖縄にも横須賀にもあったのでね、戦争との結びつきがまだ生きてるような感じだったんですよ。そんな雰囲気だったんです。だから、自分の問題ではないかもしれないけれど、日本の社会問題との関係で勉強になったわけです」と振り返っている[30]。草月実験映画祭のパンフレットに掲載されている『罠』の写真（一枚）は村木のパートで、靖国神社の長く続く壁の脇に、サングラスをかけてマイクを手にしたチハーコヴァーが立っている[31]。田原パートは、山際によれば、鎌倉の海岸をチハーコヴァーが歩いていると、鳩が横たわっている。まだ生きていて、彼女はそれを飛ばそうとするが、飛ばずに落っこちてきてしまうというものであった。チハーコヴァーには「海との出会い」「海岸を歩くシーン」という記憶が残っている[32]。

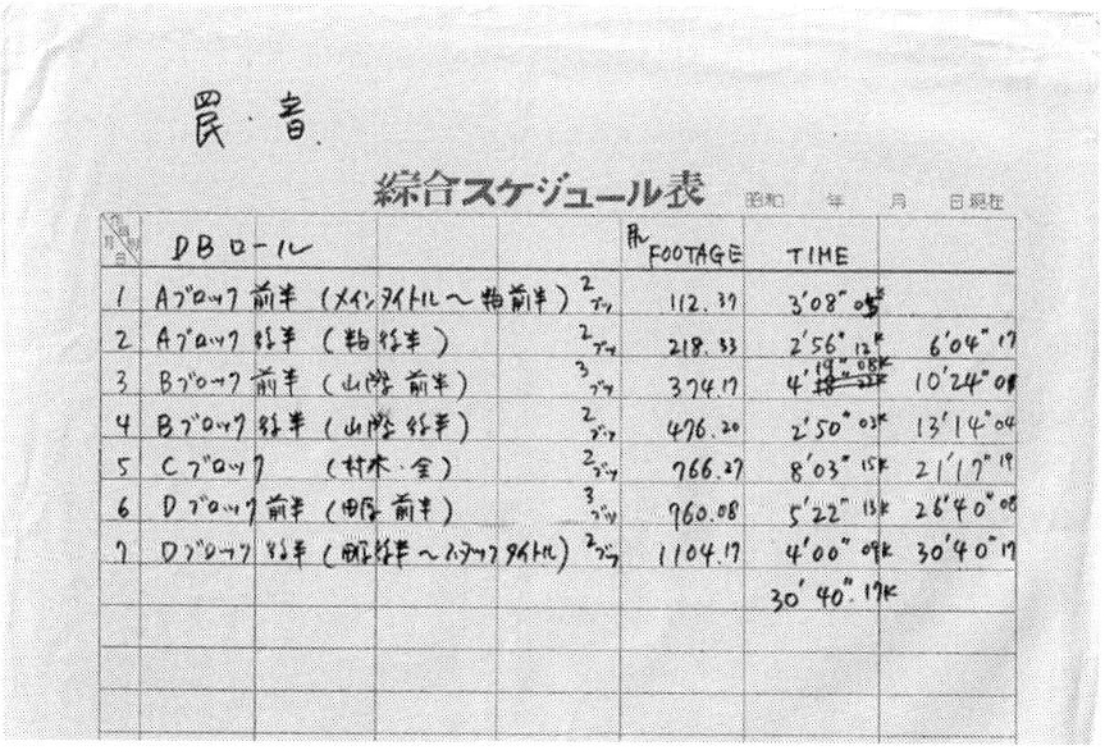
罠・音

綜合スケジュール表　昭和　年　月　日現在

	DBロール		FOOTAGE	TIME	
1	Aブロック前半（メインタイトル～粕前半）	2ブッ	112.37	3'08"05	
2	Aブロック後半（粕後半）	2ブッ	218.33	2'56"12K	6'04"17
3	Bブロック前半（山際前半）	3ブッ	374.17	4'19"08K	10'24"08
4	Bブロック後半（山際後半）	2ブッ	476.20	2'50"03K	13'14"04
5	Cブロック（村木・全）	2ブッ	766.27	8'03"15K	21'17"19
6	Dブロック前半（田原前半）	3ブッ	960.08	5'22"13K	26'40"08
7	Dブロック後半（田原後半～スタッフタイトル）	2ブッ	1104.17	4'00"09K	30'40"17
				30'40"17K	

図3-5　『罠』音に関する綜合スケジュール表

　音に関する史料から、各パートの長さを知ることができる［図3-5］。Aブロック前半が「メインタイトル～粕前半」で三分八秒〇五、Aブロック後半が「粕後半」で二分五六秒一二（あわせて六分四秒一七）である。Bブロック前半が「山際前半」で四分一九秒〇八、Bブロック後半が「山際後半」で二分五〇秒〇三（あわせて七分九秒一一）である。Cブロックが「村木・全」で八分〇三秒一五である。Dブロック前半が「田原前半」で五分二二秒一三、Dブロック後半が「田原後半～スタッフタイトル」で四分〇秒〇九（あわせて九分二二秒二二）である。全体の総計は

三〇分四〇秒一七となる。(33)

三 『罠』の受賞と批評

一九六七年一〇月六日に「映像芸術の会」で『罠』の試写会がなされた。会報には「自主映画「罠」試写、研究会、約十名出席。間宮〔則夫〕司会で率直な批判が出された」とある。「尚、この「罠」と東陽一作品「情動」は、十一月の「草月実験映画祭」に出品される。又、松本俊夫はその映画祭の運営委員となっている」ともある。(34)

草月実験映画祭のアーカイヴにある、公募作品の審査結果を記した報告は、一九六七年一〇月一〇日付けとなっている。(35)報告によれば応募作品数は五六本、入賞作品は一〇本であった。最優秀作品賞は奥村昭夫監督、製作シネ・ヴオワイアンの『猶予もしくは影を撫でる男』である（16ミリ、モノクローム、二七分）。奨励賞は八本が選ばれた。報告にある順に、『1. 2. 3. 死』監督北川泰彦、製作NU工房（16ミリ、モノクロ、四分）、『天地創造説』製作・監督岡部道男（16ミリ、モノクロ、三〇分）、『地上懸垂あるいは映像の本質とは?』製作・監督須賀喜久雄（16ミリ、モノクロ、一二分）、『女』製作・監督矢崎勝美（16ミリ、モノクロ、二分）、『伝説』製作・監督大井文雄（16ミリ、カラー、三・五分）、『情動・予告編』製作・監督東陽一（16ミリ、モノクロ、四分）、『罠』監督粕三平・山際永三・村木良彦・田原総一朗（16ミリ、モノクロ、三一分）、『風雅の技法』製作・監督山田学・月尾嘉男（16ミリ、モノクロ、三分）である。『罠』は、同じく「映像芸術の会」の会員である東陽一の『情動・予告編』とともにここに入った。日本アート・シアター・ギルド賞は監督島村達雄、製作東京コマーシャルフイルム（株）『幻影都市』（35ミリ、カラー、五分）である。

これらと別に入選作品も七本選ばれた。『ミルクお入れしますか』製作・監督細川正司（16ミリ、モノクロ、一七分）、『かるま』監督吉良敬三、製作多摩美大アニメーション・クラブ（16ミリ、モノクロ、六分）、『円』製作・

監督今井祝雄（16ミリ、モノクロ、四分）、『ミニ・ミニ・マクロ』製作・監督田中邦彦（16ミリ、カラー、五分）、『仮眠の皮膚』製作・監督中井恒夫（16ミリ、カラー、一一分）、『選ばれた少年』製作・監督大竹明（16ミリ、モノクロ、三分）、『側』製作・監督柳沢美和子（16ミリ、モノクロ、二分）である。

全一七本のうち、『罠』は三一分で一番長い。なお、『罠』のみ「製作」の記入はないが、映画祭プログラムでは粕三平となっている（国立映画アーカイブの検索システムでは、制作会社として「罠・制作グループ」と出てくる(36)）。『映像芸術の会会報』は、試写会のニュースを掲載したのと同じ三二号で、『罠』と『情動』が奨励賞に入選したことを簡単に伝えた。その際、「粕三平・山際永三・村木良彦・田原総一朗・などのグループによる「罠」」とあるように、四人の監督以外のスタッフも含むグループでの作品製作というとらえ方がなされていた。このことは『罠』の集団製作としての側面を浮き彫りにしていよう(37)。

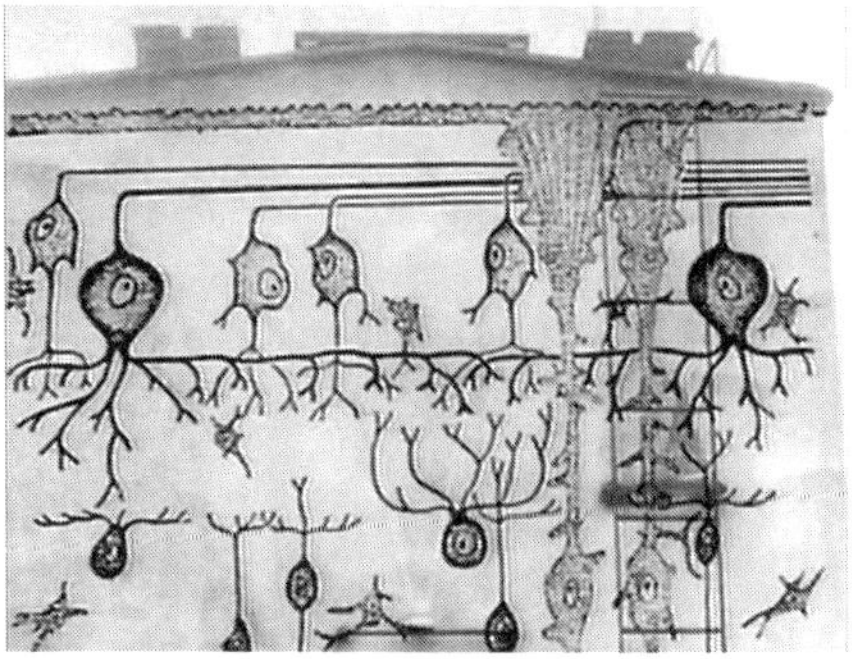

図 3-6 『罠』山際パート・オープニング

第一回草月実験映画祭のパンフレットには、松本俊夫の審査評が載っている。松本は東の『情動』について「表現技術のうえでも最もうまいもののひとつだが、日常の日本と戦火のヴェトナムという対比の構図はやや安直である」とした上で、『罠』の評に移る。「うまさという点では、《罠》にも部分部分にギラギラしたうまさがある。とくに主人公をフォローした5～6分も続く複雑なワン・ショットなど、そうそう誰でもができるというわけにはゆかないシャープな映像感覚だが、外人の眼をプリズムとして設定した根拠をはじめ、トータルなモチーフを問いつめる姿勢に混乱と曖昧さがある(38)」。ばらばらの内容をもつオムニバスということもあり、外国人チハーコヴァーを主人公にしたことの狙いは、審査員やその他の鑑賞者に十分に伝わったとはいえなかったようである。

『日本読書新聞』一九六七年一一月一三日号に載った野田真吉の批評も、「現代の不安と恐怖（粕、山際、村木、田原の『罠』）」などとして各作品のモチーフを挙げつつ、「モチーフそのものの不確かさがモチーフをパターン化し」ていると記した[39]。

『映像芸術（季刊）』三号には、映画監督長野千秋による草月実験映画祭のレビューが掲載された。サルトルを引いて「壁」について論じるなど、長野の問題意識は山際とも重なるものがあるので、長めに引用する[40]。長野はサルトルが「壁」で描いたような「明日処刑場の壁の前に立たされる」死刑囚と違い、自分たちの存在は「霧のように不可視で、不確かな相貌」、だが「羽田の闘争における一人の学生の死、或いは、ベトナムでの何万何十万人かの死」が刻み込まれた相貌によって隔離された「執行猶予の状態」にあるとする。「存在への鋭い凝視を深化し、不確かなものを確定していこうと、あらゆる未知の領域を意識化していくことによって、人間の存在そのものににじりより、外界の存在に迄せまっていくことが作品創造のプロセスの第一歩であるとするならば、こうした「執行猶予」の状態を明晰に意識化し、捕獲していこうとする鋭い凝視力に支えられた作品として、私の問題とからみあってきたものは〔イェジー・スコリモフスキの〕『バリエラ』〔スタントン・ケイの〕『ゲオルグ』『支えが欲しい』・『猶予もしくは影を撫でる男』『情動』『罠』『一・二・三・死』などであった」。

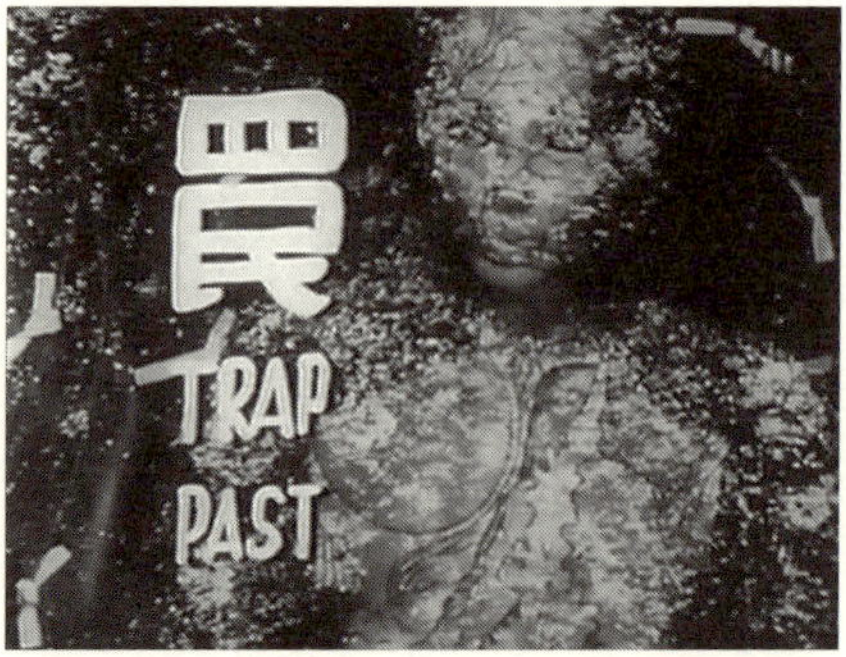

図 3-7 『罠』山際パート・オープニング

このように『罠』を含む諸作品に共感を示した上で、長野は続ける。「しかし、これらの内容がいかに作家の存在ときりむすんだ地点で表出されているかといえば、色々の問題をはらんでいるように思える」「『罠』は、観念と観念がぶつかりあって不思議な存在空間を現出していたが、ここではなぜチェコのチハーコヴァさんが、作品創造の核として、或いはオブジェとして作家の存在にかかわっているのか、私には全くうかがい知ることが出来なかった」[41]。ここでも、なぜチハーコヴァーなのかが評者を戸惑わせたことが窺える。

実験映画祭の翌年である一九六八年の五月にニューヨークではThe New Japanese Cinemaという題で、『幻影都市』『伝説』『1．2．3．死』『天地創造説』『ミルクお入れしますか』『罠』『猶予もしくは影を撫でる男』の七本が上映された。ヴィンセント・キャンビーによる『ニューヨーク・タイムズ』の映画評は、『幻影都市』と『伝説』を最も高く評価しつつも、上映された諸作品は「罠にかかった人間（Man Trapped）あるいは逃走中の人間という主題を共有しているように見える」と記し、『罠』というタイトルを意識してみせた。

キャンビーによる『罠』の作品評（作り手は粕三平一人のように記されている）は次のようなものであった。「『罠』は、その監督によって「イメージ・ドキュメンタリー」として説明されているが、むしろ自分の征服の罠に嵌まってしまった征服者（アメリカ合衆国）のように見える。普通の西洋の娘が日本の都市を駆け抜け、ゆっくりと正気を失ってゆくのである」（"Trap," described by its director as "an image documentary," looks more like the conqueror (the United States) trapped in his conquest. A plain Occidental girl runs through a Japanese city and slowly goes out of her mind"[42]）。これは山際の第二話について記していると見て間違いないであろう。チェコ人チハーコヴァーをアメリカ合衆国に見立てたのはやや単純であるが（「征服者」は粕の英文解説にある言葉）、追う者と追われる者の逆転、それに狂気という、山際のドラマの要点を的確におさえていた。

草月映画祭パンフレットには、「何故映画をつくるか」という共通の題のもとに、公募部門入賞者の文章が収められている。『罠』に関する粕三平の文章は、なぜチハーコヴァーなのかという点を含む本作の意図、および着想の経緯をつまびらかにしていた。以下、五段落からなる全文を見てみる。

第一段落は導入部である。「なぜ映画を作るのか――という一般的な質問は、わたしにはほとんど意味がない。とくに《罠》という代物がすでに姿をあらわしているとき、その問いは二重に無意味になる。わたしにとって意味をもつのは、あなたはなぜその映画をつくるのか、どのようにその映画をつくろうとしたか、という個別的な問いかけだけである」。

第二段落は着想の経緯である。「もうひと昔も前の話である。鶴岡政男に〈人間気化〉という作品があった。5つのタブローで成りたっていたと思うが、ひとつひとつが互いに独立していて、しかもそれが十字架状に組み合わされたとき、ひとつの作品になるという仕掛をもっていた。《罠》の思いつきはその記憶から生まれた」。鶴岡政男の『人間気化』は一九五三年の作品で、原子爆弾の投下による人間の蒸発をモチーフとしていた。(43)

第三段落は、『罠』の製作形式に関わる。「もし、ひとり1万5千円ていどの出費だけで30分ほどの映画をつくり、発表するにはどうすればよいか。安易なオムニバス形式などでなく、ひとりひとりがそのつくり方において完全に自由に独立していて、しかも1本の作品をつくるにはどうすればよいか。《罠》はこうした思いつきを実現した」。

第四段落は、製作意図についてである。

〈思考力と、戦慄するような恐怖感と、自分の真の状態を知悉しようとする熱心な努力。次には、無感覚におちいりたいという強烈な願望。それから魂の急速な蘇生と、動こうとする努力の成功。そして今度は審問や、裁判官たちや、黒い壁掛や、宣告や、衰弱や、気絶などの完全な記憶。それからは、その後につづいたことの後日になって熱心な努力でようやく漠然と思いおこすことのできたすべてのことの完全な忘却〉（エドガー・アラン・ポー）が、わたしの考えた《罠》の唯一の製作意図である。

第五段落は、チハーコヴァーを主人公とすることの意図である。粕は、彼女がチェコの映画監督と親交があることを重視している。

ネメッツや、ユラチェークやバルツェルと親しいヴラスタ・チハーコヴァさんを使うこと。ただし、帰国を前にしていそがしい彼女の条件のために、撮影は1日に限る。フィルムは200フィート以内にとどめる。もし超過した場合は自弁とする。チェコで商売するためにも、意味を伝える日本語は一切使わない。各シークェンスの配列は、各自が編集を終えたのち話しあって順番を決める。以上が《罠》をつくるにあたって守るべき条件であった。したがって、スタッフ・タイトルにかぶっていく〈ひとは窓のある風景を見慣れている。しかし、ひとは決して窓を見慣れてはいない〉〈男は兵隊の顔か赤ン坊の顔をしている。女は母親が〔「か」の誤植か〕ヒステリーの顔だ〉などのチハーコヴァさんの言葉は、すべてチェコ語である。

最後のスタッフ・タイトルにかぶる哲学的なこれらの言葉からは、『罠』全編の締めくくりについてある程度の印象を得ることができる。粕はユラーチェクと同様、人間の内面を静かに省察するチェコ映画のような作品として、『罠』をつくったのではないだろうか。また、日本語の使用を避けることで、彼はチェコスロヴァキアでの上映をかなり本気で考えていたのではないだろうか。もっとも、日本語の台詞が使われていなかったことは、評者たちによる『罠』の理解を妨げることにもなったであろう。

四　山際永三『罠』の内容

『罠』の山際パートはどのような内容であったのだろうか。それを以下に見よう。なお、このパートにセリフはない(44)。

オープニング。建物の壁に一つ目のアメーバ状の生物がいくつも描かれている。それらは配線板のように直線

図3-8　『罠』逮捕状を手にする主人公ヴラスタ・チハーコヴァー（カット四／カット番号については本章の付録二参照）

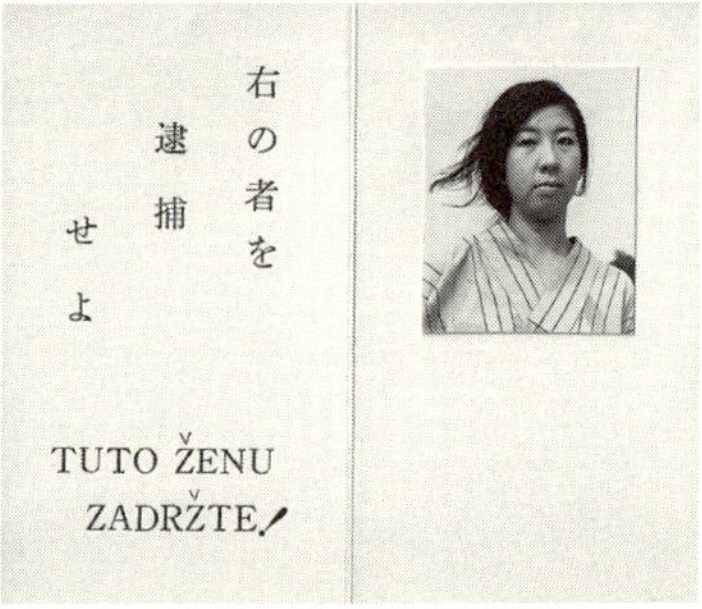
右の者を
逮捕
せよ
TUTO ŽENU
ZADRŽTE!

図3-9　『罠』で使われた逮捕状

的に並び、各々の頭部からは直線的な線が右手に伸びているが、生物的な枝状の足で互いにつながってもいる(45)［図3-6］。ついで『罠 TRAP PAST』のタイトル。背景は打ち捨てられたマネキンのような、仏像のような人形の胸から上の部分（このオープニングおよびエンディングは、粕三平がつくったものと考えられる［図3-7］）。

都内の雑踏を主人公（チハーコヴァー）が歩いている。ワンピースにサンダル履きで、ハンドバッグを持って肩からカバンをかけ、たたんだ画架のようなものを抱えている。彼女は地下鉄の入り口に降りていく。券売機で切符を買ったはずが、白い紙のカードが出てくる［図3-8］。これは逮捕状で、右側には和服を着て髪は乱れがちの若い女の写真があり、左側には日本語で「右の者を　逮捕　せよ」、チェコ語で「TUTO ŽENU ZADRŽTE!」［この女を逮捕せよ］と活字で刷られている［図3-9］。主人公は一瞬当惑するも、カードを凝視すると荷物をおろす。切符のかわりにカードを示して改札に入り、駅員が呼び止めるのにも構わずホームへの階段を駆け下りる。すると脆い土の斜面に変わり、そこを駆け下りた彼女は荒地に降り立つ。前方にある崖の手前に、和服の女（水瀬理恵）の後ろ姿が小さく見える。和服の女は土をかいているような仕草で、足元には大きなタイヤが横たわっている。タイヤにつながれているようでもある。主人公の背後の崖の上には工場らしき建物が荒涼とたたずみ、煙が上がっている。

地下からの昇りエスカレーター。主人公が段を昇ってゆき、そのまま建物内の書店に入り、棚から本を取り出す［図3-10］。書店カバーのかかった本が（書店員によって）彼女に手渡される。彼女は本を受け取り、ハンドバッグにおさめようとする。彼女はハンドバッグの中から手錠を取り出して、本をおさめた後にふたたび手錠をハンドバッグに戻す。

主人公が民家に入ってゆく。部屋のベッドでシュミーズ姿の主人公がうつぶせになってもがいている。壁際の本棚には美学などの本が並んでいる。右手にはにわとりの人形が吊るされている。彼女は両手に手錠がかけられた姿であがき、ぐったりとする。

東京の雑踏を主人公が駆け足でやってくる。通りがかりの若い男を呼びとめる。何かを尋ねている。サラリーマンらしき別の男もやりとりにくわわる。背広の男がこちらの方を勢いよく指差す。

主人公は電車の中にいる。ドア際に立ち、窓外をしかめつらで眺めている。腕時計を見て、苛々している。隣に立っている若い男に時間を尋ね、苛々しながらまた顔を窓外に向ける。

崖のある荒地。和服の女の後ろ姿が崖の手前に見える。主人公は意を決したように和服の女の方にゆっくりと近づいていく。

図 3-10 『罠』書店（カット一五）

電車の中。彼女は腰掛け、身をよじらせて窓外を見ている。苛々している。大きなビル。路地。主人公が喫茶店に入り、対面がけの席に座る。楽しそうに話し出すが、相手の姿は見えない。崖のある荒地。主人公の背中越しに和服の女の後ろ姿。喫茶店。主人公は笑顔で楽しそうに話している。灰皿には吸殻。崖のある荒地。主人公の背中から決然とした様子が伝わってくる。だが、主人公は振り返ると、和服の女に話しかけるのをやめたというかのように、眉をしかめて駆け出す。

階段を駆け上がっていく主人公。地下鉄に乗っている。怪訝な面持ちで車中を見回している。

図3-11　『罠』マンションの室内。壁に絵（カット三七）

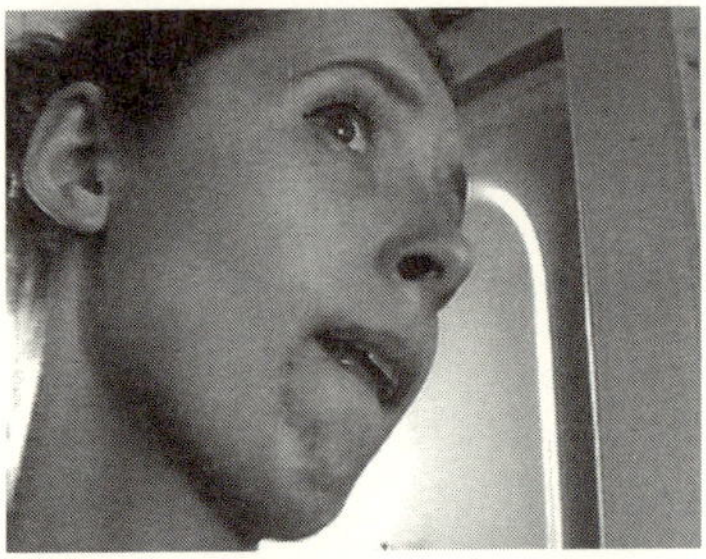
図3-12　『罠』壁の絵を眺める主人公（カット三八）

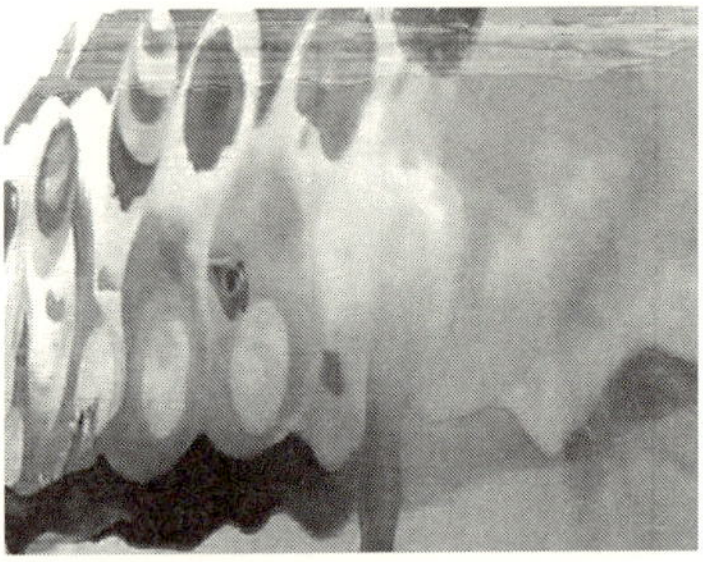
図3-13　『罠』壁の絵（りんごのような）（カット三九）

マンションの階段を主人公は駆け上がる。開け放たれたドアの中に好奇心ありげに入ってゆく。玄関上の壁に絵が描かれている［図3-11］。二つの大きな果実とも女陰とも見える図柄で、真ん中には一葉の葉が描かれている。主人公はしげしげとその絵を見つめる［図3-12］。右の壁には、木にいくつもりんごがなっている別の絵がある。りんごは下向きの断面である［図3-13］。別の壁には腹側から見た牡馬の絵。

主人公が建物のドアを開けて出てくる。そこはビルの屋上で、着物を着た四人の女性と背広姿でつばのある帽子をかぶった男がいる。男はカメラを抱えているが、女性の一人がそれを取ろうとしてからんでいる。残り三人の女は、挨拶を交わしたり、フェンスの方に歩み出したりするなど、関係のない動きをしている。この三人の女は主人公に近づいてきて、とくに全体に模様のある着物の女性（山際敬子）が「いいえいいえ」といった感じで手を振り、カメラの奪い合いには構うことはないといった仕草をする［図3-14］。ついでこの三人のうちの一人がカメラを奪いにいく。主人公はなすすべなく見ている。この女は男からカメラを奪い取ると、フェンスの向こう側に投げ捨てる。カメラは落ちて道路にぶつかり、壊れる。中から筒状に丸まった白い紙が飛び出し、自然と伸びて中身が見える（ここはコマ撮りである）。荒地の和服の女の上半身が四こま写っている［図3-15］。

崖のある荒地。主人公が和服の女の方に駆けてゆく。大きな白い紙（印画紙）を両手に持って、和服の女をとらえんとしている。手錠も持っている。背景の崖の上には煙突のように棒が何本も立ち、煙も上がっている。工場のようだが、卒塔婆のようでもある。ブロックを積み重ねた壁状の構造物もある。一瞬、玄関上の女陰の絵が大写しになる。主人公が荒地を駆ける［図3-16］。

主人公が商店街を駆けてくる。何かを探すような、追われるような姿。車道を渡る。にぎやかな雑踏。彼女は右の方に回り込む。手前では氷屋が氷を切っている。

主人公の部屋。彼女は片隅に腰掛けている。両手を手錠につながれ、嬉しそうに笑っている［図3-17］。天井からにわとりが下がっている。都心の雑踏。カメラは駆けてゆく人物（主人公）の視点。眼鏡屋店頭の視力検査表の前を通り過ぎる。主人公の部屋。彼女は先ほどと同じ姿で嬉しそう。街路を走る主人公の視点。主人公の部屋。彼女は大笑いして喜ぶ。次の瞬間悲痛な表情になり、手錠を外そうと両手に力を込める。通りを走ってくる主人

図3-14　『罠』和服の女たち（カット四二）

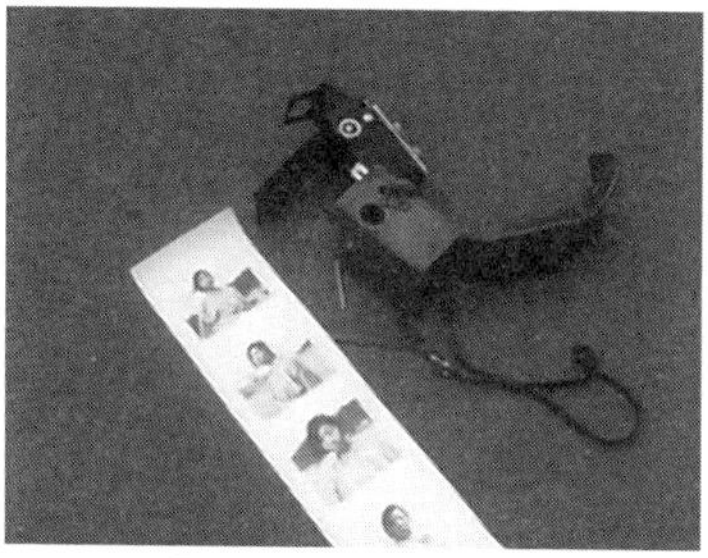
図3-15　『罠』壊れたカメラ（カット四四）

図3-16　『罠』印画紙を持って駆ける主人公（カット四九）

図 3-17 『罠』喜ぶ主人公（カット五三）

図 3-18 『罠』荒地の女（カット七四）

図 3-19 『罠』主人公と荒地の女（水瀬理恵）の格闘（カット七六）

公。主人公の部屋。手錠を外そうとあがく。雑踏を進んでゆく主人公の視点。手錠を外そうとあがく彼女のアップ。苦悶の表情。吊り下がって回っているにわとりの人形。

崖のある荒地。大きな白い紙を両手に握って主人公が走ってくる。和服の女に向かってゆく。雑踏をゆく男女の背中。主人公がその脇に走り寄る。着物を着ている女の方に声をかけるが、人違いだったようで駆け去る。マンションの壁にあった腹部からの馬の絵。雑踏をゆく着物の女性に主人公が追いつく。これも人違いだったようで主人公はすぐに走り去る。地下街をゆく視点。主人公の部屋。吊られて回っているにわとり。地下街を走ってゆく視点。主人公の部屋。ベッドの上でもがく主人公。手錠は外れない。苦悶の表情のアップ。露店沿いを歩く人々。露店のちょうちんや幌布が映る。手錠をはめられた主人公の手がベッドの毛布にたたきつけられる。濡れたアスファルトの路上。視点は路上を見つめながら疾走していく。

崖のある荒地。眼前に和服の女の後姿〔図3-18〕。鍬で地面を掘り返している。和服の女が振り返る。主人公がつかみかかる。あとずさる和服の女。つかみかかろうとする主人公。鍬をふりかざしてその手を振り払おうとする和服の女〔図3-19〕。和服の女は鍬を構えて主人公を睨む。手錠が揺れ、両者のつかみあい。どちらも地面に倒れる。主人公は右手に手錠をかかげる。手錠は鍬の柄にかかる。けわしい顔をして両手で鍬をつかむ主人公。和服の女は消えている。鍬の柄から手錠がぶらさがる。無念というように両手で鍬を持ち上げる主人公。手錠がぶらさがる。

主人公の部屋。空のベッド。にわとりが揺れている。

新宿駅前西口。人々は駅の方に歩いてゆく。手錠のかかったままの鍬を抱えた主人公だけがこちらに歩いてくる。彼女は背を向けてうなだれたようにして歩いてゆく。雑踏。タバコ屋の店頭に二台の赤電話。どちらにもカードが三枚、ダイヤルに挟み込むなどされている〔図3-20〕。どれも券売機で出てきたのと同じものである。崖。振り返る和服の女。配水管が伸びるトイレの陶器。やはり三枚のカードが置かれ、立てかけられている。和服の女の写真には顔の角度が異なるものも。陶器上の荷物置きの板にも二枚のカード。崖。こちらを凝視する和服の女。雑踏。赤電話。カードがいくつも赤電話の受話器やダイヤルなどに挟まれている。受話器に挟んである一枚にカメラは寄る。写真と文字がはっきりと見える。

図3-20　『罠』赤電話とカード（カット八六）

エンディング・クレジット。水辺に浮かぶ壊れた人形のようなオブジェ。絵のようでもコラージュのようでもある。脚本・演出山際永三、撮影井上和夫・中島彰亮、出演水瀬理惠。壁に広がる菌のような胞子のような抽象画。出演VLASTA ČIHÁKOVÁ。吊り下がるワイシャツやネクタイなどのコラージュ。音響創造大野松雄。肺胞と繊維のような抽象画。木のような細胞のような微生物のような抽象画。タイトル写真鳴海輝男、協力シー・エー・シー。

五　山際永三『罠』の分析

「罠」の所在

『罠』の山際パートは、まずは日本の伝統が現在をとらえる「罠」であるという、粕のコンセプトに応じている。山際パートの基本的な対立軸は、西洋人である主人公と、日本人である和服の女とのあいだにある。西洋人の主人公は、現代を象徴するとともに、理性による探求も体現する。これに対して和服の女は重たいタイヤにつながれているような姿で、無心に鍬で地面をおこしている。過去や非理性的な因習が人をとらえる力が、彼女の姿には象徴されている。

ただし、山際『罠』は、西洋対日本という単純な二項対立で終わってはいない。粕のコンセプト自体、日本の伝統を単に否定するものではなかったが、山際の『罠』でも対立の構図は様々なかたちで揺るがされる。まず、主人公はいわゆる「欧米」としてのアメリカ合衆国や西欧諸国ではなく、東欧から来たチェコ人である。彼女がチェコ人であることは劇中では明示されないが、彼女が受けとる指令は日本人に馴染みのない文字・言語で記されている。そのため山際『罠』が提示する対立は、西洋対日本といった単純なものにはならない。彼女を取り巻く言語の馴染みのなさは、山際の『罠』、そして恐らくはオムニバス全編を謎めいたものにする。

対立の構図は、両者の決着がつかず、時に立場が入れ替わることでも曖昧となる。主人公が手錠をかけたと思った瞬間に和服の女は忽然と消え、手錠は空しく鍬の柄にぶらさがる［図3-21］。主人公自身が両手に手錠をかけられてもがきもする。これは西洋人かつ現代人である主人公から見て、日本の過去・伝統・因習・しがらみが、とらえどころがないものであることを示していよう。だが、だからといって主人公の置かれている立場が明快というわけでもない。逮捕せよという指令を彼女に発した者が誰なのかは謎である［図3-22］。

主人公の立場が明快でないということは、彼女と和服の女の対立が、より大きな状況の一部に過ぎないことをも意味する。誰かの指令を受け、見張られているかのような主人公の姿は、不透明な大きな状況に取り囲まれているのである。のみならず彼女自身がそうした状況を生み出すのに加担してもいる。和服の女を逮捕せよという指令を、主人公は大きなためらいなしに、積極的に遂行しようとする。それゆえ、山際の『罠』にあるのは、単に日本の伝統がわれわれをとらえるという「罠」だけではない。山際がその製作活動において一貫して探求してきた問題、主体もまた抑圧的な状況を支える一部であるという「罠」が、そこにはある〔図3-23〕。

主体と状況

山際は一九六七年当時『罠』について直接には語っていない。だが、彼の問題意識は当時彼が発表したいくつかの文章から窺うことができる。まず、『映像芸術の会会報』三二号（一九六七年一〇月一六日）において彼は、機関誌『映像芸術（季刊）』二号のレビューを行ない、ドキュメンタリーという言葉について次のように記して

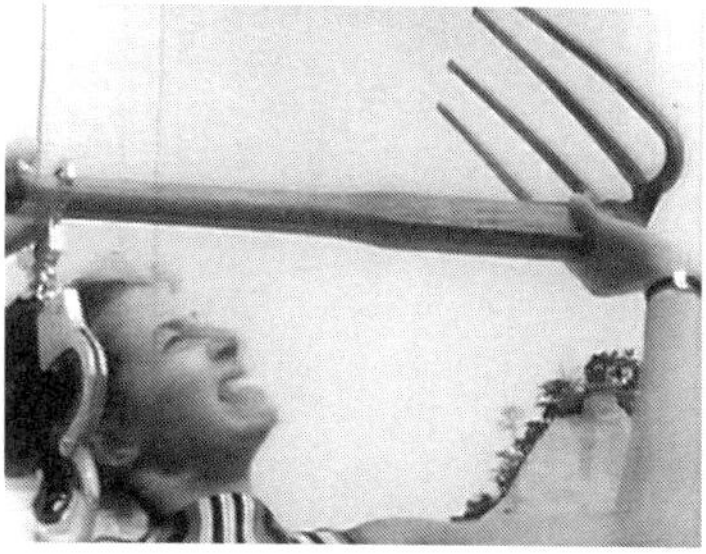
図3-21 『罠』鍬にかかる手錠（カット八三）

図3-22 『罠』悄然と新宿をゆく主人公（カット八五）

図3-23 『罠』赤電話とカード（カット九〇）

いる。「会員の書いたものに「ドキュメンタリー」という言葉が大変多いのだが（…）全体に各人使い方がバラバラ、かつ曖昧で」ある。「「映像芸術の会」は「ドキュメンタリー」という錦の旗を押し立てつつ、そのまわりでぐるぐるしているだけのような感じにすらなってくる」「「ドキュメンタリー」という言葉は出てくるが、それはあくまでも、「あり得べきドキュメンタリー」という天国へのパスポートみたいなものであって、現在の映画状況の中で具体的な成果として勝ちとるべき、具体的な方法論としては一体どんなものなのか？　その具体化の中でどんな思想的、運動的意味を状況に対してもつかといったことが、どうもはっきりしてこない[46]」。

　では、山際の目指していたドキュメンタリーとは何か。この点について考えるために、山際のニェメツ論「意識のドキュメンタリー」をもう一度見てみよう。山際は、二人の主人公の身体的な極限状況以上に、心象風景としてのプラハにこだわっている。彼にとっては『夜のダイヤモンド』の中心的論点は、まさにこの心象風景に関わるのである。「「行こうとするプラハ」と「………だったプラハ」と現在の脱走というダブルイメージは、すべての観客自身の中にある「行こうとする○○」「………だった○○」、それに現実の不安を呼びおこ」す[47]。

　これはニェメツの問題意識である以上に、山際による問題意識の整理であるといえる。過去（のプラハ）と未来（のプラハ）と現在（逃走している主体）という三者を立てた上で、主体たる自分は過去・未来・現在という状況とどう切り結び、自分自身とどう対峙するのかという問いが、ここにはある。この問いに山際は『罠』で取り組んだのである。その際、主人公がチェコ人であることは、主体と状況をめぐる山際の検討に、『罠』独自のひねりをくわえることになった。外国人が主人公となったことによって、主人公自身が、監督山際にとって自身（主体）の代理人でありながら他者でもあるという構造が成立しているのである。主人公は、主体であるにもかかわらず他者性を帯びることになる。主体と他者性とは、山際の『罠』において合わせ鏡のようなつくりを得ている。

ニェメツが、未来のプラハ、過去のプラハ、逃走する現在の主体という三者関係に決着をつけなかったのと同様に、山際の『罠』も主人公の探求が行き着く先については明らかにしない。元来これは決着がつくことではない。主体が抑圧的な状況の一部をなすという自己否定の契機を明らかにした上で、自己否定のその先においてどこに向かうのかの手がかりを得ることが大事なのである。どこに向かうのかはストーリーによってだけ示されるとは限らない。あらたな表現の方向を示唆することも、同様に重要なことである。

山際は『罠』において表現上の実験を行なうことで、自身の探求を深化させたのだった。それはまず、ドキュメンタリー的な要素の中に非日常的な要素を滑り込ませることである。主人公のいる場所は、東京各地の現実の風景である。山際の記憶によれば、冒頭で主人公が歩いている通りは青梅街道、最初の地下鉄の駅はチハーコヴァーの下宿の最寄り駅である丸の内線荻窪駅、崖のある荒地は多摩団地造成地のどこかである。また、チハーコヴァーが手錠をかけられてもがく部屋は彼女の下宿である[48]。本物の駅員や、雑踏を行き交う人々とのやりとりには、とくにドキュメンタリー風の現実感がある［図3-24］。こうした日常の情景に、変わった行動をとる人物、様々な象徴、それにイメージが挿入される。

図3-24　『罠』ドキュメンタリー風な情景（氷屋）（カット五二）

ドキュメンタリー的な部分と非日常的なイメージの組み合わせという点では、山際は『夜のダイヤモンド』に触発されている。さらに、そうした組み合わせの中で終わることのない探求が続くというシークエンスは、ニェメツ、ユラーチェク、カフカを意識している。イメージの中のプラハに行きつけないニェメツの主人公たちについて山際は、「何んとかして『城』に行きつこうとして努力を重ねながら遂に到達することの出来ないK、又おそろしい裁判所を探して裏街を歩きまわる『審判』のK、などを描いたカフカの世界をおもわせるものがある」と記している。ユラーチェクについても先述の通り、「全体的に正にカフカのイメージ」とする。[49] 山際は『罠』製作当時、カフカを読んでいた。「私は、ちょうどその頃、カフカを読んでおり、（多分、粕氏にすすめられ）『罠』の私の篇では、その真似をしました。真似たことがバレないように、すこし複雑にしたという記憶です」[50]。

カフカについて山際はまた、『夜のダイヤモンド』には「本来カフカの中にある猥雑さや黒いユーモアといった要素はあまりなく、むしろシリアスに張りつめた緊張感といったものが強く感じられる」と記している。[51] この「猥雑さや黒いユーモア」、それにまた緊張や疑念といったことを、山際は『罠』において象徴を多用することでよく表現している。カード、手錠、鍬、カメラ、電話機、それに吊るされたにわとりの人形などの象徴が次々と現れることで、山際の『罠』は表現上の魅力を増している。とくに、にわとりの人形は、吊るされていることの不気味さと滑稽さをあわせもつことで、作品にユーモアを添えた。この人形は元々チハーコヴァーが荻窪のバザーか玩具屋で見つけて、下宿に吊るしていたものである[52]［図3-25］。

図3-25 『罠』にわとり（カット六二）

象徴とともに夢も『罠』の要素をなす。地下鉄の切符が逮捕状になっているのは、山際が見た夢からの発想である。[53] 大野松雄による音響も、たたきつけるように繰り返される機械の作業音、金属の軋み、経文のような唸り声など、不安や動揺を表す奇妙なサウンドによって象徴効果を高めた。主人公が和服の女に手錠をはめようとする対決シーンでは、歌舞伎の囃子が効果的に用いられた。くわえて、セリフのない『罠』山際パートでは、主人公の仕草が、人物の内面や物語の展開を示す上で、通常以上に大きな意味をもつ。チハーコヴァーの演技、そして山際の演出は、表情や体の動き、とくに舌なめずりや指の動作によって、『罠』を見事な無言劇に仕上げている。こうした仕草もまた象徴である。

象徴やイメージがちりばめられた山際の『罠』にあって、とくに目立つモチーフがあるとすれば、それは「狂気」であろう。とりわけ、髪の乱れた姿のまま、一心不乱に地面をかき続ける和服の女や、ビルの屋上にいる四人の女たちには、どこか異様なところがある。(54) 第一章でも記したが、山際は一九六三年に高橋和巳『悲の器』に寄せて、狂気について論じていた。合理主義者の主人公から捨てられ、狂気に陥る家政婦の姿を、山際は「いくら記述しようとしても、その記述からはみ出し、記述に対立してしまうもの」とした。(55) 主体が自ら抑圧的な状況の一部をなし、なおかつ状況を変えようとするという構造上の矛盾と、相似的なものがここにはある。山際にとって狂気とは、主体／状況の構造を、その矛盾から滲み出るものも含めて全体として描き出すための、重要な切り口になっている。『罠』の場合は、狂気は主人公、それに観客の理性を引き込む暗い穴として作品を統一する。同時にまた狂気は、洋装の主人公と対照的な、和装の女たちという一連の形象を与えることでコンポジションを完成させる。(56)

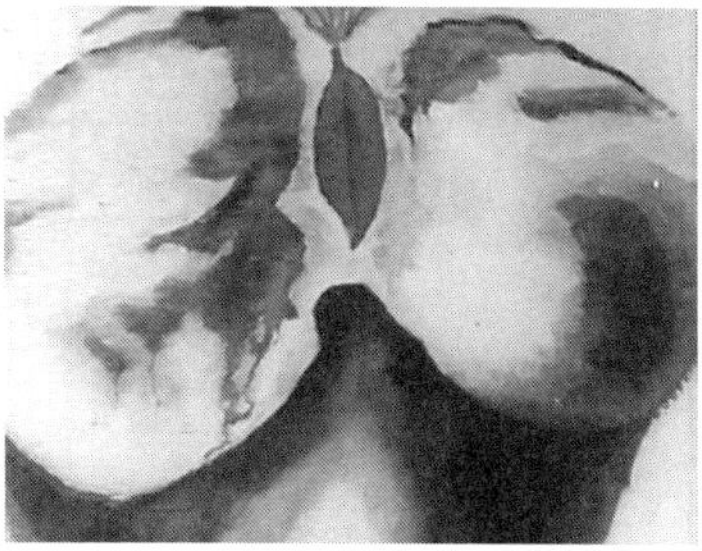

図 3-26　『罠』壁の絵（女陰）（カット三七）

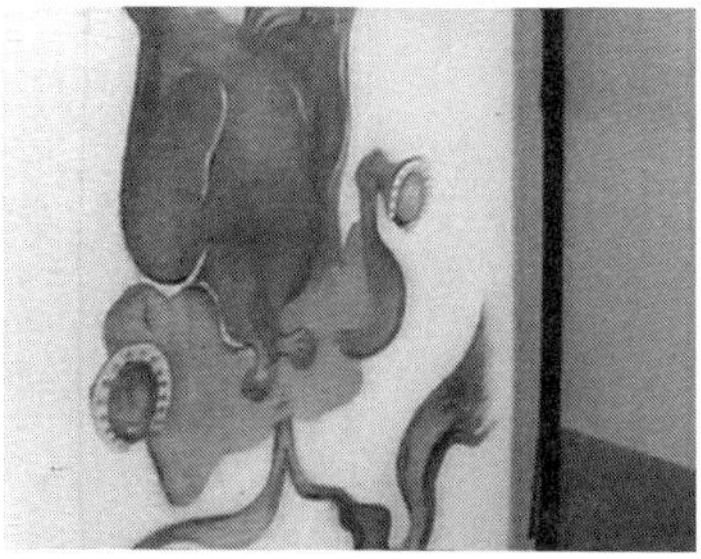

図 3-27　『罠』壁の絵（牡馬）（カット四〇）

山際の『罠』においてもう一つ基調を与えている要素に壁の絵がある。主人公が訪れる集合住宅の玄関や壁に描かれた絵画は、性のモチーフを突きつけることで、人の不安を呼び起こす［図 3-26・3-27］。これは当時山際が住んでいた集合住宅であり、絵を描いたのは当時山際が親しくしていた「前衛美術会」の岡美行である。岡は『罠』の劇中にも、屋上でカメラを持っている男として登場する。(57) これらの絵は『罠』の撮影よりも前の時点で、山際が岡に依頼して描いてもらったものだという。山際によれば、絵の内容についてはあったとおもいますが、特に注文を出した覚えはありません。私の妻は、やれやれという感じです。生まれたばかりの娘もいるのに――です。しかし、やめてくれとは言いませんでした。岡さんは、よく遊びにきていて、妻とも仲は良かったです。東京都住宅供給公社の調布（九？階建ての7階）で、『罠』に利用しました。屋上もそこです[58]」。

壁に絵が描かれていること、しかも生命や生殖を連想させる図柄であることは、山際のこれまでの探求との関係で看過できぬ意義をもつ。繰り返し記してきたように、山際にとって「壁」とは状況、しかも主体もその一部をなしてしまっている状況のことを指す。そこに生命的・生殖的な絵が描かれていることは、「壁」自体が生命を帯びて、主人公の生と交渉を始めることを示唆する。「壁」の生命と主人公の生は必ずしも調和するとは限らず、侵食しあったり、中毒を起こしたりすることもありうる。それでも生命をもった「壁」は、主体と呼応しあい、ともに変化していく有機的な物質となる。したがって、『罠』における生命の描かれた壁は、主体と状況の関係をめぐる山際の探求が獲得した、重要な形象なのである。

『罠』において山際は、状況の一部でありながら、状況の変革を求める主体という矛盾した構造を、イメージの領域において打破する展望を得ることになった。そこにおいて得られた有機的な壁という展望は、日常的な物質のイマージュ化という『炎 1960 ~ 1970』（一九六八年）の試みにもつながる。それはさらに、調度品の柄や色や質が部屋全体に有機的なイメージを与えるという、山際のテレビドラマにしばしば登場する情景ともつながっていくのである[59]。

おわりに

オムニバス『罠』がつくられた一九六七年は、安保闘争の高揚とあいまって、日本社会における芸術創造が急激に過熱していく時期であった。実験映画としての『罠』もまた、そうした熱量の一部を構成していた。同時に『罠』は日本とチェコの文化的対話の産物でもあり、ニェメツやユラーチェクの刺激がこの映画に独自の相貌を与えた。山際は『罠』製作に参加することで、彼自身のそれまでの探求をさらに一歩進めた。ドキュメンタリーと非日常の結合という方法、それに有機的な壁のイメージは、これ以後の山際作品においていっそう展開されていくことになるであろう。

一九六八年というピークをへたのち、安保闘争の混乱と並行しながら、日本社会の芸術的高揚は次第にその勢いを低減させていった。「映像芸術の会」は一九六八年三月に解散した。草月アートセンターは一九六八年一〇月、「草月実験映画祭」の名称を変えて「フィルム・アート・フェスティバル東京 1968」を開催したが、翌一九六九年一〇月の「フィルム・アート・フェスティバル東京 1969」は、反対派の造反・会場乱入によって中止となった。これが転機となって草月アートセンターは一九七一年四月に解散した[60]。

それでも一人ひとりの探求はその後も続く。チハーコヴァーは帰国後の一九六八年四月、プラハで商業写真プロデューサー能城《のしろ》年正と結婚したが、同年秋に「プラハの春」がワルシャワ条約機構軍によって鎮圧されると、活動の場を日本に移した。「プラハの春」についてのジャン＝リュック・ゴダールたちの映画『プラウダ（真実）』（一九六九年）を、松本俊夫に頼まれてフランス語から日本語に訳したことで、彼女は本国に戻れなくなった。一九七〇年代の日本において、針生一郎をはじめとする批評家・芸術家と交流しながら、彼女は精力的に美術評論を執筆した。チェコ映画への関心をさらに深めた粕三平は、詩人の長谷川龍生を社長にしてタスクインターナショナルというチェコ映画を上映する会社を興した。チハーコヴァーはその会社の役員として、チェコスロヴァキアとの交渉や翻訳にあたった。ゴダールを訳したことで彼女には大使館に出入りできない時期もあったが、大使館の中でも自立的な組織であった通商部はビジネスを優先して作品を提供してくれた。粕とチハーコヴァーは一九八〇年には池袋の西武にあったスタジオ200で、「ユーモアと影の美学」と題してチェコ映画の連続上映企画を始めた。一九八一年九月の「ユーモアと影の美学 Vol. 5　チェコ映画の現在」には、山際も講師として参加している。粕・山際・チハーコヴァーの協力関係はこの間ずっと続いていたのである。一九八四年には粕三平と長谷川龍生を編者にして、山際とチハーコヴァーも参加して『現場の映像入門』が刊行されている。それから二、三年ののち、ゴルバチョフ政権の登場をきっかけにして、チハーコヴァーは日本を離れて母国に戻った(61)。

山際は一九六八年三月の「映像芸術の会」解散に深い挫折感を抱いた。だが、その挫折感を映像表現へと昇華して、同年半ばには『炎 1960～1970』を生み出した。同じ頃から彼の映像表現の模索は、いよいよテレビドラマを中心的な舞台にして展開される。傑作『コメットさん』（一九六七―六八年）をへて、山際の探求は一九七〇年代へと引き継がれるのである。

（1）山際永三「粕三平」、平沢剛編『アンダーグラウンド・フィルム・アーカイブス』（河出書房新社、二〇〇一年）、一五五頁。田原との「出来事」というのは、一九七一年八月の「警視総監公舎爆破未遂事件」（冤罪であり、一九八三年に無罪が確定した）をめぐるものである。この「事件」で山際は逮捕された人々の支援活動に取り組んだ。他方、田原もこの「事件」に関心をもち、山際の仲介によって被告に取材を行ない、ドキュメンタリー番組をつくった。しかし、その内容が一方的なものであり、取材方法も支援活動に混乱をもちこむようなものであったので、取材された側の人々および山際が抗議したのである。田原総一朗「いやぁな時代への切り込み方」、『展望』一九〇号、一九七四年一〇月、および、福富弘美「権力犯罪を解体するために――田原総一朗氏への批判」、『展望』一九一号、一九七四年一一月、参照。無罪判決の確定については、『朝日新聞』一九八三年三月二三日、一面、一二月一六日、二二面。

（2）筆者による山際のインタビュー。二〇一八年六月二四日（アナスタシア・フィオードロワ氏と共同で、東京都内の山際邸で実施）。山際より筆者へのメール。二〇二二年八月二四日。

（3）山際が所蔵する「準備台本」（本章末尾に【付録一】として再録［図3-34］）の表紙には、「実験映画シリーズ「罠」第〇部『逮捕状』」と書かれているが、実際の作品にはこのような副題はない。映像では、山際パートの冒頭には『罠 TRAP

PAST』という全編に共通の題が出てくる。

（4）以下、本章で「チェコ」という場合、もっぱら今日のチェコ共和国に対応する地域・文化を指しつつ、「チェコスロヴァキア」の略称という意味も排除しないという、折衷的な用法に立つ。

（5）チェコスロヴァキア・ヌーヴェルヴァーグについては、『チェコスロヴァキア・ヌーヴェルヴァーグ』（国書刊行会、二〇一七年）、とりわけそこに所収の遠山純生「「新しい波」第二波」、および、くまがいマキ「粕三平とチェコ映画」、を参照せよ。くまがいマキは同書全体の企画・編集にあたった。彼女の父親が粕三平である。

（6）本章の執筆にあたっては、山際の提供になる『罠』製作資料およびＤＶＤを主に利用した。現在はチェコを代表する日本学者となったチハーコヴァーにも、オンラインでのインタビューに応じてもらった。草月実験映画祭関連の史料は、慶應義塾大学アート・センター（ＫＵＡＣ）に保管されている。その閲覧に際しては、同センターの久保仁志氏に助力を得た。阪本裕文氏の提供になる「映像芸術の会」関連の資料は、本章でも活用させていただいた。チェコスロヴァキア史研究を専門とする佐藤雪野氏からは、チェコ語についてご教示いただいた。中東欧思想史を専門とする中井杏奈氏からは、本章のもとになった論文「山際永三、ヴラスタ・チハーコヴァーと『罠』（一九六七）」、『れにくさ』一三号、二〇二三年三月、に対して、専門の観点から一連のご助言をいただいた。

（7）『映像芸術の会会報』一四号、一九六七年一月一六日、一二頁。

（8）以下、チェコ映画の題名を記す際には、『チェコスロヴァキア・ヌーヴェルヴァーグ』に記載があればそれに従う。映像社は当時の都電青山六丁目付近にあり、「映像芸術の会」は一九六七年には会員の作品試写をここで行なっていた。『映像芸術の会会報』一五号、一九六七年三月七日、一〇—一一頁。

（9）くまがいマキ「「アイアム　プア　キャピタリスト」（粕三平とチェコ映画）」、『映画芸術』四九巻一号、一九九九年五月、七〇—七一頁。

（10）「ヴラスタ・チハーコヴァー氏が語る「１９６８年」」、『週刊読書人』三二五九号、二〇一八年一〇月五日、一頁。チハーコヴァーから筆者へのメール。二〇二一年九月一八日。

（11）『映像芸術の会会報』一五号、一九六七年三月七日、一一—一三頁。「資料研究会」については岩佐寿弥「状況とは何か。作家主体とは何か」、『映像芸術の会会報』一七号、一九六七年五月一五日、二〇—二二頁。『映像芸術の会会報』一八号、一九六七年六月五日、八—九頁。

（12）『映像芸術の会会報』二九号、一九六七年七月一〇日、二五頁。さらに八月二八日にズビニェク・ブリニフ『天国からの輸送』（一九六二年）を取り上げるとの予告が、『映像芸術の会会報』三〇号、一九六七年八月一四日、二〇頁に出ている。

（13）山際永三「意識のドキュメンタリー――映画〈夜のダイヤモンド〉」、『映像芸術（季刊）』二号、一九六七年九月。山際は、映画原作であるアルノシト・ルスティク（栗栖継訳）「闇に影はない」、『新日本文学』二一巻五号、一九六六年四月、も読んだ上でこの論稿を書いている。

（14）右と同じ『映像芸術』の号には、松本俊夫の『支えがほしい』論も掲載されている。主人公が捜し求めるヨセフ・キリアンなる人物について、スターリンという「誤った支え」が（ソ連によって）「外側からとり払われた」結果、あらたに求められた「幻影としての『支え』」であると論じている。同作についての読みとして、正攻法といえよう。松本俊夫「キリアンと猫――〈支えがほしい〉について」、『映像芸術（季刊）』二号、一九六七年九月。また、粕三平「超狂気記録人パーヴェル・ユラーチェク」、『映画評論』三一巻四号、一九七四年四月、は粕自身の仕事に引き寄せて書かれたユラーチェク論である。粕は「不条理とかカフカ的とか出口のない状況とか」を「安易な慣用句」として退ける。ユラーチェクとの文通に基づき、粕は「存在する不在の事実の表現をとおして「人間的で真実にみちたごく単純な事実」（ユラーチェク）をみつめるのがなによりも好きなのだと、ユラーチェクのしごとははっきりと語っている」と記す（八〇―八一頁）。

（15）秋山邦晴「そこは60年代前衛芸術の震源地だった」、「草月アートセンターの記録」刊行委員会『輝け60年代――草月アートセンターの全記録』（「草月アートセンターの記録」刊行委員会、二〇〇二年）、三四―六〇頁。

（16）「第1回草月実験映画祭」（KUAC草月アートセンター・コレクション、ファイル「草月アート・センター　映画Ⅳ」）。

（17）『報知新聞』一九六七年八月一〇日（KUAC草月アートセンター・コレクション、ファイル「草月アートセンター資料　雑誌記事　Volume 2: 1966-1969」）。

（18）『映像芸術の会会報』三〇号、一九六七年八月一四日、一六頁。

（19）山際より筆者へのメール。二〇二二年八月二四日。

（20）萩元晴彦・村木良彦・今野勉『お前はただの現在にすぎない――テレビになにが可能か』（朝日文庫、朝日新聞出版、二〇〇八年）、とくに三〇―三二頁。

（21）佐藤巍「田原総一朗作品研究会」、『映像芸術の会会報』二九号、一九六七年七月一〇日。田原総一朗「あるディレクターの遠吠え」、『映像芸術（季刊）』三号、一九六八年二月。同『塀の上を走れ――田原総一朗自伝』（講談社、二〇一二年）。

(22)「公募参加申込書」(KUAC草月アートセンター・コレクション、ファイル「一九六七年度(実験映画祭)草月アートセンター資料」)。
(23) 順番については、山際より筆者へのメール。二〇二二年八月二四日。
(24) 山際より筆者へのメール。二〇二二年八月二四日。
(25) 筆者によるチハーコヴァーのインタビュー。二〇二一年二月二四日。
(26) 筆者によるチハーコヴァーのインタビュー。二〇二一年二月二四日。
(27)「TRAP」(KUAC、前掲ファイル「一九六七年度(実験映画祭)草月アートセンター資料」)。
(28)『罠』を含む入選作七本が、一九六八年五月にニューヨークのニュー・シネマ・プレイハウスで「ニューヨーク草月実験映画祭」として上映された。秋山「そこは60年代前衛芸術の震源地だった」、六二頁。
(29) 筆者による山際のインタビュー。二〇一八年六月二四日。筆者によるチハーコヴァーのインタビュー。二〇二一年二月二四日。
(30) 筆者による山際のインタビュー。二〇一八年六月二四日。山際より筆者へのメール。二〇二二年八月二四日。筆者によるチハーコヴァーのインタビュー。二〇二一年二月二四日。
(31)『第1回草月実験映画祭パンフレット』(草月アートセンター、一九六七年)、三二頁。
(32) 筆者による山際のインタビュー。二〇一八年六月二四日。筆者によるチハーコヴァーのインタビュー。二〇二一年二月二四日。
(33)「罠・音」。一枚の簡単な表で、山際の所蔵になる。
(34)『映像芸術の会会報』三二号、一九六七年一〇月一六日、二二頁。
(35)「第1回草月実験映画祭」作品公募審査報告」(KUAC、前掲ファイル「草月アート・センター 映画Ⅳ」)。なお、選外の「出品作品一覧」および国外からの招待部門の一覧は、「アングラ・アングラ・アングラ」、『映画評論』二四巻一二号、一九六七年一二月、三五―三七頁にある。
(36)『第1回草月実験映画祭パンフレット』、三〇頁。
(37)『映像芸術の会会報』三二号、一九六七年一〇月一六日、一二頁。
(38) 松本俊夫「映像表現の批評的変革を!――公募作品の審査を終えて」、『第1回草月実験映画祭パンフレット』、四頁。

(39)「草月アートセンターの記録」刊行委員会『輝け60年代』、三八一頁。
(40) サルトル「壁」は、スペイン内戦でフランコ側の捕虜となった主人公たち三人が、明日は刑場の硬い壁を背に銃殺されるだろうという極限状況におかれる。処刑間近になって主人公だけは、逃走中の仲間の居場所を教えれば命は救うと取引をもちかけられる。死を覚悟していた主人公は、仲間は墓地に逃げたと嘘を教える。だが、事実、仲間は居場所を変えて墓地に隠れていたために、発見されて殺される。処刑から免除され、その事実を知った主人公は笑いがとまらなくなる。サルトル(伊吹武彦訳)「壁」、『サルトル全集』第五巻(人文書院、一九五〇年)。本作は、極限状況におかれた主体、それを取り巻く状況(「壁」)、そして本当の意味での「壁」の形成には偶然の作用を受けながら主体自身が加担しているという構造を暴いている点で、山際の製作活動と密接な関わりをもつ。
(41) 長野千秋「ジョン・シルバーの義足――《草月実験映画祭》をみて」、『映像芸術(季刊)』三号、一九六八年二月、四二―四三頁。
(42) Vincent Canby, "Experimental Shorts from Japan at New Cinema Playhouse," *The New York Times*, May 3, 1968, p. 42.
(43) 高見澤なごみ「ルポルタージュ絵画再考――ライトアップ展論争の争点をめぐって」、『Core Ethics』一五号、二〇一九年、一〇三頁。
(44) 以下の作品紹介は、筆者がDVDで視聴した内容をまとめたものである。山際所蔵の「準備台本」も参考にした。
(45) 山際によれば、タイトルバックに使われている絵は、鳴海輝夫による可能性があるということである。彼の名は、エンディングで「タイトル写真鳴海輝夫」として出てくる。「私は会ったことはなく、粕三平さんの、全体の編集段階で、使われていることを知った記憶です。制作者懇談会の人だったのかも知れません」。なお、やはりエンディングに出てくる「協力シー・エー・シー」とは、カメラを借りた先であったらしい。山際より筆者へのメール。二〇二四年四月二一日。
(46) 山際永三「「映像芸術」のひよわさ」、『映像芸術の会会報』三二号、一九六七年一〇月一六日、五―六頁。
(47) 山際「意識のドキュメンタリー」、八九頁。
(48) 山際より筆者へのメール。二〇二三年八月二六日。筆者による山際のインタビュー。二〇一八年六月二四日。筆者によるチハーコヴァーのインタビュー。二〇二一年二月二四日。
(49) 筆者による山際のインタビュー。二〇一八年六月二四日。山際「意識のドキュメンタリー」、八六頁。
(50) 山際より筆者へのメール。二〇二三年八月二四日。

(51) 山際「意識のドキュメンタリー」、八六頁。

(52) にわとりについてチハーコヴァーは次のように語っている(筆者によるチハーコヴァーのインタビュー。二〇二一年二月二四日)。

にわとりは私が確かに荻窪のどこかのバザールか玩具屋さんで見つけたもので、首を吊るされているちょっと変な鳥だったんですね。それで何かかわいそうな反面かわいい部分もあったので、自分の寂しくしている日本部屋の中に飾っておこうと思って天井から吊るしたんですよ。にわとりっていうのはヨーロッパの文化では日覚ましにふさわしいような象徴的な意味があって、にわとりの泣き声によって毎朝起こされるという関係があるので、まあ象徴的な意味合いでも飾ったんですね。なにしろ私の日本部屋、学生の部屋が日本式だったので、寂しいっていえば、やっぱり住まいの寂しさもあるんですね。

このにわとりは、「いつか通った雪の街」(『コメットさん』第七八話、監督山際永三、脚本市川森一、放映一九六八年一二月二三日)でも象徴として用いられた。第七八話については、加藤義彦・籾山幸士『β星より愛をこめて』(私家版、FCFC、一九八九年)、九二―一一三頁、参照。同書はキャスト・スタッフのインタビューや各回の解説など、豊富な内容をもつ、『コメットさん』研究の金字塔である。山際は第七八話撮影にあたりチハーコヴァーからにわとりを借りた。筆者による山際のインタビュー。二〇一八年六月二四日。

(53) 「地下鉄の切符が(…)逮捕状ということで、これは私が見た夢からの発想です。逮捕状は『コメットさん』の「雪の降る街」(第七八話)でも使いました」。山際より筆者へのメール。二〇一八年五月三日。したがって『コメットさん』第七八話には『罠』の二つの象徴が用いられたことになる。

(54) なお、荒地の女は「私の妻がモデルです」と山際はいう。山際より筆者へのメール。二〇二二年八月二六日。ビルの屋上にいる四人の女のうち、主人公に気にするなというように手を振るのが山際監督夫人の敬子である。筆者による山際のインタビュー。二〇一八年六月二四日。

(55) 山際永三「青春の論理否定」、『リアリティ』一号、一九六三年一二月、一六頁。

(56) 『罠』に直接には関わらないが、山際のサド論における次のような一節も、「異常」なものを突き詰めることで、壁と主体とのぎりぎりの関係を表現することの説明となっている。「現実の苛酷な自然とその壁の中にあって、同時に自己の異常性の時間的、空間的存在意義を極端な要求としておし出すこと、それが現実を超えることであり、普遍化であり、正に革命的であること」。山際永三「情念の構造改革――サド覚え書」、『映画芸術』一一巻四号、一九六三年四月、一七頁。この論稿は『回転』（ジャック・クレイトン監督、一九六一年）評でもある。同作においてサド的人物が体現しているイメージが、秩序道徳主義と異なるアンチヒューマニズムとしての「悪の世界」であることを山際は高く評価している。

(57) 山際より筆者へのメール。二〇一八年五月三日。第二章で書いたように、岡は山際と二人で「原爆戦後史研究会」をやっていた。『炎 1960～1970』の文字も彼が書いた。

(58) 山際より筆者へのメール。二〇二二年八月二六日。

(59) 一例として、「父は炎の中に」（『シルバー仮面』第三話、監督山際永三、脚本上原正三、放映一九七一年一二月一二日）での、春日姉妹の仮住まいの部屋に置かれた水差しを挙げておきたい。

(60) 秋山「そこは60年代前衛芸術の震源地だった」、三〇―三一頁。

(61) 「ヴラスタ・チハーコヴァー氏が語る「1968年」」、二頁。くまがい「「アイアム　プア　キャピタリスト」」、七二頁。スタジオ200『スタジオ200活動誌　1979→1991』（西武百貨店、一九九一年）、三七、五〇頁。長谷川龍生・粕三平編『現場の映像入門』（現代教養文庫、社会思想社、一九八四年）。筆者によるチハーコヴァーのインタビュー。二〇二一年二月二四日。なお、ヴラスタ・チハーコヴァー『ニッポン審判――ぬけがけ社会の構造』（新評社、一九八〇年）は、チハーコヴァーが話したことを粕がまとめたものであるが、かなり粕の主張が強く出ている。「ところどころ私が賛成までできない部分もあるんですよね。要するに彼のフィロソフィーとか彼の哲学がところどころ見えているので自分の文章じゃないような感じもするんですよ」と彼女はいう。彼女にとって本当に自分の本といえるのは、ヴラスタ・チハーコヴァー『プラハ幻景――東欧古都物語』（新宿書房、一九八七年）である。「私がまるっきり自分の作品ととらえているのが別の本で、『プラハ幻景』というのが長年出ていましたので、これは自分の手で書いてまとめた作品です」。筆者によるチハーコヴァーのインタビュー。二〇二一年二月二四日。

図 3-28　遠くから荒地の女の後姿を見る主人公（カット二三に対応）

図 3-29　荒地の女に背を向ける主人公（カット三一に対応）

図 3-30　マンション屋上。右から３人目（全体に模様のある着物の女性）が敬子夫人（カット四一に対応）

図 3-31　商店街を駆ける主人公（カット五二に対応）

図 3-32　荒地の女とのつかみあい（カット七六に対応）

図 3-33　悄然と新宿をゆく主人公（カット八五に対応）

【参考図版】この頁に掲載した図 3-28 から図 3-33 は、山際が編集クズから紙焼きしたもので、実際の作品中のカットとは微妙な差異がある。

【付録一：山際永三『罠』準備台本】

［表紙］

実験映画シリーズ「罠《わな》」

第〇部

『逮捕状』　準備台本

製作　制作工房

演出　山際永三

撮影　内藤　宏

出演　ブラスタ・チハーコバ

　水瀬理恵

　他

［1頁］

☆名のない交差点、全く特徴のない、東京のどこにでもある街。スケッチの道具を持った外国の女、Cが歩いて来て地下への階段をおりて行く。

☆地下鉄の駅、切符の自動販売機、Cが金を入れると一枚のカードが出てくる。それは二つ折になっていて内側に小さな写真が貼りつけてある。写真はみすぼらしい日本の女——どこか悪のにおいを発散している。カードには日本語とチェコ語で「右の者を逮捕せよ」と印刷してある。

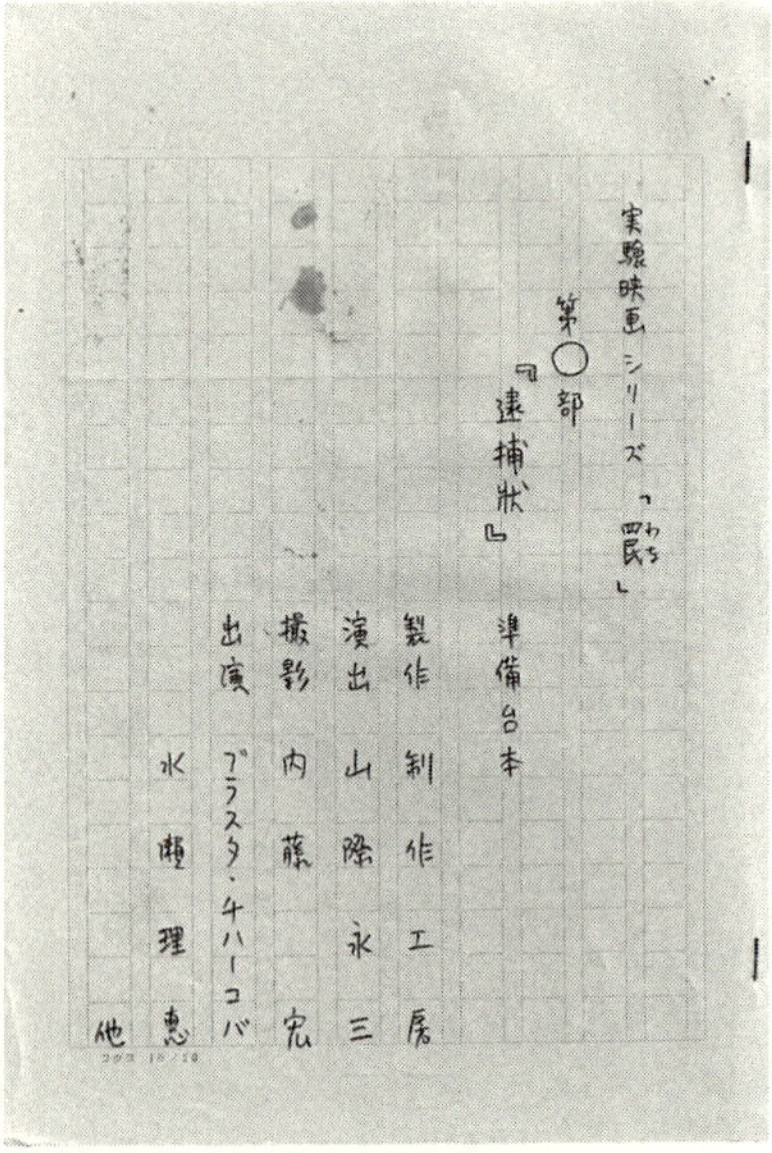

実験映画シリーズ「罠《わな》」

第〇部

『逮捕状』　準備台本

製作　制作工房

演出　山際永三

撮影　内藤　宏

出演　ブラスタ・チハーコバ

水瀬理恵

他

図3-34　『罠』山際パート準備台本表紙

それを見たC、あまり驚かず、当然のことのようにポケットにしまう。時計を見て、スケッチの道具を置くと、そのまま駅員を無視して改札口を入って行く。

ホームへの階段をおりる。

［2頁］
☆その階段が或る廃墟の原っぱに通じている。Cが廃墟に向って立つ。遠くに和服の女の人形がある。それはカードの写真と同じ日本の女――。
☆大きな本屋のエスカレーターをのぼって行くC
本を買う。――「逮捕術」
☆Cが或る家の玄関を入る（二度入る）
ハンドバッグの中にはすでに手錠が入っている。
☆たたみの上に敷かれた寝床に泣きふしているC
［3頁］
Cの手には両手錠がかかっている。
☆Cが山手線の電車に乗っている。隣りの人に時間をきく。不安そうに立ち上る。
再び別のすいた電車に乗っているC。開いた窓から入る風でCの髪毛がゆれる。
☆廃墟――Cは和服の女に近づいて行く。
☆街、Cは或る喫茶店に入って行く。席につくとコーヒーが二つ運ばれてくる。時間を気にするC。
☆廃墟、Cはふりむいて和服の女と逆の方へ歩き始める。走る。日本の女は何か働いている様子。
［4頁］
☆ビルの階段、Cが登って行く。屋上に出る。屋上では訪問着などを着飾った女たちが数人いて、一人の男

が記念写真をとっている。

Cはその女たちに何かを尋ねる。誰も知らない。その女の中の一人が突然カメラを持っていた男につかみかかり、カメラを奪って屋上から落す。
☆道路上に落ちたカメラがこわれて、中から印画紙が出てくる。その写真は例の和服の女――。
☆Cは街角で通行人に道を尋ねる。
[5頁]
☆廃墟の人影に向って走り出すC、――大きな印画紙をもって走る。
☆街を走るC、必死に何かを追う。
☆寝床で泣きふしているC、何かを求めてあがく。
☆廃墟を走るC、人影に向って
☆街を走る、和服の女をつかまえるがそれは例の女ではない。
☆廃墟を走る。人影をつかまえる。Cとその和服の女が大乱斗になる。
Cはやっと相手の女に手錠をかける。
しかし手錠をかけたと思ったものは、和服の女が持っていた鍬であった。
[6頁]
☆街、鍬に手錠をかけたCが歩いて行く。――夕陽の中へ。
☆誰もいない寝床。
☆街、Cが鍬をだきかかえて歩いて行く。
☆街に、空に鍬が浮ぶ。

［付録一解説］

この準備台本はコクヨの一〇行×二〇マスの原稿用紙に鉛筆で書かれている。表紙プラス六頁で全七枚である。右端二か所がホチキスでとめられている。

実際の映像との顕著な違いとしては、まず、Ｃが最初に廃墟に現れるとき、台本2頁では「遠くに和服の女の人形がある」となっているが、映像では実際の女優である。

次に、本屋の場面で、台本2頁ではＣが買った本の題名が「逮捕術」と明示されているが、映像では書店の紙製ブックカバーがかけられており、何の本かは分からない。これは台本と映像におけるとくに大きな違いである。

本屋の場面に続き、Ｃが或る家の寝床で泣き伏せるが、台本2頁では「たたみの上に敷かれた寝床」とされて、和風であることが強調されている。これに対して実際の映像ではチハーコヴァーの下宿が使われたため、主人公はベッドの上で泣き伏せる。

最後に、一番大きな違いとして、ラストシーンがある。台本6頁では、「街に、空に鍬が浮ぶ」で物語は終わる。捕らえがたい和・土俗の世界の象徴であろう。これに対して実際の映画では、空に鍬のイメージが浮かぶことはなく、赤電話に挟まる逮捕状のカードが映されて終わりとなる。カードが複数に増えていることもあり、都市の雑踏は迷宮と化し、主人公の探求は終わりなく続くという印象を与える。

【付録二：山際永三『罠』カット表】

カット一　107　交差点の大フカン　5：05

カット二　3　地下鉄へ　17：01　　22：06
カット三　7　自動券売機　8：16
カット四　8　カードをとる　2：19
カット五　89　カードのup　3〔：00〕
カット六　82　見る顔　up　2：16
カット七　90　写真　up　2〔：00〕
カット八　9　改札口へ　12〔：00〕
カット九　76　階段おりる　3：11
カット一〇　77　その足　1：7　　35：21
カット一一　43　ハイキョに立つ　5：19
カット一二　53　その顔　T. up　2：06
カット一三　44　見た目　和服の女　Long　2〔：00〕
カット一四　79　エスカレーター　7：17
カット一五　80　本屋　5：12
カット一六　81　ハンドバックのup　9：15　　32：21
カット一七　27　玄関入る　6：08
カット一八　18　カワラからパン　ベット　12：08
カット一九　19　起き上る　up　6：01　　24：17
カット二〇　85　街　人に尋ねる　19：15
カット二一　83　電車の中　10：09

カット二二　44後半　見た目　1：12

カット二三　54　正面歩き　5：14

カット二四　45　ナメ歩き　2：16

カット二五　84　電車　1：11　　41：05

カット二六　95　喫茶店のドアへ　7：16

カット二七　11　ドア入ってくる　4：18

カット二八　13　席へ　12：11

カット二九　46　ハイキョ　ナメ歩き〔0：〕23

カット三〇　14　喫茶店の中up　6：08

カット三一　47　ハイキョ　引きかえす　5：18

カット三二　48　〃Long　3：11　　41：09

カット三三　28　階段上る　3：18

カット三四　30　〃　顔　4：08

カット三五　78　地下鉄　5：12

カット三六　32　アパート　入口へ　6：05

カット三七　35　正面の壁画　女陰　3〔：00〕

カット三八　33　見る顔　up　3：12

カット三九　34　側面の壁画　2：08

カット四〇　36　馬の壁画　2：01

カット四一　40　屋上　人々の方へ　12〔：00〕

カット四二　41　〃　カメラ落ち　12：19
カット四三　37　カメラ落下　3：19
カット四四　91　カメラから写真出る　1：18
カット四五　93　その写真　パン　7：11
カット四六　49　ハイキョ　インして走る　2〔：00〕
カット四七　52　走る　正面　受け　2：12
カット四八　35後半　女陰〔0：〕16
カット四九　51　走る　正面　受け　2：02
カット五〇　87　街　走り　12：15
カット五一　98　人ごみ　主観移動　2：20
カット五二　88　街　走り　14：02
カット五三　22　部屋のコーナーのC　2：02
カット五四　98中半　人ごみ　2：11
カット五五　22後半　コーナーのC　2：15
カット五六　96　路地　パン　1：18
カット五七　21　コーナーのC　3：21
カット五八　86　街　走り　16コマ　1：14
カット五九　23　コーナーのC　up　2：05
カット六〇　98後半　人ごみ　1：18
カット六一　23後半　コーナーのC．up　3：01

59：06

カット六二　25　ニワトリ　1:17　69:02
カット六三　50　ハイキョ　走り。180パン　3:19
カット六四　73　和服の女A　7:01
カット六五　36後半　馬（0:）16
カット六六　74　和服の女B　9:06
カット六七　106　地下道　主観　2:08
カット六八　25後半　ニワトリ　1:08
カット六九　106後半　地下道　2:07
カット七〇　20　ベットのC.up　2:08
カット七一　99　人ごみ　アオリ　5:15
カット七二　20後半　両手錠　2:01　36:17
カット七三　97　アスファルト　流れ　2:10
カット七四　55　ハイキョ　主観　5:15
カット七五　58　つかみかかる　1:06
カット七六　59　クワふり上げる　1:21
カット七七　60　ひるむ　2:16
カット七八　63　格斗　9:21
カット七九　65　手　1:22
カット八〇　64　手錠ふりおろす　2:17
カット八一　68　クワに手錠（0:）14　28:22

カット八二　69　クワ見る　Full　3：06
カット八三　70　〃　up　5：07
カット八四　24　誰もいないベット　3：15
カット八五　71　街　クワを持って歩く　9：09　21：13
カット八六　102　赤電話のカードA　6：10
カット八七　56　ふりむく女　1：03
カット八八　104　トイレのカード　3：02
カット八九　55後半　女へ　T. up〔0：〕21
カット九〇　100　赤電話B　4：02　15：14

〔付録二解説〕

このカット表は、山際の提供になる「「逮捕状」カット表」を土台として筆者がまとめたものである。「カット一～九〇」のナンバーは筆者がくわえた。続く数字は撮影時の順番を示す。カットの項目には（交差点の大フカン）のようにすべて丸カッコがついているが、丸カッコは省略した。また、「カット表」には一二のシーンごとの数字（時間）は記されているが、個々のカットの時間は書かれていない。個々のカットの数字（時間）は別資料である「「逮捕状」編集カット表」で補った。

「カット表」「編集カット表」ともコクヨの一〇行×二〇マスの原稿用紙に鉛筆横書きで書かれている。いずれも五枚、ホッチキス止め。「編集カット表」にはさらに表紙が付されており、八月三〇日の日付がある。

カットの構成と実際の映像は対応している。カット五三以降に出てくるCはチハーコヴァーの略と考えられる。

第Ⅱ部

テレビドラマの世界

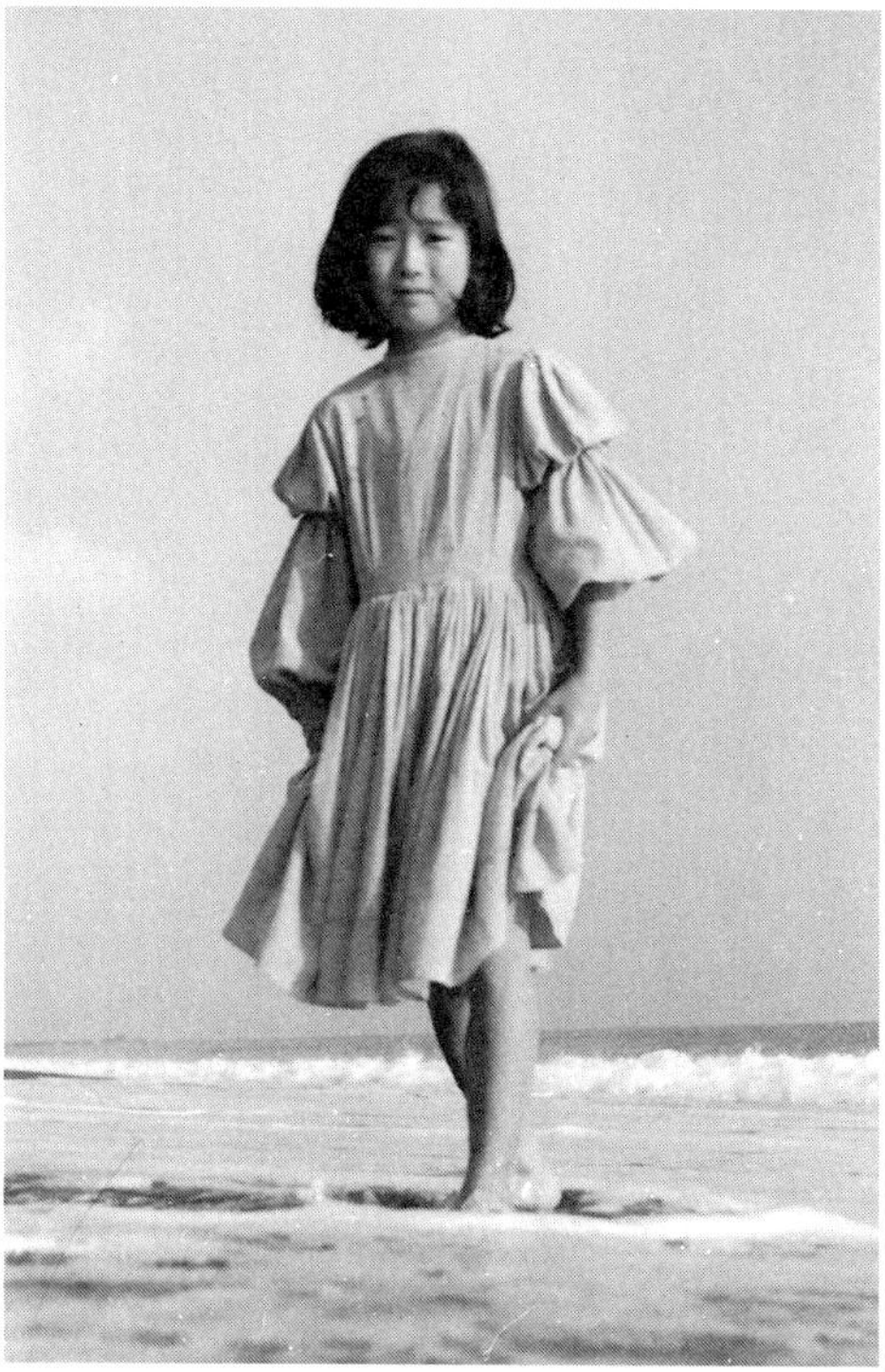

『コメットさん』第78話「いつか通った雪の街」スナップ。鶴ひろみ（本書202頁参照）

第四章　現実と欲望——一九六三〜一九六八年

一　国際放映の山際

新東宝の破綻と再生

一九五九年に新東宝は経営難に陥った。映画業界全般の不調に作品の不調が重なり、第一一期（一九五九年一二月〜六〇年一月）決算で九七九〇万円の赤字を計上した。その後も営業成績は振るわず、月平均三〇〇〇万円という赤字の雪だるまが続いた。一九六〇年五月、山際永三をその一員とする新東宝労組は経営陣への不信を表明し、経営民主化などを内容とする再建意見書を提出するとともに、九月一七日と一〇月四日には二四時間ストを決行した。社長大蔵貢は経営再建の切り札として第二東映との合体交渉を進めたが、一一月二日に挫折した。

この一一月に給与の遅配が始まった。大蔵は新東宝に対する自分の個人債権を回収すべく、会社の撮影所の土地を売却することを図った（売却先は自身の個人会社）。二九日、このことが労組に漏れ、撮影所から三百数十人の組合員が本社に押しかけて団交を迫った。三〇日に大蔵は折れたが、同時に辞任を表明した。山梨稔専務が代表取締役となり、社長は当分空席となった。新東宝は労使協調体制で再出発し、再建委員会には佐川滉労組副委員長をはじめとする組合員代表もくわわった。一二月六日には社章も元の横長楕円型に戻った。

業界外の実業家により次期経営陣を構成するとの方針がたてられ、一九六一年三月二五日の株主総会をへて、安部鹿蔵《しかぞう》が代表取締役社長に就任した。安部は浅草のキャバレー新世界の社長であり、満州国人脈の浅原健三（元労働運動家）に連なる右翼の闘士であった（1）。

この株主総会は、七億八〇〇〇万円という膨大な欠損金を次期に繰り越した。給与遅配は解決されず、五月末には不渡手形を出すに至った。展望のある再建案を求める組合と会社との交渉は難航したが、七月三日の団交で両者は歩み寄った。希望退職を望む組合員が多数いたことが歩み寄りの背景をなした。八月二日、労組は長期間にわたる闘争の終結を確認した。組合側も合意した再建案により新東宝は三分割されることになり、八月末に倒産した（2）。

三分割体制において新東宝（社長安部）は清算会社となり、九月一日に配給部門として「大宝株式会社」（社長石井昇）、一一月一五日に製作部門として「株式会社ＮＡＣ（ニッポン・アートフィルム・カンパニー）」（社長安部）が設立された。

だが、新体制のもとでも経営難は続いた。まず大宝が行き詰まった。山際の『狂熱の果て』と大島渚の『飼育』にくわえ、小野田嘉幹《よしき》『黒い傷あとのブルース』、中川順夫『波止場で悪魔が笑うとき』、猪俣勝人『大吉ぼんのう鏡』、柴田吉太郎『黒と赤の花びら』の計六本を新作配給したが、製作費はプリント、宣伝費をくわえ一億一〇〇〇万円、これに対して収入は五〇〇〇万円にとどまり、営業経費・人件費が月平均八〇〇万円かかっているので一億円の欠損を生じた。一九六二年一月に大宝は事業を停止し、二月中に解体整理がなされた。

経営難が続くなか、新東宝は映画事業を切り捨てていった。一九六二年五月末には配給業務を放棄し、貸スタジオが主業務となった。

だが、安部社長は楽観的であった。彼はテレビ映画（3）の製作に活路を見出していたのである。彼によれば「ＮＡＣをつくったのは、新東宝をテレビの総合スタジオとして育成することが将来のためによいと思ったからだ」。その発足が大宝より二か月半遅れたのも、安部によれば「内容を充実させるためかなりの時日を要し」たからであった。積極的な企業体制に踏み出すため、電通、フジテレビ、東京放送（ＴＢＳ）をあらたに大株主にした。新東宝の本社事務所も、六二年二月に中央区八重洲口第二鉄鋼ビルから港区芝浜松町の新東宝倉庫に移転したのち、五月末の配給業務の放棄とともに、世田谷区砧《きぬた》の撮影所に移っていた。その敷地内に六月、テレビ映画専用の仮設ステージ（約三〇〇平方メートル）が完工した。既に建設した仮設ステージ（約二三〇平方メートル）をくわえ、テレビ用ステージは二棟となった。『映画年鑑』が指摘したように、「新東宝三分割の一角「大宝」がもろくも倒産したのに対し、同社〔ＮＡＣ〕が安全路線にせりあげたのは皮肉な対象《（ママ）》であった」。映画からテレビへと新東宝は大きく舵を切りつつあった。(4)

ＮＡＣ製作のテレビ映画第一作は、松本清張原作『影の地帯』（監督土居通芳、主演根上淳・小山明子、前後編で四五分もの二回）で、一九六二年二月に放映された。以後、週に五回ないし六回放映される一五分もの（『すずらんの誓い』『花の真実』など）、毎週放映される三〇分もの（『チャンピオン太』など）と着実に製作が進んだ。(5)

テレビ局の側でもＮＡＣによる作品製作の拡大を歓迎した。ひとつにはそれまで盛況だった外国製のテレビ映画が底をついてきていた。もうひとつには、ＴＢＳをはじめテレビ局製作のドラマが大型化し始め、製作本数が減少した結果、外部発注する必要が生じていた。受信料をあてにできるＮＨＫはスタッフの拡充、スタジオの拡大を行なえたが、民放はそれをせず、合理化の一環として外部発注したのである。ＮＡＣによるテレビ映画製作は、この需要に応えるものであった。実際、ＮＡＣの登場、あるいは映画会社新東宝の倒産は、テレビ映画の隆盛をもたらす大きな要素となったといってよい。一九六二年にはゴールデンアワーに国産テレビ映画が本格的に登場した。(6)

あらたな奮闘の始まり

山際が最初に監督としてＮＡＣの作品に参加したのは一九六三年である。(7)この年、新東宝の経営は安定し、利益は毎月三〜四〇〇万円ではあるが収支がとれるようになった。安部社長は「新東宝はこんごテレビ映画の製作を専業とする」と述べた(8)。山際が参加したのは『全員降下せよ』（フジテレビ）で、スマトラ島パレンバンの空挺部隊をモデルにした太平洋戦争の戦記ものである。同作は一九六一年〜六二年に少年誌で火が点いていた太平洋戦争ものブームと連動しており、アメリカ製の『コンバット！』『ギャラントメン』などとともに人気を博した。テレビドラマとしては「国産戦争映画第一号」であり、積極的にブームに参入したNACの意欲が窺える(9)。他方、のちに言及するように、撮影条件には厳しいものがあった。

一九六四年三月一〇日、清算会社として貸しスタジオ業を行なっていた新東宝は、株主総会においてNACとの合併を承認された。ここに新東宝の名は消滅し、七月一日、NACが社名変更することで「国際放映株式会社」が誕生した。安部社長のもと、新取締役にフジテレビ、TBS、電通から人を招き、堅固な体制が築かれた(10)。当時国際放映は「全国テレビフィルム生産量の半分を生産していた(11)」。

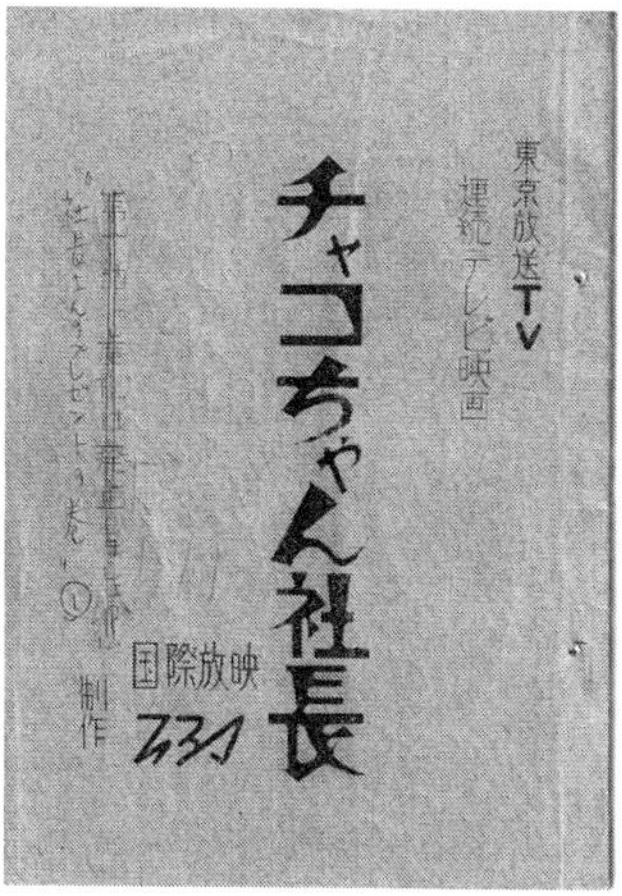

図4-1 『チャコちゃん社長』第1話脚本（脚本高橋二三、監督小池淳）表紙

この一九六四年に山際は、『いつか青空』『求婚』『チャコちゃん社長』の三作に参加している。『求婚』について山際はとくに言及していない。『チャコちゃん社長』（TBS）は、前作『パパの育児手帳』の少女チャコ（四《よ》方《も》晴美）を主人公に据え、「チャコが子供の夢を実現させていく会社をつくり、大人たちをきりきり舞いさせる」という趣旨である(12)［図4-1］。山際の記憶によれば、同作は佐々木守(13)がTBSに働きかけて企画したものであった。実際、脚本には「オバケ」「佐助」「ゼロセン」「ムシバ」といった、佐々木作品におなじみのあだなが並んでいる。佐々木は『記録映画』編集部を離れたあとTBSラジオに食い込み、橋本洋二などにかわいがられてプロの脚本家に転進した。新東宝の株主で

あったTBSの意向を動かして、『チャコちゃん社長』の企画を手がけた。佐々木は監督もやる話であったが、それは流れたようである。[14]

この時期の状況について、山際は『映像芸術の会会報』二号（一九六四年六月二七日）でも次のように記している。

大島渚のバックアップのもと、彼（佐々木）と石堂淑朗は企画・脚本の段階で少しでもその番組（『チャコちゃん社長』）に前むきの姿勢を与えるべく、TBS内で全くよくがんばっていた。ところが私は同じ番組の担当者に予定されておりながら、去年の九月からずっとやって来た「いつか青空」という番組の方の撮影と仕上げに追われ、そのベルトコンベアシステムの中でしばられ、早く「チャコちゃん社長」の方に参加したいと思っても、どうにもならない状態だった。（…）彼らが孤軍奮斗している時、私も又「いつか青空」の連日の大残業の中で孤軍奮斗していた。又私はここでこそ奮斗しなければならないと思った。彼が「チャコ」で奮斗し、私が「青空」で奮斗し、そして具体的に協力し合える時に協力して場を変革して行く、それが新しい運動に参加すべき私と佐々木のインパーソナルな連帯であると私は考えていた。ところが残念なことに、佐々木、石堂の目ざす、ユニークな（そして多分既成秩序にとって有毒な）喜劇の線は、TBSと国際放映の猫の目のように変る条件と意図の混乱の中で徐々に中和を強要され、彼らは何回も脚本を直して提出したにもかかわらず、逆におりる（又はおろされる）結果になってしまった。[15]

佐々木・石堂だけではなく、山際も『いつか青空』（TBS）で壁にぶつかった。同作は評論家秋山ちえ子の実体験に基づくドラマで、母親が勉強のできない息子を育てあげるまでの苦労と愛情を描いたものである。[16] 山際は演出にくわえ、珍しく一回分の脚本を書いている。

週に五回で、話のネタがなくなってしまい、プロデューサーから書いてみろと言われて書いてみたのです。主人公がやっと就職したのがホテルの宴会係で、その先輩が、宗教に入っていて、主人公を誘うわけです。その先輩が結婚式のお客さんの花嫁姿にムラムラとなって、控え室のウェディングドレスに自分のタバコの火を押しつけるわけです。それを主人公が見てしまうという話でした。

結末は忘れました。ＴＢＳ側が問題にして、「学会」という言葉を全部カットさせられました。そして、放送はしました。(17)

と山際は振り返っている。

ここに記されているように、この回の主題は創価学会であった。当時は一九六〇年に第三代会長に就任した池田大作のもとで、同学会の政界進出の動きが目立って活発化した時期である（六一年に公明党の前進である公明政治連盟が結成された）。山際は大衆のエネルギーが吸収される先としての創価学会の勢いに着目し、一九六二年に『記録映画』五月号に論稿を発表していた。これは映像論ではなくルポであり、「幸福と不幸に分類する形式論理を絶対とする姿勢には、不幸があまりにも重かった過去に反動する大衆の居なおり（新しい疎外）を感じさせる」等、社会学的観点に支えられた一篇となっている。(18)

『慶應義塾大学新聞』にも同時期に文章を寄せ、創価学会を支える意識は「我々の周囲にもしばしば見受けられるような、自分だけは〝汚れた手〟を持たないと誇る優等生意識なのである」と論じている。「最も根元的な労働の疎外そのもの」には手を触れない「優等生意識」の対極にあるものとして、山際はサルトルのいうアンガジェ（参加）を挙げる。「具体的な何かの責任をとり、アンガジェし、闘って行くということは、相手を傷つけると同時に自らをも傷つけるような〝汚れた手〟をとるということである」(19)。

『いつか青空』において山際は、この「優等生意識」を批判することを試みた。

又私の方は「青空」の一本を自分で書いた脚本の中で、創価学会とそれに代表される優等生意識又はしあわせムードを批判するテーマをおし出そうとしたところ、特定宗教を主観的に批判するのは公共放送としてまずいということから、完成後徹底的にクレームをつけられ、私のせいいっぱいの奮斗にもかかわらず結局六ケ所計一分十七秒のカットを強要されることになってしまった。(20)

山際の苦闘は始まったばかりであった。

「一日OK五〇〇の中で」

安部体制のもとで国際放映はテレビ映画界の雄となったが、それは厳しい合理化によってのみ可能になった。安部によれば、映画にはこれが外れても、あれで当てるといったギャンブル性があり、製作原価もいい加減になりがちであるが、テレビは初めから製作金額が決まっており、その範囲内でつくらなければならない。ギャンブル性のつけこむ余地はなく、「撮り方を徹底的に合理化してコストを下げねばならない。多少強行スケジュールになっても止むをえないわけだ(21)」。

こうした合理化の方針は、おのずから製作現場の労働条件を苛酷にした。一九六三年一二月一四日には新東宝撮影所内で、テレビ映画『忍者部隊月光』の撮影中に火薬が爆発し、監督、助監督一名、小道具二名、撮影助手一名の五名が重傷を負った。この問題を取り上げた新東宝助監督室の同人誌『リアリティ』一号〔図4-2〕の「緊急特集・火薬爆発事件に想う」には、吉野安雄、神谷吉彦、山際、香月敏郎、今村明男、根本順善、川島啓志が文章を寄せた。吉野によれば爆発が起こったのは第一、二話（監督土屋啓之助）撮影中のことであった。救急車に乗る助監督の新津《あらつ》左兵は、「顔中焼けただれただけでなく、一、二ヶ所何かにえぐられた様な傷跡が」あった。現場には「人間の焼ける臭いがまだただよっていた。ボロボロに焼けたジャンバー、ズボン、シャツ、片方の靴、カチンコが散乱している」(22)。

今村明男によれば、厳しい撮影スケジュールが事故の背景をなした。準備期間のないままに一九六三年一二月三日にクランクインし、年内に三〇分四本をテレビ局に納品、翌年一月三日に放映というスケジュールが組まれていた。事故の起きる四日前の一一日には撮影終了が午後一一時過ぎ、それから土屋監督は監督ラッシュ、オールラッシュをやり、ほかのスタッフはタイトルを翌一二日の午後二時半まで撮った。その一二日にはアフレコとダビングで、ダビングが徹夜となり、翌一三日午前一一時までかかった。土屋監督はその日は疲労のために午後五時で撮影を打ち切っている。あくる日の一四日、既に撮影日数をオーバーしていた土屋組は、急ぎ撮影を進め、ロケから帰ってオープンセットに入った。そして第一ステージ前で導火線の燃えていくシーンを撮影、一回目NG、二回目の火薬を美術小道具が撒き、監督と新津助監督はそれを手伝って導火線を整えており、撮影助手がスケールをあてがったところ、前の残り火が引火して爆発が起こった。監督や美術小道具に火薬をあつかう経験はあったが、専門家をつけてくれとの要請は「TV映画製作に於ては予算的に無理だと軽くことわられていた」。

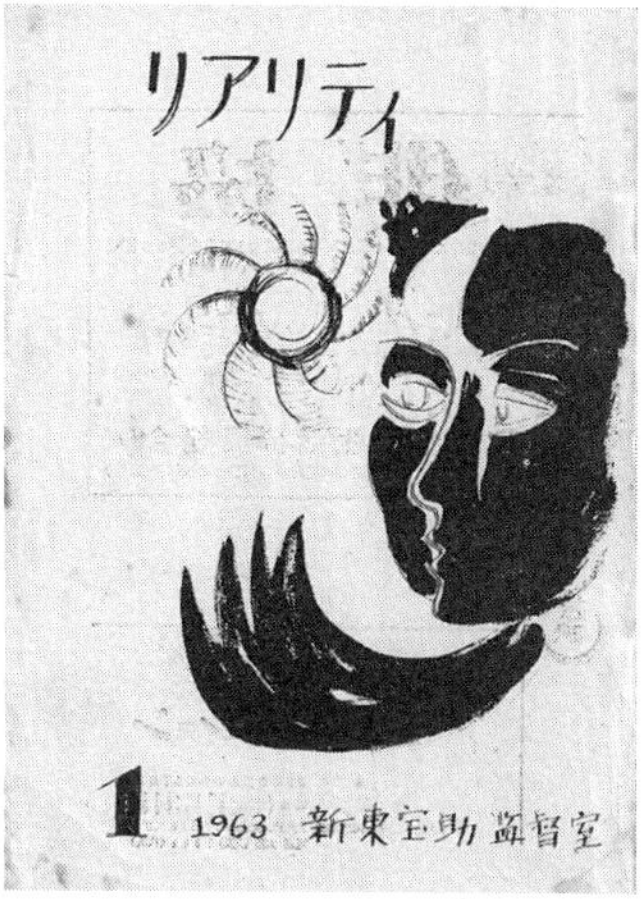

図4-2 『リアリティ』1号(1963年12月)表紙

負傷者が病院に運ばれ、事故直後一時間半ばかりたったところで、プロデューサーがスタッフを召集し、撮影再開を頼んだ。「中小下請企業の新東宝としては、スポンサー及び、TV局との約束の手前、やむを得ないこととは思った」。火薬類は使用しないとの条件で再開したが、撮影所内の興奮はさめておらず、

「普通の状態なら起りようもない事故が再び起った。十米とない距離を走って急停車したトラック上の女優さんが乳房を打って失神した。それでも尚、代役をたてて撮影は続けられた。主役級の女優さんである」[23]。

山際の文章は「一日OK五〇〇の中で」と題されている。一日に撮影しなければならないフィート数のことである。「朝七時半撮影所を出発し、六〇カットとって夜十時帰宅した時、今日一日どんなことをやって来たのか、女房に説明しきれないのは僕だけではあるまい。そのいそがしさの中で今回の事故は起った」。山際は『全員降下せよ』の撮影経験を振り返っている。「僕だって今年四ヶ月間戦争もののシリーズをやっている間に、さんざん注意していながらヒヤッとさせられたことが二回あった。戦争映画での事故は今までに何回もあった」。花火会社の人が「半身ふっとばして死んだ話もくわしく聞いている。俳優さんが片足とばしたという話もついこの間だ」「現状におけるテレビ映画の大量生産、そのベルトコンベヤーシステムなるものが、どんな手工業に支えられているか――監督が火薬の仕かけを手つだっているシーンを想像していただきたい。――そうしなければ一日OK五〇〇はとれないのだ」[24]。

安部体制による合理化は、雇用体制も当然直撃した。一九六七年初頭頃、国際放映の稼動人員は常時五〇〇人だが、約二〇〇人の社員を除いてあとは契約者によって固めた布陣であった[25]。山際自身、「監督はフリーになれ」といわれ、一九六五年からフリー契約である[26]。一〇年ほどのちに書かれた総括的な文章「私のテレビ体験」の中で、山際は当時の状況を振り返っている。問題は国際放映だけには限らず、なおかつテレビ映画だけにも限らなかった。テレビ映画製作の合理化は、劇場用映画製作の合理化と連動し、その理由付けとして推し進められた。テレビ映画があれだけの金と日数でできるのだから、劇場用映画だってもっと合理化できるはずだというのが映画会社経営者の方針であった。このように劇場とテレビを問わず、映画製作業界全体の構造的な矛盾が最も露骨に低劣な条件を押し付けてくるのが、テレビ映画製作の現場であった。

「私たち監督はむろんのこと、すべてのスタッフが社員ではなく、フリー契約者にされていった。契約という名の臨時雇用である。スタッフを分離し、部門を分断して互いに競争させ、そしてテレビ局から出てくる製作費のきりつめ、トップオフをひたすら追求するのがテレビ映画プロダクションの姿となった」。山際の製作活動においては、このような「臨時」雇用が常態化した。「監督の起用はテレビ局のプロデューサーに決定権がある実情でありながら、テレビ局との間には何んの契約関係もないという、中途半ぱな、宙づりにされた奇妙な身分が私たち監督の現状である」(27)。

二　チャコとコメットさん

現代っ子チャコ

フリー契約になった一九六五年に山際が担当したのは『チャコちゃんハーイ!』一作だけである。前年の『チャコちゃん社長』に始まる「チャコ」シリーズは、山際が子ども番組を手がける出発点となった。六六年の『チャコちゃん』、六七年の『チャコねえちゃん』までが山際の仕事である。「娘がいるからというわけではないが、私はもっぱら子ども番組を得意としてきた」と振り返っているが、山際は大人向けの作品と区別される、子ども向けのアプローチをとっていたのではない(28)。「ただただ日常性によりかかったドラマ作りから出てくる既成のヒューマニズム主張、又は現実批判」を拒絶することが山際のドラマづくりの基本方針であり、これが「チャコ」シリーズにも適用された。「子どもの目は純粋で美しいという前提によって、ちょっぴりおとなを批判してみせるという、子どもものパターンをさけて、現代っ子であるチャコのヴィヴィッドな姿をとらえようとした」のである(29)。

ここで「現代っ子」という言葉が出てくるのは、小学校教諭で『現代子ども気質』(一九六一年)などの児童論によって大評判となった、阿部進の仕事を意識してのことである。山際は当時、阿部進、佐野美津男、山中恒の児童論・児童文学に共感していた。彼らはみな「子どもだって大人と同じような欲望とか恐怖とかの感情がある」ことを見据えた書き手であった。[30] 実際、阿部の「現代っ子」規定はかなりドライである。理想主義的な「生活綴方的教育方法」で育った「考える人間」とは違って、「現代っ子にはいまの社会の持つ約束ごとを身につけている」という条件がある、と阿部は述べる。それゆえ「現代っ子」は「金にガメツク、ケチンボで、図々しくなくてはならない」「資本主義社会のなかで苛酷な生存競争に勝ちぬきつつ」「世のなかをかえていく」可能性をもっていなければならない。[31] こうした子ども論は山際のリアリズム論と共鳴するところがあった。

阿部はまた、「映像でものごとを考える子どもが育つのか」という石井桃子の疑問に答えて、「現代は映像時代――映像文化による人間の質が大きく価値転換をせまられている時代だと考えます」とも記している。「おとなも子どもも同じものをきいたり、見たり考えたり討論をしていけば、おとなの考えが子どもにしみとおり、子どもの発想がおとなのものになる。すなわち現代とは年齢の差こそあれ、見・聞・読・作・書については同一条件下にあるのだということを知らなくてはなりません」[32]。こうした映像文化論も、山際の見方に通ずるところがあっただろう。

現代社会に全身でぶつかるチャコの造形に山際は力を注いだ。「チャコのいたずらが過ぎるとか、異常児だとかうちの子がまねをして困るとかの投書魔に悩まされながらも、概して子どもの欲望のゆくえを追うドラマ作りで、僕は、あらゆる既成のものに簡単には順応せず、絶対にへこたれず、自己の欲望に忠実なチャコの主体を肯定しつづけて来た」。ここでは現実を揺るがす困難を意識しつつ、現実の「壁」にぶつかる人物を描くという、山際のこれまでの試みが続けられていた。「チャコの欲望――夢は当然壁にぶつかる」のである。「だからこそ、チャコはよく恐い夢を見る。又又と言われながら、何ぞというと夢のシーンを出してきた」。山際のドラマにおける「夢」とは、主体が自己と不可分の現実を打破しようとする構造を集約したものである。現実とは別にファンタジーとしての夢があるのではなく、現実の象徴として夢がある。「僕は夢を無媒介に現実と対比させて二元的にとらえ、一方に果し得ぬ希望である夢の数々を持ちつつも、現実の諸条件の中では改良的にしか事をすすめられない、といった問題のたてかたには賛成出来ない」「現実の抵抗でもなければ逃避でもないという矛盾の企図は、しばしば中途半ぱに終る危険をはらむが、僕は極力、現実そのものとしての「夢」を考えたいと思った」[33]。

山際はとくに光畑碩郎《みつはたせきろう》脚本による「子どもバンザイ」（『チャコちゃんハーイ!』）、「おにいちゃん」「ながい道」「タイム・マシン」（以上『チャコちゃん』）を、「チャコの夢と現実は映像の論理となり得たのではないかと自負している」と記している[34]。このうち「ながい道」（一九六六年六月）については、『コメットさん』（一九六七年）の源流をたどる文章の中で、とくに想起している。小学三年生のチャコが学校で友達と喧嘩して、先生にしかられ、寂しい気持ちで帰る。その学校から家までをドラマにした作品で、「車社会（＝ディスコミュニケーション社会）」というサブテーマがある。「いつもはヤンチャで元気一杯のチャコが疎外されていく状況を描いたもの」で、バスの運転手同士が敬礼するのを見たチャコは、自分も歩道から行き交う車に敬礼するが、どの運転手も忙しくて応えてくれない。「しかしチャコはむきになって敬礼を続け、ついに一台のダンプカーの運ちゃんが窓からのりだして大きくこたえてくれました。——というこれだけのお話でしたが、僕の自信作となりました。光畑さんの日常性を見つめる確かな視線と、僕の〝子供〟観がうまくかみ合ってできたものです[35]」。「チャコ」シリーズは、山際の製作史における大きな画期となった。

『コメットさん』

一九六六年に山際は『チャコちゃん』『泣いてたまるか』を手がけた。『泣いてたまるか』については第二章で書いたので繰り返さない。

一九六七年は『罠』の年である。この実験映画をつくり、「映像芸術の会」に力を注いだが、あくまでテレビ映画製作が山際の生活の現場であった。『ハッスル奥様』（ＴＢＳ）は悠木千帆（樹木希林）主演である。『チャコ

図4-3　九重佑三子（コメット）、山際（左）、築地米三郎（特撮監督）

ねえちゃん』は開始二話のみを手がけた(36)。そして『コメットさん』がくる〔図4-3〕。

『コメットさん』（TBS）は、β星からきた娘コメット（九重佑《ここのえゆ》三子《みこ》）を中心とするホームコメディで、一九六七年七月三日から一九六八年一二月三〇日まで一年半にわたって放映されるほどの人気を博した。山際はメイン監督として企画段階から参加した。寺山修司に主題歌の作詞を頼みにも行っている(37)。全七九本のうち、山際は第一話と最終話を含む三四本を手がけた。これは担当話数として最多である（ほかには香月敏郎が一八本、大槻義一が一二本、中川信夫が一一本）。脚本には佐々木守や山中恒といった子ども論の論客が名を連ね、教育・家庭・社会をめぐる批評性が全編を裏打ちした。山中恒が脚本を書き、山際が監督を担当した第一二話には「大変ですね、現代っ子を教育するのは」というアイロニカルなセリフがあるが、「現代っ子」をめぐる山中や山際たちの模索が本作でも続けられた(38)。

もとより作品のもつ批評性は、魔法を使う異界の人コメットと、彼女が身を寄せる一家の交流というファンタジーを基調として表現された。一家の配役は、四八話までが武（蔵忠芳）と浩二（河島明人）の元気な兄弟、父親の河越順一郎（芦野宏）と母親の竜子（馬淵晴子）である。四九話からは子どもたちはそのままで、父親石原三郎（伊丹十三）、母親スミ子（坂本スミ子）となる。シリーズ後半から脚本陣に市川森一《しんいち》が加わり、ファンタジーの面はさらに豊かになった。合成をはじめとする特殊技術、セルアニメや人形アニメが活用され、主演の九重はたびたびシチュエーションに合わせ歌を歌い、総合芸術的な作品となった。

山際にとって同作は、「チャコ」シリーズで練り上げた方法の展開編として位置づけることができよう。第一話「星から来たお手伝い」（脚本佐々木守）でコメットは、星の世界から来たという話が信じてもらえず、最初警察で収監され、ついで精神病院に収容される。精神病院の件りは佐々木守もやはりよそうとためらったが、山際は押し通した。[39] 物語の始まりにおいて、ヒロインがぶつかる壁＝現実を正面から描写しておく必要があると山際は考えたのであろう。

現実との相克を描いた点は、子どもについても同じことがいえる。『コメットさん』での市川森一との仕事を振り返って、山際はこう語っている。「子どもの成長ものがたりとして、かくあってほしいという理想の姿と、主人公にとって更に絶望的な事態がこれからも起きるかもしれないという危機感が両方あるのが現実だという発想です[40]」。この二つの面の相克が、山際の子ども向け作品の基本をなす。大人向けも子ども向けも、山際のドラマづくりの構造は変わらない。

図4-4　「妖怪の森」撮影風景。右から二人目が山際

山際と市川は『コメットさん』で出会った黄金コンビであるが、二人の世界観が完全に合致したわけではない。市川は純粋な美しいファンタジーを書くことのできる人であるが、山際はファンタジーのためのファンタジーは受け入れない。空想や夢などのファンタジーは、あくまで作品世界における現実領域（『コメットさん』では主人公が身をおく河越家・石原家）と対になって機能する。現実領域が孕む正負の歪みを発見するために、空想領域がおかれるのである。市川と組んだ作品中、第六三話「妖怪の森」〔図4-4〕について、「どこかで甘っちょろいところが出てしまっている」「幻想

と現実を繋ぐブリッジが弱い」と山際が批判的であるのも、二人のファンタジー観の違いに起因しよう(41)。

第七八話「いつか通った雪の街」〔図4-5〕にも同じことがいえる。次男の浩二が見るクリスマスの幻想が、物語の中心である。幻想のなかで彼は、靏《つる》（のち鶴）ひろみ〔第Ⅱ部扉図版〕が演じる貧しいマッチ売りの少女に出会う。浩二は指名手配されており、人々に追われるが、少女は彼を逃がしてやろうとする。彼女がマッチを擦ると目の前のレンガの壁〔図4-6〕が崩れ、海が見える。だが、突然ぶらさがる血を流したにわとり（『罠』に出てくるチハーコヴァーのにわとりである）におびえた浩二は、海へと逃げるのを拒む。

図4-5　「いつか通った雪の街」スナップ。河島明人（左）と靏ひろみ

先行研究が指摘するように、市川の構想では浩二と少女それぞれのマッチの炎が重なり合い、美しい思い出となって、二人は別れる。山際がそこに、レンガの壁とにわとりのシークエンスをくわえたのである。このにわとりを切通理作は、クリスマスに犠牲となる七面鳥、「人間社会のあらゆる裏の面の象徴」「市民社会へのアンチテーゼ」と論ずる（それゆえ、本来夢そのものが少年の現実である市川の世界とは異質な要素であるとも(42)）。

この理解の鋭さを受け入れた上で、筆者は山際〔図4-7〕の「壁」へのこだわりに着目したい。物理的なレンガの壁が崩れたあとになお出てきて、浩二の海に逃げる気持ちを失わせるこのにわとりは、彼の心の中にある壁の象徴と考えることができるのではないか。物理的な壁は崩れても、本当の壁は主体自身の心の中にあるのである。

三　テレビ映画と映像の論理

テレビ映画への視線

『コメットさん』の放映開始に少し先立って、『シナリオ』一九六七年五月号が「特集　テレビ映画の実像と虚像」を組んだ。映画界の側がもつテレビへの蔑視も含め、テレビドラマとりわけ国際放映の勢いを伝える内容であった。

共同通信文化部の佐久間康夫は、「テレビ映画王国・国際放映」を寄稿し、新東宝から国際放映への転生の歴史、それに現状を概観した。一九六四年度に国際放映はテレビ映画製作をほとんど一手に受注しており、延べ時間は四八八時間三〇分であった。一九六六年度には三五八時間一五分に減り、それは映画五社のテレビ進出によって侵食されたからであるが、なお巨大な存在感を放っていた。「製作中の監督の顔ぶれ」としては山際永三、下村尭二《ぎょうじ》、高橋繁男、吉野安雄、小池淳、柴田吉太郎、三輪彰、小川清二、勝俣真喜治の名がこの順番で挙げられている。山際の名が最初である点が注目される。稼働人員の大半が社員ではなく契約者であることに触れたあと、佐久間はこう記した。「経営者の判断、働らく者たちの自覚、両者の認識の融合点の上に立って国際放映の看板はテレビ映画製作会社の王者の威厳と輝きを放っているのである[43]」。その「輝き」の背後にあるスタッフの苛酷な労働条件は

図 4-6 「いつか通った雪の街」撮影風景。レンガの壁をつくる

佐久間の問題とはならなかった。

佐久間はまた『チャコねえちゃん』に言及しているが、その筆致にはどこか揶揄的なところがある。

図 4-7 「いつか通った雪の街」スナップ。山際

> たまたま新番組の子役公募で五十組近い子ども連れのステージ・ママの一団と出会った。どの子どもも七五三のときのような第一装の身作りで面接の順番を待機している。どこかの児童劇団にでも籍を置いているのだろうか、一様に小じんまりと〝出来た〟顔をしているのである。そのうちの一人の女の子に〈映画に出るの〉とやぶから棒に尋ねてみると、キッと白目を大きくして《うん違う、テレビ》と答えた。この子役募集は、山際永三監督が新たに想を凝らして四月から放映するTBSの〝チャコちゃん〟シリーズのテレビ映画『チャコねえちゃん』のそれであった。テレビ映画はテレビのブラウン管を通じて放映されるものである以上、この幼い知識にとっては、テレビ映画はまぎれもなく、映画ではなくテレビなのである。この幼児の単純明解な答えが、テレビ映画の中に芸術の意味を見出そうとしている人たちにどんな示唆を与えることになろうか[44]。

スポーツニッポン新聞文化部の川野泰彦による「映画の脇役・大手五社のテレビ室」では、テレビへの視線はいっそうぞんざいである。「現実を広くみれば、映画界を追われた？　監督たちが生活の手段として、いく分テレながら、ある場合には本名をかくしてまで作っているのである」。川野の文章は大手五社（松竹・東宝・大映・東映・日活）に関するものであるが、国際放映についても次のように書かれている。「国際放映という、まったくテレビ映画制作のみを正業とする制作会社にしても、将来へのビジョンとして、「自社の自主的な企画を充実し、企画と製品の在庫を豊富にしたい」という、まるでキャラメルでも生産する工場のような状態である」「一言にしていえば、いまテレビ映画は、ただ作られている、というだけのことともいえるのだ[45]」。

「テレビ映画と映像の論理」

テレビ製作の側からは、山際と今野勉が寄稿している。当時TBSのテレビ・ディレクターであった今野は、「映画的」とは異なる「テレビ的」なものの固有性を探ることを目指していた。まずテレビの技術的な特性としては、「瞬時に、大量に、連続して、映像を送り出すことが可能である」という点が指摘される。そこから今野は、テレビにおいては「日常的であることが方法論でありテーマなのである」とする。テレビ的世界と対照したとき、映画的世界とは「世界をきりとってくるよりは、世界を組みたてることであり、「生活者の感覚」であるよりは「芸術家の感覚」である[46]」。

ここではこのように「生活者の感覚」を重視する今野であるが、それはできあいの日常性を受け入れることを意味するわけではない。むしろ、今野の仕事は、生活の実態と、メディアにおいて「日常」として括られてしまうもののずれに注意を向ける方向で発展していくことになる[47]。

いずれにせよ、今野はテレビと映画を異なるものと考え、両者を対置させて議論を展開した。山際の視点はそれとは異なっていた。「テレビ映画と映像の論理」という論稿のタイトルが示唆するように、山際にとっては映画とテレビの違いを超えた「映像の論理」が問題となっていた。実際、新東宝での苦闘がそのまま国際放映での苦闘に連続している山際にとっては、映画であれテレビであれ、いま自分が置かれている制約を見据え、その中で何をすべきかを考えるという立場には変わりがなかったであろう。冒頭で彼は、自身を取り巻く状況の厳しさを記している。

テレビ映画については問題が山積していてどこから考え始めたらよいのかわからないくらいである。不都合、不合理、不思議、そして怒り、笑い、疲労が僕らの中をうずまいている。敏腕でならすプロデューサーの一人が酒席でポツリと言った。「こりゃ男子一生の仕事じゃないよね」しかしグチを言っても始まらない。容易には姿を現わさない大きな相手へのうらみつらみを腹にすえつつ、戦線の状況とその本質に対するアプローチを試みたい(48)。

山際のこのテレビ映画論は、映画に関する思索の直接の延長線上にあった。素朴自然主義批判という大学時代からのテーマがここでも繰り返される。山際によれば、映画界でキャリアのある大監督が初めてテレビ映画をやることになり、映画をゴルフとすればテレビ映画はパチンコである、玉の動きの要点を眼前にクローズアップして見せなければならないと発言したという。このような見方を、「テレビ映画の方法論を、その内容を問う作業に引きつづく必然として考えるより前に、技術論の次元でしか考えない姿勢がそこにはある」と山際は批判する。雰囲気を盛り上げて感情を組織化するだけの映画コンテの古い伝統は「自然主義的なゴルフ場」にこそふさわしい。それに対してテレビにおいて「クローズアップの多用、一方おし〔もっぱらセットの撮影で、一つの方向だけを続けて撮ること。大きな照明具を動かさなくてよいので時間的効率はよくなる〕、長廻しのわかりやすい説明調が対置されるのならば、それはウルトラ自然主義とでも言うべき、対象への安直なもたれかかり、演出の没主体に結果せざるを得ない」。

アンガジェ（参加）の語を挙げながら、山際は対象と自身（主体）との不可分の関係を見つめねばならないとする。「作家の個性と錯覚されている如きものが、状況に対して何ほどのアンガジェをもなさず、観客に対してどれほどの挑発をもなさぬままに」消えていくのではいけない。「状況と観客に対して責任を負う点で、批評的検討にたえ得るオリジナリティ――その表現のもつ論理性をこそ追い求めたい」。

ただし、テレビは、映画以上にやりたいことが制約される。「チャコ」シリーズや『泣いてたまるか』に全力を傾け、『コメットさん』の準備に全身で臨んでいた山際ではあるが、やりたいことを全てやれていたわけではない。彼の鬱屈が以下の箇所には吐露されていたのではないだろうか。「僕は多分テレビ映画の中では喜劇（又は喜劇的な作品）しか作ることが出来ないだろう。あらゆる深刻趣味をもう一度疑ってみる柔軟な精神と、追いつめられた自分をかくす幾枚ものかくれみのを身に着けたいと熱望しながらも、例えばこの小論も又、ややシリアスなのは、自分が今やっていることを直接語ることのしんどさのためである」。

図 4-8 「いつか通った雪の街」。山際と市川の作成になる案内はがき

それにもかかわらず、山際は喜劇という枠の中で、『罠』や『炎』で追求したのと同じ方法論を、よりバラエティ豊かに具体化していったのだった。その方法論とは日常性の異化である。「ただただ日常性によりかかったドラマ作りから出てくる既成のヒューマニズム主張、又は現実批判」が、「創られたものよりも現実をもってよしとし、未来像よりも既成事実に弱い日本的自然主義の文化状況を支え、そして日本のテレビをつまらなくしている」と山際は断じる。「現実をスプリングボードとしながらも、常にそれをつきぬける欲望そのものを描きたい。日常の中の非日常を発見し、夢、ファンタジイを拡大し、喜劇の中に表現主体を含めての「おどけ」「ざれ」を確立したい」。

ここにあるのは一篇のマニフェストにほかならない。現実と欲望、日常と非日常、主体とおどけ、これらの対立項をより高次元の表現へと昇華するためのファンタジーが、山際のテレビ作品の中核をなすのである。

（1）時事通信社編『映画年鑑一九六二年版』（時事通信社、一九六二年）、一四七―一五四、三三七頁。窪田博幸『日本の資本家――この現代を支配するもの』（新興出版社、一九六三年）、一九四頁。
（2）時事通信社編『映画年鑑一九六二年版』、一五四―一五九頁。
（3）当時の呼称にしたがい、フィルムで撮影され、テレビで放映されるドラマを、「テレビ映画」と呼ぶ。一九五五年頃、アメリカからのテレビ映画の輸入交渉が進むなかで、「劇場用映画（略して劇映画）」と区別するために「テレビ用映画（略してテレビ映画）」という言葉が使われたようである。日本初のテレビ映画は、ラジオ東京映画社による『ぽんぽこ物語』で、週六回、毎回一〇分の番組として、一九五七年一二月から三か月放送された。五八年末から五九年春には、映画会社がテレビ映画の供給を始めた。さらに、テレビ局も製作を開始するようになった。本章では「テレビ映画」と「テレビドラマ」には厳密な区別を設けずに用いる。草間矩之「テレビ映画の制作」、志賀信夫編『現代テレビ講座　第三巻ディレクター・プロデューサー篇』（ダヴィッド社、一九六〇年）、一五〇―一五四頁。
（4）時事通信社編『映画年鑑一九六三年版』（時事通信社、一九六三年）、一五三―一五九、三〇七頁。
（5）以下、テレビドラマの情報は、とくに注記しない限り、「テレビドラマデータベース」（http://www.tvdrama-db.com/）を参照した。
（6）「公開パネル討論会　テレビ映画は期待できるか⁉」、『テレビ映像研究』七号、一九七六年九月、九―一〇頁。出席者は大山勝美、中村登、森川時久、山際永三。大山（ＴＢＳ）の発言。
（7）以下、山際の活動の歩みは、とくに注記しない限り、鈴木義昭「山際永三資料室」（「神戸映画資料館」サイト）中の「山際永三作品歴」（https://kobe-eiga.net/webspecial/report/2018/10/565/）を参照した。
（8）時事通信社編『映画年鑑一九六四年版』（時事通信社、一九六四年）、一六六頁。
（9）『日本教育年鑑一九六四年版』（日本教育新聞社、一九六三年）、二一八頁。『偕行』一四六号、一九六三年八月、八頁。菅忠道「現代の子どもをめぐる文化状況と問題点」、依田新ほか編『マス・コミュニケーションの中の子ども（講座マス・

コミュニケーションと教育2)』（明治図書出版、一九六五年）、二一三頁。

(10) 時事通信社編『映画年鑑一九六五年版』（時事通信社、一九六五年）、一二八―一二九頁。

(11)『実業の世界』六一巻五号、一九六四年五月、一一八頁。

(12) 岩崎嘉一「映画鑑賞講座　テレビ企画マンの作戦要項――その理想（公共性）と現実（商業性）」、『映画ストーリー』一三巻一三号、一九六四年一二月、一九〇頁。なお、『泣いてたまるか』「やじろべえ夫婦」には、『チャコちゃん社長』の「オトギ商事」を思わせる「オトギ玩具」が登場し、「チャコ」役で四方晴美も出演する。

(13) 佐々木守と映画運動の関係をめぐっては、以下の論稿が先駆的である。まるたしょうぞう（丸田祥三）「ヌーヴェル・ヴァーグは「特撮」に実を結んだ！」、『怪獣学・入門！（別冊宝島　映画宝島 Vol. 2）』（JICC出版局、一九九二年）。

(14) 山際より筆者へのメール。二〇二〇年七月三日。『チャコちゃん社長』の人物名は、たとえば脚本「社長さんのプレゼントの巻」、一頁（筆者蔵）、参照。さらに、加藤義彦「『コメットさん』の世界」、佐々木守『故郷は地球――佐々木守子ども番組シナリオ集』（三一書房、一九九五年）、所収、一五五頁、も参照。

(15) 山際永三「佐々木守の「映画芸術」（七月号）に書いた文章をめぐってのこと」、『映像芸術の会会報』二号、一九六四年六月二七日、一四―一五頁。

(16)『主婦と生活』一九巻三号、一九六四年三月、三一七頁。

(17) 山際より筆者へのメール。二〇二三年九月七日。

(18) 山際永三「エネルギーは今どうなっているか？――創価学会ルポ」、『記録映画』一九六二年五月号、一五頁。

(19) 山際永三「本質は〝優等生意識〟」、『慶應義塾大学新聞』一九六二年六月一一日、四面。

(20) 山際「佐々木守の「映画芸術」（七月号）に書いた文章をめぐってのこと」、一五頁。

(21)『実業の世界』六一巻五号、一九六四年五月、一一八頁。

(22)『リアリティ』一号、一九六三年一二月、一七（緊急特集扉）、一八頁（吉野、文章に題はない）。裏表紙奥付によれば印刷が一二月一五日、発行が二五日なので、事故を受けて直ちに特集がつくられたことになる。

(23) 今村明男「テレビ映画界の現状（I）」、『リアリティ』一号、二一―二三頁。

(24) 山際永三「一日OK五〇〇の中で」、『リアリティ』一号、一九頁。

(25) 佐久間康夫「テレビ映画王国・国際放映」、『シナリオ』二二七号、一九六七年五月、一九頁。

(26) 鈴木義昭「山際永三資料室」中の「略歴」。

(27) 山際永三「私のテレビ体験――テレビ映画の製作現場から」、『テレビ映像研究』三号、一九七六年一月、四三―四四頁。

(28) 山際「私のテレビ体験」、三八頁。

(29) 山際永三「テレビ映画と映像の論理」、『シナリオ』二二七号、一九六七年五月、三三―三五頁

(30) 山際永三・内藤誠・内藤研『監督山際永三、大いに語る――映画『狂熱の果て』から「オウム事件」まで』（彩流社、二〇一八年）、八二頁。なお、『日本読書新聞』での阿部・佐野の連載をまとめた一九六二年刊の著書において、山際の名が出てくる。「まえにこの欄で「ウェストサイド物語」を取りあげたら元新東宝の監督山際永三に「眼が狂ったか」といわれてしまった」。彼らの交流を物語る記述である。阿部進・佐野美津男『こども対おとな――マスコミのなかの現代っ子』（三一新書、一九六二年）。

(31) 阿部進『新版現代子ども気質』（三一新書、一九六二年）、二三九―二四〇頁。「現代っ子」をめぐる問題関心を山際と共有していた一人が、TBSプロデューサーの橋本洋二である。彼については、樋口尚文『テレビヒーローの創造』（筑摩書房、一九九三年）、一二一―一七九頁を参照。

(32) 阿部『新版現代子ども気質』二三六、二四四―二四五頁。

(33) 山際「テレビ映画と映像の論理」、三五頁。

(34) 山際「テレビ映画と映像の論理」、三五頁。

(35) 山際永三「『コメットさん』の潮流（特別寄稿文）」、加藤義彦・籾山幸士『β星より愛をこめて』（私家版、FCFC、一九八九年）、一二二―一二三頁。

(36) 鈴木「山際永三資料室」の「山際永三作品歴」。

(37) 籾山・加藤『β星より愛をこめて』、一四頁。以下、『コメットさん』の作品データについては同書を参照。これはキャスト・スタッフへのインタビューを含む記念碑的労作である。なお、『コメットさん』では、山際は劇中に流れる音楽も自分で選んだ。より後の作品では選曲スタッフに任せている。筆者による山際へのインタビュー。二〇一九年一二月一六日。

(38) 脚本「何んでもかんでもハイ！ハイ！」（改定稿）、二一頁（筆者蔵）。このセリフは武と浩二の勉強の監視役をやらされているコメットに対して、通りがかりの柄の悪い若者たちの一人が発する。なお、彼らは後半でコメット（正確には魔法でつくられたもう一人のコメット）にうちのめされるのだが、脚本では「バトンで学生たちをふりはらう」（五二頁）と

あるところ、映像ではコメットは格闘家の構えとなり、空手チョップまで繰り出す。力道山も出演した『チャンピオン太』（NAC、一九六二年）で山際が助監督を務めたことを彷彿とさせて楽しい。

(39) 山際・内藤・内藤『監督山際永三、大いに語る』、八三頁。

(40) 山際永三「〈インタビュー〉結論の出ないことへの挑戦」、市川森一『夢回路――魔法 怪獣 怪奇 ウルトラマン 青春 犯罪』（柿の葉会、一九八九年）、「付録」、二頁。『夢回路』は切通理作の編集になる。切通『怪獣使いと少年』、二二八頁。

(41) 山際「〈インタビュー〉結論の出ないことへの挑戦」、四頁。第六三話のあらすじは以下の通り。鶴ひろみ演じる、手毬をもつ少女と出会ったことをきっかけにして、武と浩二が妖婆の住む森に迷い込む。コメットも妖婆に苦戦するが、少女が毬を投げつけることで危機を脱する。実は昔、手毬を探して森に入ったまま帰ってこなかった娘がいたことが、終盤で明らかになる。

(42) 切通理作『怪獣使いと少年――ウルトラマンの作家たち 金城哲夫・佐々木守・上原正三・市川森一』（増補改訂版、洋泉社、二〇一五年）、二六一―二六三頁。山際による脚本への追加部分は、籾山・加藤『β星より愛をこめて』、一〇九、一一三頁参照。「浩二の上衣が雪の中にすてられている。／レンガの壁にはもう穴がない。」という演技メモも山際は本編の最後につけくわえた。山際と市川はこの自信作の放送を案内するはがきを自作して、関係者に送った。番組および第七八話のタイトル、脚本・監督名、放送日時・チャンネルに続き、「どうか御覧の上御批判下さい／「コメットさん」シリーズは今年いっぱいで終り私たちも次の仕事に参加してゆきます／今後ともよろしく」と活字で組まれている［図4-8］。新宿の中央通りの喫茶店「ぼろん亭」で脚本が出来上がったときに、二人は「その場で躍り上がって喜び合い」、はがきを出すことを決めたのである。山際より筆者へのメール。二〇二四年七月二三日。喫茶店の名は、籾山・加藤、前掲書、九二頁。

(43) 佐久間「テレビ映画王国」、一八―一九頁

(44) 佐久間「テレビ映画王国」、二〇―二一頁。

(45) 川野泰彦「映画の脇役・大手五社のテレビ室」、『シナリオ』二二七号、一九六七年五月、二九―三一頁。

(46) 今野勉「テレビ映画の二つの志向――亜映画とテレメンタリー」、『シナリオ』二二七号、一九六七年五月、三七―三八頁。

(47) 今野勉『今野勉のテレビズム宣言』（フィルムアート社、一九七六年）、同『テレビマン伊丹十三の冒険――テレビは映画

より面白い？』（東京大学出版会、二〇二三年）、参照。
（48）山際「テレビ映画と映像の論理」、三二頁。これより以下の引用は、三三―三四頁。

第五章　革命の標――一九六九〜一九七〇年

はじめに

一九六八年秋から一九六九年最初の数か月にかけて、全共闘運動の高揚は頂点に達したが、政府・大学当局もまた反撃に出た。一九六九年一月に東京大学安田講堂に機動隊が突入したあと、二月までに日本大学芸術学部等の各学部のバリケードも機動隊、大学当局、右翼学生により撤去されていった[1]。これらの打撃を契機にして、学生運動は後退局面に入った。政治と社会の興奮はなお煙のようにたなびき続けたが、挫折の二文字が一九六九年に刻印を残した。

権力側の抑圧だけが運動の退潮をもたらしたわけではない。大学改革闘争と安保闘争とが混然一体となって先鋭化し、運動の展望が不明確になるに伴い、学生自身の間に従来からあった内部対立がより深刻かつ暴力的なものとなっていったのである。学生運動の混迷と軌を一にして、映画運動もばらばらとなっていった。

それでも山際たちの創造の努力が終わるわけではない。彼らはそれぞれの製作の場に踏みとどまって、自身と社会とを正面から見据えようとし続けた。一九六九年から一九七〇年にかけて山際が関わった『狂死』『仮面の墓場』『ジキルとハイド』は、いずれも挫折を直視するとともに、暴力と狂気のモチーフによってそれを乗り越えんとする熱意に満ちていた。

一　粕三平の『狂死』

構想と準備

はじめに「ステージ・ドキュメント『狂死』」について見よう。これは粕三平による表現企画である。山際はその頃の時代状況も含めて、次のように振り返っている。

一九六九年といえば、全共闘運動が最も盛り上がり、（その前にパリでは五月革命などと言っていた）時期、しかし、敗北の色濃くなった時期でもあり、サブカルチャーも盛んで、確かヒッピーなどの若者がリュック一つで世界を回る、新宿西口地下広場では、無許可集会も自由といった騒然としていた時代ではないでしょうか。

そうした時代の中で、粕三平さんはじめ、何人かの若者が粕さんのもとで企画したのが「狂死」でした。国際放映の助監督たち何人かも参加してくれました。私は、ほんのちょっと手伝っただけです。その後東映でヤクザ映画を撮る梶間俊一さんも参加しています。不思議なイベントでした。(2)

本作に関する初期の史料としては、「センター・一九六九（試案）」という表題の手書きの企画書がある。(3)著者名はないが粕三平の手になるものであろう。表紙に記入された手書きのメモには、（一九六九年）二月一七日に新宿コマ劇場横の「もん」で試案の検討が行なわれるとある。ここから企画開始の時期が二月であることが推測できる。

「センター・六九（仮称）」は、強力な偏向にみちたあらゆるコミュニケーションによってわれわれの生存条件を明かにし、敵地に生きのびるものの未来を語ろうとする一人一人の自由な集りである。参加者の職種、年齢、所属には関係がない」と企画書にはある。[4] 粕は表現者のあらたな、ゆるやかな結合を模索していたのであろう。

　センターは年間少なくとも三回の「表示」を行なうとされた。「表示」とは「コミュニケーション」の言い換えである。「シンポジューム、展示、諸芸能の複合、映画、幻燈の上映、音響構成など　あらゆる表現手段を用いて、それに参加するすべての人びとと共に偏向にみちた表示をおこなう」。「公演」ではなく特別な用語を用いたことに、ジャンルや形態にこだわらない新しい表現活動への模索を見て取ることができる。

　第一回「表示」のテーマは「自殺――その反語的ユートピア」とされた。「自殺という以上、自殺者は自分のなかの何かを殺す。考えつくした上で、窮余の一策のなかで、もののはずみや錯乱の果てに、ひとは己れのなかの何かを殺す加害者となる」という反転的な視点が打ち出されている。一九三八年に起こった大量殺傷事件である「津山事件」の犯人都井睦雄の遺書（彼自身も「三十四番目の被害者」ととらえられている）や、その他、大半は無名の人の遺書を素材とし、さらに玉砕など強いられた自殺についても取り上げることが考えられていた。

　企画書にはまた「タイ・アップ」として、「夢野久作の世界――反表現としての迷路実験。完全な世界、完全犯罪としての芸術」とも記されている。粕は夢野の作品を「表示」に取り入れようとしていたのである。山際によれば、粕は同じ福岡県出身の夢野を愛読していた。粕の影響を受け、山際も『狂死』のあとで夢野を読み始めた。[5]

「センター・一九六九」という仮称は、その後「テーゼ・一九六九」に変わった。より流動的な性格が濃くなったといえる。この新名称のもと、第一回「表示」のチラシが謄写版刷り〔図5-1〕と印刷版〔図5-2〕との二種類つくられた。演目のタイトルは「ドキュメント　狂死」とされ、副題は「夢野久作・あやかしの世界」とされた。印刷版の裏面には三一書房『夢野久作全集』の広告が掲載されている。

　謄写版と印刷版では若干語句が異なるが、いずれも「企画書」の内容を引き継いで「テーゼ・一九六九」の説

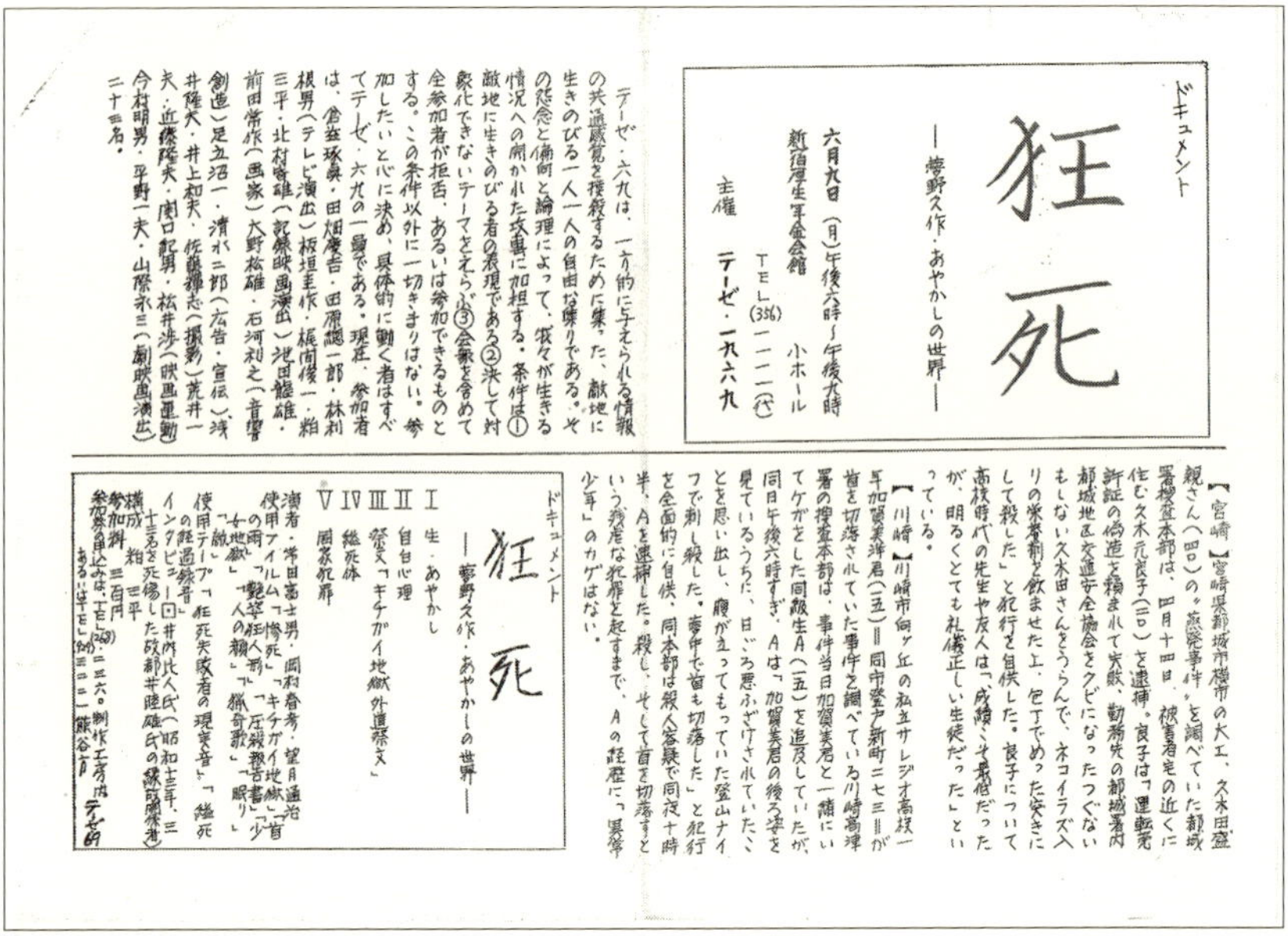
ドキュメント

狂死

―夢野久作・あやかしの世界―

六月九日（月）午後六時～午後九時
新宿厚生年金会館 小ホール
TEL（356）一一一一（代）
主催 テーゼ・一九六九

テーゼ・六九は、一方的に与えられる情報の共通感覚を撲殺するために集った、敵地に生きのびる一人一人の自由な集りである。その怨念と偏向と論理によって、我々が生きる情況への開かれた攻撃に加担する。条件は①敵地に生きのびる者の表現である②決して対象化できないテーマをえらぶ③会衆を含めて全参加者が拒否、あるいは参加できるものとする。この条件以外に一切きまりはない。参加したいと心に決め、具体的に動く者はすべてテーゼ・六九の一員である。現在、参加者は、倉益琢真・田畑慶吉・田原総一郎・林利根男（テレビ演出）板垣圭作・梶間俊一・粕三平・北村皆雄（記録映画演出）池田龍雄・前田常作（画家）大野松雄・石河利之（音響創造）足立沼一・清水二郎（広告・宣伝）、浅井隆夫・井上和夫・佐藤禅志（撮影）荒井一夫・近藤隆夫・関口記男・松井渉（映画運動）今村明男・平野一夫・山際永三（劇映画演出）二十四名。

【宮崎】宮崎県都城市横市の大工、久木田盛親さん（四四）の“蒸発事件”を調べていた都城署捜査本部は、四月十四日、被害者宅の近くに住む久木元良子（二〇）を逮捕。良子は「運転免許証の偽造を頼まれて失敗、勤務先の都城署内都城地区交通安全協会をクビになった。つぐないもしない久木田さんをうらんで、ネコイラズ入りの栄養剤を飲ませた上、包丁でめった突きにして殺した」と犯行を自供した。良子について高校時代の先生や友人は「成績こそ最低だったが、明るくとても礼儀正しい生徒だった」といっている。

【川崎】川崎市向ヶ丘の私立サレジオ高校一年加賀美洋君（一五）＝同市登戸新町二七三＝が首を切落されていた事件を調べている川崎高津署の捜査本部は、事件当日加賀美君と一緒にいてケガをした同級生A（一五）を追及していたが、同日午後六時すぎ、Aは「加賀美君の後ろ姿を見ているうちに、日ごろ悪ふざけされていたことを思い出し、腹が立ってもっていた登山ナイフで刺し殺した。夢中で首も切落した」と犯行を全面的に自供、同本部は殺人容疑で同夜十時半、Aを逮捕した。殺し、そして首を切落すという残虐な犯罪を起すまで、Aの経歴に「異常少年」のカゲはない。

ドキュメント

狂死

―夢野久作・あやかしの世界―

Ⅰ 生・あやかし
Ⅱ 自白心理
Ⅲ 祭文「キチガイ地獄外道祭文」
Ⅳ 縊死体
Ⅴ 国家犯罪

演者・常田富士男・岡村春彦・望月通治
使用フィルム「惨死」「キチガイ地獄」「首の雨」「艶翠狂人形」「圧殺報告書」「少女地獄」「狂人の類」「猟奇歌」「眠り」「縊死」
使用テープ「狂死失敗者の現実音」「縊死の経過録音」
インタビュー 回井内氏（昭和十三年、三十三名を死傷した岐都井睦雄氏の縁故関係者）
構成 粕三平
参加料 三百円
参加券の申込みは、工房（269）二三六〇 制作工房内あるいは早苗（941）三二一一 熊谷方 テーゼ69

図 5-1 『狂死』謄写版チラシ

明を行なっている。謄写版により記すと、「テーゼ・六九は、一方的に与えられる情報の共通感覚を撲殺するために集まった、敵地に生きのびる一人一人の自由な集りである。その怨念と偏向と論理によって、我々が生きる情況への開かれた攻撃に加担する」。ここには社会運動の後退局面における後衛戦ないしゲリラ戦の趣きがある。もっとも、粕は常に自由な精神をもって、状況を解体すべく挑んできた人であったから、必ずしもこの文章に運動の後退にまつわるネガティヴな調子のみを読み取る必要はないのかもしれない。

続けて、「テーゼ・一九六九」への参加条件ないし活動内容について、三点が挙げられている。「条件は①敵地に生きのびる者の表現である②決して対象化できないテーマを選ぶ③会衆を含めて全参加者が拒否、あるいは参加できるものとする」。謄写版には他殺に関する三面記事的な二つの事例が紹介されている。印刷版には津山事件のことが大きく書かれている。「狂死」というコンセプトは、自殺にくわえて動機のよく分からぬ他殺も含むものであった

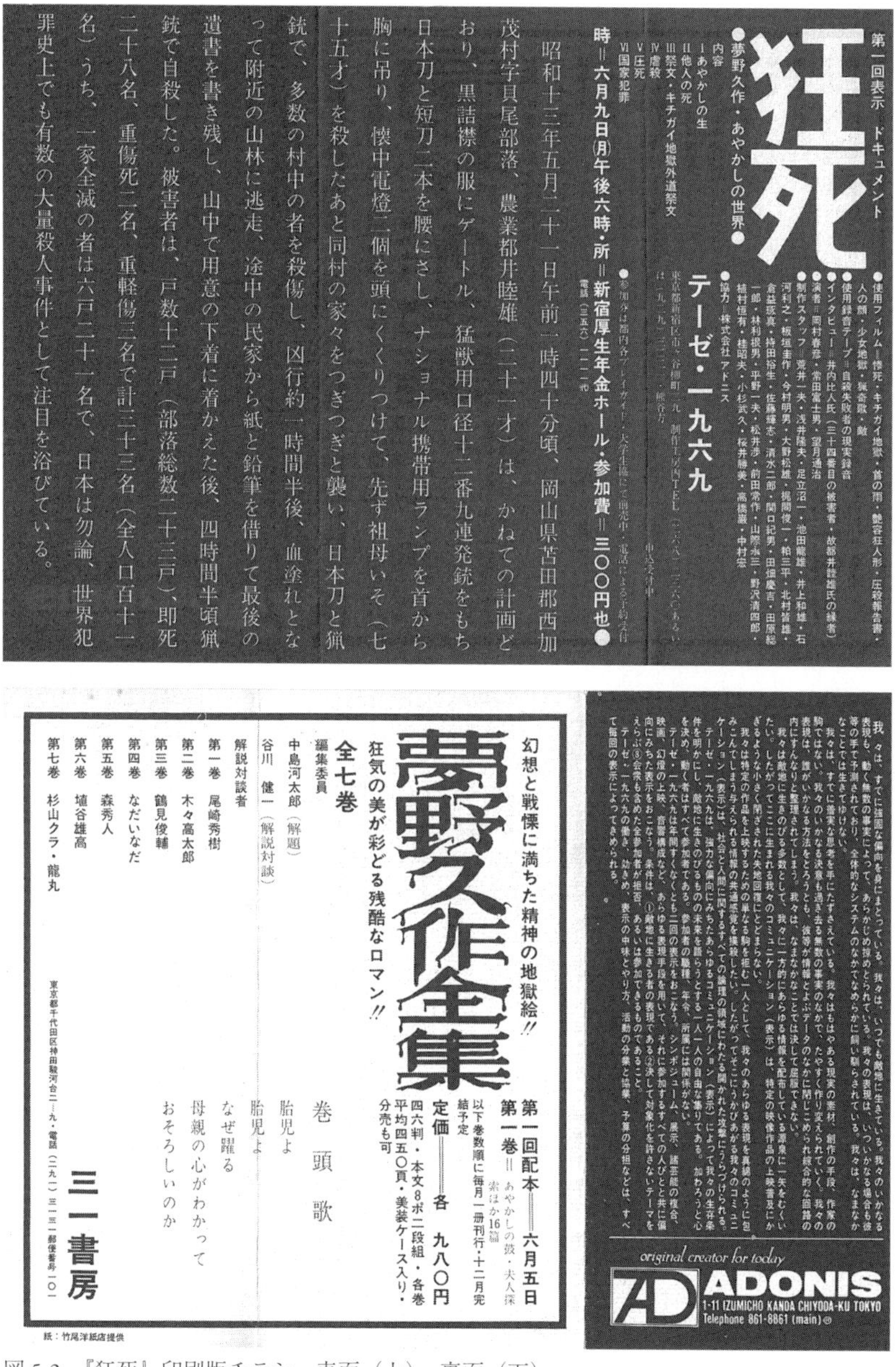

図 5-2 『狂死』印刷版チラシ。表面（上）、裏面（下）

のだろう。

上演の日時と場所は、一九六九年六月九日午後六時、新宿厚生年金会館の小ホールであった。参加費は三〇〇円。

謄写版には「テーゼ・一九六九」の参加者二四名が、職種ごとに記されている。史料にある順に、倉益琢真・田畑慶吉・田原総一朗・林利根男（以上、テレビ演出）、板垣圭作・梶間俊一・粕三平・北村皆雄（以上、記録映画演出）、池田龍雄・前田常作（以上、画家）、大野松雄・石河利之（以上、音響創造）、足立沼一・清水二郎（以上、広告・宣伝）、浅井隆夫・井上和夫・佐藤輝志（以上、撮影）、荒井一夫・近藤隆夫・関口紀男・松井渉（以上、映画運動）、今村明男・平野一夫・山際永三（以上、劇映画演出）、である。(6) 偶々かもしれないが、山際が最後なのが目をひく。

開演に先立って、六月五日付『三田新聞』に長田甚が「狂死について」という文章を寄せている。長田は筆名で、本名は中田実弘という。一九八六年時点で映画プロダクション主催であった。チラシには名前が出ていないが、テーゼの一員とされているので、遅くにくわわったのであろう。「呪われた生を生き続けなければならない」自分は、「死者たちとの角逐なしには済まされない」といった、『狂死』に仮託しての思いが綴られている。(7) 学生運動での死者の記憶が同時代の人びとを強くとらえていたことを、あらためて想起させる内容である。

長田甚の文章に付された編集部の説明が、『狂死』をテレビ製作と関連づけていることは注目に値する。それによれば、製作スタッフに「画家や広告マンそれにテレビのプロデューサーなどが集まっており、（…）対象化を許さないテーマの一つである〝死〟というものを今回は取りあつかった。（テレビで〝死〟をあつかったドキュメントというのは必ずといってよいほど没にされてきている）」。『三田新聞』はこれまでにもＴＢＳ闘争を取り上げていた。(8) 一九六八年前後の社会運動と映画運動におけるテレビ製作スタッフの存在感が浮き彫りにされよう。

『狂死』の内容

実際に上演された『狂死』の内容については、『テーゼ・一九六九 第一回表示稿』と題された台本から窺い知ることができる。(9)「採録」とあるので、実際の上演を記録したものであると考えられる。採録を担当したのは『三田新聞』に文章を寄せた長田甚である。台本の表紙には「ステージ・ドキュメント 狂死」とある。チラシでは「ドキュメント」と銘打たれていたが、「ステージ・ドキュメント」が正式な呼称となった。

『狂死』は五部からなる（謄写版・印刷版いずれのチラシとも構成と部の名称は若干異なる）。「Ⅰ あやかしの生」「Ⅱ 他人の死」「Ⅲ 祭文 キチガイ地獄外道祭文――夢野久作の世界(10)――」「Ⅳ 猟奇歌」「Ⅴ 国家犯罪」である。音と映像にくわえ、人物が登場する場面もあった。全体の上演時間は二時間半であった。(11)

音（「モノローグ・音響」）では、自殺未遂者のインタビューとされる録音、犯人都井睦雄の遺書朗読、日本の青少年の自殺率に関するナレーションなどが流れた。さらに、夢野久作『ドグラ・マグラ』の「キチガイ地獄外道祭文」から長い引用があった。

人物が登場する場面としては、津山事件の犯人である都井睦雄の「縁者」に対する会場インタビューがあった。この人物は井内比人《いうちかずと》といったが、都井の縁者というのは真っ赤な嘘で、その名前もイナイヒトの洒落であった。植村恒有が演じた。(12)彼に対するインタビューの箇所は「脚本なし」で、「インタビュー班、本番ブッツケ貫行」と記されている。夢野の「祭文」の朗読は、「演壇に出てくる一人の男 奇妙な呪文を喋り出す。祭文である」となっている。この箇所は俳優の常田富士男《ときた》（『まんが日本昔ばなし』で最もよく知られる）が担当した。

音と並行して、一一本の映像が使われた。構成Ⅰで『眠り』（今村明男）、Ⅱで『惨死』（粕三平）、『圧殺報告書』（足立沼一・井上和夫・清水二郎）、『首の雨』（倉益琢真・野沢清四郎）、『狂人形』（田畑慶吉・浅井隆夫・林利根男・梶間俊一）、『キチガイ地獄(13)』（田原総一朗・佐藤輝志）、Ⅲで『宇宙地獄』（平野一夫）、Ⅳで『像』（松井渉・近藤隆夫・浅井隆夫・粕三平）、『狂死』（持田裕生・飯島実）、Ⅴで『人の顔』（山際永三）、『敵』（板垣圭作・浅井隆夫・

粕三平）である。これらと別に「祭文」のシーンでは「夢野久作」というフィルム（製作者名なし）が流れる。

映像に対応して、粕の手になるものと思われるキャプションが付けられている。いくつかの例を挙げると、『眠り』（今村）では、「老人が息子を探して街を徘徊する　街は、さまざまな風俗と欲望を抱え込んで生きたまま眠りこんでいる」である。この映像に合わせて次のようなナレーションが流れる。「息子をさがしているんです。私とそっくりな息子をさがしているんです。息子に会えばこう言ってやりたい。どうかね元気かね。／身体だけは気をつけて……」。『狂人形』（田畑・浅井・林・梶間）のキャプションは、「防空壕殺人事件のフィルムがつづく。／扼殺した少年の犯意は判らない……。／取調室の少年の顔。彼もまた自殺者の一人……」であり、音のほうは「都井睦雄遺書モノローグ」の後半部が重なる。『狂死』（持田・飯島）は「うすよごれた情欲の河。よどみ、まつわり、侵蝕する生命の腐汁。／心臓。うごいている……」というキャプションがあり、夢野の「猟奇歌」が重なる。

山際の作品は『人の顔』と題され、「V　国家犯罪」の部で使われた。この部では、まず映像なしに、第二次安保闘争を控えた公務員等の基礎調査の強化に関する警視庁・各都道府県警察通達、ついで殺傷に関する日本国刑法第二〇五・二四〇条が、ナレーションで流される。それが終わると山際の作品が上映される。キャプションは「死者たちは何を考えているのか／いつか殺られた死者達は何も語らずただ燃える」である。対応する音として、「炎の声」「やきつくす音」とある。

『人の顔』に関する筆者の問いに対して山際は、「『炎 1960 ~ 1970』のために撮影してあったフィルムの一部を、粕三平さんに提供したのであることは確実です」「「死者たちは~~」の解説フレーズも、粕三平さんが付けたものだと思います」と答えてくれた。このことから『人の顔』は、個別の作品というよりは、『炎』のフィルムの流用ないし再編成と考えるべきだと思われる（『炎』のために撮影されたフィルムのうち、本編で使われなかった部分が利用された可能性もあるが）。

『表示稿』の検討の最後に、巻末にある参加者一覧を掲げる。①会場責任：田原総一朗・倉益琢真・梶間俊一・足立沼一・清水二郎。②舞台進行：田畑慶吉・林利根男・近藤隆夫・中林修一。③音響構成：大野松雄・桜井勝美・高橋巌・小杉武久。ここで改行して、山際永三（進行）とある。④インタビュー：板垣圭作・長田甚・荒井一夫・関口紀男・植村恒有。⑤全体構成：粕三平・松井渉・井上和夫。⑥美術：池田龍雄・前田常作・中村宏・斎藤隆。⑦演者：祭文　常田富士男、モノローグ　岡村春彦・望月通治。⑧宣伝協力：中島利栄（アドニス）。

『狂死』の評価

「テーゼ・一九六九」参加者は、『狂死』の出来をどう評価したのであろうか。彼らの会誌である『眼の狩』三号（一九六九年六月一六日）が「『狂死』総括特集号」であり、粕と長田の文章、それに討議の記録が収められている。

粕三平の総括で関心をひくのは、群衆論が展開されていることである。粕は「わたしの狙いは、乱衆のなかみをさぐりだすことでした」と書いている。「乱衆」とは、自己の矛盾したあり方を自覚した群衆というくらいの意味である。粕によれば、群衆が生じるときには個人の属性の違いは消滅して「すべてが平等であるという約束（擬制）が生れる」とされてきたが、それは誤解である。実際には群衆の中で「個人は不平等を意識します。妬みをおぼえます。つまらない作品（現実）をガマンしてみている他人と自分にすねてハラをたてます」。この怒りがきっかけとなり、各人は「群集全体の不平等、妬み、性、年齢、職業、閲歴の差をもういちど生きます」。このような意識をもった群衆が「乱衆」ということになろう。粕は『狂死』において、理不尽な死をめぐる諸々の表現をぶつけることで、群衆としての観客（製作者も含む）を乱衆にすることを目指していたのである。[14]

また、粕が後年に振り返ったところでは、「わたしたち自身がヤジ馬としてつねにいだきつづけている他人や他の世界への軽視とかるい残酷さ」を露わにすることが、『狂死』の狙いであった。死刑の過程に合わせて、長い無音を続けたのも、観客の野次を誘発するためであった。実際、「退屈だ。やめろ！」「早く殺して、終わらせろ」等の野次が発せられた。「わたしたち自身の身勝手さと傲慢さと弱さが、むきだしになったのである」と粕は記している。[15]

討論は、上演四日後の六月一三日に行なわれた。最初に長田甚が報告している。「全体的トーンの軽薄さ」が、長田の得た印象であった（八頁）。

報告後の討議では、「乱衆」を生み出す方法としてのインタビューの捏造について関心が集まった。インタビュアーである「専門家」が、「都井睦雄の縁者」からマイクを奪う一幕もあった[16]（一〇頁）。これに対して「お客の反応は、怒り出す者、田舎の言葉で話させろと抗議する者、ハラをたてて席を立っていく者、もういい、やめろというものがいた」（板垣の発言、一〇頁）。

このように観客を刺激できたことにくわえて、虚構性を可視化できた点も、参加者の間では好評であった。前田常作は「インタービューが本当か嘘かという質問が八〇パーセントはあったから、あれは成功したと思う」といっている（九頁）。梶間俊一も、「一方にはあるていど手のうちをみせ、他方にはそこをアイマイにして触発して片側から捏造の条件を醸成していくというきっちりしたすじみちがあったからよかったと思いますね」と振り返った（九頁）。

山際もインタビューをめぐって発言しているが、彼にとっては虚構性の可視化よりも、それによって何をしたいのかが大事であった。「インタビュアーがハンディを感じたというが、マイクをもとうが、観客が見ていようが、テレビのキャメラが見ていようが、それはどうでもいいことなんだし、ルールが成り立たないところで我々自身のドキュメンタリ性がふるいにかけられてしまった」（九―一〇頁）。

続いて山際は、「乱衆というのは、ある時、思いもかけず決起する群衆なんで、我々がたくらんだものとは全く別の方向に精神性というか指向性を高める群衆だと思う。当日、予期しなかった動きを観客がしたかどうか」

（一〇頁）という。粕が乱衆状況を生み出すことを目指していたのに対して、山際は乱衆とは思いもかけず行動するものだと述べる。取材する側、される側、作品を見る側、それぞれの予定調和的な視点を乗り越えねばならないという、当時のテレビ製作者の問題意識に通じる論点がここにはある。(17)また、自分の行動が予期せぬ変化を生むことがあるというのは、『狂熱の果て』の基本的な考えでもあった。

　このような群衆また乱衆観に立ったとき、『狂死』はうまくいったのか。山際はこれに肯定的な答えを与える。「あの日は我々自身が素材だった。みんなが素材になった。超越した作者がいなかった。スタッフというものはいなかった。たくらむスタッフがいてお客が反応するというこれまでのやり方をすこしはこえたと思いますね」（一〇頁）。ここには山際が理想とする作品製作のあり方がよく出ているといえよう。

「都井睦雄の縁者」を演じた植村も、自分自身が素材となるといった意識に近づいていたようである。彼によれば、「専門家」とのマイクのつかみ合いになったときに、「よし、ここで一人の人間の拒否として真剣になるしかないと思った。本物だと自分で思った点で頑張ろうとしたことが、本物かニセモノかというアイマイさを残したまま積極性を保ちえたんだと思う」（一一頁）。さらに、この発言の直後に山際が、「ドキュメントというのは、カリカチュアの精神とは大分ちがう。ドキュメントというのは大変むつかしいものだ。七百人を背負っているとい〔う〕ことをひきうけた意味……」（一一頁）と述べている。「七百人」は会場の小ホールの収容人数（七〇六人）であろう。(18)山際は、本物になろうとしたという植村の姿勢を「ドキュメント」として評価した上で、虚構性の暴露の形式面だけにこだわることを「カリカチュア」と呼んで批判したのではないだろうか。

図 5-3　『狂死』台本表紙

　音響に関しては、観客の反応を録音して会場に流すという企図

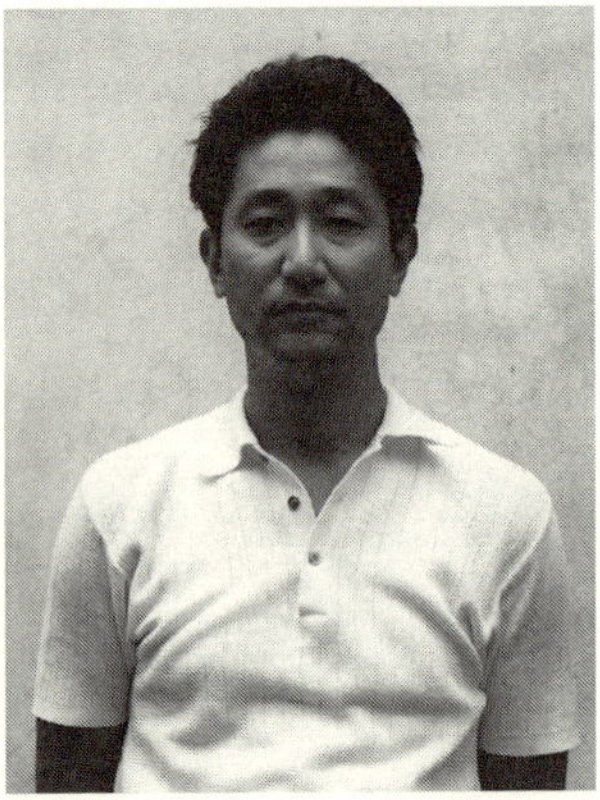

図 5-4　山際の肖像（1968 年 8 月 6 日）

が仕組まれた。山際はこれについて「あたまの方で観客の反応音声を観客に聞かせていたが、反応がうまくいかないのですぐ放棄した。さぐりやそそのかすものがもっと必要だったと今では思いますね」と反省している（一〇頁）。山際は音響構成の「進行」担当であったから、この種の判断を上演中に下していたのであろう。

音響担当の大野松雄は、ずっと肯定的な印象を得ていた。後年のインタビューにおける大野の証言は、『狂死』の内容を知る上で貴重である。彼はまず、絞死刑のシーンについて語っている。そこでは、ステージの上にスポットライトが一つ照らされているだけで、死刑の執行の過程が「何分何秒、瞳孔拡大」というように、現実の時間経過の通りに語られた。だんだんナレーションの間隔が長くなっていくので、故障でもしたのかと思って「客席がザワザワしてくる。そして、最後に「心音停止」みたいなナレーションが流れて終わり。これはこちらの狙いがうまくいったね」[19]。大野がいっているのは「Ⅲ　祭文」の最後のシーンである。討論会での倉益の発言によれば、開演後、一〇分くらいで帰る人間がいるだろうと思っていたが、この絞死音声のシーンに至ってようやく帰る人が出た（一〇頁）。

大野はもうひとつ、山際が反省した観客の反応の録音についても語っている。大野によれば客を会場に入れ込むときに「オープンリールのデッキを二台用意して、テープをループさせて客席の騒音を録り、その音をフィードバックさせて会場へと流したんです。初めは誰も気がついていないんだけれども、そのうちに大きな声でなにかを叫んだ客が出てきて、しばらくするとおなじ声が会場に流れてくる。お客さんはキョロキョロしちゃってね。こういったアイディアを粕君に提案して、それを試すのは楽しかったですね」[20]。大野は粕・山際の模索のよき同行者であった[21]。

『眼の狩』三号はその末尾で、第二回表示の参加者を募集していた。「からくり」がテーマであり、「われわれの中のからくり――地獄・極楽・妄説流布の思想」「玩具としての広島（捏造・代案・調書・証言・湮滅・玩具としての広島）」などと、粕による試案も記されている。「第一回とちがい、今度は徹底的に緻密な作業をおこないます。発表できるかどうかはその完成度によって決めます」とも書かれていた（一三頁）。

他方でこの三号は、表紙に「逢うは別れの始め」と掲げ、冒頭において「テーゼ・一九六九は、ここに解散します」と宣言していた（二頁）。粕としては、その都度解散してはまた参集するといった、流動的なあり方を考えていたのかもしれない。いずれにせよ、恐らく第二回表示はなかったであろう。

『狂死』に対する外部の反応としては、映画評論家の波多野哲朗が『美術手帖』一九七〇年一一月号で簡単に触れている。波多野は「映像芸術の会」が総括のないままに一九六八年初頭に解散したと述べる。ついで、東陽一『沖縄列島』、小川紳介『現認報告書』『三里塚の夏』、土本典昭『パルチザン前史』、西江孝之『臍閣下』、黒木和雄『キューバの恋人』、北村皆雄『神屋原の馬』、「粕三平らの「狂死」」、長野千秋『O氏の肖像』という作品名を挙げて、「「映像芸術の会」解散後、作家たちはつぎつぎと独立プロを組織し、創作活動は政治的な緊張と呼応して活発化していった」とまとめた[22]。「映像芸術の会」が解散した後も、一人ひとりの作家が探求を続けていたことを、波多野は見ていたのである。

山際も『狂死』において、そうした探求を行なっていた。『眼の狩』三号の討論会は山際の発言で終えられている。「ほんのわずかながら、言葉の甘えにたいていは終っている、ストオリー性の否定をやりかけたんじゃないですか。ぼくはいろんな批判はあるでしょうが、実際に我々がストオリー性の否定をやりかけているのをみました」（一三頁）。このように山際の『狂死』に対する評価は、肯定的な、前向きなものであった。『罠』と『炎』をへて、彼には自分の仕事の方向性が見えつつあったのである。

二　『仮面の墓場』

『恐怖劇場アンバランス』

『狂死』の上演から間もない一九六九年夏、異色の連続ドラマの製作が始まった。円谷プロダクションがフジテレビと組んでつくった『恐怖劇場アンバランス』である。一時間もので一話完結、全一三話、毎回の監督も異なるアンソロジーであった。山際は製作第六話にあたる『仮面の墓場』を手掛けた（各回の独立性が高いため、タイトルは二重鍵カッコで示すことにする）。脚本を書いた市川森一によれば、円谷プロのプロデューサー熊谷健から発注があり、市川が山際に声をかけた(23)。

『仮面の墓場』の撮影は一九六九年一〇月である。主な舞台となる旧映画館のロケは、横浜宝塚が三日しか貸してくれなかったため、二晩徹夜の強行軍となった。『恐怖劇場アンバランス』はその後三年間お蔵入りし、ようやく一九七三年になって、夜一一時台の深夜枠で放映された。『仮面の墓場』は放映第四話、一月二九日の放送である。製作を主導したフジテレビの五社《ごしゃ》英雄が失脚したことが、お蔵入りの理由だろうと山際は推測している(24)（五社の失脚については次節を参照）。

お蔵入りしていた間も、シリーズの存在は映画関係者の内では知られていた。一九七〇年に書かれたある評論では、「鈴木清順、山際永三ら失業ないしは半失業状態の監督たちを集めたシリーズで製作は特撮で売る円谷プロ」との説明がなされている(25)。一九七一年六月には無明舎・早大映画ゼミナールの主催で、「私自身への出発の試み」という連続映画上映会がもたれ、『仮面の墓場』もプログラムに入った。六月一七日に四谷公会堂で行なわれた「鈴木清順＋唐十郎未公開作品上映」中の一本であり、鈴木清順のCM二本および『木乃伊《みいら》の恋』（『恐怖劇場アンバランス』製作第一〇話）と合わせての上映であった。「関係者が来場あいさつの予定」とあり、『仮面の

墓場』出演者の緑魔子はそのときに作品を観ている。(26)

物語

『仮面の墓場』(27)〔図5-5〕は浜辺で男の子（高野浩幸）が砂の中から義眼を掘り出すところから始まる。女の子（鷸ひろみ）が「ごんべえ種播きゃからすがほじくる（…）からす憎らしや石投げて殺せ」と子守唄を歌っている。女の子は男の子から義眼をひったくり駆け出す。男の子は女の子を追って浜辺を駆ける。

時が過ぎる。演出家犬尾貞文（唐十郎）が稽古をつけている。彼の前衛劇団「からしだね」は、かつては何十人もの劇団員を擁していたが、今では数人が残っているばかりである。資金難に苦しむなか、彼は潰れた映画館を稽古場にして公演『眼』の演出をつけている。『眼』は次のような物語である。アルジェリアに配属されたフランス軍の脱走兵が、金持ちの未亡人を殺害したあと、盲目の少女と知り合いになる。(28)彼は奪ったダイヤを義眼に隠して少女に渡す。少女は彼を探しにきたフランス軍に殺されてしまう。夜、脱走兵はひそかに墓場で彼女の棺を掘り出して、遺体（人形）の片目を抉り出し、義眼を取り戻そうとする。そこに悪霊が現れて、兵士から義眼を奪い取る。

悪霊はマントをまとい、黒装束で、いかめしい仮面をつけている。それを演じている白浜健（三谷昇）は、身体をこわし、ひどく咳き

図5-5 『仮面の墓場』犬尾（唐十郎・右）と坂井（早川保）

込んでいる。少女役の聖ヨーコ（緑魔子）はかつて白浜とつきあっていたが、いまや演出家犬尾の愛人であり、かつての恋人を蔑んでいる。脱走兵を演じる山口哲夫（橋爪功）もヨーコに気がある。山口はテレビで少しは稼ぎがあるため、犬尾に反発している。ただ一人の裏方として照明係を務める小坂ジュン（星紀一）は、少し知的に遅れがある。何とかやりくりしてポスターの印刷などを進めているマネージャーの坂井信夫（早川保）は、劇団の将来に悲観的だが、友人である犬尾のことを気遣っている。関係の崩壊しかけたこの劇団員たちの前に、犬尾を崇拝する役者志望の娘、西野ツル（小野千春）が現れる。犬尾はツルを追い返すが、彼女の存在は後に各人の愛憎をいっそう募らせることになる。なお、浜辺の女の子を演じた鶴ひろみと、この娘の役名が重なることは偶然ではなかろう。

悪霊の登場をめぐる演出から、事件が起こる。墓石の陰から登場するのではなく、二階からロープ伝いに滑車を使って降りてこいと犬尾は指示を出す。悪霊役の白浜は危険な芝居に尻込みする。一度は成功するものの、二度目は震えてしまう。早くしろと犬尾が声を荒げ、照明係のジュンが白浜を突き飛ばす。白浜はロープの途中で墜落して、首の骨を折って死ぬ。その場にいた犬尾、ヨーコ、山口、ジュンの四人は死体を地下のボイラーに突っ込んで焼却ボタンを押す。ボイラーの中から死んだはずの白浜の絶叫が響くが、もはや後戻りはできない。

犬尾たちは白浜は退団したと口裏を合わせる。そこに一度は追い返されたツルが現れ、どうしても劇団に入りたいと懇願する。彼女がもし白浜の死をめぐるいきさつを目撃していたのであれば、帰すわけにはいかない。犬尾は悪霊の役をヨーコに回し、ツルに少女役をやらせることにする。ヨーコは嫉妬に駆られる。

翌日、奇妙なことが起こる。悪霊の仮面をつけて咳き込む人物が、館内を徘徊する姿が目撃されたのである。シートには真っ赤な血がベットリ残っていた。稽古中に兵士役の山口が棺を開けると、そこにも一瞬白浜が横たわっていた。恐怖と緊張に耐えられなくなり、山口は劇団を去る。ヨーコも犬尾の金を盗んで逃げようとして、悪霊の衣装のまま彼の部屋に侵入するが、犬尾（悪霊の予備の衣装と仮面を身に着けている）と揉み合いになり、ヨーコは腹部に刃物が刺さって死ぬ。犬尾はヨーコの遺体も焼却し、それを目撃したツルも絞殺する。その情景を目にしたジュンは狂乱して駆け去る。

三日目、マネージャーの坂井がやってきて、ジュンが車に轢かれて死んだと伝える。犬尾は坂井を前に、即興で一人芝居を始める。口上めいた語り口で、十字架の上にアクロバチックに乗ったり飛び降りたりしながら、天使の落とし物である義眼をどこに返そうかと物語る。潮騒の音が響き、スクリーンに海が映写される。唖然とする坂井を残して犬尾はスクリーンの中に消える。浜辺である。犬尾は義眼を海に放り投げる。立ち尽くす彼の脇を、冒頭の女の子が老婆とともに現れて、子守唄を口ずさみながら歩み過ぎる。

劇団員たち

「恐怖劇場」としての『仮面の墓場』の中心は、死んだ白浜が悪霊の姿で徘徊するという筋立てにあろう。この悪霊が何ものであったのかは、やや分かりにくい。犬尾がヨーコを刺殺する場面では、二人の悪霊が対峙する。ここだけを見ると、構内を徘徊していた悪霊も、予備の衣装を使ったトリックに見えなくもない。だが、劇中ではほかにも、棺の中の少女の人形が白浜に変わることをはじめ、不可思議な出来事が起こっている。そうであれば、徘徊する悪霊は白浜の亡霊と考えるべきであろう。

だが、この白浜＝悪霊をめぐる物語は、人間ドラマとしての『仮面の墓場』の主軸をなすわけではない。白浜＝悪霊は、あくまで劇団員たちの人間関係の緊張を昂進させるために機能している。それゆえ劇団が解体すれば、白浜＝悪霊も退場することになる。悪霊の衣装を身に着けた二人の揉み合いは、悪霊を常識の次元に引き下ろし、ドラマから退場させるための役割を果たしている。

人間ドラマとしての『仮面の墓場』において主軸をなすのは、解体してゆく劇団、そのなかでなお創造行為に一筋の光を見出そうとする犬尾の姿である。脆さを内に抱えた唐十郎、戦慄を総身で表現した緑魔子、幽鬼のような三谷昇、苛立った小人物を好演した橋爪功、常識的な世界を代表する早川保など、役者たちはみな非常事態の中にある感覚をよく表現している。

唐十郎と緑魔子は、『仮面の墓場』への出演をよき思い出として振り返っている。唐十郎は高校時代に山際の映画評を読んでいた。[29]緑魔子は、劇中でレモンを齧るシーンは山際からの指示であったとして、「山際さんって鋭い監督だなと思いましたね。これで彼女は「妊娠している」とも取れるし、お腹を刺されて死んじゃうことの意味が広がるじゃないですか」とコメントしている。[30]このシーンは、白浜の遺体を焼却した後で劇団員たちが口裏を合わせる場面で、シナリオではインスタント・コーヒーとパンでの夕食となっていた。

総じて山際の作品世界は演劇と相性がよい。空間を限定して世界を再現する芝居という仕組みは、人物を取り巻く「壁」を想定する山際の方法論と親和性がある。[31]好んで象徴を用いて筋を進める点でも、山際の作品は演劇的である。『仮面の墓場』における葛藤する劇団員たち一人ひとりの描写にも、演劇に生きる者に対する山際の親近感が感じられる。大宝がなくなり国際放映の所属になった頃、山際は「唐十郎の紅テントに入れてもらって、俳優にでもなろうかと思っていました」という。[32]『仮面の墓場』での唐の起用について、市川森一は「当時、僕は唐十郎が大好きだったものですから、状況劇場を頭に置いて書きました。どうせならと、ご本家に主演も頼みましたら、すぐにＯＫしていただけました」と回想している。[33]他方、唐の主演でいきたいと最初に発案したのは山際のようである。[34]

二つの象徴

『仮面の墓場』には悪霊や人形など様々な象徴が登場するが、全編を貫くのは義眼とボタンである。義眼は冒頭で少年時代の犬尾が掘り出したが、女の子にとられてしまうものであり、純粋性の象徴であると考えたい。演出家となった犬尾は失われた純粋性を追い続け、芝居『眼』において、盲目の少女に義眼を与えるが悪霊に奪われるという物語を演出する。

義眼が純粋性を象徴することに、「成功」という世俗的な次元で対応するのが犬尾のとれかかったボタンである。ツルがボタンをつけ直す行為は、犬尾の演出家としての再起（への空しい期待）、それに情欲的な次元での二人の接近を含意する。犬尾がツルを絞殺する際にボタンがちぎれ落ちることで、世俗的次元での破局が訪れる。このとき犬尾は人形の左目の義眼も床にたたきつけて砕き割り、純粋性の探求も放棄する。

ツルを殺したあと、犬尾はマネージャー坂井によって、彼女が家出娘であり、その片目は義眼であったことを知らされる。ここで義眼とボタンという二つの象徴は、ツルにおいて重なる。犬尾がスクリーン内の海に去ったのち、人形然と横たわるツルの遺体の左目にはボタンが置かれている。シナリオでは片眼の遺体がボタンを握りしめているのであるが、山際の演出はより直接的に二つの象徴を収斂させたのである。片眼をボタンに替えた彼女の遺体は、詩的で美しい。

だが、劇団が解体し、ツルを殺しても、犬尾はなお創造に懸ける。それゆえ砕け散ったはずの義眼もまた、マネージャー坂井によって床の上に転がっているのが見つけられ、犬尾の手に渡される。象徴は何度でも現れるのである。義眼を受け取った犬尾の瞳は決意に満ち、一人芝居が始まる。即興に満ちたこのシーンが全編のクライマックスであり、唐十郎の真骨頂がいかんなく発揮される。(35) 片眼の天使様に眼をお返しせねば、だが天使（ツル）もまた天使ではなく人間だった、別の土地を訪ねて片眼の天使様を探すには、自分は「歳を取り過ぎてしもうた」「この上は、この眼玉をば、拾う場所へ返すが一番」。このように語って犬尾は、少年時代に義眼を掘り出した海へと回帰する。

壁は崩れたのか？

問題は、海のシーンである。冒頭とラストに登場する海の情景は、『コメットさん』「いつか通った雪の街」とのつながりを意識して撮られている。子役の少女も同じ靍ひろみが起用された。「市川さんとね、雪の街の壁が破れた向こうの海へ、もし二人が行っていたとしたらどうなるかって、それを描こうとした」と山際は語っている。[36]

だが、『仮面の墓場』のラストにおいて犬尾が海に行くことの意味は、市川と山際とで明らかに異なっていた。[37]作品冒頭で描かれた純粋な少年時代に還るということが、市川の脚本におけるラストシーンの意味であろう。故郷への回帰であり、敷衍すれば胎内回帰のモチーフを読み取ることもできよう。[38]

これに対して、山際にとってこの海はあくまで幻影であり、それ以上ではない。これまでの製作活動において山際は一貫して、壁にぶつかり、なおかつそれを揺るがそうとする人物を追い続けてきた。犬尾もまた、追い詰められながら一人芝居という芸に全てを懸けることによって、壁に全身で体当たりしたのである。しかし、山際の壁は自分自身を含む社会の壁であり、幻影の海への越境によって越えられるような性格のものではない。付言すれば、個人と社会との関係を問う山際作品においては、少年時代への回帰のような個人的な世界への収斂は、本来無縁である。

市川と山際の齟齬は、シナリオと映像の違いにはっきりと現れた。市川のシナリオでは犬尾が砂浜に義眼を埋め、老婆と女の子がそれを見下ろして作品は終わる。回帰が完結するのである。それに対して山際は、海のシーンの演出においてなお、「狂気をどのように表現するのか?」を問題にしていた。だとすれば、ここにあるのは回帰ではない。山際はシナリオを変更して、犬尾が義眼を海に投げ捨てるようにした。のみならず、「唐さん、ワーと叫んで上着を海に投げてくれ」とも指示している。犬尾はなお、壁にぶつかり続けているのである。「多分この辺の変え方、市川さんは気に入らなかったと思いますね」と山際が述べているように、二人の考えの違いは明らかである。[39]

ここにある構図は、「いつか通った雪の街」のラストと似ている。市川がつくる幻影のビジョンに、山際はあえて壁を建てる（また、越えられなかった壁のそばに上着が残される）。幻想への跳躍を山際は表現方法としては好むが、それをもって結論とはしないのである。

『仮面の墓場』評

深夜枠での放送とはなったが、『仮面の墓場』はセンスのある評者に恵まれた。まず、映画監督・脚本家の荒井晴彦が、伊藤俊也の「女囚さそり」シリーズを批評するなかで、『仮面の墓場』を参照した。シリーズ第二作である『女囚さそり　第41雑居房』（東映、一九七二年）について荒井は、個人による復讐という論理が貫徹せず、組織による蜂起へと収斂してしまったと批判する。その際、ヒロインさそり（梶芽衣子）の敵役であり、国家を代表する刑務所長（渡辺文雄）の義眼（前作で三原葉子が演じる女囚により片目を潰され、本作終盤で東京矯正管区長に栄転した際に義眼を入れた）が、最後に転がり落ちることから、荒井は「義眼ついでにいうならば」と、『仮面の墓場』を引き合いに出す。「アングラ劇団の演出家が、芝居を成功させたいと力めば力むほど、仲間を次々に殺すこととして結果し、ひとりになってしまうという話がテレビにあった。山際永三の『仮面の墓場』である」。演出家唐十郎は、「天使の目玉」を「拾った場所へ返そう」と幼児体験の中へ回帰していく。こじつけるなら、梶芽衣子はひとりになることによって出会った〈権力の目玉〉の中で組織を希求してしまい、唐十郎は取り上げられた〈天使の目玉〉を自ら組織をつぶすことによってとりもどしたといえる」[40]。私見では「さそり」第二作は組織ではなく連帯を描いたのだと思う。とはいえ、これは革命運動における個人的原理と組織的原理の相克という、同時代的には多くの人が意識していたであろう観点に立って、『仮面の墓場』における私的世界への回帰という論理を的確に照らし出す批評であった。

放送評論家白井隆二は、表現に焦点を当てた批評を書いた。それは『放送文化』誌に掲載された「忘れられた映像の楽しさ」で、一頁の大半が『仮面の墓場』に割かれている。丁寧にストーリーを紹介したあと、白井は

「状況劇場の唐十郎と、「仮面の墓場」なるドラマがごっちゃになり、映像の中の映像が一緒になり、それがまた、なまの現実と交わり合う。一種異様な雰囲気をこのフィルム・ドラマはもっている」と高く評価する。ついで鈴木清順の『木乃伊の恋』について「これまた、「仮面の墓場」にまさるとも劣らぬ怪奇幻想の世界を現出した作品だ」と記し、あわせて次節で取り上げる『ジキルとハイド』（やはりお蔵入りしていた）のことも、「遠近法の極端な利用、大胆不敵なモンタージュ。奇妙な色彩効果、グロテスクな出演者のメーキャップ」と、興奮気味に印象を記した。白井は、「ホームドラマが作り出すテレビ的リアリズムにならされた頭には、これらの作品がひどく新鮮に映ったものだ」と述べて、ホームドラマ的な常識の世界を打ち破ろうとしたテレビ製作者たちの試みを的確に押さえている。

白井はまた、これらの作品にはドイツ表現主義に通ずるものがあると指摘する。『カリガリ博士』（ロベルト・ヴィーネ監督）がつくられた一九一九年頃から、「映像の面白さは、観客に、時間、空間の制約を忘れさせる点にあった。「仮面の墓場」で、唐十郎ふんする演出家が、ホリゾントにうつし出された海岸へ、ステージから、どんどん歩いて入り込む不合理さ。こうしたありえないことが、自然に行われ、一つの世界として、無理なく観客に受け入れられる不思議さが、元来、映像のもつ楽しさとしてあったはずだ」。

このように『恐怖劇場アンバランス』や『ジキルとハイド』が根底においてもつ、映像表現の魅力を語った上で、白井は「これらの番組が、実際に制作されてから、今年、放送されるまで眠っていたとは、何とおかしなことだろう」と憤りを示す。「テレビを作る側の人たちは、ファンが何を欲しているか、敏感に嗅ぎつける感覚を、いまは忘れてしまったようである」として、お蔵入りにした企業の判断を批判して、批評は締めくくられている。(41)

荒井や白井の論稿が示す通り、封印されていた三年ほどの間に、『仮面の墓場』やその他の諸作品は古びることなく、むしろ一九六〇年代末の過激な実験精神を、あらためて一九七三年の視聴者に伝えたといえよう。

三 『ジキルとハイド』

作品世界

一九六九年から一九七〇年にかけて、社会運動が光芒を放ちつつ退潮してゆく局面にあって、『ジキルとハイド』は時代の熱量を背負い込む作品となった。同作は全一三話、毎回一時間の連続ドラマである。スティーヴンソンの怪奇小説を翻案した海外ドラマを見た俳優の丹波哲郎が、五社英雄に話をもちかけて企画が始まった。フジテレビの実力派演出家である五社は、映画でもヒットを飛ばし、一九六九年にはフジの映画部長に就任していた。『恐怖劇場アンバランス』や『ジキルとハイド』を含む野心的な企画を五社は次々と立てた。だが、その勢いは長くは続かなかった。春日太一によれば、「本来なら外部プロダクションと製作する窓口でしかなかった映画部にあって、放送枠も決まらない状況下で好き放題に予算を使いながら、思うままの番組を作ろうとする五社の態度を、好ましからぬように思う者も社内には少なくなかった。五社はわずか三カ月弱で部長の職を解かれてしまう(42)」。

こうした状況のもと、『ジキルとハイド』は一九六九年から七〇年にかけて、フジテレビと東宝によって製作された。しかし、『恐怖劇場アンバランス』と同様にお蔵入りとなり、一九七三年一月から四月にかけて、午後一一時台の深夜枠で放映された(43)。お蔵入りになった理由として、評論家で元『スター千一夜』プロデューサーの諏訪英一は作品放映時に次のように書いている。「現在フジテレビ系で深夜に放送中の『ジキルとハイド』も、二年以上オクラになっていた。監督五社英雄のクールなタッチが、試写会でスポンサーの若い宣伝担当者から「わかりにくい」と一言いわれただけの理由である(44)」。もっとも、これは表向きの理由であろう。

山際は、「このシリーズは五社英雄アワー（フジテレビ）として企画され、円谷プロの「アンバランス」と国際

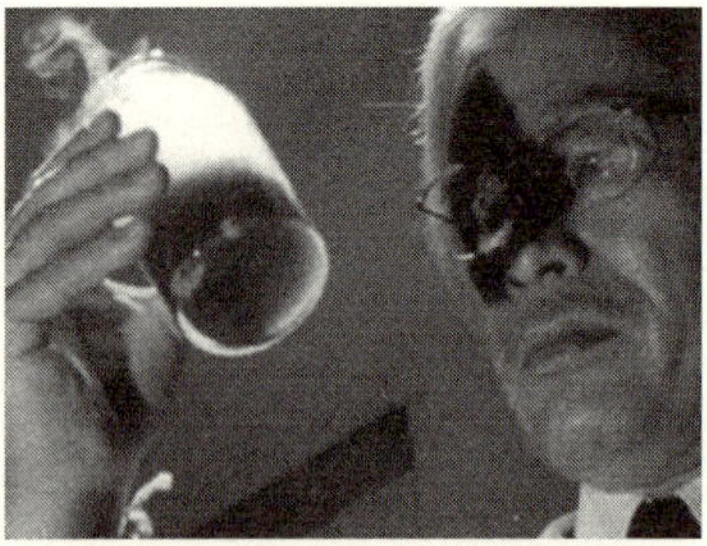

図5-6　『ジキルとハイド』慈木留（丹波哲郎）

放映の「無用ノ介」（六九年）の三作が、どういうわけかスポンサーがつかないということで放送できず、五社アワーもなくなってしまったのです。私もよくわからないのですが、フジ社内での五社さんの失脚と無関係ではないでしょう」と記している。なお、「五社さんとは、試写会か何かで顔を合わせてあいさつしただけでした」ということである。(45)

『ジキルとハイド』の基本設定は、大病院の副院長で神経科の医者である五九歳の慈木留《じきる》君彦（丹波哲郎［図5-6］）が、人間の欲望や潜在力を解き放つ薬をつくりだし、若く力強い犯罪者ハイド（丹波の二役［図5-7］）に変身するというものである。ハイドは殺人や婦女暴行といった凶悪犯罪を重ねるが、被害者となった女性たちは必ずしも心身に傷を負うとは限らず、むしろ日常の欺瞞的な恋愛や人間関係からの解放すら覚える。慈木留／ハイドを取り巻く人物は、まず二七歳年下の妻・美奈（松尾嘉代）、それにハイドの犯罪を追う刑事毛利（露口茂）である［図5-8］。美奈と毛利はかつて恋人同士であり、彼らと慈木留／ハイドの三角関係（あるいは四角関係）がドラマの主軸をなす。

丹波は「当時の若手有望監督の五人を使ってやったんだよ。西村潔、山際永三とか。五社英雄は最初の二本」と述べている。(46)若手の残り三人は村木良彦、今野勉、石田勝心《かつむね》で、さらに田畑慶吉も一本撮った。全ての監督が持てる力を発揮して実験的な技法を積極的に用い、傑作ぞろいのシリーズとなった。たとえば今野勉は第四話「記憶の恐怖」（脚本大津皓一）において、ほかの回と異なり冒頭で丹波が視聴者に語りかける演出を行ない、ドラマの虚構性を強調した。今野はまた第六話「ある少年の……」（脚本出雲五郎〔長坂秀佳の変名〕）で、ハイドに恋人を殺された少年とハイドとの新宿での追尾劇を、限りなくドキュメンタリーに近く撮影した。『罠』に参加した村木良彦も、第五話「石上ユリの場合……」（脚本山田正弘）で人物に同じセリフを繰り返し語らせ、内面と外面のずれを巧みに表現したほか、ラストでは巨大な慈木留の肖像を燃やし、その裂け目からハイドが歩いてくるといった実験映画的な手法を用いた（『炎』にも通ずるものがある）。

山際は第一一話と第一三話（最終回）を撮った。「一一話・一三話に入る前に、確かそれまでの作品のほとんどを試写で見ました。石田勝心監督の、暴力シーン（ハイドの）が、ものすごく、相手を水平に振り回すタテが印象に残っています。石田さんは、普段おとなしい人なので、驚いたのを覚えています。人形を作って、振り回したのでしょうが」[47]。ここでいわれているのは第八話「ある目覚め」（脚本池田一朗）で、清純派歌手（太地喜和子）を食いものにする男をハイドが凄まじい勢いで殺害するのである。

本作全般について、山際は次のようにコメントしている。

図 5-7 『ジキルとハイド』ハイド（丹波の二役）

「ジキルとハイド」はその①②話を五社さん自身で監督していますが、その設定が、実に大したものだと思います。単純ですが、ジキルの妻が学生時代、恋人だった男が刑事になってしまってハイドの犯罪を追うというわけです。バックにチラと出てきますが、妻と刑事は学生時代は学生運動をやっていたという雰囲気です。音楽佐藤勝、タイトルバック写真篠山紀信と当時の風俗を先どりしていた人達も参加、しかもこの仕事を東宝にやらせるわけです。東宝では西国〔慶子〕さんという女性（何をやっていた人か私は知らない）をプロデューサーに立て、この人は五社さんに言われたとおりにやっていた印象。五社さんがいそがしいためか、五社さんの助手的立場で参加していたフジの社員田畑慶吉さんが、実は粕三平らの制作者懇談会のメンバー、しかも京大で大島渚も入っていた劇団の活動もしていた人、ということで最後の方の⑪⑬を山際にとなったわけです。私は喜んでやりました。[48]

キャストについて補足すると、音楽は山際が挙げている佐藤勝がタイトル曲をつくったほか、泉光二がBGMを担当した。いずれもダークな雰囲気に満ちた快作である。タイトルバックには篠山紀信の前衛的なヌード写真が用いられた。松尾嘉代のキャスト名にあわせて使われる、とくに印象の強い痴愚女神的な裸婦、およびアイキャッチのモデルは立川ユリである。(49)

「喜んでやりました」と書いている通り、山際は『ジキルとハイド』において存分にその力を発揮した。怪奇や狂気といった作品のムードが彼の志向に合ったということもあろう。だが、より重要なことは、世間的な良識がもつ欺瞞の覆いを引きはがす筋立てが、壁との対峙という山際自身の問題意識とがっちりと嚙み合ったことである。慈木留の妻、美奈を演じる松尾嘉代が山際の演出に見事に応えたことも大きかった。山際演出の二本、とりわけ第一一話は、慈木留／ハイド以上に美奈の物語となっている。そしてこの美奈の物語において、山際作品の主人公はついに壁を越えるのである。

図5-8　『ジキルとハイド』美奈（松尾嘉代）と毛利（露口茂）

第一一話「愛は罪深くとも……」

第一一話の題は「愛は罪深くとも……」で、脚本は小川英《えい》と山際永三の二人である。実験映画と名義のみの『恋愛ズバリ講座』を除けば、山際が脚本を書いているのは『狂熱の果て』（山田健と共同）、『いつか青空』一本、それに本作くらいであろう。『ジキルとハイド』全一三話中、監督が脚本を書いているのも第一一話だけである。その背後の事情は、山際によれば以下のようであった。

一一話の小川英氏は、脚本に対する姿勢を疑いたいくらいに、非協力的で、プロデューサー（田畑さんではなく、東宝側だったと思いますが、女性の方（西国慶子）でした）と一緒に説得しましたが、もうこれ以上は出来ないということになり、プロデューサー判断で、山際が引き継ぎました。そのプロデューサーが、タイトルにも私の名前を出してくれました。[50]

したがって、第一一話は脚本においても山際色が強いということになる。そのこともあって本作は、山際の創造の軌跡において目立った位置を占める里程標となった。

前作までの展開について一言触れると、毛利刑事は慈木留がハイドを匿っているとの疑いを強めている。美奈も毎夜夫が研究室に姿を消すこと、身近にハイドの影が迫っていることに動揺している。不安のうちに彼女はかつての恋人毛利に心が揺らぎそうになるが、同時にまたハイドにも無意識のうちに惹かれるものを覚えている（第一話で彼女はハイドに襲われかけている）。以下が、第一一話のストーリーである。

夕食時の団地。サラリーマンらしき男（福岡正剛）が妻とテレビを見ている。藤圭子の「命預けます」が流れている。よその家でも見ているものは同じ。夫（加藤春哉）[51]がテレビに夢中になって貝の味噌汁を啜っているさまを、妻（石井富子、のちトミコ）がうんざりと眺めている。何組もの小市民的な家庭の情景が続く。そこに悲鳴が響く。中庭で女が暴漢に襲われているのである。団地族はみなベランダに出て見物する。面倒に巻き込まれたくないのか、誰も通報する者はいない。

毛利刑事が慈木留邸を訪問する。毛利は慈木留がハイドを匿っているのではないかと疑っている。だが、団地で婦女暴行殺人（被害者はキャバレー勤めであった）が起こった時間には、慈木留にはアリバイがあった。

毛利が辞去した後、慈木留は疲れを覚え、久しぶりに研究室ではなく夫婦の寝室で寝ることにする。美奈も寝間着に着かえる。このとき左肩の素肌がのぞき、彼女の内なる情欲が暗示される。だが慈木留はもう寝ている。

美奈は寂しげに軽く夫に口づけする。

慈木留にアリバイがあったこともあり、毛利の部下の植木刑事（井上紀明）は、桜井（森下哲夫）という青年が怪しいのではないかと考える。少女誘拐未遂の前科がある彼は、以前に連続暴行殺人犯の容疑者として拘束されていた。だが、かなり強引な取調べの末、結局証拠が見つからず釈放された（山際好みの冤罪のモチーフである）。いま桜井は玩具工場で働いていた（製造されているのが女児型のセルロイド人形である点は、桜井の前科をめぐる設定とよく合致している）。周囲の工員とはあまり打ち解けず、魅惑的な女工ともトラブルがあって、「変質者」と罵られていた。

毛利は桜井説を一蹴し、慈木留邸の張り込みを開始した。美奈が彼らに声をかけ、植木刑事だけが邸内でお茶をいただくことにする。彼女は研究室の慈木留にもお茶をもっていくが、いるはずの夫の姿がない。ここでフルートが短くリズムを刻んでいく音楽が流れ、サスペンスを盛り上げる。この曲（m-1 T2）は山際が監督した第一一話と第一三話（最終回）にのみ使われ、不安と興奮を演出した[52]。植木が耳をそばだてているのを知っている美奈は、咄嗟に心を切り替えて慈木留が研究室にいるように演技する。

変身して研究室を抜け出したハイドは、例の団地に現れる。出くわしたサラリーマン夫妻（加藤・石井）に襲いかかり、妻を暗がりに拉致する。夫は大声で助けを呼ぶが、団地の窓はどこも暗いままで、誰も助けてはくれない。妻は最初は抵抗しているが、次第に自らハイドを強く抱擁する。覗き見している格好の夫はがっくりうなだれる。

慈木留邸の植木刑事に、殺人事件が起こったとの知らせが入る。美奈は夫の所業ではないかと苦悶の表情になる。そこに慈木留が現れる。快活な表情である。実際にはこの殺人も彼の犯行ではなかった。殺されたのは桜井青年とトラブルがあった玩具工場の女工であった。

慈木留は自分の知らない二度の殺人の真相を解明するために、団地に向かう。美奈は邸の外でひそかに彼が出てゆく姿を追っていた。雨であり、彼女は傘を差し、普段の和装とはうってかわってレインコート姿である。髪も和髪ではなく洋髪にし、両肩に垂らしている。慈木留がタクシーに乗ると、彼女も別のタクシーで追う。団地に着き、雨の中をひとり歩く美奈。慈木留を追っているようであるが、まるで犯人をおびき出そうとしているようでもある。背後に足音がして、ハイドが現れる。だがそこに団地住人の車がさしかかり、ハイドは草むらに姿を隠す。車の運転手は冒頭に出てきた男（福岡）で、美奈に夜道の一人歩きは危ないと声をかける。傍観者的小市民が、若い女に示す表面的な親切心である。

車が去り、美奈はハイドを追う。二人は対峙する。ハイドは仕込み杖を抜くが、美奈は力強い声でいう。「あのひとはそんな武器なんか使わなくてよ」。何で怖がらないんだよという相手に対して「あのひとはそんな風にはしゃべらないわ」。美奈は相手のマスクをはぎとる。正体はハイドに変装していた桜井であった。

お前は誰なんだよという桜井に、美奈はいう。「あたしはね、あの人を愛している女よ」「あのひとは凄いひとよ。自由で力強いひと」。くずおれる桜井。美奈は武器を奪い、マスクも投げ捨てる。ハイドに変装していたコートも脱がし、「本当に女の人がほしかったらね、素顔でやってごらんなさいよ、ひとまねなんかするんじゃなく」と語りかける。俺は駄目なんだ、二人も殺しちまったとあがく桜井を抱え起こして、彼女は汚れをはらってやる。そこに夜泣きそばの笛が鳴る。「おなかすいたわね、さ」と美奈は桜井を促す。「おじさん、おそば二つね」。ラジオから藤圭子の歌が流れている。二人は中華そばを啜る。「美味しいわ、ね」と美奈。「俺はもうじき死ぬかもしれねえな」と桜井がいう。美奈が答える。「あたしもよ」。

屋台が去っていく。美奈は自分のネックレスを首から外し、桜井にかけてやる。「あげるわ」。いらないよという桜井に「とっといて」。そして、「さよなら」といい、彼女は歩み去る。

桜井は想いに耽るように立ち尽くす。だが、コートを着直しながら、彼は自分をあざけったキャバレーの女や女工のことを思い出す。彼は自暴自棄の気分に陥り、美奈を殺すつもりで短刀を出す。しかし、そこにハイドが登場する。彼は（変身前に）ひそかに美奈と桜井の姿を見ていたのである。ハイドは桜井からネックレスを引きちぎる。桜井は倒れた拍子に短刀が刺さり、死ぬ。

ハイドが慈木留邸に帰還する。ここで再び m-1 T2 の狂熱的なフルートが流れ始める。寝間着姿でベッドの上でひとり待つ美奈。ハイドがベランダから這い上がってくる。ハイドは美奈の上半身をはだけさせる。美奈は彼を抱擁する。「あなた」「あなたを待ってたのよ」。

朝がきて、ひとりだけの美奈が起きる。ネックレスが落ちているのを見つけ、拾う。落ち着きのない様子で着物姿を整えて彼女が階段を下りてくると、毛利たちが訪れる。美奈は慈木留を研究室に呼びにいく。そのとき彼女はドアの鍵にネックレスをかける。それに気づいた慈木留は、妻がハイドは自分であると知っていて、なお受け入れたのかと動揺する。そこに禁断症状が起こり、彼は再び薬に手を出す。

真犯人と思われる桜井が死んだので、恐ろしい事件は全て終わったと植木刑事から聞かされた美奈は、「全てが終わったなんてあたしには信じられないんです。なんにも終わっていない。いいえ。もしかしたら前よりもっと恐ろしいことに」とつぶやく。そのとき彼女は窓外にハイドが去ってゆくのを目にする。またあらたな殺人が起こるに違いない。悲痛に顔を歪め、呻き声をあげ美奈は崩れ落ちる。何かを悟った刑事二人は応接間から慈木留の研究室に出てゆく。と、彼女は決然と身を起こし振り返る。研究室には誰もいない。美奈はいう。「出かけたんですわあのひと」「またどこか」「どこかあたしのしらないとこへ」。

みたび m-1 T2 が流れ出す。彼女は落ちているネックレスを見つけ、咄嗟に拾い上げて帯に隠す。いま何を隠しましたかという毛利に、なんでもありませんわとしらを切る。なぜ隠すんですと畳みかける毛利に、彼女は答える。「あたし、あのひとを愛してんです。慈木留を」。しゃがみこみ、両手で顔を覆う。「あたしには、もうそれしかないんです。それが、どんなに罪深いものであっても」。震える指の隙間越しに、異様に輝く美奈の瞳。

世間の目

「愛は罪深くとも……」でまず気づくのは、とくに前半部で、標語ポスターがちりばめられていることである。掲示板には「気をつけよう甘いことばと暗い道！」と貼り出され、建物にも「ちかんからあなたを守るまわり道」と垂れ幕が掛かっている。これが単に犯罪を予示する演出でないことは、毛利刑事の職場にも「アッあぶない　そのスピードが　死を招く」とわざと目につくようにポスターが貼ってあることからも明らかである。山際は意識的に本作の枠組みを標語ポスターによって固めている。「世間の目」（＝社会の壁）が取り巻く空間として、作品世界を設定しているのである。

「世間の目」はさらに、団地族によって具象化される。周囲よりもよい生活を望みながら、周囲と同じであることに安心を抱く、似通ったサラリーマン世帯の姿である。横並びの状態は、みなで同じ時間帯に同じ番組を見ていることで描かれる。具体的には藤圭子の「命預けます」が流れている。歌謡曲の使用は『ジキルとハイド』では今野勉も第六話で行なっていたが、そこではシーンに重ねて流すことで効果を狙っていたのに対して、山際の第一一話の場合はテレビから流れる曲として、あくまで日常の一部を構成している点に特徴がある(53)。

山際がその評論活動において、アンガジェすることなく傍観者的に生きる「優等生意識」を大衆社会の動向として析出していたことは既に見たが、本作における団地族の描写はその直接の延長線上にある。中庭で暴行殺人が起こっても、団地住民が誰一人助けようとしなかったことを非難して、毛利刑事は美奈に次のように語っている。「まったく団地族ってのはどうしようもないですね。機械的で退屈な生活。虚栄と実収入のアンバランス。そして表面的な幸福を維持するためのすさまじい戦い。かけひき。うそ。要するに人間が人間であることになんの誇りも愛情ももてなくなってただただ働いて生きている毎日」。

だが、「世間の目」は誰もが支えているものであり、団地族だけが非難されるべきではない。それゆえ美奈はこう答えるのである。「それは団地族だけじゃありませんわ。人はみんな多かれ少なかれ」。自分自身もまた、偽善や通俗的な道徳に縛られ、その内面を押し殺したまま生きている。これが美奈の認識である。そして、自らを縛るこの状況にいかに対するべきか、美奈は考えねばならない。

美奈が壁を越える

『ジキルとハイド』の主人公は慈木留／ハイドであるが、回を重ねるごとに美奈の存在が大きくなる。貞節な妻の内奥にひそむ情欲が明らかになるのは第七話「雨の慟哭」（監督石田勝心、脚本長坂秀佳）で、このとき美奈は劇中で初めて洋装になり、男を誘惑するために街歩きに出る。ついで第九話「天使の仮面」（監督西村潔、脚本東海林直彦）では、美奈に学生運動に懸けた過去があったことが描かれる。彼女の仲間であったヤス子（吉行和子）は恋人を投石事故で失い、人生に失望して天使と悪魔の顔をもつ保母となっていた。ヤス子と語らう美奈もまた、青春の挫折を知るひとりであった。

山際の第一一話は、情欲を内に秘めた美奈が洋装になる点、学生運動における挫折が示唆される点（後述するネックレス）において、これらの展開を受けているようである。とはいえ、山際はそれまでの物語だけを意識して第一一話を構成したわけではなかろう。むしろ、一話おいて自分が撮る最終回がくる以上、それにさきがけて美奈の心の動きに明確な方向を与えておきたかったのではないか。

そして、日常的な偽善の矩《のり》を超えることが『ジキルとハイド』の主題であるとすれば、作品の終焉を間近に控えた美奈の前にもまた、日常の敷居を越えるか否かの選択が突き付けられねばならない。山際は第一一話の始めのほうで美奈に「あたし、うちの中にいることが多いので世の中のことがよくわかりません」といわせることで、彼女の状況をはっきりと示している。和装に身を固め、家庭に閉じこもっている彼女が、夫の謎を突き止めるため自ら行動を起こすということは、この状況を打ち破らんとすることである。彼女が洋装・洋髪になることは、慈木留とは別のかたちでの「変身」といえる。そのような姿でひそかにひとり家を出て、夫を見張り、尾行を始めることによって、彼女はすでに自らに課してきた日常の枷《かせ》を打ち捨てている。自分自身がその一部をなす壁との戦いが始まったのである。

この戦いは、『狂熱の果て』のミチと同じように、自身を破滅させながら状況に衝撃を与える時点で終わるのか、それとも『仮面の墓場』の犬尾と同じように、壁の向こうの幻影に身を投ずる時点で終わるのか。いや、美奈はそこでは終わらない。彼女は日常の規範を超えて破滅の道に踏み出し、なおかつ、破滅を抱えて生き続けることを決意したのである。山際の創造世界において美奈は初めて壁を越えたのだった。

その過程は一度では終わらず、幾度か繰り返される。それだけ越えねばならぬものが大きいからである。まず、桜井が扮装した偽のハイドとの対峙がある。「あのひとは凄いひとよ。自由で力強いひと」。この宣言によって彼女は、ハイドの超俗的モラルを自らのものとした。

ここで作品中の次元に亀裂が走る。夜泣きそばの笛の音である。山際は『罠』、それに『炎』において、壁をどう表象するかの実験を重ねてきた。忽然と現れる屋台もまた、そうした実験の延長線上にある。ただしそこで展開されるものは、もはや壁の表現ではない。壁の先に見えるものの表現である。殺人犯と肩を並べ、普段は食べぬ夜泣きそばを啜る美奈の姿は、異界に行き着いてしまった人のさまにほかならない。彼女は自分が人倫の矩を超えてしまったことが分かっている。だから自分はもうじき死ぬかもしれないという桜井に答えて、「あたしもよ」というのである。

彼女は別れ際に桜井にペンダントを渡す。鳩の足にたとえられる、反戦マークをかたどったものである。山際はこのペンダントに強いこだわりをもっている。「⑪はいいところがあると自負しています。松尾嘉代さんの芝居もよかったのです。彼女が胸につるしているペンダント、〔ピースマーク☮〕？？　忘れましたが何かの運動のしるし？　でしたかね、ベトナム反戦かな？」[54]「一一話に出て来るペンダント（○の中にYの字のようなしるし）、あれは、平和運動でしたか？　ベトナム反戦でしたか？　松尾嘉代さんが、偽のハイドに渡すペンダントが、時代の象徴でした」[55]。このペンダントは小道具としては、ハイドの正体に気付いていることを美奈が慈木留に示すために使われる。だが、無論、桜井にペンダントを渡すこと自体に、象徴的な意味が込められている。それは、必ずしも彼女が桜井に何かを託すという行為を指すわけではなかろう。むしろ、美奈という人が、自身の負ってきた(学生運動の)過去を発露させることで、桜井に対しても、より一般的にも、主体として行動していることの証であろう。

この後、自邸の夫婦の寝室にて美奈はハイドを迎え入れる。「あなた」「あなたを待ってたのよ」というセリフにおける「あなた」は、ハイドでもあり慈木留でもあろう。彼女は社会の規範を超えるという夫の行為を受け入れたわけであるから、慈木留とハイドの分裂状態は、本人よりも先に美奈において克服されている(慈木留本人のなかでは、まだこの分裂は分裂のままで残されている)。とはいえ、ここまでの時点では、美奈にしても、性的・身体的超人としてのハイドの姿において夫を受け入れているのであり、地位や名誉をもち、社会の正常な一員である夫としての慈木留が人倫を超えることを直視しているわけではない。

その直視の機会は、第一一話の最後にやってくる。夫が変身して、暴行殺人犯として街中に出てゆく姿を彼女は目にする。ここで彼女はなお絶叫せざるをえない。山際は『ジキルとハイド』が「私のテレビ映画のなかで、特に気になっている作品です」と記した上で、次のようにいう。

まずは、松尾嘉代さんです。私の仕事のなかで、彼女とは、「ジキルとハイド」の二本だけですが、彼女は全面的に私の狙いを理解してくれて、実に素直に演じてくれました。一一話でしたか、彼女が、せっかく嘘をついて、ジキルをかばったのに、再びハイドに変身して、暗闇の世界に出て行ってしまう――、ガラスごしに見て、泣き崩れるところ、私は、声を出して泣いてください、くらいのことを言った覚えですが、彼女は、テストで、われわれスタッフが驚くくらいの大きな声で、号泣し、しゃがみこみました。確か、しゃがむという動きも、スタッフは予定していなかったと記憶しています。カメラや照明も、急いでしゃがむ動きをフォローしていました。それを見て、露口さんの刑事が、びっくりすると同時に、自分の負けを知るという運びが、完璧に実現しました。(56)

彼女はしゃがみ込み、そしてまるで危機を察知したけもののように敏捷に身を起こし、毛利の後を追って研究室に急ぐ。かくして最後のセリフ「あたし、あのひとを愛してたんです。慈木留を」「あたしには、もうそれしかないんです。それが、どんなに罪深いものであっても」がくる。ここにおいて彼女はついに、人倫を超えた夫である慈木留とともに、地獄に落ちる覚悟を固めたといえるだろう。

最終回「永遠の標」

山際が担当した二本に挟まれて、第一二話「偽りの園」（監督田畑慶吉、脚本出雲五郎〔長坂秀佳〕）がある。ヒューマンな仮面の陰で病院長（宇佐美淳也）が女中（南左斗子）を奉公人扱いする話である。挿話的な位置づけであるが、最後に毛利たちがハイドを慈木留邸に追い詰めて、最終回に話がつながる。

最終回の題は「永遠の標《しるべ》」という。脚本には出雲五郎と長坂秀佳の名が並んでいる。長坂の変名である出雲名義（二人が同一人物であることは周囲には伏せられていた）で書かれた脚本が丹波の気にいらず、長坂が直したかたちをとったのである。(57)

「今見てみると、特に⑬は欠点が多く、観念的で、こなれているとはとうてい言えません」と山際はいう。(58)たしかに、ハイドの最期について脚本が変更されたこともあり（後述）、物語を収斂させるのに山際は苦心したであろう。それでも幻想色豊かな世界の中に、破滅や暴力のモチーフが織り込まれ、各人物の決着もしっかりとつけられた。以下、最終回のストーリーを見よう。

前回のラストを受けて、毛利たちが慈木留邸に駆け込む。美奈はハイドが外に逃げたと偽装するために窓を割る。美奈の偽装を察知した毛利は研究室に向かい、拳銃で鍵を撃ちドアを開ける。慈木留が熱を出して倒れている。彼がハイドと同一人物であることを知らない毛利は、ひとまず退去する。

ちょうどそのとき、慈木留が理事を務める慈善団体「灯の会」の理事会が開かれることになり、慈木留は熱をおして出かける。理事会では慈木留の提案に基づいて、知的障害のある子どもたちのための慈善計画が承認される手筈である。だが、自分がいかに慈善活動に尽くしているかを延々と説く理事会会長宮地（小林重四郎）の演説を聞いているうちに、慈木留は朦朧としてくる。熱のためか、薬の副作用のためか、彼は自分が抑えられなくなり、宮地会長たちを偽善者だと罵り、殴りかかる。慈木留は病院の精神科に連れていかれるが、その直後に会議室で宮地会長が殺されているのが発見される。

理事会でお茶を出していた事務員の娘（川島育恵）が、慈木留のカバンをもってきて、そのままベッド脇に留まる。彼女は歌を歌い、上着を脱いでくつろぎ出す。意識が戻ってきた慈木留は、「とうとう来るべきところにきてしまった。ついにわたしは狂ってしまったのか」とひとりごつ。美奈は慈木留を退院させるよう懇願した後、自宅に戻る。変身の秘密こそ知らないが、彼女は直感的に証拠の隠滅を図り、書類を焼く。

毛利は同僚の何気ない発言から、慈木留が薬の力でハイドに変身していることに思い至る。宮地会長を殴り殺したのも慈木留に違いない。彼は上司の許可も得ずに部下を動員して慈木留邸の張り込みを始める。だがそこに、宮地殺害の凶器のブロンズ像から事務員の娘の指紋が出たとの連絡が届く。

二階の寝室で朦朧としている慈木留は、鉄格子の中に入れられた幻影を見る。彼は狂人になったんだという周囲の声が響く。彼の身体は薬を求めている。「今度こそジキルの姿には戻れないかもしれない。だがそれでいいんだ。もうジキル博士には戻る必要がないんだ。永遠の変身」。隣のベッド上では事務員の娘が飛び跳ね、寝転がって体操している。その下着も露わになる。ここで慈木留は目覚め、美奈も入ってくる。慈木留が美奈に薬が欲しいという。一階応接間の壺の中に最後の一瓶が隠してあるのだ。事務員の娘が取りに行こうとするのを制して、美奈が一階に降りる。応接間では連日の張り込みで疲れ切った毛利がソファで眠り込んでいる。薬を見つけた美奈は、二階に戻り慈木留に手渡す。頷き合う夫婦。慈木留は変身する。若々しい裸の胸をはだける。陶然とする二人の女。遊園地で遊ぶ三人のイメージ。

目覚めた毛利が部屋に飛び込む。美奈が事務員の娘にネックレスをかけてやっているところである。美奈が毛利に微笑む。と背後からハイドが襲い掛かる。刑事たちとの大立ち回りが始まる。女二人はハイドを離れない。実験室に向かった彼らは薬品をまいて全てを破壊する。爆発に巻き込まれぬよう、ハイドは女二人の手を引いてやる。もはやここにいるのは暴行魔ではなく、一人の超人である。

ふたたび遊園地のイメージ。三人はコーヒーカップに乗っている。事務員の娘が告白を始める。自分の両親は宮地会長の車にはねられて死に、自分は彼の手で施設に入れられた。宮地が社長を務める化学工場は、廃水によって大勢の病人を出している。それでいて彼は慈善活動をやっている偽善者なのである。「とうとうやったわ。あたしねとってもいい気持ち」。

パトカーのサイレンが響く。検問が張られている。ハイドは機動隊員を襲い、ジープを奪う。事務員の娘がジープに積んである銃を見つけ、宙に撃つ。毛利が駆け付けるが、彼女は彼に向けて発砲する。彼女のネックレスが反射して、目がくらんだ毛利は事務員の娘を射殺する。美奈は彼女のなきがらに頰を摺り寄せる。ハイド一人を乗せたジープが機動隊員の群れに突っ込んでいく。

埠頭にジープが乗り捨てられている。毛利と美奈がやってくる。ジープは空である。m-1 T2が流れる。美奈が埠頭の端まで駆け寄ると、海面にハイドのコートが漂っている。もしかしたらとハイドの死を示唆する毛利に、美奈はひとたびは顔を曇らせる。だが、彼女は海を見つめ直していう。「いいえ。確かにあのひとは死んではいません。どこかに生きています」。コートが漂い、夕日が沈む。

狂気の諸相

山際はこれまでの作品において、自身もその一部をなす社会の壁にぶつかる人間の、自己矛盾の表現としての狂気について探求してきたが、『ジキルとハイド』もそうした探究の一環をなすといえる。日常的な規範を「正常」と考えるならば、その敷居を越えることは「狂気」に陥ることだからである。

ただし、「永遠の標」における狂気の現れ方は、各人の立場に応じて異なる。毛利刑事の場合、反射光を媒介にして錯乱が深まっていく。疲弊しきっている彼の目を、射撃訓練場のガソリン缶、慈木留に打たれる注射の針、それに美奈が事務員の娘に与えたペンダントと、様々な物に反射して光が襲うのである。ついには反射光は、事務員の娘の銃殺を誘発する。

だが、毛利の錯乱は、日常道徳を超える方向のものではない。証拠隠滅のために書類を焼却している美奈に対して、ハイドを庇っているのかと問い質した毛利は、逆に次のようにいわれる。「嫉妬ね。あなたは彼を、あの連続殺人犯を妬んでる。そうでしょ。彼のような自由な人間にはなれないのよ、あなたは。彼の自由を嫉妬してる。怖がってる。だからあなたは彼が憎いのよ」。彼は不自由な人間の側に留まり続けるのである[59]。

宮地会長を撲殺し、無軌道に銃を撃つ事務員の娘には、毛利の錯乱よりもずっと本格的な狂気がある。彼女による殺人は、個人的な復讐であるとともに、偽善者宮地という社会悪に対する抗議でもある。復讐を敢行して破滅する彼女の死に様は、どこか『狂熱の果て』のミチを思わせる。

この事務員の娘はそもそも何者なのであろうか。第一二話の最後に流れる最終回の予告では、慈木留が元に戻れないことを自覚しつつ最後の変身を行なうことが述べられたあと、「けもののようなハイドの誕生。そして美奈も少女も自由奔放な女に変貌していた」と語られる。この「少女」という表現は、これまでの幾度かの回において幻影的に現れた少女（沼館敦子）を想起させる。第一話「けものの薬」（監督五社秀雄、脚本大津皓一）で、変身が解けてぐったりとする慈木留は、遊園地（最終回とこの点では符合する）でこの少女を目にしている。第二話「黒い花輪」（監督五社秀雄、脚本小川英）、第三話「殺意の群れ」（監督村木良彦、脚本長坂秀佳）、第五話「石上ユリの場合……」、第九話「天使の仮面」でも、彼女は一瞬の幻影として現れる。おおむね慈木留が自分の意識下にあるものを覗き込むときに彼女は現れる。最終回における事務員の娘は、この幻影上の少女の別の姿と見ることもできよう。山際は、幻影上の少女は最終回の「平凡な少女とは別人です。雰囲気のイメージとしては、つながっていました」と記している。(60)

最終回で事務員の娘は、業を集約的に背負わされた人物として登場する。それによってここまで語られることがなかった幻影の中の少女の像に、イメージ上の結論が下されたともいえる。美奈は彼女に第一一話と同じくペンダントを与えるが、これは事務員の娘と苦しみを分かち合う、共苦の表現であろう。

狂気の問題に直接に向き合っているのは慈木留である。地位も名誉もある彼は、慈善団体の理事たちの偽善を告発することによって、周囲から狂人とみなされる。だが彼は、自分が狂ってしまったのだとしても構わないと考えるにいたる。おかしいのは周囲の者たちの方だからである。彼は二度と常識の世界に戻れないことを知りながら、最後の変身を望む。このとき彼に薬を差し出すのは、美奈でなければならない。彼女は事務員の娘を制して、自分で薬を取ってくる。夫婦は頷き合うが、これは慈木留にとっては永遠にハイドとなることを決意することであり、美奈にとっては夫の二つの姿を今度こそためらいなく受け入れるということである。ここにおいて慈木留も美奈も、最終的に敷居を越えたのである。

人倫の敷居を越えた慈木留、美奈、彼ら二人と内面的に結びついている事務員の娘は、性的陶酔に耽る。裸体がアップで撮られることで個々人の要素は分解され、深い交歓が表現される。人体を解体するこの手法は、『炎』で使われたものと同じである。オープニングで使用されるヌード写真が挿入されて効果を高めるが、このモンタージュ技法も『炎』とつながっている。山際は実験映画で得られた成果をここに注ぎ込んでいるのである。また、毛利が部屋に駆け込む際には、ドアに貼ってあるヌード写真がまずは大きく映されて、官能的幻影から現実への転換が連続的に描写される。本来夫婦の寝室のドアに貼られていることはないであろう写真が貼られているのは、表現術といえよう。

山際自身は、このシーンについて次のように想起している。

一三話の、初めて登場する、「少女」（そう言ってはわるいが特に魅力があるとかいうのでもないどこにでもいる少女）と、松尾嘉代と丹波哲郎が、戯れて、三人でのベッドシーン――、さすが私も、これはテレビコードにひっかかるかと、びくびくして、何とか、象徴的な場面とか言って誤魔化そうと、工夫しました。遊園地のシーンにつなげて、雰囲気作りをした記憶です。結果、誰からも何も言われませんでした。(61)

この遊園地のシーンでは、事務員の娘と美奈の間に鋭い対話が交わされる。「とうとうやったわ。あたしね、とってもいい気持ち」という娘に対して、美奈はいう。「でもあなたが殺した宮地みたいな人はもっともっと色んなとこに沢山いるわよ。もしかしたらあたしの中にも、あなたの中にも」「だけどそういうあんたは何をやったのよ。何もやってないじゃない」「そう何もやってないわ。でも何かやりたいと思い続けてきたの」。実際、美奈はずっと何かをやりたいと思い続けてきて、そして最後に夫と同じく、境界の向こう側に足を踏み入れたのだった。慈木留／ハイドと美奈の狂気は、破滅を自らのものとして引き受け、なお先に歩み続ける人の覚悟の謂いである。

二人の出立

ハイドの最期をめぐって、それまで一回も文句をいわなかった丹波が異議を唱えた。出雲五郎（長坂）の脚本は、ビルの屋上から慈木留が飛び降りて死ぬ（最後の力を振り絞ってハイドを殺す）というものであったのに対して、丹波は難色を示した。長坂によれば、「丹波哲郎としてはワルをやりきりたかったんだろう。それで限りなく、明日に向かっていくという終わりになった」(62)。だが、丹波は撮影現場でも、山際に対して自身の意見を主張した。山際は次のように記している。

あと、印象に残っているのは、ラストの岸壁のシーンです。確か、台本にも書いてあったと思うのですが、ハイドのコートだけが水面に浮いているという作りでした。丹波哲郎が、現場で、このラストシーンにクレームをつけ、自分は警察部隊の銃撃で死ぬのがいいと言いだしました。私は、そらきたと緊張しまして、何か理屈を言ってごまかしたと記憶しています。丹波さんは、言うだけ言って、帰ってしまいました。やれやれでした(63)。

丹波がいうように警察部隊の銃撃を受けてハイドが死ねば、それはそれで爽快なラストであったかもしれない。だが、ハイドの生死が分からずに終わればこそ、「確かにあのひとは死んではいません」という美奈のセリフがあるわけである。海面に漂う上着という情景は、『仮面の墓場』のラストと共通する。しかし、犬尾の上着がなお社会の壁に対峙する人が投げつけたものであったのに対して、ハイドのコートは自由になった人が旅立ちのあとに残したものである。あのひとは「どこかに生きています」と美奈がいうとき、それは彼女自身が自由な人間として生き続けるという決意の表れにほかならない。『ジキルとハイド』は苦悶をへてそうした決意にいたった、夫婦の物語なのだ。

『ジキルとハイド』のことを、山際は次のように考えている。学生運動への言及にしても前衛的な創作家たちの参加にしても、「『ジキルとハイド』は、時代の産物なのだと、つくづく思います。なにしろ、一九七〇年ですから、全共闘がまだ元気だった時代です。私はデモに参加したり、脚本直しの宿舎に駆け付けたりと、大忙しでした。よく、健康でいられたと思うくらいです」[64]「私としては一九七〇年、敗北の過程にあった全共闘運動へのオマージュとして作りました。五社さんの設定の結末はこれだと、わをかけて、アナーキーに作りました。田畑さん西国さんも間接的に支持してくれました」[65]。

こうして革命の季節は終わりを迎えつつあった。だが、山際は自身の創造によって、ひとつの記念碑を残すこととなったのである。

(1) 真武善行「9・30以降の日大闘争」、『日大闘争の記録 vol.8 忘れざる日々』(日大闘争を記録する会、二〇一七年)、三四、八一頁。
(2) 山際より筆者へのメール。二〇二〇年六月二一日付。
(3) 『狂死』に関しては山際から筆者に五点の史料が提供された。①「センター・一九六九(試案)」と表紙に記された企画書。全八頁。謄写版。②謄写版チラシ［図5-1］。③印刷版チラシ［図5-2］。④『テーゼ・一九六九 第一回表示稿』。全二四頁。謄写版。⑤『眼の狩』三号、一九六九年六月一六日、謄写版。このうち⑤以外は頁番号がない。また、粕三平が後年、①と④と⑤について部分的に自著に再録している。粕三平・長谷川龍生『戦争入門――クラウゼヴィッツ「戦争論」の読み方』(平凡社、一九八六年)、二一三―二一五、二一七―二三一頁。
(4) 頁番号がないので、以下、企画書について逐一出典注を付すことはしない。
(5) 山際より筆者への手紙。二〇二〇年六月二〇日付。
(6) 印刷版チラシでは、持田裕生・野沢清四郎・植村恒有・林昭夫・小杉武久・桜井勝美・高橋巌・中村宏が加わっている。
(7) 長田甚「狂死について」、『三田新聞』一九六九年六月四日、六面(『縮刷版三田新聞』、第一三巻、昭和四三―四四年〈不二出版、一九八八年〉)。長田の本名について、粕・長谷川『戦争入門』、二一四頁。
(8) たとえば村木良彦「テレビジョンは異端を必要としている 状況と創造」上下、『三田新聞』一九六八年五月一日、四面、

五月八日、三面（『縮刷版三田新聞』、第一三巻）。
（9）頁番号がないので、以下、『表示稿』について逐一出典注を付すことはしない。
（10）Ⅲのタイトルは、夢野の『ドグラ・マグラ』中の表現からとられている。カタカナで表記されている箇所は、『表示稿』では漢字だが、夢野の小説、および謄写版・印刷版チラシに従って、カタカナ表記とした。
（11）上演時間に関する情報のみ、粕三平「ステージ・ドキュメント「狂死」の狙い」、『眼の狩』三号、一九六九年六月一六日、二頁。
（12）井内比人については、粕・長谷川『戦争入門』、二二〇頁。
（13）田原・佐藤の作品タイトルについても、注10と同じことがいえる。
（14）粕「ステージ・ドキュメント「狂死」の狙い」、四―五頁。
（15）粕・長谷川『戦争入門』、二二〇、二二九―二三〇頁。
（16）この「専門家」は「テーゼ・一九六九」の参加者ではない。彼は『狂死』が上演される前日に、自分は津山事件に詳しいといって粕の前に現れた、フリー・ジャーナリストらしき人物である。粕は彼を『狂死』に出演させることにした。粕によれば「当日この津山事件の専門家は、多くの会衆を背にくり広げられた完全な沈黙（取材拒否）の世界に直面して惑乱した。井内比人氏（植村恒有）が打ち合わせしたとおり、必死になって何を聞かれても一言も答えないからであった。満員の会衆のなかから、いろいろなヤジがとび交いはじめた」。ここで野次が飛び交うようにしたのも、粕の狙い通りであった。もっとも、「専門家」は舞台上で激昂して粕の名前を連呼して非難したり、「都井睦雄の縁者」とマイクのつかみ合いになったりしたので、かなり緊迫した事態となったようである。粕・長谷川『戦争入門』、二二二―二二五頁。
（17）同時代的な問題意識の例として、今野勉『今野勉のテレビズム宣言』（フィルムアート社、一九七六年）、一四九―一六四頁に所収の「場の記録」を参照。
（18）小ホール収容人数について、鈴木久利「そんな・こんなの五〇年目」、『特ラ機構レポート』一四〇号、二〇一四年九月一日、二一頁。
（19）川崎弘二編『日本の電子音楽　続々　インタビュー編　二』（engine books-difference, 二〇二〇年）、二六頁（大野松雄インタビュー）。
（20）川崎編『日本の電子音楽　続々』、二六頁（大野インタビュー）。

（21）山際と大野の交流の一端を伝えるものとして、大野松雄『ジンルイガクッテナンダロウ――独断的人類学考察覚え書』と題された全一八頁の冊子がある。これは大野が個人的に刷り、配布したもので（山際所蔵分のナンバリングは三三）、巻末の日付は一九七〇年九月一〇日である。環境破壊に対処するためには「人工」と「自然」の対置をやめ、「〔人類」によって徹底的に管理されコントロールされた「自然」」（八頁）をあらたにつくりだすべきだと論じる、一種の文明論である。山際はこの冊子の随所に書き込みを行なっている。たとえば、「人類による人類を含めた徹底的地球管理コントロールプロジェクト」という大野の文言に対して、「いかなる革命によって可能か？　それははたして革命か？」と書き込んでいる（九頁）。また「人類は「意識」をもって行動する生物だからである（尤も時に無「意識」で行為することもしばしばだが）」という大野の文言に対しては、「これ！」と同意の言葉を書き込んでいる（一二頁）。

（22）波多野哲朗「暗闇の視線を追って――日本の状況」、『美術手帖』三三四号、一九七〇年一一月、六七―六八頁。

（23）「市川森一インタビュー」、『キネマ旬報』、一九九三年七月上旬号、二三五頁。取材・構成は早川優。

（24）『円谷プロ怪奇ドラマ大作戦（洋泉社ＭＯＯＫ　別冊映画秘宝）』（洋泉社、二〇一三年）、八二（作品説明）、一〇二―一〇三頁（白石雅彦による山際永三インタビュー）。

（25）斎藤正治「藤田敏八はなぜ非行少年ばかり描くか」、『シナリオ』二六巻五号、一九七〇年五月、五一頁。この評論は『恐怖劇場アンバランス』第二話『死を予告する女』を監督した藤田敏八についてのもの。日活専属の藤田は会社に内緒で本作を撮った。

（26）『キネマ旬報』、一九七一年六月上旬号、二四頁。『円谷プロ怪奇ドラマ大作戦』、九三頁（轟夕起夫による緑魔子インタビュー）。

（27）映像作品にくわえ、『映画評論』二七巻四号、一九七〇年四月、に掲載されたシナリオを参照した。

（28）アルジェリアのフランス兵という設定は、山際の愛読したカミュを連想させる。また、一九六七年にはアルジェリア独立戦争を主題とするイタリア映画『アルジェの戦い』が日本公開されている。

（29）唐十郎インタビュー、『恐怖劇場アンバランス』vol. 2、ＤＶＤ（デジタルウルトラプロジェクト、二〇〇七年）、解説パンフレット、三頁。

（30）緑魔子インタビュー、『円谷プロ怪奇ドラマ大作戦』、九三頁。

（31）もとより唐十郎の状況劇場には、空間を限定するという演劇一般に通ずる性格とは別に、空間をジャックするという紅テント固有の性格がある。この後者の性格に対応するのが、やはり唐が登場する大島渚の『新宿泥棒日記』（創造社、一九六九年）である。一九六八年六月から九月に撮影されたこの作品では、街全体がゲリラ的にジャックされる。樋口尚文編著『大島渚全映画秘蔵資料集成』（国書刊行会、二〇二一年）、三一九、三二一頁。

（32）山際・内藤・内藤『監督山際永三、大いに語る』、八〇頁。

（33）「市川森一インタビュー」、『キネマ旬報』、一九九三年七月上旬号、一二三五頁。

（34）切通理作『怪獣少年の〈復讐〉——70年代怪獣ブームの光と影』（洋泉社、二〇一六年）、一二七頁。唐十郎が主演した若松孝二『犯された白衣』（若松プロ、一九六七年）を観たことも、山際を刺激した（同上）。円谷プロは特撮があるため通常はアフレコであったが、山際は唐十郎が芝居するのに同時録音でなければだめだと無理に頼んだ。映画館での撮影はガンマイクを使い、海などのシーンはアフレコである。筆者による山際のインタビュー。二〇一九年一二月一六日。山際より筆者へのメール。二〇二四年七月二九日。

（35）このシーンにおける即興性については、山際インタビュー、『円谷プロ怪奇ドラマ大作戦』、一〇三頁。『恐怖劇場アンバランス』vol. 2、DVD、収録の唐のインタビュー、および山際・唐・緑の鼎談も参照。

（36）切通『怪獣少年の〈復讐〉』、一二三頁。

（37）齟齬があることは、切通理作『怪獣使いと少年——ウルトラマンの作家たち　金城哲夫・佐々木守・上原正三・市川森一』（増補改訂版、洋泉社、二〇一五年）、二六四頁も指摘している。

（38）なお、若松『犯された白衣』でも、終盤にいたり殺人魔の「美少年」（唐）が裸身のまま、同じく裸身の娘（夏純子）に身をあずけることで、胎内回帰が表現される。若松孝二、足立正生（本作の脚本家の一人）における胎内回帰のモチーフについて、高橋正一「復讐劇から攻撃態勢へ」、『映画評論』二三巻一〇号、一九六六年一〇月、二一頁。

（39）山際インタビュー、『円谷プロ怪奇ドラマ大作戦』、一〇三頁。

（40）荒井晴彦「伊藤俊也〈さそり〉——怪獣ウラミゴンのゆくえ」、『映画芸術』二九〇号、一九七三年四月、七〇頁。

（41）白井隆二「忘れていた映像の楽しさ」、『放送文化』二八巻三号、一九七三年三月、四二頁。

（42）春日太一「演出家・五社英雄の歩み」、春日太一責任編集『五社英雄　極彩色のエンターテイナー（KAWADE夢ムック、文藝別冊）』（河出書房新社、二〇一四年）、六頁。

（43）作品の基本データは『ジキルとハイド』DVD（ベストフィールド、二〇二三年）、解説書（石橋春海）、を参考にした。

ただし、「一九六九年に製作され、翌一九七〇年四月のゴールデンタイムでの放送が予定されていた」（頁数なし）という点は、修正が必要であるように思われる。製作は一九七〇年半ばに入っても続き、放送予定は一九七一年からだったのではないだろうか。

まず、製作時期については、『ジキルとハイド　オリジナル・サウンドトラック』（ビー・スマイル、二〇〇七年）、ブックレット、頁数なし、巻末の「A音リスト」から、一九七〇年五月二〇日および六月八日にもBGMの録音が行なわれていたことが分かる。また、今野勉が一九七〇年八月一八日の時点で、自分の担務している仕事の一つとして、「東宝テレビ部制作のテレビ映画「ジキルとハイド」の監督（但し、残っている仕事はダビングのみ）」と書いている。今野勉「憑依と日常についての断片的序章」、『季刊同時代演劇』三号、一九七〇年九月、一四二頁。

次に放送予定時期については、日本電子機械工業会の会誌『電子』一九七〇年七月号において、テレビマンユニオンの村木良彦が「このほどフジテレビの番組制作を担当することになり、話題になっている」とした上で、「フジテレビの番組は来春、放送される予定のテレビ映画〈ジキルとハイド〉（仮題）で、この仕事は同局から東宝へ発注され、東宝が村木ディレクターへ演出を委嘱してきたもの」と記している。「来春」は一九七一年春を指す。土岐唯男「放送界パトロール」、『電子』一〇七号、一九七〇年七月、五五頁。

(44) 諏訪英一「〝節操などあってたまるか〟」、『潮』、一九七三年三月号、一三九頁。

(45) 山際より筆者への手紙。二〇一八年八月二八日付。

(46) 丹波哲郎・ダーティ工藤『大俳優　丹波哲郎』（ワイズ出版映画文庫、二〇二一年）、一四一頁。スタッフ名は『ジキルとハイド　オリジナル・サウンドトラック』、ブックレットの「放映データ」（常見弘士）も参照のこと。

(47) 山際より筆者へのメール。二〇二三年一〇月一八日（その二）。

(48) 山際より筆者への手紙。二〇一八年八月二八日付。学生運動の経歴が明示されるのは美奈だけだと思われる（第九話）。

(49) 『篠山紀信と二八人のおんなたち』（毎日新聞社、一九六八年）、二一―三、八―九、三〇頁。同書には本作で使われた多くの写真が収録されている。

(50) 山際より筆者へのメール。二〇二三年一〇月一八日（その二）。

(51) 加藤春哉は『コメットさん』最終回「大きな大きなプレゼント」（監督山際永三、脚本吉原幸栄）にも放送局員役で出演した。

（52）『ジキルとハイド　オリジナル・サウンドトラック』、ブックレット、「収録楽曲解説」（貴日ワタリ）、「A音リスト」、頁数なし、参照。

（53）第一一話後半、屋台でこの曲が流れる時には、単なる日常風景の一部ではなく、美奈の心象とより重ね合わされている。だが、その場合でも、シーンに曲が重なるのではなくラジオから実際に流れてくる点において、風景の一部としての歌謡曲という山際の表現手法は一貫している。なお、「命預けます」のシングルレコードは一九七〇年七月二五日発売なので、本作の撮影時期はその後であることが推測される。

今野は自身の方法について、「圧倒的にぼくを魅了しさる情念の体系としての、とある歌謡曲を、その共感の中で、ぎりぎりと価値転換させ変貌させてみる」「歌そのものの意味を屈折させていく」と説明している。今野勉「〝私〟――歌謡曲――そしてテレビドラマ」、『三田新聞』一九六八年五月一日、六面（『縮刷版三田新聞』、第一三巻）。山際の歌謡曲の使い方には、価値転換や屈折の要素は僅かなように思われる。ここには、作品製作の虚構性を浮き彫りにすることを重視する今野と、虚構であるにせよ作品内に社会という枠組み（壁）をまずは構築することを重視する山際との、志向の違いが現れている。

（54）山際より筆者への手紙。二〇一八年八月二八日付。

（55）山際より筆者へのメール。二〇二三年一〇月一八日（その一）。

（56）山際より筆者へのメール。二〇二三年一〇月一八日（その二）。

（57）長坂秀佳インタビュー、春日太一責任編集『五社英雄』、八〇―八二頁。なお、同書八一頁によれば、最終回の準備稿（脚本出雲五郎）では監督五社英雄となっており、改定稿（脚本出雲五郎・長坂秀佳）で監督山際永三となる。

（58）山際より筆者への手紙。二〇一八年八月二八日付。

（59）毛利刑事を演じた露口茂について、山際は筆者へのメール（二〇二四年二月一六日）において次のように振り返っている。

「ジキルとハイド」は、一九七〇年ですから、彼はすでに相当のスター俳優でした。彼が、「CMには出たくない」というのは、実際に私の前でそのように話をしたことがあったという記憶です。なんとなく、昼休みの時だったような感じがします。つまり、私は露口さんを、それなりにたてていました。また、好きな俳優でもありました。現場では、非常に素直に監督の言うことを聞いてくれていました。私は、「CMに出ないというのは、立派ですよ」と言いました。露口さんは、私の共感にもかかわらず、――自分はそのように不器用な俳優なのですという雰囲気でした。

そして、また別の日に、彼は、――（一一話に至って）これだけジキルイコールハイドというのが明らかになり、ジキル夫人にはウソをつかれても引き下がるような刑事は、ちょっと滑稽な感じになるのではないでしょうか、それでもいいのですか？――と私に言ってきたことがありました。丹波さんの自分本位とは違って、露口さんは、俳優として、役の解釈として、困っているという感じでした。

この場面で、監督として、ストーリーとして、学生時代に松尾嘉代さんの恋人だったのに、運動を裏切るという結果になると自覚しながら、敵（学生たちを弾圧する側）を志して警察に就職したのだから、その刑事は、二枚目ではなく、結局三枚目ですよ。＝＝と、冷たく突き放すことは、酷ですから、私は、あからさまに言うのは避けました。私が何と答えたか、ちょっと忘れました。多分、曖昧に、私も考えてみますという感じで、その場をおさめた記憶です。

その頃、露口さんは、ほかの刑事が驚くほど、ジキルの検挙に情熱を傾けて、目が血走るような演技というか、ひたいに汗をかいて（油を塗って）演技していました。それは彼の工夫です。

私は、そうした彼との話し合いの中から、一三話では、彼が一種の精神異常に陥って、強く光るものに向かって突き進み、拳銃を撃つという設定を強調することにしました。拳銃の試射訓練場の場面として、脚本にもそのようなシーンを強調した覚えもあります。

以上のような、一種の共同作業として、一三話のラストシーンが出来上がったと私は考えています。時代の産物論です。

(60) 山際より筆者へのメール。二〇二四年七月二三日。
(61) 山際より筆者へのメール。二〇二三年一〇月一八日（その二）。
(62) 長坂秀佳インタビュー、春日太一責任編集『五社英雄』、八〇―八二頁。丹波・工藤『大俳優　丹波哲郎』、一四一―一四二頁。
(63) 山際より筆者へのメール。二〇二三年一〇月一八日（その一）。
(64) 山際より筆者へのメール。二〇二三年一〇月一八日（その二）。
(65) 山際より筆者への手紙。二〇一八年八月二八日付。一九七〇年の山際の問題関心を伝える評論に、山際永三「〈Z〉におけるテロルの問題と日大生中村君虐殺事件」、『映画芸術』一八巻八号、一九七〇年一〇月、がある。そこで山際は、ギリシアにおける右翼テロを取り上げたコンスタンタン・コスタ＝ガヴラス監督『Z』（一九六九年）について、「相も変らぬ「被害者意識」でしか発想していない」（八七頁）と厳しく批判する。「右翼テロルというのが、現代では、外国勢力とか秘密警察とかにあやつられるものとして出現するのではなく、正に革命的左翼の主体的な攻撃性、体制への加害の度合に応じて、全く自発的な秩序維持派の、ゆがんだ階級憎悪として出現してくる」（八九頁）点を見なければいけない、と山際は論じる。ここにあるのは被害者と加害者を単に対置することのない構造的な把握であり、本質において「社会の壁」論と同じである。ついで同稿は、一九七〇年二月二五日、右翼の襲撃によって遮断機が下りた踏切に追い詰められ、頭部に致命傷を負って一週間後に死んだ日大生中村克己のことに触れる。山際が参加した「中村君虐殺糾弾委員会」は、直接の死因が電車との接触か右翼による殴打かが問題なのではなく、右翼の襲撃が中村を追い詰めたこと自体が傷害致死罪を構成すると主張した。山際にとって右翼のこのテロは、新左翼運動が被害者意識をかなぐり捨て、「自己解放のサディスティックな暴力（ゲバルト）」（九〇頁）を意識的に対権力に向けるにいたったことの反作用であった。かくして山際の社会運動と、リアリズムをめぐる思索とは、相互に深化し合う関係にあった。

第六章　日常性と非日常——一九七一〜一九七五年

はじめに

一九七〇年代前半は、日本のテレビドラマにとって幸福な時代であったように思う。社会運動の熱量は現実の社会においては減少局面にあったが、製作の場においてはそうではなかった。むしろ、「社会的なもの」をなお語りたいという作り手の情念と、技術的・方法的な経験の蓄積とが合致したのが、この時代だったのではないだろうか。山際もこの時代、テレビドラマの製作現場において、多くの傑作・佳作を生み出したのである。

一　一九七一年——『帰ってきたウルトラマン』の年

ブラザー劇場

『コメットさん』の放映が一九六八年一二月に終了したあと、「ブラザー劇場」（TBS）の枠で山際は『どんといこうぜ！』（一九六九年一月から六月）、『胡椒息子』（同年七月から一〇月）に関わった。この二作は大映テレビ室の製作であったが、続く『彦左と一心太助』（一九六九年一一月から一九七〇年一〇月）は東映京都制作所が手掛けた。京都でつくられた同作に山際が参加したのは、TBSプロデューサー橋本洋二の意向が働いていた。山際によれば「三〇分ものの時代劇ってのを東映でつくってたんです。そっちへ山際行ってくれってわけですよ、橋本さんが。というのは東映の調子でやられると面白くないからね、なんかそのプラザー枠に当てはまりそうな明るい時代劇をやってくれっていうんでね。それで市川森一なんかのホンで僕が京都へ行ってた時期があって(1)」。同じ枠の『千葉周作 剣道まっしぐら』(一九七〇年一一月から一九七一年八月)にも山際は参加する。これは松竹製作である。同作終了後は東映製作の『刑事くん』(一九七一年九月から一九七二年一〇月)が始まり人気作となったが、山際は「権力側を主人公にした刑事ドラマには関わりたくない」という理由で参加していない(2)。このあと『熱血猿飛佐助』(一九七二年一〇月から一九七三年四月)が東映京都制作所で撮られ、山際は再び京都に足を運んだ。

山際メモ

『帰ってきたウルトラマン』は一九七一年四月から一九七二年三月まで、三〇分もの全五一話が放映された。製作は円谷プロダクションとTBSである。一九六六年から六八年まで放映された第一期ウルトラシリーズ(『ウルトラQ』『ウルトラマン』『ウルトラセブン』)に続く、第二期ウルトラシリーズの第一作となる。山際は九本を監督した。世界各地が異常気象や地震に見舞われ、怪獣が出現する。事態に対処するのは怪獣特別攻撃隊MATである。宇宙人ウルトラマンも人類を支援する。主人公郷秀樹(団次郎、のち時朗)はMATの一員であるとともに、ウルトラマンに変身する。坂田健(岸田森)、アキ(榊原るみ)、次郎(川口英樹)という坂田家の人々が郷を取り巻く。

『帰ってきたウルトラマン』に関しては、白石雅彦と切通理作によって多くのことが明らかにされ、論じられている。屋上屋を架すことは避けつつも、白石の発見になる山際作成の資料については、本書のここまでの叙述と関わることもあるので、詳しく検討したい。この資料は、山際が最初の担当回である第一五話「怪獣少年の復譬」（脚本田口成光《しげみつ》）をつくるにあたって作成した五枚のメモ、および同話脚本に書き入れた覚書（以下、一五話覚書とする）である。[3] メモ一は、「現実と虚構（怪獣）との接点」という観点から、それまでの回の内容を特徴づけている。メモ二・三は、人間関係を中心としてドラマの構造分析を行なっている。メモ一における「現実と虚構」の対置に対応して、メモ二・三では「日常性」と「非日常」が対置されている。「日常性」の側には坂田家がおかれ、「非日常」の側には郷—ウルトラマン、MAT、怪獣がおかれている。

メモ一〜三からは、社会の壁にぶつかる登場人物という山際ドラマの構造が、本作においても変奏された上で保たれていることが分かる。変奏された上でというのは、壁にぶつかる人物の抱える矛盾が、狂気や幻想として表出されるという方法は、そのまま適用されるわけではないからである。狂気や幻想に相当する「非日常」は、主人公の葛藤から内的に立ち現れるのではなく、怪獣の出現という設定上の約束事として、最初から前提とされている。従来の山際の方法論が、日常の内部の矛盾から非日常が現出するという論理に立つのに対して、『帰ってきたウルトラマン』に参加するにあたって、山際はひとまず日常と非日常の接触面において何が起こるのかという点に関心を向けたのだと考えられる。

山際の狙いは、一五話覚書により明確に記されている。冒頭には「現実（日常性）と虚構（非日常）の橋わたしを考えたい。表現派的な何か!!」とある。これが山際における『帰ってきたウルトラマン』の基本的な狙いであった。なお、ここで「表現派」という言葉が使われているが、前章で見た通り、本作よりあとに発表された白井隆二の『仮面の墓場』評においてもドイツ表現主義が参照されているのは、興味深い偶然である。

一五話覚書にはついで、「怪獣を擬人化しない。動物的な（その意味で人間にも共通する）本能ないしはキャラクターは設定する。／ともかく恐怖：大事件として描きたい」とある。ここで述べられている「擬人化」について、山際はすでに「私の記録映画論」において検討していた。休日に井の頭自然文化園を訪ねて得られた考察として、山際は「擬人化そのものは決して排撃すべきではなく、その扱い方が問題なのだ」と書いている。動物の擬人化は、それ自体としては「人間の想像力から必然的に拒否し得ない力でわき起って来る」。その際、排撃されるべきは、サルを「手におえない腕白小僧たち」と擬人化して終わりになるような、「想像力のスタティクな適応に終って既成のパターンと癒着した場合」である。人間の想像力の発露、つまり「フィクション」としての擬人化が一方にあり、ときにグロテスクでもある動物の「アクチュアリティ」、たとえばサルであれば「全く非人間的な筋肉のもたらす動き」が他方にあって、この両者が衝突と統一を繰り返すような総体を、イメージとしてとらえる必要がある。これが山際の擬人化論である。(4)

これを踏まえたとき、「怪獣を擬人化しない」という心得は、第一義的には、フィクション（虚構、非日常）としての怪獣を、既成の固定的なイメージでとらえてはならないという意味で理解できる。と同時に、フィクション（虚構、非日常）としての怪獣を、アクチュアリティ（現実、日常性）の側とどう総体的にとらえるのかという問題意識も、潜在的にはそこから読み取ることができるだろう。

実際、現実と虚構をどのように接触させているのかということが、山際が『帰ってきたウルトラマン』の過去の回を観るにあたって念頭においていた問題であった。先述の通りメモ一で彼は、第一話から第一二話までを「現実と虚構（怪獣）との接点」という観点から整理している。接点として挙げられたのは、多くの場合、外的な事件および怪獣の出現そのものである。たとえば「地震」（一、二、五、七）、「原因不明の登山事故」（三）、「怪獣のキャラクターにたよった方法」（五、六、九）、「工事が怪獣をほりおこしてしまう」（五、一〇）という具合である。もとより『帰ってきたウルトラマン』は怪獣中心の物語でよいはずなのだが、山際からすれば不足が感じられたであろう。

恐らく例外は、第一一話「毒ガス怪獣出現」（監督鍛冶昇、脚本金城哲夫）における「岸田隊員の日常性とからみ」、第一二話「怪獣シュガロンの復讐」（監督鍛冶昇、脚本上原正三）における「化身としての怪獣」である。日常サイドを視野に入れた接点がもっとあってよいと、山際は考えたのではないだろうか。この点に関連して、第

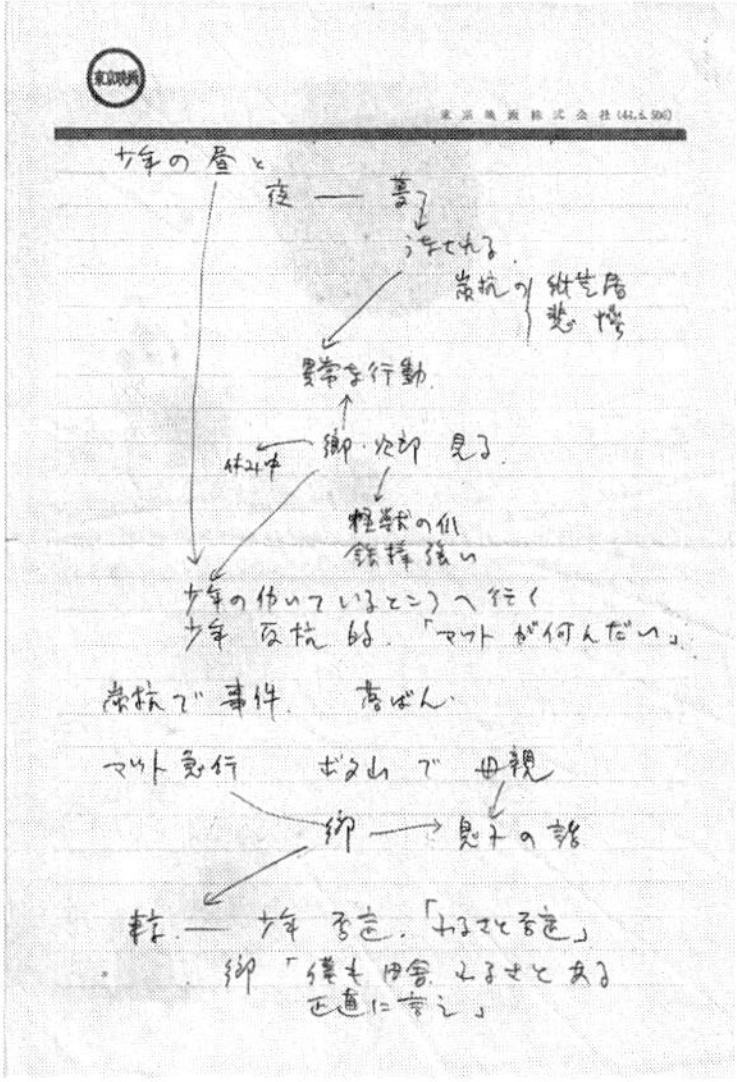

図 6-1　山際メモ四

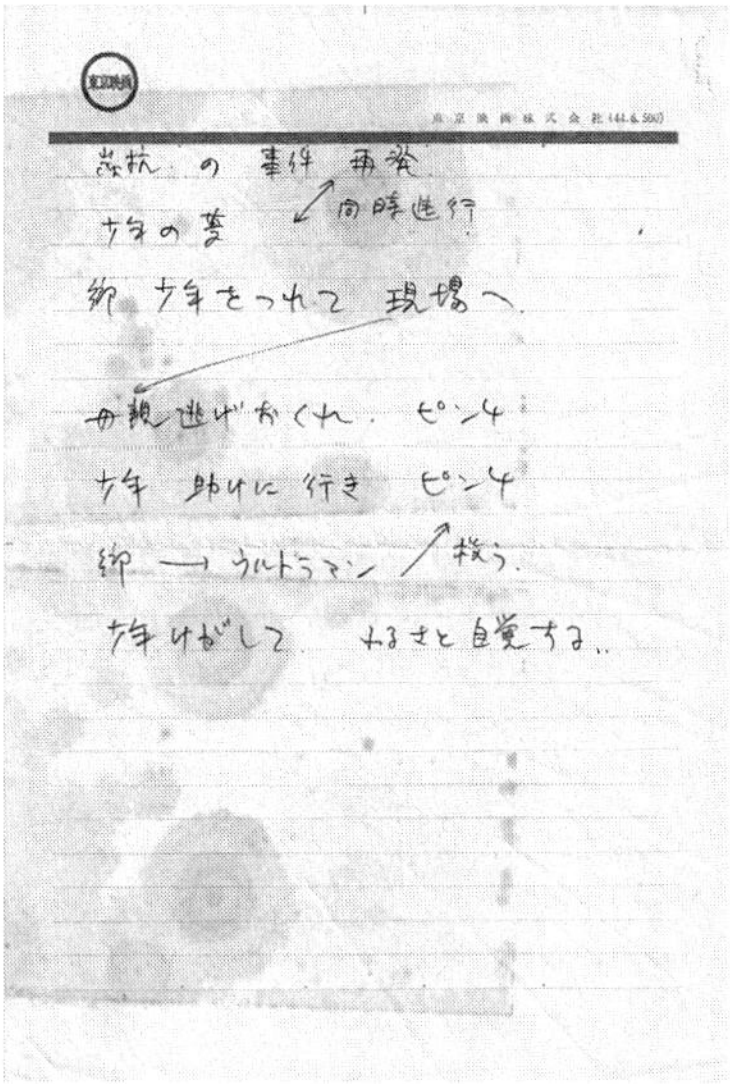

図 6-2　山際メモ五

一五話脚本の覚書に山際は次のように書いている。「現実と虚構の橋わたしの一つとして／幼児体験／不思議な出来事／不安な心理——気にかかること——くせ／他人との意識のづれ《ママ》」。このうち最後の項は「ＭＡＴ内部の対立を含む」。

ここからさらに物語案を展開したのが、メモ四・五である〔図6-1・6-2〕。故郷の炭鉱の「悲惨」を夢に見てうなされる少年がいる。彼は「異常な行動」をとり、郷に対しても「マットが何んだい」と反抗的な態度をとる。炭鉱で落盤が起こり、急行した郷は、そこで少年の母親から息子の話を聞く。郷は東京に戻り少年と話すが、少年は（母親の話を）否定する。「ふるさと否定」。これに対して郷が、「僕も田舎、ふるさとある／正直に言え」と語り掛ける。炭鉱の事件が再発し、これと少年の夢が同時進行する。「郷　少年をつれて現場へ」「母親逃げおくれ。ピンチ」「少年助けに行き　ピンチ」「郷↓ウルトラマン↓救う」「少年けがして、ふるさと自覚する」。この、「ふるさと否定」から怪獣出現を媒介として「ふるさと自覚」へと転ずる少年の物語が、山際における『帰ってきたウルトラマン』のプロトタイプということになる。

一五話覚書の最後には、「日常性を大切にするが、自然主義は排する」とある。素朴自然主義の否定は、山際が学生時代から述べていることである。「従って／時代は不特定の未来／場所はなるべく不限定」。普遍的なドラマを山際は目指していた。

日常性と非日常

少年のふるさとをめぐる一五話覚書の物語においては、怪獣の特性については語られていない。山際は「怪獣のキャラクターにたよった方法」（メモ二）を避けようとしたのだろう。しかし、その結果として、日常側の構成要素と非日常側の構成要素とは内的つながりをもたず、日常性と非日常は単なる並置に近い構図になっている。実際の第一五話「怪獣少年の復讐」（脚本田口成光）では、この弊はかなりの程度まで克服されている[5]。それは、吸電怪獣エレドータスによって鉄道運転手の父親を殺された少年史郎（高野浩幸）が、怪獣に対してアンビバレンスをもつ、という脚本によるところが大きい。史郎は父の死の現場を目撃しているのだが、鉄道会社もＭＡＴも彼を信じず、父親の起こした事故として処理した。そのため史郎は社会に対して憎しみを抱き（彼の屈折は足の不調に現れている）、エレドータスが全てを破壊すればいいと思っている。

こうして田口脚本が日常性（少年）と非日常（怪獣）を深く結びつけたことで、「怪獣少年の復讐」の物語は内的統一が果たされた。また、『ウルトラセブン』第四五話「円盤が来た」（監督実相寺昭雄、脚本川崎高（実相寺昭雄の筆名）、上原正三）や『怪奇大作戦』第一二話「霧の童話」（監督飯島敏宏、脚本上原正三）で存在感を放ち、山際作品への参加は『仮面の墓場』（犬尾の少年時代）以来二度目となる高野浩幸も、史郎少年の屈折を鮮やかに演じた。

無論、作品を統括し、魂を吹き込むのは監督である。この第一五話ではとくに、史郎の内面を炙り出すような場面設定が光る。少年の暮らす街を脚本にある古いアパートではなく貧民街としたことで、階層格差のリアリティが彫琢された(6)。また、ラストで、トラウマが解消され足の不調もなくなった史郎は、線路のあいだにできた水たまりの中を駆けてゆく。このシーンは「たまたま水たまりがあったからそれを利用しよう」となった(7)。日常性の一部としての風景をドラマにどう組み入れるかを、山際は敏感に考えていたのであろう。

こののち山際は八本を撮るが、日常性と非日常の関係の描き方は一様ではない。第一六話「大怪鳥テロチルスの謎」、第一七話「怪鳥テロチルス　東京大空爆」の前後編（脚本は上原正三）は、私見では人間ドラマ（日常性）と怪獣の生態（非日常）とが並行的であった。テロ行為を働き、最後は銃をもって人質をとり、立て籠もる青年松本三郎（石橋正次《しょうじ》）のドラマは迫力に満ちており、そこだけをとってみれば日本ヌーヴェルヴァーグや若松孝二の世界がウルトラマンの世界に雪崩れ込んできたかのようである。逆にいえば、大怪鳥テロチルスは人間ドラマの背景にとどまっている感がある。

とはいえ、内的統一の不足は否めないものの、学生運動の過激化の果てにくる隘路《あいろ》を予見したかのような物語が、テロチルスによる東京の破壊ならびに大気汚染（これが怪獣を東京に引き寄せる）と共鳴し、絶望の漂う時代相をとらえたことは確かであった。また、三郎と、彼が人質にとった幼馴染の小野由起子（服部妙子）とが想い出す子ども時代に見たなまはげのシーンも、美しい寂寥感を具象化していた。山際は、大きな障子の影には荒れ狂うなまはげを、小さな障子の手前にはそれを迎える老婆を配することで、幾何学的構成をもって土俗をとらえるという表現的実験を巧みに成功させている。

第二二話「この怪獣は俺が殺る」（脚本市川森一）は、ごみが溢れる東京の光景を、三谷昇演じるピエロの幻想的な彷徨を通して映し出すことで、日常性と非日常の境界を導入部においてうまく突破している。市川のファンタジー志向は、そこだけが独り歩きすると山際の社会把握とはずれが生じることになるが、ここでは望ましい調和が得られた。

総じて、ウルトラシリーズは怪獣がいることが前提となっている世界であるから、日常といってもどこかで非

図6-3　第29話は「東宝チャンピオンまつり」の一環として映画館で上映された。そのパンフレットより

日常とシームレスにつながっている。むしろ、非日常に対する予感が投射されることで、日常性も何らかのかたちで異化されることが十分にありうる。そうした日常性の異化は、『炎 1960～1970』をはじめとして、これまで山際が追求してきたことであった。したがって、日常性と非日常が対置・並置に終わらずに、何らかのかたちで統一的に結びつけられれば、それはもう怪獣もの、特撮ものとしてのウルトラマン独特の表現であるばかりか、山際のリアリズム探求の一環としても立ち現れるのである。

この点、市川と組んだ第二二話はピエロを配することで、ごみを無尽蔵に排出する大都市の異様性を浮き彫りにしており、山際リアリズムの佳作となった。夢の島で終わりなくごみを拾い続ける小さなピエロの姿は、まるでシーシュポスの神話のようである。夢の島の地中に潜み、プラスチックごみを腐食させるウイルスを体内に飼っているという怪獣ゴキネズラの生態も、物語にうまく組み込まれていた。

第二九話「次郎くん怪獣に乗る」（脚本田口成光）は、次郎のガールフレンドの宝物は何かという話（日常性）と、宇宙ステーションに住みついたやどかり怪獣ヤドカリンの話（非日常）が並行して進む〔図6-3〕。次郎が宇宙ステーションに閉じ込められることで二つの話は収斂するのだが、宝物（へその緒）と怪獣との間に直接のつながりがないのが弱点である。対照的に、次に見る三本にはそのような弱点はなく、内的統一が果たされていた。

第二八話「ウルトラ特攻大作戦」は実相寺昭雄脚本で、台風＝自然＝怪獣の超然性がテーマといえる。「私にとっては突然で、実相寺氏が書いてきたから山際さん頼みます…みたいなことを言われて、いわば押し付けられた感じでした」と山際は振り返っている。[8] 実際、脚本のタイトルも人を食っている。しかし山際は、MATの丘ユリ子隊員（桂木美加）への余計なからかいなどを剪定しつつ、実相寺脚本の超然とした調子を丁寧に撮った。[9]

第三四話「許されざるいのち」（脚本石堂淑朗、素案小林晋一郎）は、植物と動物の境を越える新生命＝合性怪獣レオゴンを生み出した孤独な青年学者水野（清水幹生）の物語で、『帰ってきたウルトラマン』屈指の一本である。怪獣への妄執が青年の孤独を募らせる構図により、非日常が日常性に有機的に重なっていた。

第三五話「残酷！ 光怪獣プリズ魔」（脚本朱川審《あけかわしん》）は、光の固まりで、光を食う光怪獣プリズ魔の物語。光＝美＝死というモチーフを、岸田森の鋭角的な演技と重ねつつ、山際は静謐なタッチで描き切った。演出にあたり、光怪獣が氷でもあるという超現実的な設定に向き合って、いろいろな研究所を訪ねて光の勉強を行なったという。この姿勢は山際が『泣いてたまるか』の「やじろべえ夫婦」を製作するにあたり、物理学者で玩具研究でも知られる東京教育大学教授戸田盛和の協力を求めたことを彷彿とさせる。また、命がけでプリズ魔を破壊した郷秀樹がバタリと倒れ伏していきなり終わるラストは、『狂熱の果て』のミチの最期と重ね合わされていた。[10]

最後に第二三話「暗黒怪獣　星を吐け！」（脚本石堂淑朗）について触れたい［図6-4］。星を飲み込む巨大怪獣バキューモンに故郷を奪われたカニ怪獣ザニカが、星占いの女に憑依してMATに助けを求めるという、石堂らしい破天荒な話である。精神の錯乱した女性という山際好みの人物を、大島渚『新宿泥棒日記』のヒロイン横山リエが演じている。さらに、彼女の身を案ずる父親を陶隆《すえたかし》（のち隆司）、天文台の所長を天本英世と、個性派の役者が脇を固めた。山際はキャスティングの事情などを次のように振り返っている。

陶隆さんや天本英世さんは、当時私が好きな役者でした。蟹江敬三さんもそうですが、当時、俳優座・文学座あたりの新劇団の養成所の衛星劇団のようなのが沢山できて、マスコミ・映画に出る人が増えた時代でし

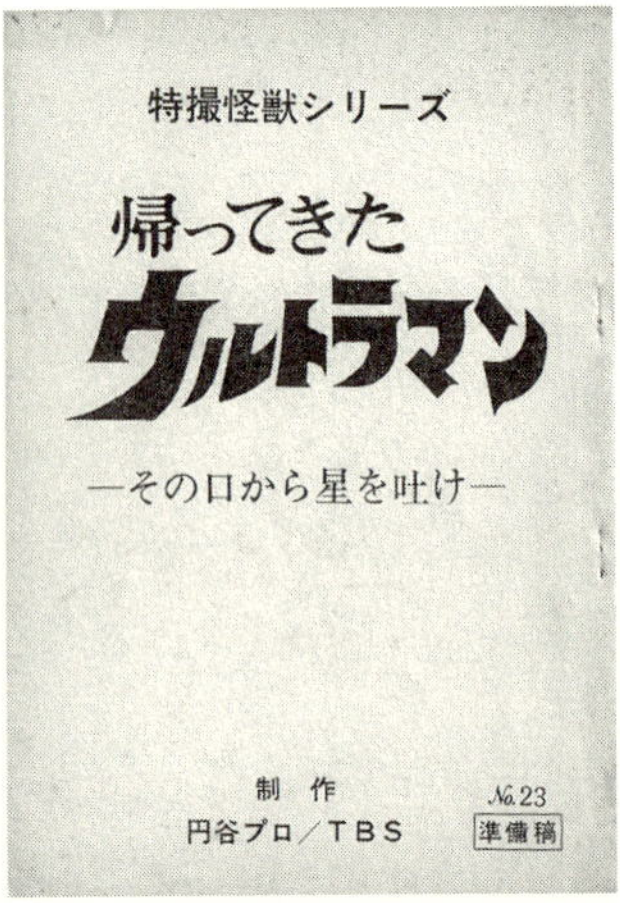

図6-4　『帰ってきたウルトラマン』第23話準備稿表紙

た。円谷プロにもマネージャーが来ていましたし、われわれも喜んでキャスティングしました。／なにしろ、円谷プロでは、不思議なこと、怪奇なことは良いことでした。

役者の個性とともに、本作はもう一点、ロケ地の商店街のシーンも注目に値する。占い師のもとを訪ねて、私服の丘隊員が下町を歩くのである。通りにはチンドン屋の音楽も漂っている。山際によれば、「狂女を探しに行く町は、どこだか、忘れました。多分、当時の円谷のスタッフルームは、いずれにしろ世田谷にありましたから、祖師谷大蔵、千歳船橋、近辺だったと思います。当時は、そういう下町的な町は、いくらでもありました[11]」。

この商店街は本来日常性の側に属するのだが、むしろ非日常のように映る。MAT基地や怪獣が出没する山中のような虚構的シーンの合間に、セミドキュメンタリータッチで撮られているので、日常空間であるはずの商店街が、かえって非日常的な様相を呈しているのである（対照的に、第一六話「大怪鳥テロチルスの謎」で三郎青年が逃走する商店街は、日常パートの一環をなすので、非日常には見えない）。これもまた、日常性の異化の一例である。

「警視総監公舎爆破未遂事件」

『帰ってきたウルトラマン』をつくっていた頃について山際は、「一九七一年という年は、私が最初にとり組んだ「警視総監公舎爆破未遂事件」という冤罪が起きた年でもありました。何んと忙しいことか、あっちに行ったり、こっちに行ったり、よく身体がもったと思います」と振り返っている[12]。この「事件」は一九七一年八月七日、麹町の警視総監公舎の玄関脇に時限爆発物（爆発せず）が仕掛けられ、二人の男が車で逃走したというものである。捜査当局はこの事件と別件とを結びつけて、一一月中に六名を逮捕した。彼らはみな日大闘争の活動家およびシンパであった。当局は彼らを「元日大全共闘グループ」として、一二月一五日に全員を「爆発物取締罰則違反」で再逮捕した。一九七二年一月五日には五名が起訴された。

日大闘争に深く関わっていた山際は、被告・家族・友人、弁護団と連携して「六人を救援する会」をつくり、事務局の運営を担った。一九七二年七月には『展望』誌上に「仕組まれる自供」と題する文章を発表し、被告たちからの手紙を引用しつつ、自供がいかに強要され、当局がいかにフレームアップを通じてマスコミ操作を行なったかを明らかにしている。日大生「中村克己君虐殺」と同様、山際がこれまでの創作上で練り上げてきた社会把握が、「事件」の本質を理解するための助けとなった。彼は書いている。「すべての「何々事件」と呼ばれるものがそうであるように、この六人弾圧の「事件」もまた、多くの人間たちの具体的な生活に根ざした必然、つまり更に多くの大小の「事件」、それにかかわる人々、この時代の中に位置しており、同時にまた厖大な、生身の人間のドラマ、泣き笑いを内包している現実の連環そのものなのである」[13]。世間の「壁」に通ずるこの社会観が、今日まで続く山際の冤罪と死刑をめぐる社会運動の基礎をなしているといえる。

冤罪闘争とともに山際の生活は一九七二年に入っていった。映画雑誌の広告によると山際は一九七二年度に、日本オーディオビデオ研究所原宿学校の講師・指導スタッフに名を連ねている。講師陣は石堂淑朗、今野勉、田原総一朗、村木良彦、山際永三、大津皓一、佐々木守、早坂暁、佐藤重臣等々、錚々たる顔ぶれである[14]。

二 『シルバー仮面』と『ウルトラマンA』

日常性の異化

『シルバー仮面』は宣弘社とTBSによって製作された三〇分もので、一九七一年一一月から七二年五月にかけて全二六話が放送された。父が遺した光子ロケットの秘密を体内に抱える春日家の五人の兄妹（亀石征一郎、夏純子、柴俊夫、篠田三郎、松尾ジーナ）が、宇宙人に追われながらさすらいの旅を続ける物語である。父の手で改造された次男光二（柴俊夫）がシルバー仮面に変身する。戦闘シーンが極力地味に抑えられることをはじめ、ジャンルの約束事を積極的に退け、変身ヒーローものの極北となった。

このような特性のゆえに視聴率は振るわず、第一一話からは巨大ヒーローものの特徴を取り入れ、タイトルも『シルバー仮面ジャイアント』となる。それでも、製作者の挑戦的な姿勢は残った。[15]

山際は四本を監督した。そのうち最初のものである第三話「父は炎の中に」（脚本上原正三）は強い印象を残す。シャイン星人に狙われ、いったんは別々に暮らすことにした春日兄妹が、ふたたび焼け落ちた自邸に集結し、亡き父のメッセージを知るという筋である。暗く、ときにざらざらとした画面づくりのなかに、象徴的な効果がちりばめられ、追われる者の孤独と不安、それに互いを想う気持ちが浮き彫りにされる。

演出上の特徴としては、演劇的な効果がよく発揮されていた。主題歌が流れるオープニングでは、催眠光線を浴びた兄妹が、色とりどりの明かりの中でゆっくりとあがく姿がナイトクラブのようである。終盤、兄妹が集う春日邸は、焼け落ちた柱がいくつもの十字架のようであり、偶々ではあるが『仮面の墓場』の舞台を思い出させる。

日常的な空間の異化にも成功している。ひとみ（夏純子）とはるか（松尾ジーナ）の姉妹が下宿するマンションの一室における、画面の手前に置かれた水差しが典型である。総じて山際はカーテンの模様や調度品などによって普通の団地の部屋に奇妙な生命感を与えることが得意であり、このことは『ジキルとハイド』第一一話の団地族の生活風景にも当てはまる。また、姉妹の部屋のブザーが（恐らくは父の幽霊によって）鳴り、部屋を開けた瞬間に外からのショットに切り替わり、一気に引きになる流れは、空間がつくる面白さをよく表現している。

しかし、山際は『シルバー仮面』、とくに第三話には満足していない。第一話・第二話の監督実相寺昭雄と脚本佐々木守、それにTBSプロデューサー橋本洋二の名を挙げて、彼は次のように記している。「実相寺さんや、橋本さんは、佐々木守脚本に期待したわけですが、設定が荒唐無稽すぎて、無理が多く、なかなかうまくいかず、同じ時間のフジテレビ『ミラーマン』（円谷プロ）に完敗したわけです」「今見ても、一～二話は、そして三話も、話が入り組んでおり、奇想天外の支えが弱く、何か、時代の閉塞感を先取りしようとする雰囲気は出ていても、空回りしている感じです[16]」。

第三話については次のようにも記している。「撮影した尺数が長くなりすぎて、編集でずいぶん切ることになり、その点でも、せかせかした運びになっており、いいところが出せなかったと思います[17]」。

思うに山際は、筆者が挙げるような個々の部分の出来よりも、一篇の作品としてのまとまりをまずは重んじるのであろう。そのような観点に立った場合、第四話「はてしなき旅」（脚本市川森一）は、よりうまくいったということであった。第四話では、父の知人であった学者（伊豆肇）のもとを春日兄妹が訪ねるが、テレビの中に人間を吸い込む宇宙人（ピューマ星人）により学者の娘が拉致されてしまう。宇宙人は倒され、娘は救われるものの、学者は兄妹への協力を拒否し、またさすらいの旅が始まる。

「四話で、かろうじて、市川森一氏の脚本により、設定が少し日常性に具現化したかの感があります。疑似科学（SF）としても、なんだか見る人の心に迫るものがありません。突拍子もない設定も、もしかすると、その可能性もあるかもしれないと思ってもらわないことには、話になりません[18]」。

ここで山際は、エスエフ的設定が独り歩きしてはならず、日常性との結合が必要だと考えている。これは『帰ってきたウルトラマン』の山際メモにおける、日常性と非日常にどう架け橋を架けるかという問題意識と同じことである。ただし、人類社会の外部に怪獣が登場する『帰ってきたウルトラマン』が、ときに日常性と非日常の並立をもたらしてしまうのに対して、知性に富む宇宙人を相手とする『シルバー仮面』は性格を異にする。宇宙人が仕掛けてくる計略や、彼らが吐露する意図は、物語の本筋と深く関わってくる。それゆえ日常性と非日常もより統一されやすい。

実際、第四話で宇宙人はテレビを計略の道具とするが、これは人間ドラマにとって外的な要素ではない。テレビは「見る」「見られる」という、社会の基本的関係を象徴するのである。それゆえ、ウルトラシリーズでは山際の物語設計の埒外におかれがちな主人公と敵との格闘シーンもまた、テレビを道具とするピューマ星人とシルバー仮面の戦いにおいては、物語の核の役割を果たすことになる。ピューマ星人の拠点はスタジオセット（を模した構造という設定）であり、シルバー仮面との戦闘はテレビモニターに映し出される。さらに、戦闘のなかでこの拠点＝セットが倒れると、本物のスタジオが剝き出しになる。これは、エスエフの虚構をというよりも、もはやドラマ一般の虚構を剝き出しにする見事な演出であった。ドキュメンタリーの虚構を剝き出しにした今村昌平『人間蒸発』（今村プロ、ＡＴＧ、日本映画新社、一九六七年）のラストシーンが、そこでは意識されていた。(19)

異化の二つの端

山際が撮った残りの二本は、『シルバー仮面ジャイアント』になってからのものである。第一四話「白銀の恐怖」（脚本市川森一）では、寒村の雪原の地下深くにノーマン星人が基地をつくる。光二（柴俊夫）の知り合いであった女性（関かおり）が雪中に引き込まれ行方をくらますシーンで、反物が血のように雪の上をさっと流れ、十字状に交差する。象徴表現が風景の担う意味を変容させるのである。

第一五話「怪奇宇宙菩薩」（脚本市川森一）では、巨大観音像の中にボルト星人が潜伏する。観音像の両目から放たれる光線によって東海道新幹線が炎上転覆し、忠二少年（矢崎知紀）の両親（父親は『帰ってきたウルトラマン』第二三話の陶隆）が巻き込まれて死ぬ。劇中で鬼姫観音と呼ばれるのは鎌倉市の大船観音で、一九二九年に起工式が行なわれたが寄付金が集まらず、三四年に工事は中断された。戦後の五四年、東急グループ創始者五島慶太たちが発起人となり再建に着手し、六〇年に落慶した。(20)「こんな小さな町にどうしてあんな大きな観音像をつくったんだろう。何かいわれでもあるのかな」という光三（篠田三郎）の問いに、忠二は「そんなものありません。町の観光用に建てたんです」と答える。自分の父親は「あいつにあかりを照らす仕事をやってました」とも伝える。信仰の対象であるはずの菩薩像が観光用となっていることへの皮肉がここにはある（後述するディスカバー・ジャパンへの批判とも重なるだろう）。また、忠二が宇宙人の攻撃に追われて山中を逃げるシーンは、払暁の青い空に彼のシルエットが純粋に美しく映る。

第三話の水差しと第一四話の雪原を一方とし、第一五話の払暁を他方とする事例が代表するように、山際作品は風景や文物を異様に撮ったり象徴により変容させたりする一方で、純粋に美しい像を現出させることもある。そのどちらも、日常を普段とは違うまなざしでとらえること、つまり異化の試みである。前者の場合は、人間と周囲との関係を際立たせることが、後者の場合は、事物のありようそのものを際立たせることが目指されている。日常性の異化に向けられた山際のリアリズムは、映像表現上はこうした両方の端をもつ。この端から端までの距離の広さのゆえに、山際作品の視覚上の驚きが生まれるのである。

『ウルトラマンA』

『ウルトラマンA』（以下、『エース』）は円谷プロとTBSの製作になり、一九七二年四月から一九七三年三月まで三〇分もの全五二話がつくられた〔図6-5〕。第二期ウルトラシリーズの二作目である。山際は一二本を撮った。異次元人ヤプールが超獣を送り込み人類を攻撃する。人類は超獣攻撃隊TACを編成する。TAC隊員である北斗星司（高峰圭二）と南夕子（星光子）は二人でウルトラマンエースに変身する〔図6-6〕。

『エース』全五二話は方向性に悩み、試行錯誤が多かったことで知られる。[21] 試行錯誤の一つとして、「ウルトラの星」が見えるために「ウルトラ六番目の弟」といわれる梅津ダン少年（梅津昭典）の設定がある。ダン少年は第二九話「ウルトラ六番目の弟」（監督山際永三、脚本長坂秀佳）で登場するが、第四三話を最後に降板する。切

図 6-5　『ウルトラマンA』番組宣伝はがき

通理作によるインタビューの中で山際は、「『六番目の弟って言ったって、ウルトラマンってのはフィクションで現実じゃないでしょ』って、子どもたちに言いたくなっちゃうんだよね」と、この設定を批判的に振り返っている。(22) 日常性と非日常の相互関係を基本に据えてウルトラシリーズに臨んでいる山際にとって、ダン少年はこの関係を崩してしまうものであったといえよう。

試行錯誤に悩んだ半面、何が出てくるか分からない見世物小屋的な面白さが『エース』にはある。怪奇色が濃いのも本作の特徴であろう。これらの点では、山際の志向は『エース』と合っていた。また、異次元人ヤプールが超獣を送り込み地球を攻撃するという『エース』の基本設定のもとでは、日常のどこからでも非日常が出没しうることになる。そのため、ドラマにおける日常部分と非日常部分とを有機的に結びつけることは、少なくとも理屈の上ではよりやりやすくなっていた。

農村風景

『エース』をはじめ、第二期ウルトラシリーズ（一九七一～七五年）に特徴的な景観として農村風景がある。たとえば『エース』第三話「燃えろ！　超獣地獄」（監督山際永三、脚本田口成光）もそうである。これは都市のモダニズムを基調とする第一期ウルトラシリーズ（一九六六～六八年）には希薄な要素である。なぜ第二期ウルトラシリーズには農村風景が多いのであろうか。また、茅葺屋根につましい身なりの老夫妻という描写は、一九七〇年代前半においても現実よりやや古風な側面が強調されているのではないだろうか。これらの問いに対して、山際はTBSプロデューサー橋本洋二の役割を指摘する。

やっぱり橋本さんの趣味っていうか、橋本さんがともかく脚本家にね、あなたの少年時代のことを思い出して書けばいいんだよみたいなことをいうもんだから、みんな昔のことを思い出して書いたってところかな。〔円谷プロ・プロデューサー〕熊谷健さんも青森県の出身だから田舎の話が得意なんですよね。だから熊谷さんがこういうことがあったとストーリーの骨子を提案することもあったですね。[23]

『ウルトラセブン』中盤からウルトラシリーズを担当している橋本は、エスエフ的設定の自己完結を避け、各回の脚本にテーマを求めた。[24]これは人間ドラマの比重を高めることにつながり、第二期ウルトラシリーズではその傾向はより強まった。橋本のテーマ主義の副産物として、第二期ウルトラシリーズにおける農村風景をとらえることもできよう。

ただし、同様の農村風景は作風の異なる『シルバー仮面』第一四話や第一五話にも見られるものであり、橋本や熊谷といった個人の志向だけがここで作用しているわけではないように思われる。田口成光は過疎や廃村といったテーマに敏感であったが、高度経済成長期をへて、農村部から都市部へ人口が流出し、過疎が進むという同時代的現実も、テレビドラマの農村風景に影を落としていたのであろう。[25]

ディスカバー・ジャパン

山際作品一二本のうち、監督の個性がよく出たものをいくつか取り上げよう。先述の第三話「燃えろ！　超獣地獄」は、山中に一角超獣バキシムが出没したという南隊員の言葉を信じて、北斗が調査に向かう。僻村の描写

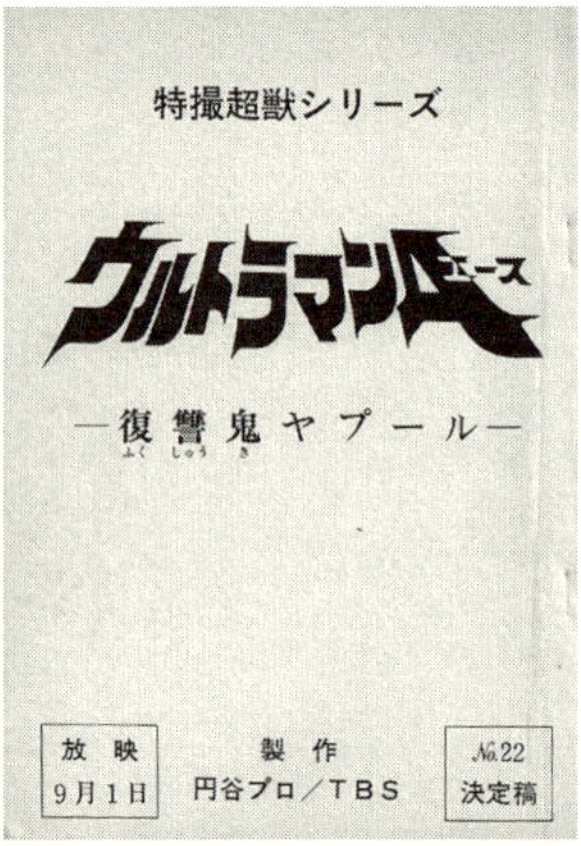

図6-6　『ウルトラマンA』第22話決定稿（脚本上原正三、監督山際永三）表紙

については先述したが、本作において出色なのは、燃料不足で不時着したあと、北斗が電話を借りる田舎町の交番である。駐在の巡査は机の上に置かれた北斗のヘルメットについて生真面目に調書に記しているようだ。非日常（TAC）と日常性（交番）の邂逅が丁寧かつユーモラスに演出されている。(26)

なお、山際は刑事のことは怒りを込めて描くが（『帰ってきたウルトラマン』テロチルス前後編が典型）、田舎町の巡査には愛情をもって接している。これは第一五話「黒い蟹の呪い」（脚本田口成光）の岡山の駐在さんも同じである。

第四話「三億年超獣出現！」（脚本市川森一）は、TACの美川のり子隊員（西恵子）に迫る漫画家久里虫太郎（清水紘治）の妄執が物語を進行させる。彼の漫画の産物が怪魚超獣ガランである。久里の名前のヒントは夢野久作と親交があった小栗虫太郎だが、山際は江戸川乱歩『少年探偵団』を引き合いに出して本作を撮った(27)。非日常のトーンが全体を統一する佳作である。

第九話「超獣10万匹！　奇襲計画」（脚本市川森一）は、週刊誌のカメラマン鮫島純子（江夏夕子）の奔放さを軸に物語が進む。TACの今野勉（山本正明）隊員も、北斗も彼女に振り回される。彼女が憧れる業界人風の編集長（草野大悟）も印象を残す。

『エース』は全編に若者風俗を切り取ってきた雰囲気がある。この第九話もそうで、劇中で平山三紀の「フレンズ」と「二〇才の恋」（いずれも一九七二年リリース）が使われるのが効いている。『ジキルとハイド』第一一話と同様、山際は歌謡曲を使うにあたり、テレビマンユニオンの今野勉と対照的に「ずれ」を狙わない。あくまで人物の心情や生活のありように沿い、その描写を固めていくために歌謡曲は使われる。第九話でも、カメラマン純子の恋愛感情をとらえるシーンでは、恋愛にまつわる歌詞が流れるといった具合である。[28]

若者風俗との関連でつけくわえれば、主人公の高峰圭二と星光子をはじめ、TAC隊員の役者たち（沖田駿一、山本正明、西恵子、佐野光洋、中山克己）は、等身大の若者という印象が濃厚である。『エース』には、政治の季節が一段落ついた後の、青年群像といった趣きがある。山際自身はこう振り返っている。「『帰ってきたウルトラマン』はある意味じゃ大人向けだから、僕なんかむしろこんなのテーマにしちゃっていいのかなみたいな感じで。だけど橋本さんとか上正〔上原正三〕がね、いいんだいいんだって頑張ってるから、じゃまあ、それを利用していいようにしようというような」感じで始まった。それに対して「『ウルトラマンA』っていうのは気軽にね、隊員たちのドラマっていうことで楽しく過ごした[29]」。

第一六話「怪談！　牛神男」（脚本石堂淑朗）は、岡山に帰省したTACの吉村公三隊員（佐野光洋）と、道中で出くわしたヒッピー青年高井（蟹江敬三）の物語で、牛魂を供養する鼻ぐり塚の鼻ぐりを持ち去ってしまった高井が、ヤプールにより牛神超獣カウラに変えられてしまう。本作は、岡山県牛窓町、牛窓町観光協会、国民宿舎・牛窓荘、オリーブマノン化粧品本舗が協力するタイアップであるが、吉村の実家をオリーブマノン特約店とすることでリアリティが醸し出される。

図々しい蟹江と朴訥な吉村のコントラストが味わい深いが、前者が「ディスカバー・ジャパンだよ、レッツゴー」、後者が「君のディスカバー・ジャパンには最適の場所ですよ」と、ともに時代のキーワードを口にする。一九七〇年一〇月に始まり一九七六年一二月まで続いた日本国有鉄道（国鉄）の旅行・観光キャンペーン「ディスカバー・ジャパン」は、万博終了後の利用客減少に対する対策として立案された。電通の藤岡和賀夫の宣伝戦略もありこのキャンペーンは一大ブームとなった。[30]山際・石堂は利益優先とも映るこうしたキャンペーンとそれに乗る世相に皮肉を放ったのであろう。タイアップで作品をつくっていることへの自虐も混じっていたかもしれない。映像自体は、鼻ぐり塚での牛魂供養の祭儀などドキュメンタリー的なシーンもある。紀行番組風のそうした情景を『エース』に持ち込むこと自体が、一種の実験であろう。

第三八話「復活！ ウルトラの父」（脚本石堂淑朗）はクリスマスもの。冒頭、渋谷の商店街でクリスマス・プレゼントの買い物をする北斗、ダン、その姉香代子（宮野リエ）のロケ撮影があり、彼らが養護施設の慰問に訪れると、そこで怪異が発生するという流れになっている。視覚効果を凝らしたショーウインドウの映し方からは、風俗を異化しつつ取り込もうとする意欲が伝わってくる。

雪だるまに潜んでいた雪超獣スノーギランの光線により、施設の先生（八代順子）が一時的に視力を喪失するのだが、両目から黒い血が涙のように流れるメイクがどこかマリア像を思わせる（脚本にはこのような具体的な描写はない[31]）。こういうディテールにも、通常とは異なる視角から情景を映し出すための小さな工夫があるのではなかろうか。

『シルバー仮面』と同様、『エース』でも山際作品には記憶に残る個々の美しいカットがある。第一五話「黒い蟹の呪い」では、海辺の護岸を歩く二人の子どもの姿が抒情的である。先述のクリスマス編第三八話では、北斗たち三人が買い物を終えたあと、夕日を背景にして林をゆくシーンがある（脚本にはこのシーンはない）。どこか教会めいた建物のシルエットも浮かび、電子音楽の「きよしこの夜」が重なって神々しい。これらのシーンはなくても本筋に影響を与えはしないのであり、それが撮られ、挿入されるにはそれだけの意図があろう。繰り返しになるが、見慣れた風景を非日常的な視角からとらえようとする、異化に向けたまなざしが、純粋に美しい画を現出させるのだと思われる。

三 『ウルトラマンタロウ』の世界

現代のおとぎ話

『ウルトラマンタロウ』は第二期ウルトラシリーズの三作目にあたる。放映は一九七三年四月から一九七四年四月まで、三〇分もの全五三本がつくられた。山際は本編で一二本を撮ったほか、特殊技術も四本担当したので、トータルでいえば本作で最も多くの作品に関わった監督である。(32) 毎回の怪獣の出現に対して、ウルトラマンタロウ、それに宇宙科学警備隊ZATが立ち向かう。タロウに変身する主人公、ZAT隊員の東光太郎《ひがしこうたろう》（篠田三郎）は、普段は白鳥家に身をおいている。

「ほら吹き男爵」のようなファンタジーを目指すという本作の狙いは、橋本プロデューサーの発案によるものだが、山際のセンスとも合致するところがあった。ドキュメンタリー監督の杉山正美による科学映画『血液』などを高く評価して、山際はかつて次のように述べていた。「杉山さんはどんな材料でも実に面白く、ひかえめに変形しながら、古いもの、新しいもの、通俗なもの、高邁なものをひっくるめて、ユーモアの論理で見せ切ってしまうという、現代のおとぎ話作家とでも言うべき資質をもっている」(33)。『タロウ』もまた、このユーモアとおとぎ話の精神を豊かに湛えていた。この点では石堂淑朗の資質も大きかったと山際は見る。「タロウのああいうっとぼけた子ども向けのね、ほら吹き男爵でいこうってあの感じを、一番石堂がやりやすかったらしいですね。自分は子どもにほらを語って聞かせる調子でやればいいんだって」(34)。石堂による荒唐無稽な怪獣の設定は、ウルトラシリーズを人間中心のドラマから、『ウルトラマン』までの怪獣中心のドラマに戻すのに貢献したともいえる。

『帰ってきたウルトラマン』において山際が設定した日常性と非日常の対立項は、『タロウ』ではファンタジーという基調によって統一された。(35) そこから必然的に、怪獣の擬人化を避けるという心得も本作では相対化された。(36) 『タロウ』全体を見たとき、このファンタジー路線は成功し、「役を生き切った」といってよい篠田三郎の熱演もあり、のびのびとした良作を多数生んだ。とくに、山際と脚本田口成光コンビによる第一話「ウルトラの母は太陽のように」、第二話「その時ウルトラの母は」、第三話「ウルトラの母はいつまでも」［図6-7］は、光太郎と「緑

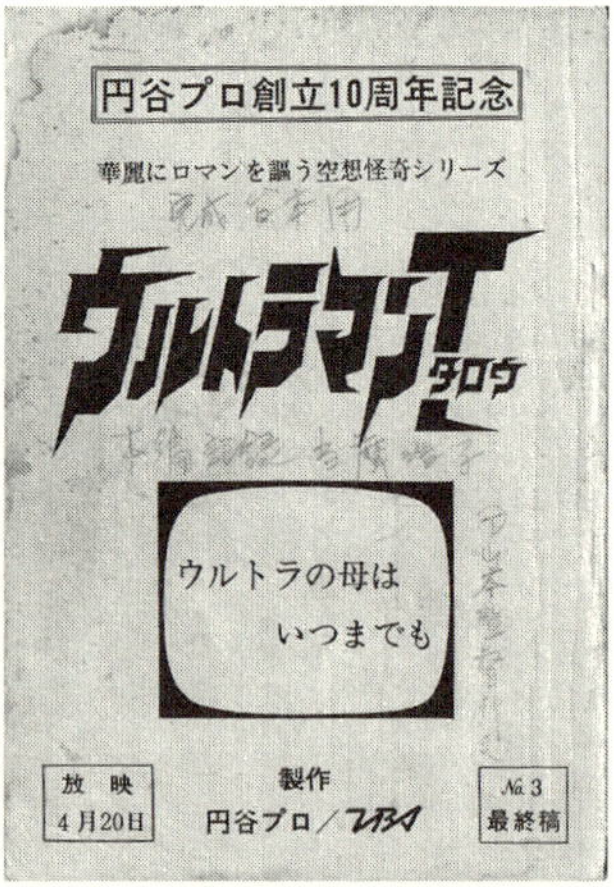

図6-7　『ウルトラマンタロウ』第3話最終稿表紙。当摩浩子（本編記録）の書き込み入り。山本正孝（特技監督）用

のおばさん」（ペギー葉山）、実はウルトラの母の関係を軸に据えて、母子という本作のモチーフをしっかりと打ち出した。他方、明るい話の合間に、政治の季節をへたスタッフたちの思いが反映したのか、シリアスな作品が散見されるのも『タロウ』の特長である。[37] 後者を代表する山際演出の第一一話「血を吸う花は少女の精」については、節をあらためて検討する。

『タロウ』の実験性

いくつか山際の作家性が強く出た回について見ると、第一四話「タロウの首がすっ飛んだ！」（脚本石堂淑朗、特技監督も山際）では、土地開発（一九七〇年代の社会問題の一つ）を進める強欲な地主（浜村純）がお地蔵さんを動かしたために、えんま怪獣エンマーゴが出現する。巨大な閻魔大王のようなエンマーゴによって切断されたタロウの首が、地蔵の超自然的な力によって元に戻るというショッキングなシーンに、読経がかぶさり経文や梵字が映る異様な演出が施されている。『炎 1960～1970』の大書される「死」の文字が想起される。

山際・田口コンビの前後編である第二四話「これがウルトラの国だ！」と第二五話「燃えろ！　ウルトラ六兄弟」では、六人兄妹の父親役で石堂淑朗が出演する。この経緯は山際によれば、「石堂さんが適役だってんで、当時ほら、石堂さんは大島（渚）氏の作品なんかも出てたしね。僕が石堂氏に出ませんかといったら出るっていうから、だけのことで、みんな面白がっていいやいいやっていっただけのことで」。某国の爆弾実験により故郷を破壊された宇宙大怪獣ムルロアが地球を黒雲で覆う。経済生活も混乱し、水不足が生じる。トラックに水を載せた闇の水屋が住宅街を回るというリアルな描写があるが、「そんなところは田口らしいですね」と山際は述べ

る。(38)

第三九話「ウルトラ父子餅つき大作戦！」（脚本石堂淑朗）では、月から地球の餅を食べにやってきた、うす怪獣モチロンが登場する。モチロンを追って月から南夕子（星光子）もやってくる。ウルトラの父によって諌められたモチロンは臼になり、タロウ、それに巨大な夕子が餅つきをする。モチロンのテーマはジェリー・メンゴのエレキギター曲 Sloane Square であり、他方でタロウと夕子の餅つきシーンでは餅つき歌の民謡が力強く流れる。選曲白井多美雄による洋と和のコントラストが際立つ。(39)

本作では物語の合間に白黒スチール写真が四回挿入される。白石雅彦によれば、山際の撮影台本には「母子像色々」「園長の幻想――防空風景」等の指定がある。(40) たとえばモチロンの飛来に合わせて、母子寮の園長が想起するかのように防空風景が挟まれる。実験性が際立つこの手法について、山際は次のように語ってくれた。

映画のなかにスチール写真をぶちこむっていうやり方は記録映画なんかでもよくやる手で、それこそ僕の『映画批評』とかの時代の、松本俊夫とかそういう人たちも『映画批評』には関係していましたからね。そういう人たち、まあ松本がやるっていうことよりか、ある意味で記録映画関係では流行りのやり方ですよ、スチール写真をやるってのは。スチール写真だけで成り立っていた映画もあるくらいで。だからそれを真似しただけですね。なんか変わったことしなくちゃみたいな強迫観念があって。時代とのつながりみたいなのをなんか入れないと、ただ餅つきだけしてたんじゃ、なんか物語っていうだけでつまんないみたいな思いがあって、空襲の話とくっつけようって話になって。空襲の話となるともうスチール写真でＢ29か爆弾が落ちる絵が浮かんで、これはもう写真でやるしかないみたいな。そうすると、そこだけやるとなんかこう、ほら空襲のことだけを山際はまたね、やろうとしたっていわれるから。ほかからも、最初から、子どもたちをスチール写真にして、「子どもの世界」みたいなのを描いとけば、橋本さんも納得するわけですよ。橋本さんも、子ども番組があの人大好きだし、自分もそれこそ佐野美津男の子どもの「供」をね、漢字で書いちゃいけないっていう世代だから。子ども中心に描くっていう考え方は橋本さんオッケーなんですよ。だから、そこへ空襲をくっつけるためにはこっちっていうんで、確か二か所〔実際は四か所〕にスチール写真を使ってたと思います。ごまかすために色々と工夫したのかもしれません。そうやってごまかすと橋本さんもああ面白いねっていうことで終わっちゃったんですね。(41)

第四七話「怪獣大将」(脚本阿井文瓶《ぶんぺい》〔渉介〕〔図6-8〕)は、文武両道で自分を律する孤高の少年沢口竜一(山下克弘)が主人公である。奇怪な虫が現れ、少女岡井麗子(渡辺優花)を脅かすが、竜一が竹刀で潰してやる。ところがそれは冬眠怪獣ゲランの生んだ幼体であった。ゲランは小学校の土中から出現するがまた眠り出し、子どもたちは逃げられなくなる。足を怪我している麗子を背負っていた竜一は、あやまってバケツに足をひっかけ、ゲランが起きてしまう。子どもたち、さらには麗子からも責められた竜一は、剣道場の居合抜きの刀をもってひとりで怪獣に立ち向かう。結局タロウが怪獣を宇宙に放逐するのだが、麗子は冷淡なままである。小山に孤独に立つ竜一を、光太郎ほかZAT隊員たち(東野孝彦〔のち英心〕、津村秀祐〔のち鷹志〕、木村豊幸、松谷紀代子)が「お山の大将」を歌って励ます。たまには大声で泣いてもいいんだと光太郎が声をかけるが、竜一は涙を見せず、笑って去っていく。

この物語は竜一の頑なな性格が強い印象を残すが、これは阿井文瓶の脚本によるところが大きい。(42) 山際によれば、

阿井文瓶氏がホンを書いてきてね。非常に彼も自分の個別の体験から滲み出るようなストーリーを書いてくるんですよ。だから僕は、非常に貴重だからね、つくったストーリーじゃないんでいいっていいながらね、

ちょっとお客さんの理解を得にくいといっちゃね、ここをこうしてくれああしてくれとずいぶん直してもらったんですよ（…）あの少年なんかも、なんであんなに頑ななのかね、理解を得られないから。なぜっていうのをどこかで説明してくれとかね、色んな注文を出した覚えがありますよ。

しかし、基本的な線を阿井は修正していない。阿井が竜一の人物像に思い入れをもっていたことは脚本からも明らかで、ひとりゲランに対峙するシーンでは「壮士はひとたび去ってまた還らず、といった趣きが、小なりといえどある」と記されている[43]。山際はやりづらかったわけだが、脚本家と監督、それぞれの個性がぶつかり、予定調和をはみだす一篇となった。

第四八話「怪獣ひなまつり」（脚本阿井文瓶）は酔っぱらい怪獣ベロンを酔い潰すために「光太郎、リンダ踊りをはじめる」となり、山本リンダ「狙いうち」を踊る。ベロンもあわせて踊る。楽しいミュージカル的作品である。山際によれば流行曲を用いる際は、広く知られていることが必要なので、少し前のものを使うという[44]。

最後にもう一本、実現しなかった実相寺昭雄脚本「怪獣無常！　昇る朝日に跪く」について触れておきたい。物語は、大仏像に潜む宇宙人が、蒸発願望をもつ人々を拉致する。タロウがピンチに追い込まれたところ、大仏像が起き上がって宇宙人を抱えて飛び去って終わりになる。この脚本は担当監督が予定されていたわけではないが、『帰ってきたウルトラマン』で実相寺作品を演出した山際がもし撮ることになったら、どのような映像になっていただろうという興味が湧く。

そこで、コピーを送り感想を尋ねたところ、以下のような返事を得た。

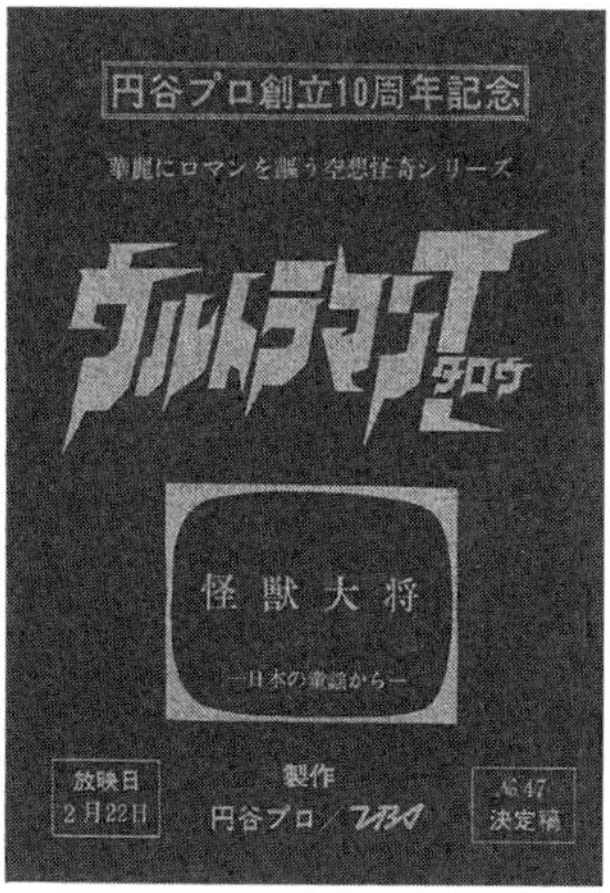

図6-8　『ウルトラマンタロウ』第47話決定稿表紙

シナリオ「昇る朝日に跪く」を読んでみて、まず第一に、鎌倉の話になっているが、京都の話にすれば、まだ何かが描かれる感じがあるかもしれないと思いました。鎌倉は、単なる観光地になってしまっていますから。

確かに、座りっぱなしの仏さんが、突然立ち上がれば、そのことだけでも特撮で描いての快挙ですからね。だけど、「宇宙人」がどこから来て地球で何をするつもりなのかとか、観光客などをさらって、何をしたのかとか、設定がまるでわからない（納得できない）ので、ＺＡＴの面々の戦いも。空回りになっていると思わざるを得ません。光太郎が、ウルトラマンタロウに変身して、戦い、元の光太郎に戻るという、ウルトラシリーズ全体の大きなフィクションをどう胡麻化すか、どう処理するか？　についても、全く工夫が無さすぎです。

橋本氏は、ウルトラシリーズの番組設定（構造）について、きちんと考える人でした。ばかばかしい設定ではお客が離れていき、視聴率も下がると確信していたのは、橋本氏のラジオ時代からの経験だったし、一橋大学で社会学的なものを身に着けたのだと思います。

そのあたりについて、「タロウ」は、幼稚園程度の低年齢を狙うと言うものの、大人をも巻き込むという、相当な工夫をしたわけで、田口氏も橋本氏も熊谷氏も、さんざん苦労したので、熊谷氏にしても、単に民話から話をパクッテきただけではありません。

そのあたり、実相寺氏の言う「科学と宗教のテーマ」も、私に言わせれば、ちょっと軽すぎる感じがします。

以上のような経緯があって、多分橋本氏と熊谷氏のあいだで、ボツにしようということになったと想像します。(45)

このコメントには、ジャンルとしての様々な制約があるなかで、いかにドラマを組み立てるかを常に意識していたウルトラシリーズ監督としての山際と、アウトサイダー的な実相寺との姿勢の違いがよく表れているように思われる。

大江健三郎『破壊者ウルトラマン』

『タロウ』が始まって一月が過ぎた一九七三年五月一日、岩波書店の雑誌『世界』五月号が刊行された。同誌では大江健三郎が評論「状況へ」を連載しており、本号には第四回「破壊者ウルトラマン」が掲載された[46]。大江は現在の日本において子どもの文化を支配している「怪獣映画」とは何であるのかと問う。「怪獣映画は一九七〇年代のわれわれ自身にとっていかなるメッセージをあらわしているだろう?」「アリブンタは、ドラゴリーは、カメレキングは、ガランは、泡怪人カニバブラーは、鳥人ギルガラス、そしてすでに古典となっているゴジラ、ラドン、アンギラスは……」。この列挙された名前のうち、ガランが山際の手掛けた『エース』第四話に登場する。

大江は、瓦礫からの町並みの再建が描かれない、ヒーローには怪獣と逆で哺乳類くささがなく科学の匂いをたて、科学の絶対的な威力を体現しているなどの理由から、「怪獣映画」が「論理のリアリズム」および「自然の理性」を幼少年時のうちに破壊するものと断じた。とくに大江は、破壊のあとの再建の光景が出てこないことを、ベトナム戦争が終わればベトナムの破壊された都市と村は「たちまちフェイド・アウトし」、ベトナムは終わったという「カタルシスの情緒をうけとるような」若い日本人の登場と重ねた[47]。

私見では大江のこの評論は、その糾弾調において平板である。たとえば次のような法廷のイメージがある。「未来法廷で、一九七〇年代の日本人が尋問される。次の世代によって、ほかならぬ現在のテレヴィの前の子供たちによって。お父さん、あなたがたはなぜあのようにもとっかえひっかえ、大量に怪獣映画を提供したのですか？　あなたがたが、われわれの幼・少年時の魂に、怪獣映画をつうじてつたえたかった真のメッセージはなんだったのでしょう？」。元来大江は、自身が裁かれる場として法廷イメージを用いたが、ここで裁かれるのは自身というよりは、テレビドラマ製作者と彼らを看過する同時代人であろう。(48)

内海文三「我が青春のウルトラマンタロウ」

大江に対する応答として書かれたのが、『タロウ』の助監督であった内海文三（打海文三、本名荒井一作）による「我が青春のウルトラマンタロウ」である。この評論は第三回新人評論賞選外佳作として、『タロウ』終了後の一九七四年八月に『シナリオ』誌に掲載された。佐藤忠男が選評を寄せ「テレビの「ウルトラマン」の助監督である論者が、真にあるべき「ウルトラマン」への熱い思いを記述したもので、現場からの声として心をうたれるものがあった」と記した。(49)

内海は基本的に大江の「破壊者ウルトラマン」論に同意する。その上で、彼自身が『ウルトラマンタロウ』に内在する矛盾に抵抗しようと悩みながら、何ひとつなしえなかったという内心を吐露する。内海が把握する『タロウ』（あるいはウルトラシリーズ）の構造は以下のようなものである。「戦争、核兵器、公害、人種差別、等々から嬰児殺し、教育ママゴンに至るまでの、現実的恐怖・怪獣的現実が、生物的形態をとって非現実化されたものが「怪獣」だとするならば、「ウルトラマンに助けて欲しい」と大人たちが冗談めいた本意をもらすように、「ウルトラマン」は非現実的願望・ウルトラマン的現実が虚構の中で現実化されたものである。ドラマは、怪獣的現実とウルトラマン的現実の相克・対決として描かれる」。難解であるが、内海のいう「怪獣的現実」は社会矛盾、「ウルトラマン的現実」はそれを糊塗隠蔽する論理のことと考えてよいであろう。ヒーローものにおけるジャンルの約束事にしたがう限り、勝利するのは「ウルトラマン的現実」のほうである。

たとえば山際が監督した第一四話「タロウの首がすっ飛んだ!」の場合、「緑の表皮をひきはがされ赤土がむきだしになった多摩の山野、それはたびたびTV画面にも登場し、僕らの悲憤を買ったにしても、その荒涼とした風景に潜む怪獣的現実は、ウルトラマンタロウによって後方に押しやられてしまう。エンマゴー《ママ》の死と共に。成金の改心と共に。子供たちのヌカ喜びと共に」。一二本について具体的かつ本質的な批判をくわえつつ、内海はこう概括する。「怪獣が何らかの正当性をもつ時、いつもこのパターンをくりかえす。大事なところでいつもウルトラマンタロウが現われ、事柄の本質をアイマイなものにしてしまう」。

内海の議論はさらに続く。怪獣的現実がウルトラマン的現実によって曖昧にされるという基本的な作品の論理を貫徹すれば、劇中において子どもたちが自分で問題を解決せずにタロウの登場に期待するのも当然である。「俺たちにはウルトラマンタロウがついているもン! 困った時にはいつでも来てくれる」と子どもたちはいうわけである。これに対して作り手は、大人、また人間が自分で問題を解決するという話を提示するわけであるが、これは「公害をもたらしたが故に利潤をあげた企業が、公害から身を守る製品を売って再び利潤をあげるようなものだ」と内海はいう。結局はタロウが問題を解決するのだが、作り手たちは、子どもたちが大人の「命がけの行為を尊いものとして心打たれる、ということにしてしまう」[50]。

総じて内海が問題にしていたのは、単に子どもたちがウルトラマンに課題解決を依存するといったことではない。「ウルトラマン的現実」という矛盾隠蔽の論理が作品を貫徹せざるをえず、そのことへの対策(人間自身による問題解決というストーリーの提示)すら欺瞞でしかないということを、彼は問うていたのである。

山際の内海評

筆者が山際に内海の評論のコピーを送って感想を尋ねたところ、以下のような返事を得ることができた(全文を三つに分けて検討する)[51]。

いただいた内海文三氏の論評、読んでみて、当時も読んだことを思い出しました。／まじめな助監督だった荒井一作さんのことも思い出しました。彼らしいまじめな論評ですが、彼が問題にする子どもたちの現実とウルトラマン、確かにその通りなのですが、フィクションと現実の対比と虚実入りまじりこそ文学の真髄と考えてみると、若さのためか、荒井さんの思考に少し無理なところもあり、いわゆる「正義の相対化」を一貫してはやりきれなかった監督としては内心、じくじたるものがあります。

まずは、山際が「虚実入りまじり」を創作の要と考えていることを確認しておきたい。続く部分は以下の通りである。

荒井さんの「人間はいつも負ける」が「ウルトラマンは来てくれる」というパターン、子どもたちのセリフの中で語られるウルトラマン論？　については、私が言うところのタコが自分で自分の足を食べる現象として、ウルトラマンシリーズの企画としての必然的とも言える衰退を荒井さんも実感していたのでしょう。

ここで山際は、結局ウルトラマンに子どもたちが頼ることになる（そしてそれがむしろ作品の論理に即した行動となる）という内海が指摘した問題について、自身の観点に引きつけてコメントしている。その観点とはタコが自分の足を食べるという現象である。このたとえは、『エース』ほか、第二期ウルトラシリーズにおける劇中の子どもたちの「ウルトラマンごっこ」に関して山際が口にすることである。「フィクションという砂上の楼閣にまたフィクションを作るみたいな…どっか蛸足を食うみたいな感じになってきたきらいはありましたね。フィクションの肝心の根っこをかじっちゃってる」(52)。

だが、内海のいう子どもたちがウルトラマンに頼るという展開と、山際のいう劇中における「ウルトラマンごっこ」とでは、次元が異なるように筆者には思われる。前者はフィクションの約束にのっとった展開であるのに対して、後者はフィクションの約束を混乱させることだからである。この両者を一緒に考えるということは、つまり山際にとっては、作品内で子どもたちが「ウルトラマンごっこ」をすることばかりか、ウルトラマンの存在を前提とすること自体に、作品世界を危うくしかねない不安定要素が潜んでいる、ということになるのではなかろうか。

もちろん、物語の設定上、ウルトラマンは存在するのだし、人々がその存在を前提として生活することも織り込み済みである。それは山際も十分承知している。それにもかかわらず、日常性と非日常という対立項で考える山際にとって、劇中におけるウルトラマンとは、どこかこの対立項を無にしてしまいかねない、超越的あるいは外在的な存在だったのではないだろうか。

ただし、付け加えねばならないが、怪獣に対してはそのような懸念を山際は抱いていなかっただろう。最初の引用部に「虚実入りまじりこそ文学の真髄」とあるが、怪獣とそれを取り巻く特殊な環境こそが「虚」を支えることはいうまでもない。

このことを踏まえて手紙の結びを見ると、以下のようになっている。

> 助監督として、いつもフラストレーションをかかえていたであろう荒井さんに同情しますが、彼の論評にはメタファーが不足しているようです。残念です。

「メタファー」（隠喩）が不足しているとはどういうことであろうか。それはつまり『タロウ』において、直接には怪獣的現実は退けられるわけであるけれども、怪獣というメタファーを通じて問いが発せられたということに、もっと目を向けてほしいということであろう。であるので、そうした問いを発する自身の努力が十分に受け止められなかったとすれば、最初の引用部にあるように、「内心、じくじたるものがある」ということになるのだろう。

山際永三と大江健三郎

では、山際は大江の文章をどうとらえたのか。山際は六〇年前のことを次のように語ってくれた。

大体その、ウルトラシリーズがね、〔ウルトラマンが〕出てきて怪獣をやっつけて終わるという話が暴力肯定でね、戦後民主主義にそぐわないっていう話は共産党系の、とくにその、代々木共産党の何ていうのかな、PTA的な人たちが、市民運動をやっている人たちがいいだしたことで、大江健三郎もそれに尻馬に乗った感じでしたよ。で、ああなんだ、大江までそんなことといってんのかみたいなことを〔思いました〕。僕は何かのことで書いたか発表したかどうか忘れましたけど、戦後民主主義をそういう具合に暴力の否定だけで評価して、暴力が全ていけないんだということで、結果はろくなことがないじゃないかと。いい暴力なら暴力もいいんだみたいなことでいかないと、何でも争うことはいけないことっていう戦後民主主義の悪い面がはびこるだけだし。大体その話は『ヒロシマ・ノート』〔一九六五年刊〕っていう大江の〔作品の〕、あとじゃないですかね。『ヒロシマ・ノート』っていうのでね、不思議なんだけど僕と〔映画監督の〕伊藤俊也さんっていうね、東映の友人なんですけど。色んなところで違うんだけど伊藤俊也はもう、あれで大江健三郎にがっかりしたっていうぐらいにね、評判が悪いんですよ。ていうのは要するに『ヒロシマ・ノート』の基調になっているのは共産党的な発想で（…）もちろん初期の作品はね、敬服して、とくに映画になった『飼育』はよかったんですけど。[53]

助監督内海にくらべ、今日山際が語る感想はより落ち着いたものである。それは六〇年という時間の開きのみによるわけではなかろう。もとより、「ああなんだ、大江までそんなことといってんのか」という言葉からは、山際が当時不快感を覚えたことが伝わってくる。元来山際にとって大江は身近な存在であった。そのことは盟友大島が撮った大江原作の『飼育』(石堂も出ている)を激賞したことからも窺えよう。[54]「破壊者ウルトラマン」はその大江からの随分と外在的な批評であった。しかし、山際は自分の方法論と問題意識に基づいてウルトラシリーズをつくっていたのであり、大江のそうした批評によって内面が揺らぐということはなかったであろう。

いずれにせよ、山際たちがつくっていた作品群に照らしたとき、大江の糾弾が当を得ないことは明らかである。そのことはとくに、『タロウ』第一一話「血を吸う花は少女の精」によく当てはまる。本作は、山際の探求の一九七〇年代前半におけるひとつの到達点であった。それゆえ、その分析は最後に回したい。

四 『日本沈没』

日本の相対化

一九七三年三月、小松左京の書下ろしエスエフ長編小説『日本沈没』上下が光文社から刊行され、たちまちベストセラーとなった。同年中に東宝で映画が製作され(監督森谷司郎)、一二月に公開されると、やはり大ヒットした。同時期には第四次中東戦争(一九七三年一〇月勃発)の影響でオイル・ショックが展開しており、映画の終末ムードと連動したと考えられる。[55]翌一九七四年一〇月から七五年三月にかけては、東宝映像とＴＢＳによるテレビドラマが放映された。このドラマは一時間もの、全二六本で、山際は四本を担当した。

小松左京の原作は、日本列島が地殻変動で沈没するという空想小説であるとともに、大都市災害に対するシミュレーション小説でもあった。さらに、冷戦期の国際秩序のなかで日本国民の日本列島からの脱出を図る、政府関係者や学者の姿を追った政治小説でもある。移民として日本人はたくましく生きてゆかねばならないとの主張を打ち出すことにより、小松は日本人の「島国根性」を批評していた。沈みゆく日本の風土に対する哀惜の念はもちろん語られるが、それがナショナリズムに傾斜せぬよう、登場人物の幾人かに日本の外（清国からの渡来者の息子）、あるいは「周縁」（八丈島）の出身者を配置したところはさすがであった[56]。映画は、そうした日本を相対化する人物設定は割愛したスペクタクルであり、そのようなものとして高い完成度を誇った。

一方、一年をかけて日本各地の崩壊を追うテレビドラマは、終末ムードにくわえディスカバー・ジャパン的ムードとも連動していたと考えられる。ロケ先の自然や古刹や人々の暮らしに対する情緒的なセリフは、原作・映画と比べてテレビドラマが一番頻出する。たとえば第六話「悲しみに哭く大地」（監督西村潔、脚本長坂秀佳）では、主人公である潜水艇操艇者の小野寺俊夫（村野武範）に対して、地球物理学者の田所博士（小林桂樹）が次のように語る。「わしはとても鎌倉が好きでね。ここには日本の古い文化が今も生きてる。わしはたびたびここへ来たくなる。この浄光明寺の阿弥陀三尊、来迎寺の如意輪観音、浄智寺の本尊三世仏。わしは鎌倉へ来るたびに日本はいい国だと思う。このよさを失いたくないとね」。

それだけに、山際が担当した多くの回で、日本ナショナリズムの相対化を図ったことは際立って目につく[57]。第八話「怒りの濁流」（脚本山根優一郎）は、福島のダムが決壊し（高野宏一の特殊技術が見事である）、田所の旧友である源さん（柳谷寛）が犠牲になる話であるが、この筋とは関係ないところで山際は仕掛けている。地震対策プロジェクトの資料室主任という閑職に追いやられた田所が、関東大震災の記録をめくっている。「過去の地震の記録の中に、もう一度見つめ直さなければならないことが沢山あるんだ」という彼のセリフ自体は常識的なものだが、被害の写真にまじって、「関東戒厳司令部」の門の写真や、「戒厳令とテロ事件」という文章のタイトルが映される。憲兵大尉甘粕正彦による大杉栄・伊藤野枝らの虐殺、あるいは自警団による朝鮮人虐殺を直ちに想起させよう。

この回はまた、冒頭で「姫路・箱根　地震被災者を救え！」と大書された呼びかけが一面に貼られた道路脇の柱が映されるが、特異に配された筆文字によって見慣れた風景に奇異な印象を与えるという手法は、山際が好むところである。都会のモダンな情景を突き破って情念が噴出するような効果がそこにはある。くわえてこの回には、ＴＢＳラジオが地震について市民に街頭インタビューを行なうシーンがあり、虚実の境界を突き崩そうとする意図が伝わってくる。

総じて、地震の脅威が静かに迫る東京は、日常でありながら、むしろ非日常である。この転倒が発する不安を、第八話（それに第九話も）は、手法を凝らすことによって繰り返し表現している。

第九話「海底洞窟の謎」（脚本石堂淑朗）は、九州南端の佐多岬沖で「隼人盾《はやとだて》」が発見されたことをきっかけに、小野寺が海底調査に向かう。隼人盾を小野寺のもとにもたらした青年徳光春男（大和田獏）は、実は古代民族熊襲の末裔であった。彼と父親の太左衛門（玉川伊佐男）[58]は、熊襲が海底に沈没した結果滅びたと考えていた。田所のライバルで日本沈没説を否定する山城教授（佐々木孝丸）が、熊襲は海底に沈んだのではなく大和朝廷に滅ぼされたのだというのに対して、太左衛門は「熊襲は大和朝廷に滅ぼされたんではなか！」と声を荒げる。事実、小野寺、春男、山城教授は海底に沈む古代遺跡を目撃するのであるが、地震により全ては無に帰す。古代遺跡という奇抜な設定を用いつつ、「日本人単一民族論」を批判し、娯楽と批評がうまくかみ合った一作となった。

くわえてこの回では、ユダヤ人の故郷喪失について、歌手で実は田所の生き別れの娘であるマリア・ベイリー（マリ・クリスティーヌ）に語らせてもいる。彼女は田所と次のような会話を交わす。「でも、春男さんの御先祖の国が本当に見つかると素晴らしいわね」「どうしてそんなことに興味をもつんだい」「だってあたしはユダヤの血を受けているんですもの」「え？」「ユダヤの人々の長い長いさすらいの歴史。あたしは春男さんの気持ちが本当によく分かるのよ」。ユダヤ人の運命に対する言及は、原作でもたとえばオーストラリア首相と高官に託してなされているが、準レギュラーのマリアにやや唐突にユダヤ人の血を受けていると語らせることは、かなり大胆であった[59]。

なお、この回では小野寺の下宿先の主人坂本平助（鳳啓助）が中庭に出て、拡声器で住民に地震への備えを呼びかける俯瞰シーンが、映像としてよくできている。ナイトキャップとガウン姿で下宿の中庭にひとり立ち注意を触れ回る姿は、中世イタリアの野外劇の道化のように見える。そこに妻のシゲ子（京唄子）が出てきて、みなまだ寝ていると夫を諌めるのだが、彼女が一階に降りてくる動きと、手前に停まっている車のバックミラーに狭く映り込む夫の姿とが一幅の情景に構成されており、何でもない空間を異化する巧みさにうならされる。

第一六話「鹿児島湾　ＳＯＳ！」（脚本山根優一郎）は、操艇士結城達也（橋本功）が小野寺の危機を助ける友情物語である。ヒロイン阿部玲子（由美かおる）の父親で資産家の信太郎（内田朝雄）が、船舶による金品の持ち出しを図るという点に批評的観点があるが、ほかの山際回と比べると控え目である。なお、「ウクレレ漫談牧震学」を名乗る易者（牧伸二）が一曲披露する楽しいシーンがあるが、「人事百般」「健康相談」「運命鑑定」など筆書きの仰々しい文字が並ぶ貼り紙は、都会の雑踏にぽっかりと穴を空けるような視覚効果を上げている。

第一七話「天草は消えた！」（脚本山根優一郎）は、天草の旧家の娘でセスナを操る有吉摩耶（小川知子）が登場する。旧家をとりまく封建制の名残をとどめた人間関係がひとつの見どころであるが、より大事なことは姥捨のテーマである。南九州一帯が沈没の危機に見舞われ、人々はみな漁船で避難することになる。だが、摩耶のかつての乳母である坂本ハル（武智豊子）は、息子和夫（林家木久蔵）の足手まといになりたくないといって、ひとり山中の古墳に残る。

山際が私淑する木下恵介の『楢山節考』（一九五八年、松竹）を髣髴させるこの筋立てに、さらに満州開拓団と中国残留孤児の問題が織り込まれる。摩耶とともに小野寺がハルを救いに駆けつけるが、ハルは見知らぬ土地で一からやり直さねばならない息子家族の足を引っ張りたくないという。小野寺が、あなたは和夫さんと実の親子なのにまるで他人のようなことをいうと難じると、ハルは小野寺の歳を尋ねる。二七歳だという答えに、彼女は「そんなら戦争は知らんなあ」といい、誰にも秘密にしていた過去を語り始める。三〇年前、彼女は中国の開拓団にいた。何ひとつ不自由のない暮らしをしていたが、日本が戦争に負け、夫も行方不明になった。和夫を重いお腹の中に抱えながら、ハルは二人の子どもを連れて必死で逃げたが、ついに力尽き、足手まといになった子ども二人を小さな村に置き去りにしたのだった。彼女のこの独白に満州開拓団や引き揚げ者の写真が重なる。「人間ちゅうもんはなあ、実の母親でも子どもば見捨てる。自分の命のためなら平気で恐ろしかことをするとたい」。三〇年前の罪滅ぼしのためにここで死ぬと彼女はいう。このあと、生きていれば子どもと再会できるかもしれないと励ます摩耶に対して、ハルも「お嬢さんもそぎゃん思いなさると」と、自分も同じ希望をもっていたことを明かし、「日中の肉親捜し」と書かれた新聞記事を懐から取り出し、三人は脱出に成功する。

中国残留孤児問題は、日中国交正常化が一九七二年になされたこと、長野県の住職山本慈昭によって「日中友好手をつなぐ会」が一九七三年六月に設立されたこと、戦後三〇年の節目が一九七五年に迫りつつあったことなどの理由で、ちょうど第一七話がつくられた頃（放映は一九七五年一月二六日）にマスメディアでもしばしば取り上げられた(60)。日中戦争に関する歴史意識に支えられつつ、時事的な素材を巧みに織り込んだ一篇となった。

『君まてども』

テレビドラマ『日本沈没』が始まる二か月前の一九七四年八月、円谷プロと東海テレビの製作になるドラマ『君待てども』が始まっている［図6-9］。月曜日から金曜日まで一五分間の昼のドラマで、全五五回、同年一〇月までの放映であった。恋人と結ばれることなく一九四四年の大空襲で死んだ加崎道子（小木日美）の霊が、丸の内のOL杉はるひ（三浦真弓）に乗り移るという怪奇ロマンである。はるひは女の生き血を吸う吸血鬼になる。東海テレビ編成部作成の発表資料には監督として山際と岡村精《まこと》の二人が挙がっている。彼らのうち山際だけが演出担当として文章を寄せているので、山際がメイン監督であったと考えられる（なお脚本には石堂淑朗一名が挙がっている）[61]。

　山際の寄せた文章「「君待てども」演出に当たって」では、次のような意欲が表明されている。「僕はこのテレビ映画を決して、いわゆるハイブローなものには狙いたくありません。昼の時間帯の視聴者の圧倒的多数の関心と共感を獲得したいと思っています。従ってごく日常的なリアルなところから出発して、異常なものを描く場合にも、その変り目と戻り目をていねいに、きちんと描いていきたいと思っています」（強調は原文）。日常的なものと異常なものとの相互関係という、ウルトラシリーズにおける構図がここでも示されていることが分かる。

図 6-9 『君待てども』発表資料表紙

　山際はさらに、従来からのテーマである精神の錯乱にも触れている。主人公はるひは道子の霊に憑依され人格が変わるため、周囲からは精神病と見られるのである。そのことに関して、次のように記している。

> ごく普通の人達が、もし、自分の家族の中に突然「精神病になったのではないか？」と疑われるような異常を見つけた場合、どれだけ驚き、悲しむことでしょう。異常になったその当人はもとより、家族全体の苦しみは大変なものだと思います。しかしごく普通の人ならば「あのバカめが、刑務所に入れてしまえ」とは思わないでしょう。ごく普通の人ならば、そうした苦しみを味わっている人々に対して、「かわいそうに」「あの人も苦労するね」と言うことでしょう。

精神病や刑務所という言葉からは『コメットさん』第一話も想起される。その上で、主婦層をメイン視聴者に想定した昼ドラマということもあってか、精神病とされる人についてのヒューマンな同情が直截に示されている。

最後に山際は、次のように書いている。「亡霊にのりうつられたヒロインが、悩み苦しみながらも、すごい生命力で生きつづけてゆく、いわば神と悪魔の格闘ぶり、その人間の生き方の中に、少くともそのある部分が、自分の中のある部分と強烈に符合することを発見する視聴者が多いだろうと、僕は確信しています」。矛盾を抱えた主人公の姿が、視聴者に対して自己の矛盾の「発見」を促すような関係を、山際は生み出そうとしていた。

本作は放映終了後に『SFマガジン』に好意的な批評が出ている。「SF怪奇ファンの間では評判が良かったが、惜しむらくは昼帯という時間上、見られる層が限定されてしまった。／カメラも良く印象に残るシーンが多い。三浦真弓も熱演、ナレーターの岸田今日子は多少しつこい感もあったが効果はあった(62)」。

『ウルトラマンレオ』

第二期ウルトラシリーズ最後の作品『ウルトラマンレオ』は、一九七四年四月に始まった。山際の本作への関わりは、一九七五年三月に放映された最後の二本のみである。このときまでに『日本沈没』の仕事が終わり（最後に担当した第一七話の放映は一九七五年一月二六日）、「そっちが終わっちゃってもうやることないなっていうんで、『レオ』の最後だけまた回してくれたりなんかして。だから、すべて橋本さんの采配であっち行ったりこっち行ったりしてたんですね(63)」。

第五〇話「レオの命よ！　キングの奇跡！」（脚本石堂淑朗）は、『エース』第一六話のヒッピー青年と同様、蟹江敬三が円盤生物ブニョを力演した。『日本沈没』第九話と似てこの回の演出は、鏡への映り込みをいくつも用いることによって、非日常的な空間感覚を生み出している。山際本人はこの演出に特段の努力を払ったとは考えておらず、「何でもかんでも映るものにしようってやったことで、あんまり意味のない遊び」と述べている(64)。

この発言が示すものは、演出技法がスタイルとして定着したということでもあろう(65)。

第五一話「さようならレオ！　太陽への出発」（脚本田口成光）は、最後の円盤生物ブラックエンドとレオの戦い、それに主人公おゝとりゲン（真夏竜）と梅田トオル少年（新井つねひろ）の別れを描く(66)。製作現場はオイル・ショックに苦しめられたが、矢島信男の迫力ある特撮、田口の正攻法の脚本とあいまって、山際は少年の自立の物語を感動的に演出した。旅立つゲンを追ってトオルが駆けると、路上にすでにゲンの姿はない。それでもトオルが駆け続けると、いつしか海岸に行き着いた。海上にはヨットから手を振るゲンの姿が見えた。現実の距離を越えて海へとたどり着く描写は映像言語ならではのものであり、第二期ウルトラシリーズの有終の美を飾った。

五　「血を吸う花は少女の精」

作品について

『ウルトラマンタロウ』第一一話「血を吸う花は少女の精」は、一九七三年六月一五日に放映された［図6-10］。準備稿の題は「吸血怨み花」であったが、内容を高く評価した橋本プロデューサーがこの題名をつけた(67)。捨て子を主題とし、救いを提示することがないこの物語は、第一期・第二期ウルトラシリーズを通しての傑作の一つである。脚本を書いたのは木戸愛楽《あいらく》で、これは大原清秀（一九四三—二〇一五年［図6-11］）の筆名である(68)。山際は、大原が書いてくれた本作は「ウルトラマンでなきゃできない作品でね。僕もね、あれは四年間のなかでどれか一本っていわれたらあれだなと思います」（「四年間」とは第二期ウルトラシリーズを指す）、「大原さんには感謝しかないんですけど。まあ、僕より年下のくせに先に死んじゃいましたね」と振り返っている(69)。

作品中で繰り返し使われる物悲しい曲は、『タロウ』で音楽を担当した日暮雅信の作品「舞踊組曲　笛吹き地蔵」である。「私にとっては想い出深く、とても大切な作品なんです」と作曲家も語っている(70)。この第一一話は

「東宝チャンピオンまつり」の一環として、一九七四年三月二一日封切りで劇場でも上映された〔図6-12〕。

以下、筆者の手元にある脚本決定稿を参照しつつ、物語を紹介する（必要に応じて脚本該当箇所の頁数をカッコに入れて示す）[71]。この脚本は特技部分に関して詳細な指定が記されている。実際の作品と異なるところもあるので、記録ではなく撮影に先立つ指定だと考えられる。誰がこの指定を書き込んだのか不明だが、山際によれば、特撮班の撮影担当である佐藤貞夫かもしれないという[72]。

物語

墓地。「雨が夢のように降っている」（a―一頁）。びっしりと蔦の絡みついた石塚。石碑には「捨て子塚」と彫られている。付近をパトロール中の警官二人が、風の音にまじって「フギャアフギャアと異様な声」（a―二頁）を耳にする。塀の陰に駆け出すが、二人とも何物かに襲われ、硬直した死体がごろりと転がる。同様の事件が七件も発生し、「吸血鬼殺人事件」と呼ばれていた。被害者の血が一滴残らずなくなっていたからである。

光太郎の下宿する白鳥家。夜勤明けで寝ている光太郎がZAT本部の森山いずみ隊員（松谷紀代子）の電話で起こされ、呼び出される。警察がお手上げのため、ZATが連続殺人事件の捜査を応援することになったのだった。

図6-10　『ウルトラマンタロウ』第11話決定稿表紙

墓地では「どこか妖精めいた美少女」（a―六頁）が捨て子塚の紅花の蕾を植木鋏で切り落とす。かなえ（下野照美、脚本の設定では四歳）である。近くの道では荒垣修平副隊長（東野孝彦）と光太郎が捜索中である。ふと光太郎は、紅花の蕾の花束を抱えたかなえが凄まじい車の往来を縫って道を渡っているのを目にする。轟然と走るダンプから光太郎はかなえを守って抱き上げる。彼女は迷子のようで、光太郎は送ってやることにする。脚本では「裏街」（a—九頁）、演出ではいかにも裏ぶれた路地を歩く二人（ここでかなえは絶えず植木鋏を鳴らしている。これは脚本のこの箇所には指示のない演出である）。彼女が指さしたボロアパートの、赤ん坊を背負って「生活に疲れた感じのおかみさん」は、自分の子どもではないという。六畳一間に子どもたちがドタバタしている。「今でも一人くらい捨てたいくらいさ。これ以上子供がふえてたまるもんか」（脚本・映像とも同じ、a—一〇頁）。かなえは「植木鋏を無心にチョキチョキ鳴らしている」（a—一一頁）。

図 6-11　大原清秀

かなえを背負って道を歩く光太郎。かなえは今度は白鳥家を指差す。そこに森山隊員が現れる。白鳥家の娘さおり（あさかまゆみ（のち朝加真由美））がサークル（脚本ではゼミ）の合宿でいないので、不便だろうと心配して来てくれたのである。森山隊員は、かなえが身寄りのない子どもの施設にいた子だと気づく。リビングでもずっと花を離さないかなえに、白鳥家の少年健一（斎藤信也）は「好きなのかい、花」と尋ねる。かなえは「うん」と答える（脚本では「これ、お母さん」、a—一三頁）。光太郎が施設に問い合わせて、かなえが二か月前に岩坪さん（脚本では代議士の設定）の里子に出されたことを知る。岩坪は大変な金持ちで、子どもがいないから引き取ったのだった。かなえは健一に花束の半分を差し出す。

光太郎はかなえを岩坪邸に連れていく（脚本a—一五頁では、彼女は「ここ、おうちじゃない」といって入るのを拒むが、映像では黙っている。より内向的で受動的に演出されているのである）。女中が二人に気づき、「一見して有閑マダムタイプ」の岩坪夫人（万里《ばんり》昌代）が出てくる。彼女は「駆け寄ってオーバーに頬ずりする」（a—一五頁）が、かなえは無表情である。ZAT本部に戻った光太郎はほかの隊員たちと、岩坪夫人のことをくさす（脚本a—一七では、選挙の人気取りといった具体的な非難の根拠が出てくるが、これはカットされた）。

白鳥家では森山隊員と健一が捨て子をめぐって話している。暮らしが苦しくて捨て子を余儀なくされたのだから、かなえの本当の母親を見つけ出してそこに帰したとしても、幸せになれるかは分からないと森山がいう（つまり、捨て子問題は解決ができないということが語られている）。一〇時になり二人は寝ることにする。墓場では捨て子塚の蕾が一斉に輝いて開き、蔦が踊るように動き出す。「フギャアフギャア。この奇怪な植物は嬰児の泣き声に似た叫び声をあげて鳴く」（a―一九頁）。蔦が這い出してゆく。

　白鳥家ではかなえが健一にあげた花瓶の蔦がうごめき始める。墓場から這ってきた蔦と合わさり、蕾に灯がともる。森山隊員と健一を襲撃する。表の道を歩いてくる三人の酔っ払い（脚本b―四頁では二人。彼らを演ずるのは『タロウ』の監督・特技監督を多く務めた山本正孝、本作脚本を書いた大原清秀、それにエキストラである）[73]が蹴躓いた蔦をひきちぎり、襲撃は止まる。ＺＡＴ本部の光太郎に森山隊員が蕾と蔦を運び込み、光太郎はかなえの花だと気づく。岩坪邸に電話するが夫人はとりあわない。彼女はかなえが花に水をやろうとしているのを見とがめ、花をひったくる。

　朝、岩坪邸の庭でかなえがボールで遊んでいる。夫人が花を捨てたゴミバケツに蔦が伸びている（脚本b―九頁では、蔦がかなえのうなじに迫るも、ボールが転がっていき、かわされるという件りがあるが、映像ではない）。ＺＡＴ本部では紅花が吸血植物であることが判明し、光太郎は岩坪邸に電話する。岩坪邸ではスタイリー（健康器具）で美容体操中の夫人が蔦に襲われる。硬直した死体から蔦は血を吸う。窓のガラス越しにその情景を見たかなえは「吃驚りして息をのむが、逃げようとはせず、ガラスに張りついてその光景を異様なまで熱っぽく見つめる」（b―一一頁）。蔦が電話台を倒し、受話器伝いに光太郎に赤ん坊の泣き声のような異様な声が聞こえる。光太郎は飛び出してゆく。

　街で光太郎は、かなえが行き交う人たちに花を手渡しているのを見つける。光太郎は人々から花をとりあげ、かなえにどうして花を配っているのか、まさか花が人を殺すことを知っててやっているんじゃないかと問い質すが、彼女は動じない。北島哲也隊員（津村秀祐）が駆け付ける。最初の捜査の際に目にした捨て子塚のことを思

ウルトラマンタロウ
〈血を吸う花は少女の精〉

◆ものがたり

吸血鬼殺人事件が連続して起った。さっそく捜査に乗り出したZAT隊員は、殺人現場で、紅い花をしっかりと握りしめた少女を発見した。

その頃、ヘビのように自由に動き、人間に襲いかかる蔦《つた》が出現した。蔦の紅花からポタポタとたれる血のような滴《しずく》。蔦の根本を調べてみると、それは捨て子塚にあった。そういえば、殺人現場で発見した少女も捨て子であった。少女と蔦には、何か関係があるのだろうか…!?

ZAT隊員が蔦を根こそぎ掘り起こそうとしたその時、地底から全身蔦に蔽《おお》われた蔦怪獣・バサラが立ち上った。人を襲う吸血蔦、それはバサラの体毛だったのである。バサラの蔦にがんじがらめにされ気絶するZAT隊員。立ち上れ、ウルトラマンタロウ！吸血蔦怪獣・バサラの息の根をとめるんだ！

◆スタッフ

プロデューサー……熊谷健
〃……橋本洋二（TBS）
脚本……木戸愛楽
音楽……日暮雅信
特撮監督……大平隆
監督……山際永三
制作……©円谷プロ・TBS

人をおそう吸血
蔦怪獣バサラ！
タロウ怒りの登
場！

図 6-12 「東宝チャンピオンまつり」のプレスシート（部分）。写真でウルトラマンタロウと戦っているのが蔦怪獣バサラ

い出したのである。北島と光太郎はナタ（脚本b―一六頁では電気ノコ）で蔦の幹を切り倒そうとする。花が落下する。その光景を見ているかなえは、光太郎が気づくと「おニイちゃんのばか！」（脚本・演出とも同じ、b―一六頁）と叫んで駆け去る。蔦はまた生えてくるので、光太郎と北島は引き抜こうとする。逆に二人は物凄い力で引っ張られる。塵煙が吹き上げ、蔦怪獣バサラが立ち上がる。北島は蔦に絡まれ硬直する。荒垣副隊長、南原忠男隊員（木村豊幸）、上野隆隊員（西島明彦）の搭乗する戦闘機ホエールが飛来するが、蔦に絡めとられる。蔦に襲われた光太郎は、ウルトラマンタロウに変身する。戦闘の末バサラはタロウに倒される。

公園の花園を歩いている光太郎、森山隊員、白鳥さおり。かなえがまた施設に戻っていったことが語られる。墓場では今日も植木鋏を鳴らしながらかなえが花を探している。

代議士の設定

かなえの里親は、脚本では「有田（仮名）代議士」（a―一四頁）とされている。仮名となっているのはモデル問題が生じないように慎重に検討しようとしたのだろう。実際の作品で代議士の姓は「岩坪」となった。撮影中

に「有田」としていた箇所は、アフレコで「岩坪」と直した[74]。実際には、政治的なことは避けたいという橋本プロデューサーの意向で、代議士に関わるセリフはカットされた。
脚本でどのようなセリフがあったかというと、光太郎はZAT本部で隊員たちに「明らかに次の選挙の人気とりなんだ」（a―一七頁）といっている。また代議士夫人は電話で光太郎に「次の選挙にはZATの皆さんも宅に一票をお願いしたいですわ」（b―七頁）といっている。これらのセリフは切られたが、代議士の示唆は一か所残った。脚本では邸宅の玄関に「有田」のプレート（a―一五頁）が出ているとしか書かれていないのだが、映像では「岩坪堯司後援会事務所」と大書されている。山際は代議士関連の経緯を次のように語っている。

コインロッカーベイビーの、捨て子をされた女の子を里子に育てて売名行為をしようっていう金持ちの、あれ万里昌代さんの奥さんしか出てこないけど旦那がいるんですよね。旦那が代議士っていう設定なんですよ。でね、僕はね誰々、政治家の名前と事務所とかって書いた看板を撮ったんですよ。そしたら橋本さんがね、代議士は辞めてくれと、何かいかにも政治的でね、よくないっていわれてね。さんざん怒られてね、でなんとなくそれは、看板は切ったつもりなんだけどなんかちょこっと残っていて（…）。票をお願いしますみたいなところを切っちゃったのかもしれないですね。あのときはもう橋本さんはこれだけはやめてくれ、そうしないと通らない、局で問題になっちゃうからといわれて、しょうがなしに切りましたね[75]。

代議士夫人役の万里昌代は、山際の古巣である新東宝の看板女優の一人であった。このキャスティングについて山際は、「あの人は新東宝にいたからね、僕も知ってはいたんでね。熊谷健さんという円谷のプロデューサーといつも相談しながらやってましたから、多分どっちかがいいだして、ああいいねいいねということになったと思います」と語っている[76]。撮影に関しては次のようなエピソードもある。

万里昌代さんも面白くやってくれましたよね。ここから血を吸うっていうでしょ。耳から。あれは特撮で。結局血を逆回転で撮ったのかな。なんかごまかしたんですけどね。さすが万里昌代さんもね、耳ん中にガラスの棒をつっこまれるのはいやだってわけですよ。それでしょうがなしにメーキャップの女の子かなんかに頼み込んで耳のアップだけその人にやってもらって。(77)

通信隊員たち

ＺＡＴ本部には複数の女性が通信隊員として勤務している。第一一話では彼女たちが男性隊員たちを批判するという重要なシーンがある。ここは脚本と映像が大きく異なるところである。脚本では、光太郎が「身よりのない子供をひきとったといえばきこえがいいだろ。森山君も言ってたけど、明らかに次の選挙の人気とりなんだ」というのに続けて、北島「しかし子供は敏感だぜ、そんなニセ物の愛情には」。南原「大体その子を捨てた母親がよくないよ」。上野「そうですよ。近頃の女ときたら自分の都合しか考えない」。荒垣「いいのか上野、そんなセリフ、森山君がきいてたらうるさいぜ。あの子、ウーマンリブだからな」。上野「そうでした。今日はいなくて幸い」とやりとりが交わされ、シーンは終わる（a―一七～一八頁）。

これに対して映像では、上野の最後の不遜なセリフ（映像では「大体近頃の女ときたら自分の都合しか考えないんだから」）に対して、通信隊員たちが反論を加えるのである。

通信隊員1「上野隊員、そんなことといっていいの」
通信隊員2「そうよ、男こそずるいじゃないの」
通信隊員3「そうよそうよ」

上野「そんなことといったってねえ！」
荒垣「上野！——さあ、問題を整理してみようか」

この改変は、議論がよりフェアになったという点でも評価すべきだが、脚本では役割のない通信隊員たちにこれらの発言を行なわせたという点でも特筆に値する。ＺＡＴ本部を職場ととらえ、そこでの一人ひとりの関係を意識すればこその演出であろう。脚本にしたがい「ＺＡＴ本部オペレーター」（ＡからＤまで四人）の役者名を記しておく。長本和子、大隅さとみ、藤岡恵子、中楯富久子である。(78)

蔦怪獣バサラの最期

山際が担当した本編ではなく、大平隆が担当した特撮に主に関わることであるが、バサラの描写に触れないわけにはいかない。脚本では、捨てられた子の抱く恨みは少女かなえに集中的に仮託されており、バサラの方は嬰児のように泣くとはいえ、あくまで倒されるべき存在であろう。その最期についての記述は以下のようである。「タロウ、バサラをねじ伏せる。バタバタもがくのを怪力で腕をもぎとる。足をちぎる。首をねじきる。／——バラバラにほぐされたバサラはただの蔦の山となる。／タロウのストリューム光線が飛ぶ！／燃え出す蔦怪獣の死体！」（b—一九〜二〇頁）。

特撮パートの演出は、脚本とは大きく異なるものとなった。まず、筆者所蔵の脚本に書き込まれている指定（便宜上「特技メモ」と呼ぶ〔図6-13〕）を見る。先述の通り、これは記録ではなく構想だと考えられる。そこでは明らかにバサラは捨て子の化身として、赤ん坊のようにとらえられている。なおかつ、それを打ち倒すタロウのむごさも滲み出ている。たとえば「59　ＬＢＳ〜 up タロウサバ折りキャメラフォーカスを手前のバサラに送って up 悲しみのバサラ」「60　Long タロウサバ折りの姿勢から離れてバサラフギアフギアとはいずり逃げるタロウ一瞬

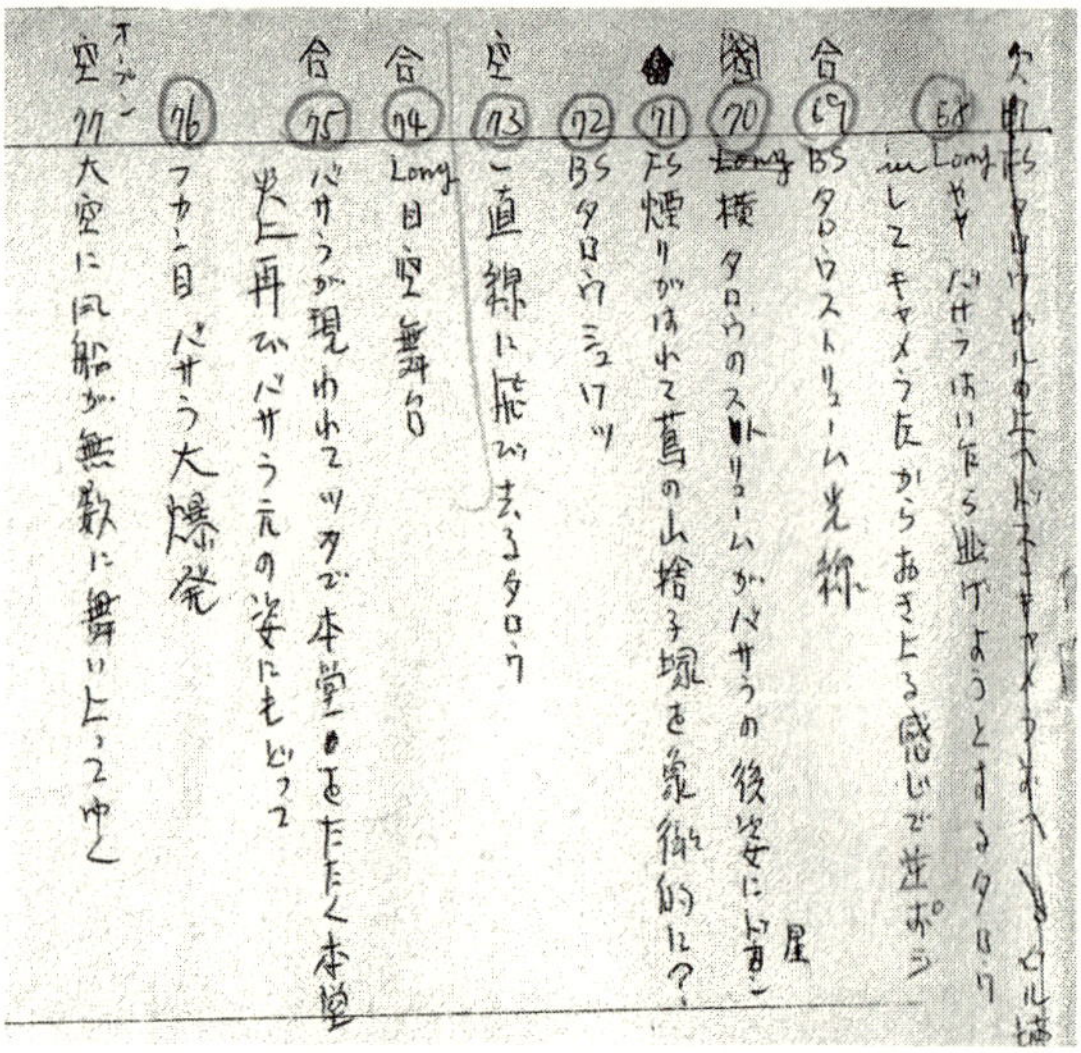

図 6-13　第 11 話脚本の特技メモ（部分）

ためらうがすかさずおそってだきおこしヘッドロック更らに首をしめる悲しく泣くバサラそれを更らに引きたおし顔をニードロップでせめる」。

　実際の映像ではタロウのためらい等は示されない。だが、ZATに攻撃されて、赤ん坊のような悲鳴をあげながら地上を這い回るバサラには、特技メモに込められた意図に通ずるものが感じられる。ためらいなしにバサラを攻撃し続けるタロウの姿にも同じことがいえる。

　さらに、脚本、特技メモ、映像は、バサラの最期についてそれぞれ異なる。脚本では先述の通り、バサラが燃えて終わりになり、タロウは「蒼穹遥かへと去ってゆく」。特技メモでは、タロウが飛び去った後で、バサラが一瞬復活する。

70　横　タロウのストリュームがバサラの後姿にドカン／星
71　FS　煙りがはれて蔦の山捨子塚を象徴的に？
72　BS　タロウシュワッ
空 73　一直線に飛び去るタロウ
合 74　Long 目　空舞台
合 75　バサラが現われてツタで本堂をたたく本堂炎上再びバサラ元の姿にもどって

76　フカン目　バサラ大爆発

オープン空77　大空に風船が無数に舞い上ってゆく

実際の映像では、タロウのストリウム光線がバサラに命中し、バサラが爆発する。読経が流れ、捨て子塚の石が落ちる。北島に巻き付いていた蔦も力を失い、北島は倒れて起き上がる。赤い花の映像。ついで読経のなか、中空に赤、青、白……のバサラの幻影が現れ、もだえ、一瞬だけ実体が復活し、本堂を炎上させる。赤い花の映像が重なる。そしてバサラは大爆発する。北島が呆然と見つめる。タロウが飛び去る。無数の風船が宙に舞い上がる。ここまでずっと読経が続いている。

順番だけをとってみれば、タロウが去ったあとでバサラが復活・爆発する特技メモのほうが、バサラが復活・爆発したあとでタロウが去る映像よりも、捨て子の怨念は強く表現されたかもしれない。しかし、読経が流れるなか、全てを見届けてタロウが飛び去る実際の映像には、一種の無常感が漂う。いずれにせよ、バサラの最期の映像は圧倒的である。特撮監督大平隆によれば、「あれの寺の炎上のくだりは、山際（永三）監督がラッシュを見て「あれ！　こういうことになってたんだ！」って驚いて、僕のアイデアで、蔦怪獣バサラが怨念で寺を焼き払うラストにしたんです」「山際さんも体制に批判的だから、僕と合ってあれができたんだね[79]」。

大平の創意があり、さらにそこに山際が読経を重ねた。

お経の音声は、確か、大野さんの『罠』の音声から使わせてもらったのではないかと思います。『罠』の、チハーコバさんが、走って行く空地で流れていたものを使ったか、または、それに似たものを使った記憶です。特撮監督が編集に口をはさむことはなかったし、全部編集が終わってから、音楽を入れますので、大平さんは関係ないです。お寺が出てきて、関係があれば、ラストで火事にして、お経を流すという、パターンになってしまいました。大野さんは、いろいろなお寺のお経のライブラリーを持っていました。[80]

『罠』の音響は、元の音を加工してあるので、正確にどの箇所が『タロウ』第一一話に対応するのかは判断が難しい。しかし、山際の記す、チハーコヴァーが和服の女に向かって走ってゆくところの直後からの雑踏の情景、そしてとくに最後の新宿駅西口前からラストまで、たしかに読経を加工した不穏な音響が流れる。山際の実験映画製作と『タロウ』とは直接に結びついていたのである。「お寺が出てきて（…）パターンになってしまいました」というのは、第一四話クライマックスのお地蔵様のシーン（寺や火事は出ないが）で流れる読経のことを指す。

かなえの笑み

本作は孤独な少女かなえが圧倒的な存在感を放っている。作品中の彼女の位置づけについて、山際は次のように説明する。

女の子については、最初のほうは、寂しげな里子→だんだんツタ怪獣のほうに惹かれていく、つまり社会のコインロッカーベイビー（製作当時・その前に流行）という被害者が、だんだん復讐の加害者になっていくという流れをはずれないように、微調整したつもりです。確か、修正部分は、なるべく大原さんにも送って、修正を重ねたという記憶です。[81]

たしかに、最初は彼女は単に花が好きなだけである。受動的な位置にある彼女が、里親の死を目撃したことで、社会に対する復讐者の立場に変わり、自ら吸血花を配るようになる。そこでのかなえと光太郎のやりとりは、山際が最も力を入れたところである。

脚本では、かなえが主婦たちに花を配るところで、「かなえの頬に小悪魔のような微笑が浮かぶ」（b―一三頁）のだが、映像ではこのシーンはもっぱら背中から彼女を映している。その後表情が見えるが、そこにはまだ特段の演技はない。ついで脚本では、光太郎の警告によって主婦たちが花を放り出し、光太郎はそれを踏みにじる（b―一四頁）。映像では光太郎はかなえの手から奪い取った花を踏みにじる。二人の対峙がより強調されているのである。ついで（b―一四～一五頁）、
見ると、かなえは何事もなかったようにとことこ歩み去ってゆく。

光太郎「かなえちゃん（と追いついて）どうして花を配ったりしてるんだい」

かなえ、ククッと笑い声を漏らす〔ここは映像では無表情に近い〕。

光太郎「（ハッとして）まさか知っててやってるんじゃないだろうね、花が人を殺すって」〔映像のセリフは僅かに異なる〕

かなえ、視線をはずし、鋏を鳴らす。

光太郎「あの花、どこから摘んできたの、それだけでも教えてくれないか」

かなえ、知らん顔、鋏を鳴らしている。

光太郎「かなえちゃん……！」〔映像ではここでかなえに微かな笑みが浮かぶ〕

思わず感情が昂って睨みつける。

臆しもせずはじきかえすように睨めかえすかなえ〔映像では光太郎はもう一度「かなえちゃん、頼むから」と声を強め、これに対して彼女の薄笑い〕

実際の映像では、かなえの笑みは「ククッと笑い声を漏らす」というようなものではなく、ずっと微妙な、意

図の知れぬ、薄気味の悪いものである。山際によれば、「東光太郎が見つけて何をやってんだっつって怒りに行くでしょ、どうしてこんなことをやるんだって。そうすると少女がね、ちょっと薄笑いを浮かべんですよ。あれがね、スタッフなんかにもね、なんでこんなところで子どもに笑わせるんだと。あまりにも反秩序というか、いやなにおいがしてね」「やなシーンを撮ったっていう感じで」「それが狙いなのにね、スタッフが分かってくれないんですよね」「僕にしてみりゃもうね、あそこで自分のたくらみを、ばれたかっていう感じでにやっとするのが一番やりたかったんだけど[82]」。

あるいはまた、次のようにも山際は書いている。「女の子が近所の人たちに、花を配っているところは、ひとつの山場で、光太郎が、「どうして花を配ったりしてるんだい」と女の子に迫るところで、初めて女の子が、かすかに、微笑をもらす——これが私の狙いでした／彼女は、この場面で、被害者であることを、卒業するわけです[83]」。

かくして「血を吸う花は少女の精」において山際は、被害者である少女が加害者となるという構図を提示した。ここにあるのは、自分自身が社会の壁の一部をなすという、山際の長年の主題にほかならない。

では、少女かなえの物語はどのように終わるのであろうか。直前の引用部に続けて山際は記す。「あとは、型どおりの格闘などがあり——／公園の花園での、光太郎の解説があり、そのあとの墓場で終わる。／という「物語」になりました。墓場での女の子には、もう「微笑」は不要で、ハサミのチョキチョキだけで十分でした[84]」。

この、本作のラストは、それ自体として検討するに足る。

ひとり歩く

そもそも捨て子という問題は、子ども番組であれ大人番組であれ、解決不能である。その解決不能性に正面から向き合った点に、本作の凄みがある。それゆえ内海文三は、大江への応答において本作だけは例外としたのだった。「ウルトラマンが勝とうが負けようが、ウルトラマンとは無縁に、しかし怪獣とは関わりをもつところの、厳と存在する世界を提示しうるならば、僕らは九分どおり成功したことになるだろう。「№11血を吸う花は少女の精」は、そうした地平を切り開いた作品として今なお僕らを圧倒し続けている」[85]。

この「厳と存在する世界」とは、どのようなものか。脚本ではバサラが滅びたのち、公園の花園で光太郎、白鳥さおり、森山いずみ隊員が散歩しながら、次のようなやりとりを交わす（b—二二一頁。傍線は引用者、映像ではカットされた部分を示す）。

いずみ「だけどあの子、どうしてあんなに花が好きだったのかしら」
さおり「きっと花を本当のお母さんと思って慕ってたのよ」
光太郎「いや……憎んでたんじゃないかな」
いずみ「憎んでた？　誰を？」
光太郎「自分を捨てたお母さんをさ、いや、お母さんにそうさせた世の中をと言った方がいいかもしれない、だから憎しみをこめて花をチョン切ってた……」
いずみ「怪獣は滅んだけど怨み花はどこかでまた咲くような気がするわね」

この最後の「怨み花はどこかでまた咲く」というセリフを踏まえて、ラストの「墓場」のシーンがくる（b—二二一～二二二頁）。

今日もかなえが歩いている。
植木鋏をチョキチョキ鳴らし、あの花がまた咲いてないかと探している。

どこからかフギャアフギャアと声。
かなえ、嬉しげに逸散に駆けてゆく。

捨て子の問題は終わらず、かなえのあり方も変わらない。だからまた怨み花が咲き、彼女はそこに駆けてゆく。そのような流れが、脚本の終わりにはある。

この終わりでも、本作の結びとしては十分だったであろう。だが映像は異なる。公園でのやりとりのうち、傍線部はカットされている。そのため、第一に、最後にいずみが語った、怨み花がまた咲くという文脈はなくなる。第二に、光太郎のセリフは、かなえは「世の中」を憎んでいたというところで終わる（カットされた箇所以外のセリフは、脚本と映像はほぼ同じ）。

そして墓場のシーンとなる。そこでは何の泣き声も聞こえないし、かなえはどこにも駆けてゆかない。彼女はただ、植木鋏を鳴らし、花を探し、歩いている。ここにはもはや、泣き声を聞きつけたから駆けてゆくといった筋道はなく、救いのない彼女のあり方だけが映されている。彼女が身をおいている「世の中」の不条理が、剝き出しとなって現れているのである。

ここで剝き出しになっている「世の中」の不条理とは、ミチや、犬尾や、嘉代がぶつかってきた、自分自身をもその一部とする社会の壁そのものである。かなえの物語は、社会の壁を揺るがせたり、そこに裂け目をつくったりするものではない。そのかわりに、ひとり歩くかなえにおいて、社会の壁は最も無慈悲、かつ剝き出しに、自らの姿を曝け出したのである。

（1）筆者による山際のインタビュー。二〇一七年六月一二日。

（2）切通理作『怪獣少年の〈復讐〉――70年代怪獣ブームの光と影』（洋泉社、二〇一六年）、二一五頁。
（3）白石雅彦『「帰ってきたウルトラマン」の復活』（双葉社、二〇二一年）、一七五―一七八頁。五枚のメモの写真は同書、一七六頁に掲載されている。筆者は山際の厚意で、メモ現物および一五話覚書コピーをあらためて見せていただいた。
（4）山際永三「私の記録映画論――ZOOと記録の関係」、『記録映画』三巻七号、一九六〇年七月、一八頁。
（5）本作について、切通『怪獣少年の〈復讐〉』、一二五―一二六頁、参照。
（6）脚本との違いについて、白石雅彦・荻野友大編『帰ってきたウルトラマン大全』（双葉社、二〇〇三年）、八四頁。同書は二八〇―二八一頁でも「山際永三演出台本コレクション」として、山際による各作品の脚本への書き込みを分析している。白石雅彦『「ウルトラマンタロウ」の青春』（双葉社、二〇二三年）、一三七頁にも「山際は、ドラマの流れやテーマを明確にするためナレーションと台詞を変更する」という重要な指摘がある。
（7）シネマノヴェチェントのトークショー（二〇一六年一一月三日）における山際の発言。
（8）山際永三「実相寺昭雄氏の「ウルトラマンタロウ」のためのシナリオ」（二〇二四年三月一〇日付）。これは後述する経緯で山際が筆者に送ってくれた文書である。
（9）第二八話脚本は、実相寺昭雄『夜ごとの円盤――怪獣夢幻館』（大和書房、一九八八年）、一二八―一四〇頁、に収録されている。実相寺については、樋口尚文『実相寺昭雄　才気の伽藍――鬼才映画監督の生涯と作品』（アルファベータブックス、二〇一六年）、が基本文献である。
（10）白石・荻野編『帰ってきたウルトラマン大全』、二八九頁（山際永三インタビュー）。『泣いてたまるか』については山際永三「テレビ映画と映像の論理」、『シナリオ』二三巻五号、一九六七年五月、三五頁。第三五話脚本は、小幡貴一・田辺友貴編『不死蝶　岸田森』（ワイズ出版映画文庫、二〇一六年）、一〇〇―一二九頁、に収録されている。脚本の朱川審は俳優岸田森の筆名。ただし本作は岸田のアイディアをもとに、脚本家の山元清多《きよかず》が執筆した。武井崇『岸田森　夭逝の天才俳優・全記録』（洋泉社、二〇一七年）、七四―七六頁。
（11）山際より筆者へのメール。二〇二三年九月七日（その二）。早稲田大学演劇博物館（演博）図書室所蔵の脚本「暗黒怪獣　星を吐け！」（決定稿）、a―一七頁では、「裏町の一角」というシーンの指定があるだけである。なお、ウルトラシリーズの脚本の頁番号には、コマーシャルの前後でそれぞれaとbが付されている。
（12）山際より筆者への手紙。二〇二三年三月二七日付。

(13) 山際永三「仕組まれる自供――警視総監公舎爆破未遂事件被疑者のたたかい」、『展望』一六三号、一九七二年七月、引用は一一一頁。「事件」の説明もこの文献に依拠した。一九七四年になり、田原総一朗がこの「事件」について東京12チャンネルでドキュメンタリー番組『されどわれらが夏』を製作した。そのときの田原の製作姿勢が、第三章冒頭で触れたように山際との絶縁の理由となった。福富弘美「権力犯罪を解体するために――田原総一朗氏への批判」、『展望』一九一号、一九七四年一一月、参照。

(14)『映画評論』二九巻五号、一九七二年五月、一一頁。

(15)『シルバー仮面』については、白石雅彦『「ウルトラマンA」の葛藤』(双葉社、二〇二二年)、二一一―六四頁も参照のこと。

(16) 山際より筆者へのメール。二〇二〇年七月二二日。

(17) 山際より筆者へのメール。二〇二〇年七月二二日。第三話・第四話についての回想で、実相寺に影響されて三〇分ものなのに「その二倍くらい」撮り過ぎたとも語っている。『実相寺昭雄読本』(洋泉社MOOK 別冊映画秘宝)(洋泉社、二〇一四年)、所収の山際永三インタビュー(取材・文は加藤義彦)、二七九頁。

(18) 山際より筆者へのメール。二〇二〇年七月二二日。

(19) 山際永三・内藤誠・内藤研『監督山際永三、大いに語る――映画『狂熱の果て』から「オウム事件」まで』(彩流社、二〇一八年)、九四頁(編集による補足)。白石『「ウルトラマンA」の葛藤』、五七頁。なお、『人間蒸発』について山際は「日本のリアリズム映画史の大きな到達点」としつつ、「いっそのこと、もっともっと映像を疑い、音声を疑うところから、フィルム編集をも疑って、更にカッコの悪い映画を作るべきではなかったのか?」と評している。山際永三「血の歴史をどう否定するか(問題提起シリーズ①)」、『映像芸術の会会報』一九号、一九六七年七月一〇日、一―二頁。

(20) 君島彩子『観音像とは何か――平和モニュメントの近・現代』(青弓社、二〇二一年)、一四九―一五〇頁。

(21) 白石『「ウルトラマンA」の葛藤』。

(22) 切通『怪獣少年の〈復讐〉』、二三六頁。

(23) 筆者による山際のインタビュー。二〇二三年三月二五日。

(24) 橋本のテーマ主義について、たとえば『新・ウルトラマン大全集』(講談社、一九九四年)、一七四頁にある市川森一の発言を参照。

(25) 田口について、白石『「ウルトラマンA」の葛藤』、一〇一頁に引かれている山際の発言を参照。過疎について注30の文献参照。

（26）演博所蔵の脚本「燃えろ！　超獣地獄」（最終稿）、a―二二頁では、電話先の竜隊長（瑳川哲朗）に飲酒を理由に謹慎をいいわたされた北斗が座り込み、「巡査、書類を書いているが、チラリと見ただけで続ける」となる。この田口脚本にも可笑しみがある。

（27）白石『「ウルトラマンA」の葛藤』、一〇七頁。

（28）若者風俗との関連で記すと、白石はフォークソングが使われる第三話を「アメリカンニューシネマを思わせる演出」と評している。白石『「ウルトラマンA」の葛藤』、一〇三頁。山際の音楽の使い方についてつけくわえると、演博所蔵の脚本「超獣10万匹！　奇襲計画」（決定稿）には、「カーラジオから歌が流れている」（a―一二頁）という記述はあるが、それ以外には具体的な音楽の指示はない。人物像と合致する方向で、その造形を深めるために歌曲を用いるという山際の方法が最も衝撃的な効果を上げた事例として、『帰ってきたウルトラマン』第三四話「許されざるいのち」が挙げられよう。そこでは、自分が生み出した怪獣と半ば心中するかのように湖へと歩み出す水野青年の孤独に、バンドＰＹＧの「花・太陽・雨」がかぶさる。

（29）筆者による山際のインタビュー。二〇二三年三月二五日。

（30）「ディスカバー・ジャパン」という言葉は石堂脚本にしっかり記されている。蟹江のセリフは若干異なる。演博所属の脚本「怪談・牛神男」（決定稿）、a―四、a―一四頁。歴史的背景は、桑本咲子「ディスカバー・ジャパンをめぐって――交錯する意思から生まれる多面性」、『日本学報』三二号、二〇一三年、参照。本論文によれば、当初の国鉄の意志とは関わりなく、「ふるさと」発見のイメージが「ディスカバー・ジャパン」キャンペーンには読み込まれていった。高度経済成長をへて、農村部から都市部に大量に人が移動し、他方で農村風景が変貌していったことがその前提にはあった。この点において、橋本洋二プロデューサーが追求した古き農村風景もまた、「ディスカバー・ジャパン」と同時代の現象であったといえよう。

（31）演博所蔵の脚本「復活！　ウルトラの父」（決定稿）、a―一〇頁、参照。次段落での第三八話に関する記述については、a―三頁、参照。

（32）第一四話の特殊技術はノンクレジットだが、山際が担当した。白石『「ウルトラマンタロウ」の青春』、一三八頁。

（33）切通『怪獣少年の〈復讐〉』、二三七頁。「シンポジウム　科学の論理と映画の論理――『血液』をめぐって」、『映像芸

術』一巻一号、一九六四年一二月、一二三頁。

(34) 筆者による山際のインタビュー。二〇一七年六月一二日。

(35) フィクションの世界を崩さないための『コメットさん』における努力に対して、『タロウ』では「荒唐無稽に徹するという抜け道を作った」という切通の指摘を参照。切通『怪獣少年の〈復讐〉』、二三六―二三七頁。

(36) たとえば山際が特技を担当した第二八話（監督高橋勝、脚本石堂淑朗）を参照。脚本「怪獣エレキング満月に吼える！」（決定稿）、a―二頁にあるように、同作では「月に浮かれたように、エレキングが踊る」。この脚本は筆者の個人蔵。

(37) スタッフについて山際によれば、たとえば特撮助監督の鈴木義昭は、「日大全共闘でそれこそ江古田で大暴れした人なんですよ」。筆者による山際のインタビュー。二〇一七年六月一二日。脚本家の阿井文瓶も、「当時はまだ、全共闘の雰囲気が残ってたんですけど、僕はウルトラマンって、テロリストのような気がしてたんです。地球防衛軍が大勢で巨大な怪獣に向かって行っても駄目で、たったひとりが必殺の技で立ち向かっていくでしょう（…）子供番組だから、それを露骨には書けないけど、そういう心情みたいなものをね、色濃く出してましたね、『T〔タロウ〕』の頃は」と述べている。『新・ウルトラマン大全集』、一八一頁。

(38) 筆者による山際のインタビュー。二〇一七年六月一二日。

(39) 奉力萬『ウルトラマンタロウ　流用音楽の世界』（ルノホート、二〇一六年）、一二、一四頁。本同人誌では『タロウ』中の流用曲の使用が網羅的に解明されている。

(40) 白石『「ウルトラマンタロウ」の青春』、二〇五頁。

(41) 筆者による山際のインタビュー。二〇一七年六月一二日。

(42) 脚本と映像の違いは、白石『「ウルトラマンタロウ」の青春』、二二一―二二五頁。

(43) 脚本「怪獣大将―日本の童謡から―」（決定稿）、b―七頁（筆者所蔵）。

(44) 「狙いうち」は一九七三年二月二五日リリース、第四八話製作は筆者所蔵の脚本「怪獣ひなまつり」（決定稿）に挟まっていた製作日程表によれば一九七四年一月下旬。本文中の引用は前掲脚本、b―六頁。曲の使用のタイミングについては、二〇一七年六月一二日のインタビュー後に山際からうかがった。

(45) 実相寺『夜ごとの円盤』、一五九―一七四頁、に脚本および実相寺と池田憲章による「解説と自註のための閑語」がある。実相寺の脚本に関する山際の返事は、山際「実相寺昭雄氏の「ウルトラマンタロウ」のためのシナリオ」。この文章には山際と実相寺の初期の交流に関する以下のような記述もある。

私とは、一九六〇年代のいわゆる〝TBS闘争〟（三里塚闘争がらみ）の直後あたりの頃（粕三平さんの『狂死』の頃）TBS近くの喫茶店でお会いしたことがありました。確か村木良彦氏もその場に同席していたと思います。実相寺・村木両氏は、意気軒昂たるもので、テレビメディアの特徴である〝同時性（ナマ）〟の面白さなどを語っていたように思います。パッケージされた映画はもう古い、つまらないと言われたような感じで、私は話を聞いていました。

（46）大江健三郎「破壊者ウルトラマン――状況へ 4」、『世界』三三〇号、一九七三年五月。東京大学文学部にある大江健三郎文庫の自筆原稿デジタルアーカイブには、残念ながら「状況へ」の当該回は欠落している。

（47）大江「破壊者ウルトラマン」、一五五―一五六、一六二頁。切通理作はその大江論で、「破壊者ウルトラマン」における「怪獣映画」を「大人社会への破壊願望」として理解するならば、それは大江自身にこそ一貫して見られると論じている。非成熟性という観点から大江の作品群を批判的に読み返すものとして、切通の議論は説得力がある。切通理作「光の国の「棄て子ザウルス」」、切通理作『お前がセカイを殺したいなら』（フィルムアート社、一九九五年）、所収。

（48）大江「破壊者ウルトラマン」、一五五頁。自身を裁くイメージについて、たとえば、一九六三年二月発表の「スパルタ教育」の次の件りを参照。「夢のなかで留置場はひとつの法廷にかわり、死んでしまったはずの妻と小ロビンソン・クルーソー（胎児）が裁判官となってかれを裁いた」。大江健三郎『空の怪物アグイー』（新潮文庫、一九七二年）、九四頁。

（49）内海文三「我が青春のウルトラマンタロウ」、『シナリオ』三〇巻八号、一九七四年八月。選評は四〇頁。

（50）内海「我が青春のウルトラマンタロウ」、四一、四三、四九―五一頁。

（51）山際より筆者への手紙。二〇一七年六月一三日付。なお、文中に出てくる「正義の相対化」という言葉は、筆者の側が先に発した言葉を受けてのものである。

（52）切通『怪獣少年の〈復讐〉』、二三六頁。

（53）筆者による山際のインタビュー。二〇二三年三月二五日。

（54）山際永三「練りに練った作品――その評価、特に松本俊夫の批判に」、『日本読書新聞』一九六二年二月一二日。シネマノヴェチェントのトークショー（二〇一六年一一月三日）でも山際は、『ヒロシマ・ノート』までは「僕らのヒーローとして尊敬していた」、『ヒロシマ・ノート』は「駄目なヒロイズム」と述べていた。

（55）五島勉『ノストラダムスの大予言――迫りくる一九九九年七の月、人類滅亡の日』が、一九七三年一一月に祥伝社から刊行されたことも、終末ムードを高めた。翌一九七四年八月には映画『ノストラダムスの大予言』（東宝、監督舛田利雄）も公開された。

(56) 小松左京『日本沈没』上下（光文社、一九七三年）。

(57) 映画と違い「TVシリーズは回数があるが故に（…）アンチ・テーゼのようなテーマを打ち出し、メイン・テーマに厚みを加えることさえ可能なのだ」という池田憲章の言葉が想起される。池田憲章「ウルトラマン総論」、『特撮ヒーローのすばらしき世界　ウルトラマン――フィルム・ストーリー・ブック』（朝日ソノラマ、一九八〇年）、九五頁。

(58) 玉川伊佐男は『シルバー仮面』では利益目当てで光子ロケットの秘密を知ろうとする春日兄妹の叔父、大原道男を演じ、『ウルトラマンA』第三八話「復活！　ウルトラの父」ではサンタクロース実はウルトラの父を演じており、山際作品にはおなじみの顔である。

(59) 小松『日本沈没』下、五七頁。

(60) 藤沼敏子「年表：中国帰国者問題の歴史と援護政策の展開」、『中国帰国者定着促進センター紀要』六号、一九九八年、二一頁。「三〇年目の肉親捜し」、『朝日新聞』一九七四年八月九日、一九面。

(61) 『発表資料　連続テレビ映画　怪奇ロマン　君待てども』（東海テレビ編成部、一九七四年七月一七日）。筆者の所蔵になる。続いて検討する山際の文章は八―九頁にある。

(62) 酒井敏夫（竹内博）・大空翠「フォーカス オン」、『SFマガジン』一五巻一三号、一九七四年一二月、七七―七八頁。引用部の執筆者は酒井敏夫（竹内博）。

(63) 筆者による山際のインタビュー。二〇一七年六月一二日。

(64) 筆者による山際のインタビュー。二〇一九年一二月一六日。

(65) 一九七八年という早い時期に児童書において、山際演出のユニークさについて先駆的な指摘がなされていた。「ベテラン山際永三監督は、五〇話「レオの命よ！　キングの奇跡」で、人物を鏡あるいはガラス（例えばバックミラー）、時計の文字盤や写真立てのガラスに映し出すカットをいくつも織り込んで、映像に奥行きを感じさせるような面白い画面効果を見せた」。『ウルトラマン大百科』（勁文社、一九七八年）、三〇三頁。同書は二四一頁でも「血を吸う花は少女の精」に関連して、「監督の山際永三氏は新東宝出身で、「スーパージャイアンツ」の特撮助監督を務めた事もある」と目配りのきいた記述を行なっている。執筆陣は酒井敏夫（竹内博）、中島紳介、徳木吉春、さらに協力として池田憲章、金田益実、富沢雅彦、原口智生である。

(66) 長谷川和彦の傑作『太陽を盗んだ男』(キティ・フィルム・コーポレーション、一九七九年)では、原爆製造を目論む高校教師(沢田研二)の生活風景の一コマとして、『レオ』最終回がテレビで流れる。山際はこのことを知らなかったようである(筆者による山際のインタビュー。二〇一八年六月二四日)。ウルトラシリーズと沢田研二の二度の交差がいずれも山際作品を媒介としていること(一度目は『帰ってきたウルトラマン』第三四話で曲が使われるPYGのメンバーとして)は、偶然ではあるが、山際の映像作家としての活動の広さを物語っているようでもある。

(67) 白石『「ウルトラマンタロウ」の青春』、一二九頁。山際によれば「あれはもう橋本さんはすっかり喜んじゃって」。筆者による山際のインタビュー。二〇一七年六月一二日。

(68) 山際が語る大原清秀の人物像は以下の通りである。

この人はもと東映の人なんですけどね、なにしろ不思議なことを考え出す人で、当然怪奇とかエスエフも好きだったんでしょうけどね、東映で、傑作な話、ある男がね朝トイレに入ったらね、やれやれってんでトイレ出ようとしたらトイレのなかで金魚が泳いでいたみたいなね、なんなんだそれはみたいな、そういう、みんながびっくりしちゃうようなこと書くもんでね、東映ではいいかげん大原の書くものはとてもとんでもない珍奇な話で東映には向かない、円谷ならいいということで円谷に派遣されたというような経緯がある人で、いや本人はくそまじめにまじめな人なんですけど、こうなんていうか、それこそ昔の、昭和の文士って感じでね。すごい人で。仕事終わって、年とってからは世田谷の市民運動なんかやったりしてね。

筆者による山際のインタビュー。二〇二三年三月二五日。なお、以下の同人誌は「大原清秀追悼特集」を組み、「血を吸う花は少女の精」脚本決定稿と映像の比較、『タロウ』のほかの大原作品準備稿・未定稿の考察など、充実した内容をもつ。芦原太郎『ULTRAMAN NO. 6!』(カオスプロジェクト、二〇一六年)。

(69) 筆者による山際のインタビュー。二〇二三年三月二五日。

(70) 大塩一志「『ウルトラマンタロウ』の音楽――主題歌、そして日暮雅信の劇音楽」、『タロウ タロウ タロウ ウルトラマンT(タロウ)――検証・第2次ウルトラブーム』(辰巳出版、一九九九年)、所収、九四頁。

(71) 脚本「血を吸う花は少女の精」(決定稿)。

(72) 佐藤は「緻密なところがあった」「とてもおとなしい、新東宝のときからの撮影助手で、テレビになってから撮影監督をやるようになった人ですね」。筆者による山際のインタビュー。二〇一七年六月一二日。脚本の裏表紙に「佐」と書き込まれていることも佐藤説の傍証になるかもしれない。ただし、同様の特撮パート指定がある筆者所蔵の別の回の脚本にはその文字の書き込みはない。

(73) 山際より筆者へのメール。二〇二四年三月一三日。

(74) 後述する理由で代議士という設定がなくなり、「「有田」を「岩坪」と音声だけ変えた記憶です。円谷のウルトラシリーズは、全部アフレコでしたから、修正もし易かったのです」。山際から筆者へのメール。二〇二四年一月三一日。

(75) 筆者による山際のインタビュー。二〇一七年六月一二日。

(76) 筆者による山際のインタビュー。二〇一九年一二月一六日。

(77) 筆者による山際のインタビュー。二〇一七年六月一二日。なお、耳のアップは『炎 1960 ~ 1970』のカット49を彷彿とさせる。

(78) 同じ山際・木戸（大原）コンビによる第一〇話でも、脚本では通信員の登場は予定されていないのだが、山際はZATの面々のボート遊びと光太郎のボクシング試合の応援に彼女たちを参加させている。脚本「牙の十字架は怪獣の墓場だ!」（決定稿、筆者所蔵）参照。

(79) 大平隆インタビュー、『特撮秘宝』三号、二〇一六年三月、二三七頁（取材・文、友井健人）。

(80) 山際より筆者へのメール。二〇二四年三月一三日。

(81) 山際より筆者へのメール。二〇二四年一月三一日。

(82) 筆者による山際のインタビュー。二〇一七年六月一二日。

(83) 山際より筆者へのメール。二〇二四年一月三一日。

(84) 山際より筆者へのメール。二〇二四年一月三一日。

(85) 内海「我が青春のウルトラマンタロウ」、四四頁。もう一作、内海が（正当にも）別格扱いとしたのが、全編中で「たったひとり」、都市破壊の被害者が登場する第三八話「ウルトラのクリスマスツリー」（監督筧《かけい》正典、脚本田口成光）である（四九頁）。

終章

『ウルトラマンレオ』最終回から一年弱が過ぎた一九七六年一月、『テレビ映像研究』三号に山際の論稿「私のテレビ体験」が掲載された。「放送と番組製作のための専門誌」であるこの雑誌は、一九七五年九月に中村義一を中心とするナカ・プランニング・デスクによって創刊され、一九七〇年代後半の山際にとってしばしば論稿発表の場となった(1)。

「私のテレビ体験」は、山際のテレビドラマ製作史を小括するとともに、製作現場を取り巻く状況について論じたものである。「私の十三年間の生活史はちょうどテレビ映画の歴史と重なっている」と山際は記す。「映画ではなく、スタジオVTRでもない、テレビ映画独自の表現を活性化すること、テレビ映画のゴールデンは〔夜の〕七時台だと確信して今までやってきた」。

山際はまず、子ども番組の視聴者である「テレビっ子」論から始める。「ウルトラシリーズの四年間（一九七一年から七四年）は、それなりにがんばったつもりだし、面白い作品もあったと自負しているのだが、正直のところテレビっ子への歯ごたえが次第に希薄になってゆく四年間だったような気がしてならない」。ここでいう「テレビっ子」とは、山際が六〇年代半ばから意識してきた「現代っ子」と同じである。資本主義社会の中でタフに生きる「現代っ子」に対して、山際たちは戦後民主主義教育における「一律的な暴力否定」を乗り越えてもよいのだと語ってきたのであった。山際によれば、「私たちはウルトラシリーズを通じて、日常の中の非日常、不思議なおはなし、怪奇、恐怖をせっせとブラウン管に送り出していた」。だが、「ここ二年ばかり」状況は変わった。テレビっ子は「ウルトラシリーズではなく、「ハイジ」〔アニメ『アルプスの少女ハイジ』、一九七四年〕や

「ベルばら」〔池田理代子の漫画『ベルサイユのばら』、一九七二〜七三年〕といったロマンチックなもの、情感のあるものを好むようになっていっているように思えるのである[2]」。

この新しい傾向自体について判断を下すことは控えつつも、山際は「『現代っ子』はもういなくなった」という、さらにテレビ製作の全体的な変容へと議論を展開する。「子ども番組のみならずあらゆるテレビ番組の企画路線の硬直化は覆うべくもない事実である。『現代っ子』がいなくなってゆく現実の実態とテレビ番組の企画が相関関係で変ってきているのをひしひしと感じる。『ああしちゃいけない』『これはやめた方がいい』『それはまだ無理』といった言葉が打合せの席上にあふれている」。

だが、番組製作の硬直化は、テレビそのものの衰退を意味するわけではないと山際はいう。むしろテレビはすべてを飲み込んで存在し続ける。「あらゆる少数派をのみこんで、エレクトロニクスの時代が続く限り存在し続ける多数派がテレビというものなのであろう」。テレビが多数派としての視聴者を飲み込んでいく以上、「一時期言われたマスコミにおける〝送り手〟と〝受け手〟といった分析的なテレビ社会学は完全に破綻したのではなかろうか」と山際は問う。

「最近の『欽ドン』を見てほしい」として、山際はバラエティ番組『欽ちゃんのドンとやってみよう!』(一九七五〜一九八〇年)を例にあげる。視聴者からの投稿を中心としたこの番組では、「一億総芸人化」が実現している。ただし、そこで視聴者=「芸人」が帯びている性格は、疑似的で一時的なものに過ぎない。「疑似性の大氾濫」なのである。「それに対して視聴者も根本的な不満をかかえながら、他に手近かな芸を楽しむ時間がないから、生活のリアリティをかけて熱心に見たり、投書したり、参加したり、拒絶されたりしてテレビの時間を生きている人が大部分なのだと思う」。

「一億総芸人化」は、視聴者参加型番組だけに当てはまるのではない。テレビがある限りすべての人が、潜在的には「疑似芸人」化しているのである。「街頭でマイクとカメラが向けられる時、それがいかに突然ドッキリであっても、「あなたにとって○○は……?」とインタビューされた人々は、そのマイクとカメラの裏側に巨大な〝多数派〟であるテレビ、更にその裏の巨大な商業資本の姿を直観してニヤリとてれ笑いをするのである。そして人々は何分間か疑似芸人を演じ、何分間かまじめなオピニオンの持主になるのだ」。

山際は明示していないが、視聴者とテレビのこの関係は、主体が状況の一部をかたちづくる「社会の壁」の構造と同じである。「自分が映っている映像が電波となってブラウン管に戻ってきた時、人々は今の社会のサイクルの中に自分が完全にとじこめられていることを知るだろう」と山際はいう。[3] こうした、誰もが「疑似芸人」となるテレビの時代において、主体はいかなるものとなるだろうか。それは、テレビがまだそれほど強力でなかった時代と比べてはるかに相対的で、他者に依存したものとなるのではないだろうか。かくしてあらためて主体の問題が浮上する。

図7-1　『日本の産業』の1シーン。右が山際

この問題を考えるために、山際は自身の経験について語る。一九七三年四月から一年間、NETテレビの一七分の教育番組『日本の産業』で、キャスター役を務めたのである〔図7-1〕。これは小学校五年生を対象として社会科の勉強をする番組で、山際は「ウルトラマンのおじさん」として子どもたちと話し合ったり、グラフを見たり、フィルムを見たりした。[4]「そこでのテレビ体験が私にテレビというものをあらためて教えてくれたような気がする」と山際はいう。一口にいうと「映画が個から全体へのメッセージだとすると、テレビは個から個へのメッセージだということである」「風化作用が進行し、すべてがゆきずりのテレ

ビにあっても、そこに出演したり、演出をしたりしてかかわるすべての者は、個である視聴者にいかなる個のメッセージをとどけ得たかという結果によって、その内面を試されている」。

こうして山際は、映画にはないテレビ独自の機能として、個から個へのメッセージを届けるということをあげる。とはいえ、山際は必ずしもテレビ独自の「論理」を探ろうとしているわけではないように思う。一九六七年の論稿「テレビ映画と映像の論理」において「映像の論理」一般を追求したのと同じように、山際はここでもまた映画とテレビの違いを超えて、以前からの彼の課題に向き合おうとしていた。それはつまり、主体自身が抑圧的な状況の一部をかたちづくる、「社会の壁」の構造に向きあうことである。テレビが「社会の壁」を再生産し、自分自身がその内部にいるという構造を見据えつつ、山際は一個の主体として、作品をつくり続けるつもりであった。彼は次のように論稿を締めくくっている。「これからどんなテレビを作ってゆくつもりかと問われれば、私は本当の意味での虚飾のない〝芸人〟をめざして、やはり私の個の内面をブラウン管に投射しつづける他はないと答えるつもりである[5]」。

事実、山際は一九七〇年代後半にも、子ども番組を中心にして、個から個へのメッセージを発し続けた。主な仕事としては、『それ行け！　カッチン』（国際放映、TBS、一九七五年）、『ぐるぐるメダマン』（東映、東京12チャンネル、一九七六年）があり、ついで名作『俺はあばれはっちゃく』（国際放映、テレビ朝日、一九七九年）がくる。だが、一九八〇年代に入ると、『サンキュー先生』（国際放映、テレビ朝日、一九八〇年）が撮られるものの、山際の仕事の場は徐々に狭まっていった。NHKを除き、実写子どもドラマ自体が減少していったことがその背景にはあった。『ちびっこ母ちゃん』（東映、TBS、一九八三年）が、山際がつくった最後のテレビドラマとなった[6]。

ドラマ製作の機会はなくなったものの、主体としての山際の状況への関わりは旺盛に続いた。大きな比重を占めるのは、日本映画監督協会における監督の著作権擁護の活動と、冤罪事件の支援運動である。それでも、理論と実作の連動という点では、一九六〇年代初頭から一九七〇年代半ばまでが、山際の活動歴において密度の濃い時期であったといえるだろう。映画産業、それに映画運動が低調になったあとも、テレビドラマ製作において山際は何本もの傑作を撮った。テレビ産業の活気と芸術家のエネルギーとがぶつかりあった結果、今日まで残る作品が生み出されたのである。

＊

一九五〇年代初頭から一九七〇年代半ばにいたる山際の表現の探究は、一貫した問題意識によって支えられていた。主体を状況の一方的な犠牲者として描き出すのではなく、主体自身が状況を再生産する構造の一部をなす、その全体像をとらえねばならないという問題意識である。「社会の壁」という言葉が、主体と状況のこの一体的な関係を言い表すために用いられた。「壁」は固定的なものとして、主体の外部に立ちはだかっているのではない。主体の行為自身が、因習や差別や偏見といった抑圧的な状況を、意図的か意図的でないかにかかわらず再生産するのである。逃れがたいこの「社会の壁」の一部としての主体は、それでもなお、状況を揺るがすために努力しなければならない。その奮闘の結果として倒れ伏すとしても、少しでも壁に傷をつけることができれば、それで十分である。

大庭秀雄と木下恵介、黒澤明と内田吐夢、石井輝男と中川信夫といった監督たちとの批判的な対話を通じて、山際は「社会の壁」をめぐるリアリズムの方法論を練り上げていった。『映画批評』誌における批評活動や各地の映画サークルとの議論、新東宝での助監督としての仕事や組合活動が、彼の思索に厚みをくわえた。一九六一年の『狂熱の果て』は、「社会の壁」に全身でぶつかることで、前に倒れるヒロインを描いた作品であった。吉田喜重や大島渚をはじめとする新進の作り手と問題意識を共有して撮られた本作は、「新東宝ヌーヴェルヴァーグ」の名にふさわしい一本となった。

一九六〇年代の山際は、国際放映においてテレビドラマの製作にあたりながら、映画運動に心血を注いだ。つくりたいものを自由につくることができない製作条件のもとで、山際はかえってＰＲ映画を含む様々なジャンルに共通する映像の論理についての考察を深めた。記録映画と劇映画の違いも山際のなかでは相対的なものとなった。映画運動に関わった人々が共有していたジャンルの越境を、山際は批評、運動、創作それぞれの場において体系的に論じ、実践した。一九六七年の『罠』、一九六八年の『炎 1960～1970』が、この時期の山際の成果となった。「壁」を表現するために日常空間を異化することが、そこでは試みられた。映画運動は学生運動の高揚と時代精神を分かちあったが、そのことはとくに『炎』において刻印された。『泣いてたまるか』、「チャコ」シリーズ、『コメットさん』といったテレビ作品においても、光畑碩郎、佐々木守、山中恒、市川森一といった脚本家とともに、山際は映像表現の探究を繰り広げた。

政治の季節の後退局面である一九六九年から一九七〇年にかけて、山際は狂気の表現を一つの足場にして、時代と向き合い続けた。粕三平の『狂死』への参加に続き、『仮面の墓場』『ジキルとハイド』という力強い作品を生み出した。唐十郎と松尾嘉代という二人の表現者が、山際の探究する主体像に傑出した形象を与えた。『仮面の墓場』の犬尾は芸術に殉ずることで『狂熱の果て』のミチと同じく前に倒れ、『ジキルとハイド』の美奈は日常の規範を乗り越えることで「壁」の果てる地を見た。

一九七一年からの四年間は、ウルトラシリーズ、『シルバー仮面』『日本沈没』といった、特殊撮影と組み合わされた空想世界が、山際の主要な製作の場となった。日常と非日常の関係について象徴を用いて表現することを得意としてきた山際にとって、エスエフは従来からの探究の延長線上にあった。若者たちの潑溂とした姿や苦悩、些細な日常風景が、エスエフ的設定によってばかりではなく、ドラマの構築、演出、映像によって非日常へと接続され、さらには異化された。テレビドラマ自体が、産業として、また表現としてもっていたエネルギーが、上原正三、市川森一、田口成光、石堂淑朗、阿井文瓶、大原清秀といった脚本家の筆にも、若き役者たちの演技にもみなぎっていた。この時期に山際は幾つもの名編また佳作を撮ったが、とりわけ「血を吸う花は少女の精」においていて、その探究はひとつの到達点を示した。孤児かなえの終わりのない物語を通して、山際は「社会の壁」のむきだしの姿をとらえ切ったのである。

＊

大学を卒業して映画産業に足を踏み入れて以来、山際は常に理想と現実のギャップに苦しみ、しばしば製作環境の急転に見舞われた。松竹への入社の希望が叶わず、新東宝に入社した。入社したすぐあとに大蔵体制が敷かれ、会社の方針が変わった。助監督としての研鑽を積み、大蔵体制も終わりを迎えたが、新東宝自体が倒産した。その後、国際放映でテレビ製作に取り組んだが、フリーとなるようにいいわたされた。映画運動に全力を尽くしたが、彼が参加したどの団体も資金難や内部対立によって活動を終えた。厳しい製作環境の中で作品を撮り続けたが、一九八〇年代を迎えるとそれも難しくなっていった。山際の作品には行方不明になったり、お蔵入りになったりと、不遇な運命をたどったものが多いが、それも彼のおかれた状況が安定していなかったことと密接に関係していよう。

しかし、困難な環境に直面しつつも、山際は常に自分がやりたいこと、やるべきことを実現しようと努力し、制約をむしろ積極的に自分の理論や創作に活かしてきた。「エログロ」の方法を取り入れた映画を撮ったのも、PR映画を含むジャンル越境的な短編・実験映画の考察を深めたのも、映画運動の内部対立を受け止めるような作品をつくったのも、子ども向けの番組を中心にして数々の名作を世に問うたのも、すべて制約を自身の創作のなかに取り込んだからである。それが可能であったのは、主体と抑圧的な状況とは一体であるという、それ自体が新東宝の困難な製作条件の中で練り上げられた、「社会の壁」のリアリズム論があったからにほかならない。いわば山際はずっと、「チグハグなぼくらのたたかい」を続けてきたのである。

（1）中村義一は長く「電波ジャーナリズムの世界」で「縁の下の力」となって活躍した人物である。印南喬「テレビ番組制作の浄化剤として」、『テレビ映像研究』一号、一九七五年九月、一頁。

（2）山際永三「私のテレビ体験」、『テレビ映像研究』三号、一九七六年一月、三八―四一頁。以下、この論稿からの引用においては、山際の書き込みに基づき若干の誤植を直した。

（3）山際「私のテレビ体験」、四一―四三頁。

（4）『日本の産業』についてはNET教育部の山田穣による紹介がある。「何かいつもボソボソしゃべっている40才ぐらいのおじさん」の山際、リポーター細川悦子、四人の小学校五年生が出演していた。山田穣「ものすごい産業に立ち向かうために――生きた社会科番組を目ざす試み」、『放送教育』二八巻三号、一九七三年六月、八四頁。山際は、「私は、NET（テレビ朝日の前身）のこの番組をやって、出演者の気持ちがよく理解できるようになったのです」と振り返っている。山際によれば、NETの教育部の部長が新東宝で助監督をやっていた人物で、「教育番組がつまらないから、「ウルトラマンのおじさん」として、出演してくれということになったのです」。山際は構成台本にはこだわらず、趣旨だけを採用した。「石油産業という時間には、実際の輸入重油を瓶に入れたものをスタジオに置いて、子どもたちと触ってみたり、匂いをかいだりしました」。『日本の産業』は現場性を重んじる製作方針であったようである。「山田さんの主義として、一切NGは出さない、一度始まったら二〇分間、間違えても何しても、一切カメラを止めない――ということになりました。もとより私も賛成です」「だから、二〇分経過して、「ハイ、今日はこれで終わり。次は〇〇です」というセリフを言えたことが少なく、誰かが喋っている途中で、プツリと終わってしまうのです。山田さんは、それでいいというわけです」。山田は、「山際さんは、普段は、とてもいい笑い顔をするのに、この番組では、一度もその顔を見れていない」と山際にプレッシャーをかけてきたという。

「全体で、一年かかったか、半年だったか、忘れましたが、最後のほうの一回だけ、「今日の笑い顔はよかった」と褒められました。／そのようなわけで、いい経験にはなった番組でした」。山際より筆者へのメール。二〇二三年八月九日。『日本の産業』は、一九六〇年代初頭に山際たちがつくっていた『くらしの歌』とどこか精神が通底しているように思われる。

（5）山際「私のテレビ体験」、四五頁。

（6）切通理作『怪獣少年の〈復讐〉――70年代怪獣ブームの光と影』（洋泉社、二〇一六年）、二三九―二四一頁。

あとがき

私が初めて山際永三監督にお会いしたのは、二〇一六年一一月三日のことである。横浜市にあるシネマノヴェチェントで監督山際永三・脚本田口成光という名コンビでの作品特集が組まれ、お二人と高野浩幸氏がゲストであった。私は昔から山際監督や田口氏たちの作品が好きであったので、滅多にない機会と思って出かけていった。その際に、折角本人にお会いできるならば、どういう仕事をされているのかきちんと確かめておこうと思って調べたところ、山際監督は作品をつくるだけではなく、文章を書く人でもあるということに気がついた。とくに神保町の矢口書店で入手した昔の『シナリオ』誌掲載の「テレビ映画と映像の論理」からは、山際監督が明確な方法論と理念をもってテレビドラマをつくっていたことが分かり、強い印象を受けた。私はその印象のもとで小論を書き、イベント当日に監督にお渡しすることができた。監督は翌日付けで丁寧なお手紙を下さった。

これがきっかけになって、私は山際監督の書いた論稿を体系的に追うことで、論文が書けるのではないかと考えるようになった。それくらい山際監督の書いた文章は多く、かつ明確な問題意識に貫かれていた。思いたって本人にインタビューをお願いしたところ、快く受け入れて下さった。折よく二〇一八年二月には『狂熱の果て』も、東京国立近代美術館フィルムセンター（現国立映画アーカイブ）で上映された。こうして書かれた私の最初の山際論は、「山際永三『狂熱の果て』とリアリズムの探究」という題で、東京大学文学部の雑誌『文化交流研究』三二号、二〇一九年三月に掲載された。

こののちも幾度もインタビューをお願いし、その都度明らかになったことを論文にまとめていった。二本目の論文「山際永三『炎 1960～1970』と映画運動」は『文化交流研究』三三号、二〇二〇年三月に発表し、三本目の論文「山際永三、ヴラスタ・チハーコヴァーと『罠』(1967)」は、東大文学部現代文芸論研究室の雑誌『れにくさ』一三号、二〇二三年三月、に掲載してもらった。ここまで書いたところで、テレビドラマの部分を書下ろしにして本にまとめるための現実的な展望が見えてきた。上述の三本の論文はそれぞれ本書の第一章、第二章、第三章のもとになったが、とくに最初の二章はかなり加筆した。出版社は森話社にお願いすることにした。一度いっしょに山際監督のインタビューをした映画研究者アナスタシア・フィオードロワさんが、森話社からとてもしっかりした研究書『リアリズムの幻想――日ソ映画交流史[1925-1955]』(二〇一八年)を出していた。なので私の頭には最初からここしかなかった。ありがたいことに、森話社は映画研究の専門家ではない私の企画案を受け入れてくれた。

本書ができあがるまでには、多くの方々の助けを得た。はじめに、下村健、白石雅彦、切通理作のお三方にお礼を申し上げたい。お三方のお仕事、それに直接の励ましがなければ、本書ができるまでの道のりはずっと苦しいものとなっていただろう。

『狂熱の果て』の主演である星輝美さんには、いつも優しく接していただいている。『罠』の主演であるヴラスタ・チハーコヴァーさんにも、貴重なお話を伺うことができた。山際映画の二人の主演女優に助けてもらったことは、僥倖以外の何ものでもない。

山際監督の広大な世界を探求する上では、籾山幸士さんと平城賢一さんのお二人からかけがえのない知見を授けていただいた。

映画研究を進める上では、アナスタシア・フィオードロワさんがいつも私の背中を押してくれた。阪本裕文さんは考えられぬほど寛大に、多くの貴重な資料を提供して下さった。塩見正道さんもよそでは入手できない資料のコピーを送って下さった。くまがいマキさんにはご父君である粕三平の写真を提供していただいた。

細目康子さんは、旧友である星輝美さんと私が最初にお話するのを助けて下さった。佐藤俊哉さん、谷輔次さんからは映画史について多くを教えていただいた。佐藤雪野さんと中井杏奈さんにはチェコ文化についてご教示いただいた。慶應義塾大学アート・センターの久保仁志さんには資料閲覧でお世話になった。国立映画アーカイブの方々、とくに展示・資料室長の岡田秀則さんには、資料の利用で多大なご尽力をいただいた。東京大学赤門前のスドウカメラ写真スタジオさんには、半世紀以上前に撮られ、簡単には現像できない『コメットさん』スナップのネガを、美しく焼いていただいた。森話社の担当編集者である大石良則さんには、本当に献身的に原稿を見ていただいた。

山際監督には何度もご自宅でインタビューさせていただいただけではなく、私が疑問点についてメールを送るたびに、丁寧に教えていただいた。監督は、贔屓の引き倒しになるのではなく、距離をおいて自分の作品を批評してほしいと私に常に念をおした。それだけに私はなおさら、山際の作品や論稿を毎回客観的に見直し、彼の世界の全体像を把握することに努めた。私の作品解釈に対して山際監督が疑問を呈することもあった。たしかに時間をかけて考え直してみると、私の性急な議論がもつ問題点を監督は的確に指摘しているのであった。監督には本書の原稿も見ていただいた。もちろん誤りがあれば、私の責任である。

創造者に直接に尋ねながら、その人の芸術作品について考えることができるというのは、何ものにもかえがたい喜びであった。また、山際の一連の論稿、それにご自身の映画論や経験が丁寧に記されたメールは、私にとって映画の世界、映画の歴史を学ぶための最高の道しるべとなった。本書によってここまでの研究には一区切りとなるが、山際世界の魅力についてはまだまだ探求しなければならぬことが尽きない。私はこれからもずっと、山際監督に教えを乞いたいと願っている。

二〇二四年九月

池田嘉郎

3-28 ～ 3-33 『罠』山際パート、編集クズからの紙焼き　山際提供
3-34『罠』山際パート準備台本表紙　山際提供

（第 II 部）
扉　『コメットさん』第 78 話スナップ　山際提供
4-1　『チャコちゃん社長』第 1 話脚本表紙　筆者蔵
4-2　『リアリティ』1 号表紙　筆者蔵
4-3　九重佑三子・山際・築地米三郎　山際提供
4-4　『コメットさん』第 63 話撮影風景　山際提供
4-5　『コメットさん』第 78 話スナップ　山際提供　なお、加藤義彦・籾山幸士『β 星より愛をこめて』（私家版、FCFC、1989 年）、109 頁によれば撮影場所は神奈川県大磯海岸
4-6　『コメットさん』第 78 話撮影風景　山際提供
4-7　『コメットさん』第 78 話スナップ　山際提供
4-8　『コメットさん』第 78 話案内はがき　山際提供
5-1　『狂死』謄写版チラシ　山際提供
5-2　『狂死』印刷版チラシ、表・裏　山際提供
5-3　『狂死』台本表紙　山際提供
5-4　山際写真　山際提供
5-5　『仮面の墓場』　山際永三インタビュー、『円谷プロ怪奇ドラマ大作戦（洋泉社 MOOK　別冊映画秘宝）』（洋泉社、2013 年）、102 頁
5-6 ～ 5-8 『ジキルとハイド』『ジキルとハイド』DVD（ベストフィールド、2023 年）パッケージ
6-1 ～ 6-2 『帰ってきたウルトラマン』山際メモ　山際提供
6-3　「東宝チャンピオンまつり」パンフレット（東宝事業部、1972 年）、頁なし　筆者蔵
6-4　『帰ってきたウルトラマン』第 23 話脚本準備稿表紙　筆者蔵
6-5　『ウルトラマン A』番組宣伝はがき　筆者蔵
6-6　『ウルトラマン A』第 22 話脚本決定稿表紙　筆者蔵
6-7　『ウルトラマンタロウ』第 3 話脚本最終稿表紙　筆者蔵
6-8　『ウルトラマンタロウ』第 47 話脚本決定稿表紙　筆者蔵
6-9　『君待てども』発表資料表紙　筆者蔵
6-10『ウルトラマンタロウ』第 11 話脚本決定稿表紙　筆者蔵
6-11　大原清秀　山際邸の書棚に飾られていた写真を筆者が撮影したもの
6-12「東宝チャンピオンまつり」（東宝プレスシート、1974 年 3 号）　筆者蔵
6-13『ウルトラマンタロウ』第 11 話脚本決定稿の特技メモ　筆者蔵
7-1　『日本の産業』　山田穣「ものすごい産業に立ち向かうために――生きた社会科番組を目ざす試み」、『放送教育』28 巻 3 号、1973 年 6 月、86 頁

図版出典

（第Ⅰ部）

扉　『狂熱の果て』撮影風景　国立映画アーカイブ所蔵

1-1　山際淑子・久良子・敬子夫人　山際提供

1-2　山際太郎・山際・喜久　山際提供

1-3　『シネ・エッセイ』11 号表紙　山際提供

1-4　『現代映画』創刊号表紙　山際提供

1-5　敬子夫人・山際・長女　山際提供

1-6 ～ 1-8　『狂熱の果て』スチール　国立映画アーカイブ所蔵

1-9 ～ 1-11　『狂熱の果て』撮影風景　国立映画アーカイブ所蔵

1-12『狂熱の果て』撮影風景　『映画評論』19 巻 1 号、1962 年 1 月、8-9 頁

1-13『狂熱の果て』ポスター　筆者蔵

1-14『狂熱の果て』雑誌での紹介　『キネマ旬報』297 号、1961 年 11 月上旬、37 頁

2-1　『映画批評』7 号表紙　山際提供

2-2　粕三平　くまがいマキ氏提供

2-3　『採録コンテ・資料　二十四時間の情事』表紙　山際提供

2-4　『記録映画』4 巻 1 号表紙　山際提供

2-5　『映像芸術』2 巻 8・9 号表紙　山際提供

2-6　『映像芸術の会会報』20 号 1 頁　山際提供

2-7　日大闘争救援集会での山際 「山際永三さんインタビュー　日大闘争にかかわって、人生が楽しくなりました」、『日大闘争の記録 vol.8　忘れざる日々』（日大闘争を記録する会、2017 年）、128 頁

2-8 ～ 2-22 『炎 1960 ～ 1970』カット　山際提供 DVD

3-1　『罠』山際パート、資料写真　山際提供

3-2　『夜のダイヤモンド』 Český hraný film IV, 1961-1970〔チェコ長編劇映画〕(Praha : Národní filmový archiv, 2004), p. 94

3-3　『支えがほしい』 Český hraný film IV, 1961-1970 (Praha : Národní filmový archiv, 2004), p. 380

3-4　第 1 回草月実験映画祭パンフレット　山際提供

3-5　『罠』音に関する綜合スケジュール表　山際提供

3-6 ～ 3-7 『罠』山際パート、オープニング　山際提供 DVD

3-8　『罠』山際パート、カット　山際提供 DVD

3-9　『罠』山際パートで使われた逮捕状　山際提供

3-10 ～ 3-27 『罠』山際パート、カット　山際提供 DVD

（1981年）
『ドラマ・人間』第5話「横浜米軍機墜落事件」（東映、テレビ朝日） 8月 60分 主演：金沢碧
『おてんば宇宙人』（国際放映、日本テレビ） 10月～12月 30分週1回 主演：高見知佳
『彫刻の森の彼方』（タスク、フジテレビ） 箱根彫刻の森美術館のドキュメンタリー

（1982年）
『こども傑作シリーズ』（東映、テレビ朝日） 3月「宿題ひきうけ株式会社」、6月「水色のジュン 怒りの変身の女」、7月「人魚がくれたさくら貝」、8月「ズッコケ心霊学入門 探検お化け屋敷」 30分

（1983年）
『ちびっ子かあちゃん』（東映、TBS） 4月～7月 30分週1回 主演：片岡みえ

（1984年）
『あじわいの岡山路』（山陽映画） 岡山県の観光ドキュメンタリー 主演：藤原新爾

（2006年）
「火の日のじけん」（作：北村想） 演出：山際永三 劇団・駄菓子屋第7回公演 4月21日～23日 大塚・萬スタジオ（4月23日の公演は『火の日のじけん・映像版』、撮影・編集：白石雅彦、118分、として記録されている）

（2008年）
『裁判員制度とともに導入される被害者参加制度の実態を示す演劇的試み』 死刑廃止フォーラム90集会（6月21日）での演劇ドキュメント、作・演出：山際永三、撮影・編集：白石雅彦、20分

（2012年）
『警視廳取調室第三七號』 1948年の帝銀事件取調べ可視化劇（5月10日）のドキュメント、演出：山際永三、撮影・編集：白石雅彦、22分

（2016年）
『日本映画監督協会創立80周年記念シンポジウムのために』 協会史紹介映像ドキュメント、作・演出：山際永三、5分
『冤罪を作り出す「取調べ」――狭山事件の場合』 製作：狭山事件の再審を求める市民の会、台本・演出：山際永三、撮影：境哲也、編集：白石雅彦

（1973 年）

『ウルトラマンタロウ』（円谷プロ、TBS） 4 月～ 1974 年 4 月　30 分週 1 回　主演：篠田三郎

『日本の産業』（NET） キャスターとして出演　4 月～ 1974 年 3 月　20 分週 2 回

（1974 年）

『君待てども』（円谷プロ、東海テレビ） 8 月～ 10 月　15 分週 5 回　主演：三浦真弓

『日本沈没』（東宝映像、TBS） 10 月～ 1975 年 3 月　60 分週 1 回　主演：村野武範

（1975 年）

『ウルトラマンレオ』（円谷プロ、TBS） 最後の 2 本のみ （放映は 1974 年 4 月～ 1975 年 3 月） 30 分週 1 回　主演：真夏竜

『幸福ゆき』（大映テレビ、TBS） 4 月～ 9 月 30 分週 1 回　主演：坂口良子

『それ行け！カッチン』（国際放映、TBS） 11 月～ 1976 年 5 月　30 分週 1 回　主演：斎藤こず恵

（1976 年）

『ぐるぐるメダマン』（東映、東京 12 チャンネル） 7 月～ 1977 年 1 月　30 分週 1 回　主演：佐久間真由美

（1977 年）

『小さくとも命の花は』（NMC、フジテレビ） 3 月～ 5 月　30 分週 5 回　主演：市毛良枝

『未亡人・有希子』（CAL、フジテレビ） 5 月～ 7 月　30 分週 5 回　主演：水野久美

（1978 年）

『ぼくどうしたらいいの』（CAL、フジテレビ） 3 月～ 4 月　30 分週 5 回　主演：東山明美

『愛よいのちよ』（CAL、フジテレビ） 9 月～ 11 月　30 分週 5 回　主演：杉田景子

（1979 年）

『俺はあばれはっちゃく』（国際放映、テレビ朝日） 2 月～ 1980 年 3 月　30 分週 1 回　主演：吉田友紀

（1980 年）

『男！あばれはっちゃく』（国際放映、テレビ朝日） 最初の 2 本のみ　3 月～ 1982 年 3 月　30 分週 1 回　主演：栗又厚

『サンキュー先生』（国際放映、テレビ朝日） 9 月～ 1981 年 3 月　60 分週 1 回　主演：西田敏行

『チャコねえちゃん』（国際放映、TBS）　最初の２本のみ　４月～1968年３月　30分週１回　主演：四方晴美
『コメットさん』（国際放映、TBS）　７月～1968年12月　30分週１回　主演：九重佑三子
『泣いてたまるか』（国際放映、TBS）　11月「冬立ちぬ」　60分　主演：中村嘉葎雄

（1968年）
『炎1960～1970』（自主映画製作協議会、12分、16ミリ、白黒）
（この年は昨年度開始の『コメットさん』にかかりきりであった）

（1969年）
『どんといこうぜ！』（大映テレビ室、TBS）　１月～６月　30分週１回　主演：中村玉緒
『胡椒息子』（大映テレビ室、TBS）　７月～12月　30分週１回　主演：中村光輝
『恐怖劇場アンバランス』製作第６話「仮面の墓場」（円谷プロダクション、フジテレビ）製作1969年（放映第４話、1973年）　60分　主演：唐十郎
『人の顔』　６月９日、新宿厚生年金会館　粕三平によるステージ・ドキュメント『狂死』中で上映された短編で、『炎1969～1970』のために撮影したフィルムの一部を使用

（1970年）
『彦左と一心太助』（東映京都制作所、TBS）（放映：1969年11月～1970年10月）　30分週１回　主演：山田太郎
『プロフェッショナル』（タイトルは途中で変更、NMC、TBS）（放映：1969年10月～1970年３月）　60分週１回　主演：山下旬一郎
『千葉周作 剣道まっしぐら』（松竹、TBS）　11月～1971年８月　30分週１回　主演：岩下亮
『ジキルとハイド』（東宝、フジテレビ）　製作1970年（放映：1973年）　60分　主演：丹波哲郎

（1971年）
『帰ってきたウルトラマン』（円谷プロ、TBS）　４月～1972年３月　30分週１回　主演：団次郎（時朗）
『シルバー仮面』（途中から『シルバー仮面ジャイアント』、宣弘社、TBS）　11月～1972年５月　30分週１回　主演：柴俊夫

（1972年）
『ウルトラマンA』（円谷プロ、TBS）　４月～1973年３月　30分週１回　主演：高峰圭二
『熱血猿飛佐助』（東映京都制作所、TBS）　10月～1973年４月　30分週１回　主演：桜木健一

山際永三作品リスト

テレビドラマデータベース（http://www.tvdrama-db.com/）、鈴木義昭「山際永三資料室」（「神戸映画資料館」サイト）中の「山際永三作品歴」（https://kobe-eiga.net/webspecial/report/2018/10/565/）を参照した。

（1961 年）
『狂熱の果て』（佐川プロ製作、大宝配給、78 分、35 ミリ、白黒）　主演：星輝美

（1962 年）
『くらしの歌』（フジテレビ）　4 月「ネオン野郎」、6 月「アジアの友」、9 月「い草を刈る人々」　20 分週 1 回

（1963 年）
『全員降下せよ』（NAC、フジテレビ）　6 月～ 10 月　45 分週 1 回　主演：二本柳寛

（1964 年）
『いつか青空』（NAC、TBS）　1 月～ 7 月　15 分週 5 回　主演：露原千草
『求婚』（国際放映、TBS）　3 月～ 8 月　15 分週 5 回　主演：山本耕一
『チャコちゃん社長』（国際放映、TBS）　7 月～ 10 月　30 分週 1 回　主演：四方晴美

（1965 年）
『チャコちゃんハーイ！』（国際放映、TBS）　2 月～ 1966 年 1 月　30 分週 1 回　主演：四方晴美

（1966 年）
『チャコちゃん』（国際放映、TBS）　2 月～ 1967 年 3 月　30 分週 1 回　主演：四方晴美
『泣いてたまるか』（国際放映、TBS）　4 月「やじろべえ夫婦」、10 月「僕も逃亡者」　60 分　主演：渥美清

（1967 年）
『罠』（罠・制作グループ、7 分、16 ミリ、白黒）　主演：ヴラスタ・チハーコヴァー
『ハッスル奥様』（国際放映、TBS）（放映：1966 年 10 月から 1967 年 3 月）　30 分週 1 回　主演：悠木千帆（樹木希林）

ト――世界各国の受容物語』（みすず書房、2018年）
福富弘美「権力犯罪を解体するために――田原総一朗氏への批判」、『展望』191号、1974年11月
副見恭子「ライマン雑記」（19）、『地質ニュース』565号、2001年9月
藤木TDC「稀代の〝興行師〟大蔵貢伝」、映画秘宝編集部編『異端の映画史　新東宝の世界』（洋泉社、2017年）
藤谷健「スクラム　映サ機関誌のありかた」、『映画批評』11号、1958年6月
「再び佐々木守氏の「映画芸術」誌上での発言について――山際永三氏の批判にこたえる」、『映像芸術の会会報』2号、1964年6月27日
奉力萬『ウルトラマンタロウ　流用音楽の世界』（同人誌、ルノホート、2016年）
真武善行「9・30以降の日大闘争」、『日大闘争の記録vol. 8　忘れざる日々』（日大闘争を記録する会、2017年）
松本克平『日本新劇史――新劇貧乏物語』（筑摩書房、1966年）
松本俊夫「キリアンと猫――〈支えがほしい〉について」、『映像芸術（季刊）』2号、1967年9月
松本俊夫「映像表現の批評的変革を！――公募作品の審査を終えて」、『第1回草月実験映画祭パンフレット』（草月アートセンター、1967年）
まるたしょうぞう〔丸田祥三〕「ヌーヴェル・ヴァーグは「特撮」に実を結んだ！」、『怪獣学・入門！（別冊宝島　映画宝島　Vol. 2）』（JICC出版局、1992年）
丸山章治「松川八洲雄さんへの手紙」、『映像芸術の会会報』20号、1966年5月22日
丸山章治「〝連帯アレルギー〟を起すな」、『映像芸術の会会報』21号、1966年6月20日
緑魔子インタビュー、『円谷プロ怪奇ドラマ大作戦（洋泉社MOOK　別冊映画秘宝）』（洋泉社、2013年）（インタビュアー、轟夕起夫）
村木良彦「テレビジョンは異端を必要としている　状況と創造」上下、『三田新聞』1968年5月1日、5月8日、『縮刷版三田新聞』、第13巻、昭和四三―四四年（不二出版、1988年）
山際太郎「向日葵より加里鹽の製造」、『農学会報』179号、1917年7月
山田和夫「トロツキストの映画と映画論――「圧殺の森」「現認報告書」とその背景」、『文化評論』78号、1968年3月
山田穣「ものすごい産業に立ち向かうために――生きた社会科番組を目ざす試み」、『放送教育』28巻3号、1973年6月
ルスティク、アルノシト（栗栖継訳）「闇に影はない」、『新日本文学』21巻5号、1966年4月
Vincent Canby, “Experimental Shorts from Japan at New Cinema Playhouse,” *The New York Times*, May 3, 1968

戦後映画研究会『採録コンテ・資料　二十四時間の情事』（戦後映画研究会、1960年4月）
『第19回平潟祭　反戦と反権力のための映画祭』（関東学院大学自主映画製作委員会、1968年）
武井崇『岸田森　夭逝の天才俳優・全記録』（洋泉社、2017年）
高橋正一「復讐劇から攻撃態勢へ」、『映画評論』23巻10号、1966年10月
田原総一朗『塀の上を走れ――田原総一朗自伝』（講談社、2012年）
田原総一朗「あるディレクターの遠吠え」、『映像芸術（季刊）』3号、1968年2月
田原総一朗「いやぁな時代への切り込み方」、『展望』190号、1974年10月
丹波哲郎・ダーティ工藤『大俳優　丹波哲郎』（ワイズ出版映画文庫、2022年）
チハーコヴァー、ヴラスタ『ニッポン審判――ぬけがけ社会の構造』（新評社、1980年）
チハーコヴァー、ヴラスタ『プラハ幻景――東欧古都物語』（新宿書房、1987年）
常見弘士「放映データ」、『ジキルとハイド　オリジナル・サウンドトラック』（ビー・スマイル、2007年）、ブックレット
寺山修司「六本木でクリスマスだった」、『旅』35巻12号、1961年12月
遠山純生「「新しい波」第二波」、『チェコスロヴァキア・ヌーヴェルヴァーグ』（国書刊行会、2017年）
土岐唯男「放送界パトロール」、『電子』107号、1970年7月
鳥羽耕史『一九五〇年代――『記録』の時代』（河出書房新社、2010年）
長坂秀佳インタビュー、春日太一責任編集『五社英雄　極彩色のエンターテイナー（KAWADE夢ムック、文藝別冊）』（河出書房新社、2014年）
長田甚「狂死について」、『三田新聞』1969年6月4日、『縮刷版三田新聞』、第13巻、昭和四三―四四年（不二出版、1988年）
長野千秋「ジョン・シルバーの義足――《草月実験映画祭》をみて」、『映像芸術（季刊）』3号、1968年2月
中村光夫『志賀直哉論』（文藝春秋新社、1954年）
『日本ヌーベルバーグ（現代日本映画論大系3）』（冬樹社、1970年）
萩元晴彦・村木良彦・今野勉『お前はただの現在にすぎない――テレビになにが可能か』（朝日文庫、朝日新聞出版、2008年）
長谷川龍生・粕三平編『現場の映像入門』（現代教養文庫、社会思想社、1984年）
波多野哲朗「暗闇の視線を追って――日本の状況」、『美術手帖』334号、1970年11月
花田清輝『新編映画的思考』（未来社、1962年）
樋口尚文『テレビヒーローの創造』（筑摩書房、1993年）
樋口尚文『実相寺昭雄　才気の伽藍――鬼才映画監督の生涯と作品』（アルファベータブックス、2016年）
樋口尚文編著『大島渚全映画秘蔵資料集成』（国書刊行会、2021年）
ファン・デル・クナープ、エーヴァウト編（庭田よう子訳）『映画『夜と霧』とホロコース

佐藤重臣「ルイス・ブニエルと戦後美学」、『映画評論』18 巻 10 号、1961 年 10 月
佐藤重臣「まさに新人不毛の年」、『映画評論』19 巻 1 号、1962 年 1 月
佐藤巍「田原総一朗作品研究会」、『映像芸術の会会報』29 号、1967 年 7 月 10 日
佐藤忠男・岸川真編著『「映画評論」の時代』（カタログハウス、2003 年）
佐藤忠男「ザックバラン映画評」、『新週刊』1 巻 2 号、1961 年 11 月 16 日
佐藤忠男「日本映画に突破口はないか――失われた作家の言葉を取戻すためには」、『映画芸術』10 巻 1 号、1962 年 1 月
サルトル（伊吹武彦訳）「壁」、『サルトル全集』第 5 巻（人文書院、1950 年）
サルトル（加藤道夫訳）「蠅」、『サルトル全集』第 8 巻（人文書院、1952 年）
椎名麟三『重き流れの中に』（新潮文庫、1970 年改版）
椎名麟三「新しい出発を」、『シナリオ』17 巻 3 号、1961 年 3 月
塩見正道『「木崎理論」とは何か――映画鑑賞運動の理論と木崎敬一郎』（風来舎、2018 年）
志賀皎「「姦通」への疑問」、『映画批評』7 号、1958 年 1 月
時事通信社編『映画年鑑一九六二年版』（時事通信社、1962 年）
時事通信社編『映画年鑑一九六三年版』（時事通信社、1963 年）
時事通信社編『映画年鑑一九六四年版』（時事通信社、1964 年）
時事通信社編『映画年鑑一九六五年版』（時事通信社、1965 年）
実相寺昭雄『夜ごとの円盤――怪獣夢幻館』（大和書房、1988 年）
『篠山紀信と二八人のおんなたち』（毎日新聞社、1968 年）
下村健「新東宝の誕生――東宝争議と「十人の旗の会」」、映画秘宝編集部編『異端の映画史　新東宝の世界』（洋泉社、2017 年）
下村健「大蔵貢の退陣、そして新東宝の解散」、映画秘宝編集部編『異端の映画史　新東宝の世界』（洋泉社、2017 年）
下村健「わずか四か月の歴史・大宝映画の運命」、映画秘宝編集部編『異端の映画史　新東宝の世界』（洋泉社、2017 年）
白井隆二「忘れていた映像の楽しさ」、『放送文化』28 巻 3 号、1973 年 3 月
白石雅彦『「帰ってきたウルトラマン」の復活』（双葉社、2021 年）
白石雅彦『「ウルトラマンＡ」の葛藤』（双葉社、2022 年）
白石雅彦『「ウルトラマンタロウ」の青春』（双葉社、2023 年）
白石雅彦・荻野友大編『帰ってきたウルトラマン大全』（双葉社、2002 年）
『新・ウルトラマン大全集』（講談社、1994 年）
新藤謙「記録とドラマ（今日の問題）」、『映画』10 号、1957 年 9 月
鈴木義昭『桃色じかけのフィルム――失われた映画を探せ』（ちくま文庫、2024 年）
スタジオ 200『スタジオ 200 活動誌　1979 → 1991』（西武百貨店、1991 年）
諏訪英一「“節操などあってたまるか”」、『潮』、1973 年 3 月号
「一九六一年度映画評論ベスト・テン」、『映画評論』19 巻 2 号、1962 年 2 月

切通理作『怪獣使いと少年――ウルトラマンの作家たち　金城哲夫・佐々木守・上原正三・市川森一』(増補改訂版、洋泉社、2015年)
切通理作『怪獣少年の〈復讐〉――70年代怪獣ブームの光と影』(洋泉社、2016年)
切通理作「光の国の「棄て子ザウルス」」、切通理作『お前がセカイを殺したいなら』(フィルムアート社、1995年)
「「記録映画界の大騒動をめぐって」(『映画芸術』七月号所載) という佐々木守氏の文章について」、『映像芸術の会会報』1号、1964年6月10日
草間矩之「テレビ映画の制作」、志賀信夫編『現代テレビ講座　第三巻　ディレクター・プロデューサー篇』(ダヴィッド社、1960年)
窪田博幸『日本の資本家――この現代を支配するもの』(新興出版社、1963年)
くまがいマキ「「アイアム　プア　キャピタリスト」(粕三平とチェコ映画)」、『映画芸術』49巻1号、1999年5月
くまがいマキ「粕三平とチェコ映画」、『チェコスロヴァキア・ヌーヴェルヴァーグ』(国書刊行会、2017年)
桑本咲子「ディスカバー・ジャパンをめぐって――交錯する意思から生まれる多面性」、『日本学報』32号、2013年
ゲバラ (真木嘉徳訳)『革命の回想』(筑摩書房、1967年)
小松左京『日本沈没』上下 (光文社、1973年)
今野勉『今野勉のテレビズム宣言』(フィルムアート社、1976年)
今野勉『テレビマン伊丹十三の冒険――テレビは映画より面白い？』(東京大学出版会、2023年)
今野勉「テレビ映画の二つの志向――亜映画とテレメンタリー」、『シナリオ』227号、1967年5月
今野勉「“私”――歌謡曲――そしてテレビドラマ」、『三田新聞』1968年5月1日、『縮刷版三田新聞』、第13巻、昭和四三―四四年 (不二出版、1988年)
今野勉「憑依と日常についての断片的序章」、『季刊同時代演劇』3号、1970年9月
斎藤正治「藤田敏八はなぜ非行少年ばかり描くか」、『シナリオ』26巻5号、19970年5月
酒井敏夫〔竹内博〕・大空翠「フォーカス オン」、『SFマガジン』15巻13号、1974年12月
阪本裕文「前衛記録映画論の戦後的意味――1970年までの松本俊夫の諸活動をもとに」(2016年度博士論文、京都精華大学芸術研究科芸術専攻)
佐久間康夫「テレビ映画王国・国際放映」、『シナリオ』227号、1967年5月
佐光曠「ブタはブタのごとく死ね　『狂熱の果て』」、『映画評論』19巻1号、1962年1月
佐々木守「記録映画界の大騒動をめぐって」、『映画芸術』12巻8号、1964年7月
貴日ワタリ「収録楽曲解説」、『ジキルとハイド　オリジナル・サウンドトラック』(ビー・スマイル、2007年)、ブックレット
佐藤重臣「同人雑誌素見」、『映画批評』8号、1958年2月

大沼鉄郎「山際永三君へのコミュニケーションの試み」、『映像芸術の会会報』2号、1964年6月27日
大沼鉄郎「「母たち」研究会報告」、『映像芸術の会会報』30号、1967年8月14日
大野松雄『ジンルイガクッテナンダロウ――独断的人類学考察覚え書』（私家版、1970年）
大庭秀雄「リアリズムについて」、『シナリオ』6巻3号、1950年2月
大平隆インタビュー、『特撮秘宝』3号、2016年3月（取材・文、友井健人）
小川徹・関根弘「対談シナリオ時評」、『シナリオ』17巻11号、1961年11月
奥浩平『青春の墓標――ある学生活動家の愛と死』（文藝春秋新社、1965年）
『大佛次郎作品集』第4巻（文藝春秋新社、1951年）
小幡貴一・田辺友貴編『不死蝶　岸田森』（ワイズ出版映画文庫、2016年）
粕三平・長谷川龍生『戦争入門――クラウゼヴィッツ「戦争論」の読み方』（平凡社、1986年）
粕三平「註」、『映像芸術』2巻7号、1965年7月
粕三平「ステージ・ドキュメント「狂死」の狙い」、『眼の狩』3号、1969年6月
粕三平「超狂気記録人パーヴェル・ユラーチェク」、『映画評論』31巻4号、1974年4月
春日太一「演出家・五社英雄の歩み」、春日太一責任編集『五社英雄　極彩色のエンターテイナー（KAWADE夢ムック、文藝別冊）』（河出書房新社、2014年）
加藤義彦・籾山幸士『β星より愛をこめて』（私家版、FCFC、1989年）
加藤義彦「『コメットさん』の世界」、佐々木守『故郷は地球――佐々木守子ども番組シナリオ集』（三一書房、1995年）
カミュ（清水徹訳）『シーシュポスの神話』（新潮文庫、1969年）
カミュ（渡辺守章訳）「カリギュラ」、カミュ（渡辺守章・鬼頭哲人訳）『カリギュラ・誤解』（新潮文庫、1971年）
川崎弘二編『日本の電子音楽　続々　インタビュー編　二』(engine books – difference、2020年)
川野泰彦「映画の脇役・大手五社のテレビ室」、『シナリオ』227号、1967年5月
唐十郎インタビュー、『恐怖劇場アンバランス』vol.2、DVD（デジタルウルトラプロジェクト、2007年）、解説パンフレット
菅忠道「現代の子どもをめぐる文化状況と問題点」、依田新ほか編『マス・コミュニケーションの中の子ども（講座マス・コミュニケーションと教育2）』（明治図書出版、1965年）
木崎敬一郎「現実からはなれた荒廃と堕落の理論――既成映画ジャーナリズムの〝前衛〟批判」、『自主上映』（自主上映促進会全国協議会機関誌）2号、1963年7月
北村隆子「日大闘争とグループびじょん」、丹羽美之・吉見俊哉編『戦後史の切断面――公害・若者たちの叛乱・大阪万博（記録映画アーカイヴ3）』（東京大学出版会、2018年）
君島彩子『観音像とは何か――平和モニュメントの近・現代』（青弓社、2021年）

刊行委員会、2002年）
芦原太郎『ULTRAMAN NO. 6!』（同人誌、カオスプロジェクト、2016年）
アヌイ（芥川比呂志訳）「アンチゴーヌ」、『アヌイ作品集』第3巻（白水社、1957年）
安部公房『他人の顔』（新潮文庫、2013年）
阿部進『新版現代子ども気質』（三一新書、1962年）
阿部進・佐野美津男『こども対おとな――マスコミのなかの現代っ子』（三一新書、1962年）
荒井晴彦「伊藤俊也〈さそり〉――怪獣ウラミゴンのゆくえ」、『映画芸術』290号、1973年4月
「アングラ・アングラ・アングラ」、『映画評論』24巻12号、1967年12月
池田憲章「ウルトラマン総論」、『特撮ヒーローのすばらしき世界　ウルトラマン――フィルム・ストーリー・ブック』（朝日ソノラマ、1980年）
井坂能行「〈映画のビラ〉シネトラクト運動――岩波映画労働組合とその周辺」、丹羽美之・吉見俊哉編『戦後史の切断面――公害・若者たちの叛乱・大阪万博（記録映画アーカイヴ3）』（東京大学出版会、2018年）
石堂淑朗『怠惰への挑発』（三一書房、1966年）
石橋春海、『ジキルとハイド』DVD（ベストフィールド、2023年）、解説書
市川森一『夢回路――魔法　怪獣　怪奇　ウルトラマン　青春　犯罪』（柿の葉会、1989年）
〔市川森一〕「仮面の墓場」、『映画評論』27巻4号、1970年4月
「市川森一インタビュー」、『キネマ旬報』、1993年7月上旬号（取材・構成、早川優）
泉田昌慶「会の自閉症について」、『映像芸術の会会報』24号、1967年1月16日
今村明男「テレビ映画界の現状（I）」、『リアリティ』1号、1963年12月
岩佐寿弥「状況とは何か。作家主体とは何か」、『映像芸術の会会報』27号、1967年5月15日
印南喬「テレビ番組制作の浄化剤として」、『テレビ映像研究』1号、1975年9月
内海文三「我が青春のウルトラマンタロウ」、『シナリオ』30巻8号、1974年8月
「ヴラスタ・チハーコヴァー氏が語る「1968年」」、『週刊読書人』3259号（2018年10月5日）
『ウルトラマン大百科』（勁文社、1978年）
『映倫管理委員会報告　昭和三十六年　下半期』（映画倫理規程管理委員会、1961年）
『NFCカレンダー』2018年2月号
大江健三郎『空の怪物アグイー』（新潮文庫、1972年）
大江健三郎「破壊者ウルトラマン――状況へ4」、『世界』330号、1973年5月
大塩一志「『ウルトラマンタロウ』の音楽――主題歌、そして日暮雅信の劇音楽」、『タロウタロウ タロウ ウルトラマンT（タロウ）――検証・第2次ウルトラブーム』（辰巳出版、1999年）
大島渚「今井正下手くそ説に就て」、『映画批評』14号、1958年10月

1964年12月（山際永三、丹羽小弥太、杉山正美、辻功、藤原智子）
「〈座談会〉作家の秘密」、『シナリオ』22巻9号、1966年9月（山際永三、大山勝美、大津皓一、矢島翠、篠田正浩、山田信夫）
「《座談会》『女の園』の青春像」、『シナリオ』24巻1号、1968年1月（山際永三、浦山桐郎、馬場当、藤田繁矢、矢島翠、加恵雅子、林玉樹）
「シンポジウム　つきぬけたもの・ぶつかったもの」、『映像芸術（季刊）』3号、1968年2月（山際永三、松本俊夫、宮井睦郎、東陽一、奈良正博、野田真吉）
「公開パネル討論会　テレビ映画は期待できるか⁉」、『テレビ映像研究』7号、1976年9月（山際永三、大山勝美、中村登、森川時久）
〔鼎談〕山際永三・桂千穂・内藤誠「娯楽と過激さの間に」、『映画芸術』55巻4号、2005年11月

（インタビュー）

山際永三インタビュー、『ウルトラマン大全集II』（講談社、1987年）
山際永三「〈インタビュー〉結論の出ないことへの挑戦」、市川森一『夢回路――魔法　怪獣　怪奇　ウルトラマン　青春　犯罪』（柿の葉会、1989年）、「付録」
山際永三インタビュー、『たそがれ酒場』DVD（紀伊國屋書店、2006年）、ブックレット（インタビュアー・構成、木全公彦）
山際永三インタビュー、『円谷プロ怪奇ドラマ大作戦（洋泉社MOOK　別冊映画秘宝）』（洋泉社、2013年）（インタビュアー、白石雅彦）
山際永三インタビュー、『実相寺昭雄読本（洋泉社MOOK　別冊映画秘宝）』（洋泉社、2014年）（取材・文、加藤義彦）
「インタビュー山際永三」、映画秘宝編集部編『異端の映画史　新東宝の世界』（洋泉社、2017年）（聞き手、下村健、編集部（秋場新太郎））
「山際永三さんインタビュー　日大闘争にかかわって、人生が楽しくなりました」、『日大闘争の記録vol.8　忘れざる日々』（日大闘争を記録する会、2017年）
「『狂熱の果て』復刻秘話　山際永三監督インタビュー」、『昭和の不思議101　2020年　秋の男祭号』（大洋図書、2020年）（取材・文、高鳥都）
「2019年2月・シネマヴェーラでのトークショー映像」、『狂熱の果て』DVD（ディメンション、2020年）、映像特典（山際永三、藤木孝、星輝美、下村健）

3. 二次文献（同人誌を含む）

阿川弘之『志賀直哉』上（岩波書店、1994年）
秋山邦晴「そこは60年代前衛芸術の震源地だった」、「草月アートセンターの記録」刊行委員会『輝け60年代――草月アートセンターの全記録』（「草月アートセンターの記録」

リオ』27巻9号、1971年9月
山際永三「仕組まれる自供——警視総監公舎爆破未遂事件被疑者のたたかい」、『展望』163号、1972年7月
山際永三「私のテレビ体験——テレビ映画の製作現場から」、『テレビ映像研究』3号、1976年1月
山際永三「テレビ映画の小さくて大きな問題＝技術論から」、『テレビ映像研究』12号、1977年7月
山際永三「“情報化時代”における表現について」、『テレビ映像研究』25号、1979年11月
山際永三「演出力Ⅰ　劇映画のモデルと想像力」、長谷川龍生・粕三平編『現場の映像入門』（現代教養文庫、社会思想社、1984年）
山際永三「「コメットさん」の潮流〔特別寄稿文〕」、加藤義彦・籾山幸士『β星より愛をこめて』（私家版、FCFC、1989年）
山際永三「『炎』について」、『Yamagata International Documentary Film Festival ‘93』（山形国際ドキュメンタリー映画祭実行委員会、1993年）
山際永三「先触れ粕三平の『映画批評』」、『映画芸術』49巻1号、1999年5月
山際永三「粕三平」、平沢剛編『アンダーグラウンド・フィルム・アーカイブス』（2001年、河出書房新社）
山際永三「オーファン・フイルムの典型例」（2015年5月。東京国立近代美術館フィルムセンター〔現・国立映画アーカイブ〕に提出された文書、未公刊）
山際永三「通知書」（2023年2月1日。国立映画アーカイブに提出された文書、未公刊）
山際永三「実相寺昭雄氏の「ウルトラマンタロウ」のためのシナリオ」（2024年3月10日、未公刊）

（座談会・シンポジウム等）

「座談会　新らしいメロドラマの方法」、『現代映画』1号、1954年4月（山際永三、大庭秀雄、宗達人、佐藤重臣）
「《座談会》矛盾のなかで——映画サークルと批評活動」、『映画批評』16号、1958年12月（山際永三、吉村道与、増田正毅）
「座談会　映画運動を模索する——観客運動と製作運動の接点を求めて」、『記録映画』4巻1号、1961年1月（山際永三、山之内重己、桑島達、浅井栄一、大島辰雄、坂斉小一郎、徳永瑞夫、野田真吉、岩佐氏寿）
「座談会　日本映画変革のイメージ」、『シナリオ』17巻3号、1961年3月（山際永三、江藤文夫、松本俊夫、恩地日出夫、石堂淑朗）
「座談会　新しい映画作りの方法」、『映画芸術』10巻1号、1962年1月（山際永三、恩地日出夫、深作欣二、橋田寿久年、富本壮吉、山田洋次、平山昭夫）
「シンポジウム　科学の論理と映画の論理——『血液』をめぐって」、『映像芸術』1巻1号、

――――「「原爆記録映画」返還・公開要求運動に参加しよう」、『映像芸術の会会報』16号、1965年8月27日（署名山際）
山際永三「広島についての仮説」、『映像芸術』2巻8・9号、1965年9月
高倉光夫〔山際永三〕「「麻薬」について」、『記録と映像の会会報　記録と映像』13号、〔1965年9月〕
山際永三「研究部会一委員からのアッピール」、『映像芸術の会第三回総会議案書』（映像芸術の会、1966年）
山際永三「連帯について」、『映像芸術の会会報』20号、1966年5月22日
――――「六月八日の運営委員会から」、『映像芸術の会会報』21号、1966年6月20日（書記局名義、文責山際永三・持田裕生）
山際永三「再び彼方の連帯について」、『映像芸術の会会報』21号、1966年6月20日
山際永三「「ざれ」の今日的意味――映画「鳥獣戯画」研究」、『映像芸術（季刊）』1巻1号、1966年11月
山際永三「レゾンデトル有り」、『映像芸術の会会報』24号、1967年1月16日
山際永三「感想」、『映像芸術の会会報』25号、1967年3月7日
山際永三「テレビ映画と映像の論理」、『シナリオ』23巻5号、1967年5月
山際永三「映画史はどこへ？」、『映像芸術の会会報』27号、1967年5月15日
山際永三「運動の再確認」、『映像芸術の会会報』28号、1967年6月8日
山際永三「血の歴史をどう否定するか（問題提起シリーズ①）」、『映像芸術の会会報』29号、1967年7月10日
山際永三「意識のドキュメンタリー――映画〈夜のダイヤモンド〉」、『映像芸術（季刊）』2号、1967年9月
山際永三「「映像芸術」のひよわさ」、『映像芸術の会会報』32号、1967年10月16日
山際永三「現実と映画と〔『現代映画事典』書評〕」、『映像芸術（季刊）』3号、1968年2月
山際永三「「原爆記録映画」について」、『映像芸術の会会報』34号、1968年2月6日
山際永三「運動論の欠落」、『映像芸術の会緊急会報』、1968年2月14日
山際永三「「映画・運動」の再再出発」、『映像芸術の会会報』35号、1968年3月22日
山際永三「死者の眼をもって生を貫け――種村季弘批判　種村理論は本当に状況を傷つけるか」、『映画芸術』16巻8号、1968年7月
山際永三「当事者の論理」、『メタ・メタ』1号、1968年12月
山際永三「情念の永続革命へ！」、『映画評論』27巻3号、1970年3月
山際永三「〈Z〉におけるテロルの問題と日大生中村君虐殺事件」、『映画芸術』18巻8号、1970年10月
山際永三「ほどよい孤独、ほどよい常識〔カルロ・リッツアーニ監督『山いぬ』評〕」、『映画評論』28巻7号、1971年7月
山際永三「文化状況論を超えるためには？〔佐藤忠男『間隙を埋める思想』書評〕」、『シナ

山際永三「伝統の荷受人――新藤兼人」、『シナリオ』17 巻 9 号、1961 年 9 月
山際永三・山田健『狂熱の果て』、『映画評論』18 巻 10 号、1961 年 10 月
山際永三「作家の構造」、『記録映画』5 巻 1 号、1962 年 1 月
山際永三「練りに練った作品――その評価、特に松本俊夫の批判に」、『日本読書新聞』1962 年 2 月 12 日
山際永三「欲ばり青春論――シナリオ・コンクール作品を読んで」、『シナリオ』18 巻 4 号、1962 年 4 月
山際永三「エネルギーは今どうなっているか？――創価学会ルポ」、『記録映画』1962 年 5 月号
山際永三「“第二組合状況” と笑い――「おとし穴」をめぐって」、『映画芸術』10 巻 5 号、1962 年 5 月
山際永三「〈引き裂かれ〉のモチーフ――「山河あり」」、『映画芸術』10 巻 6 号、1962 年 6 月
山際永三「作品評「ともしび」」、『テレビドラマ』4 巻 6 号、1962 年 6 月
山際永三「本質は〝優等生意識〟」、『慶應義塾大学新聞』1962 年 6 月 12 日
山際永三「原爆詩にあらわれた意識像」、『原爆戦後史研究会　報告 1』（原爆戦後史研究会、1962 年）
山際永三「創造の条件――テレビドキュメンタリーをめぐって」、『記録映画』5 巻 9 号、1962 年 9 月
山際永三「映画「夜を逃れて」の成果と限界」、『夜の季節』（成城大学演劇研究会、プログラム、1962 年？）
山際永三「情念の構造改革――サド覚え書」、『映画芸術』11 巻 4 号、1963 年 4 月
山際永三「映画批評とは何か？」、『記録映画』6 巻 4 号、1963 年 5 月
山際永三「青春の論理否定」、『リアリティ』1 号、1963 年 12 月
山際永三「一日 OK 五〇〇の中で」、『リアリティ』1 号、1963 年 12 月
山際永三「佐々木守の「映画芸術」（七月号）に書いた文章をめぐってのこと」、『映像芸術の会会報』2 号、1964 年 6 月 27 日
山際永三「再創造の試み」、『映像芸術』2 巻 2 号、1965 年 2 月
山際永三「ヴェトナム大衆の日常の異常――「戦乱の中の信仰」」、『記録と映像の会会報』8 号、〔1965 年 4 月〕
山際永三「原爆へのうらみつらみ――八月例会・原爆特集」、『記録と映像の会会報』10 号、〔1965 年 6 月〕
山際永三「重い運動体験――《映画批評》運動の総括」、『映像芸術』2 巻 7 号、1965 年 7 月
山際永三「エログロオバケの系列――「明治天皇と日露大戦争」と新東宝のはらわた」、『映画芸術』13 巻 8 号、1965 年 8 月

山際弥太郎〔永三〕「随想――「白痴」をめぐりて」、『シネ・エッセイ』8号、1951年9月
山際永三「随想　「羅生門」をめぐりて」、『シネ・エッセイ』10号、1952年5月
山際永三「「欲望という名の電車」の狙い」、『シネ・エッセイ』11号、1952年7月
山際永三「姿三四郎、虎の尾を踏む男たち」、『シネ・エッセイ』11号、1952年7月
山際永三「大庭秀雄と「愛欲の裁き」」、『Keio Cine' Land』3号、1953年6月
山際永三「大庭秀雄論」、『現代映画』1号、1954年4月
山際永三「『女の園』について」、『映画評論』11巻10号、1954年10月
高倉光夫〔山際永三〕「「たそがれ酒場」の問題」、『映画』7号、1955年9月
高倉光夫〔山際永三〕「『フレンチ・カンカン――歓楽と現実』、『映画』8号、1956年3月
高倉光夫〔山際永三〕「アメリカ映画史から」、『映画』10号、1957年9月
高倉光夫〔山際永三〕「ダッシンは勝つか負けるか」、『映画批評』7号、1958年1月
高倉光夫〔山際永三〕「映画サークル機関誌――紹介と批評」、『映画批評』9号、1958年4月
――――――――――「合評会ノート」、『映画批評』9号、1958年4月（文責高倉〔山際〕）
高倉光夫〔山際永三〕「集団批評の行方」、『映画批評』10号、1958年5月
高倉光夫〔山際永三〕「今井正論」、『映画評論』11号、1958年6月
高倉光夫〔山際永三〕「映サと批評運動」、『映画批評』11号、1958年6月
高倉光夫〔山際永三〕「映サと商業主義」、『映画批評』12号、1958年7月
高倉光夫〔山際永三〕「怪談映画の超現実」、『映画批評』13号、1958年8月
高倉光夫〔山際永三〕「映研機関誌紹介」、『映画批評』13号、1958年8月
高倉光夫〔山際永三〕「映サと批評活動」、『映画批評』14号、1958年10月
高倉光夫〔山際永三〕「「日本映画は面白くない」？――撮影所から神戸映サの皆さんへ」、『泉』（全神戸映画サークル協議会機関誌）81号、1959年1月
高倉光夫〔山際永三〕「映画サークルの問題点――集団批評の肥沃な土壌に」、『記録映画』2巻10号、1959年10月
高倉光夫〔山際永三〕「不感症と危機意識」、『戦後映画』1号、1959年12月
高倉光夫「独立プロ運動」、佐藤忠男他共著『レンズからみる日本現代史』（現代思潮社、1959年）（奥付の1954年は誤記と思われる）
高倉光夫〔山際永三〕「楽しいPRのために――作品評「暮しと家具」」、『記録映画』3巻2号、1960年2月
山際永三「私の記録映画論――ZOOと記録の関係」、『記録映画』3巻7号、1960年7月
山際永三「〝戦う主体〟形成の条件――新東宝・再建闘争」、『戦後映画』2号、1960年8月
山際永三「新東宝のゆくえ」、『シナリオ』17巻2号、1961年2月
山際永三「チグハグなぼくらのたたかい――新東宝とその周辺の問題」、『映画評論』18巻7号、1961年7月
山際永三「その後の新東宝」、『映画評論』18巻9号、1961年9月

（脚本）
『狂熱の果て』準備稿（早稲田大学演劇博物館所蔵）
『狂熱の果て』決定稿（早稲田大学演劇博物館所蔵）
『狂熱の果て』決定稿・山際永三用（国立映画アーカイブ所蔵）
『チャコちゃん社長』
「社長さんのプレゼントの巻」（筆者蔵）
『コメットさん』
「何んでもかんでもハイ！ ハイ！」（改訂稿）（筆者蔵）
『帰ってきたウルトラマン』
「暗黒怪獣　星を吐け！」（決定稿）（早稲田大学演劇博物館所蔵）
『ウルトラマンA』
「燃えろ！　超獣地獄」（最終稿）（早稲田大学演劇博物館所蔵）
「超獣10万匹！　奇襲計画」（決定稿）（早稲田大学演劇博物館所蔵）
「怪談・牛神男」（決定稿）（早稲田大学演劇博物館所蔵）
「復活！　ウルトラの父」（決定稿）（早稲田大学演劇博物館所蔵）
『ウルトラマンタロウ』
「牙の十字架は怪獣の墓場だ！」（決定稿）（筆者蔵）
「血を吸う花は少女の精」（決定稿）（筆者蔵）
「怪獣エレキング満月に吼える！」（決定稿）（筆者蔵）
「怪獣大将—日本の童謡から—」（決定稿）（筆者蔵）
「怪獣ひなまつり」（決定稿）（筆者蔵）

（その他）
熊谷光之〔粕三平〕「『狂熱の果て』についてのノート」（1962年2月）（山際提供）
『発表資料　連続テレビ映画　怪奇ロマン　君待てども』（東海テレビ編成部、1974年7月17日）（筆者蔵）

2. 山際永三の論稿・インタビュー

（論稿）
山際永三・内藤誠・内藤研『監督山際永三、大いに語る——映画『狂熱の果て』から「オウム事件」まで』（彩流社、2018年）
山際彌次郎〔永三〕「モナリザの失踪」、『シネ・エッセイ』4号、1951年4月
山際彌次郎〔永三〕「映画のリアリズム」、『シネ・エッセイ』5号、1951年5月
山際彌次郎〔永三〕「アンリ・カレフ」、『シネ・エッセイ』6号、1951年6月

参考文献

1951年から1974年までに書かれた山際永三の論稿は、本文で参照していないものも掲げた。また、映画と直接に関係のない文献は、一部割愛した。

1. 未公刊資料

（「映像芸術の会」関連資料〔阪本裕文氏提供、山際提供、筆者蔵〕）
『準備委員会通信』（2号から『総会準備委員会通信』）
『映像芸術の会会報』
『記録と映像の会会報』
『映像芸術の会第三回総会議案書』（1966年）
『会員名簿』（1967年）

（『罠』関連資料）
慶應義塾大学アート・センター（KUAC）所蔵
　草月アートセンター・コレクション、ファイル「草月アート・センター　映画IV」
　草月アートセンター・コレクション、ファイル「草月アートセンター資料　雑誌記事 Volume 2: 1966-1969」
　草月アートセンター・コレクション、ファイル「一九六七年度（実験映画祭）草月アートセンター資料」

山際の提供による資料
　『逮捕状』準備台本、「「逮捕状」カット表」、「「逮捕状」編集カット表」、「音・綜合スケジュール表」

（『狂死』関連資料）
「センター・一九六九（試案）」（企画書）、謄写版チラシ、印刷版チラシ、『テーゼ・一九六九　第一回表示稿』、『眼の狩』3号（山際提供）

（『帰ってきたウルトラマン』関連資料）
「山際メモ」一～五、「一五話覚書」（山際提供）

人名索引

［著者紹介］
池田嘉郎（いけだ　よしろう）
1971年秋田県生まれ。東京大学大学院人文社会系研究科教授。東京大学大学院人文社会系研究科博士（文学）。新潟国際情報大学講師、東京理科大学准教授などをへて現職。
専門のロシア史研究では『ロシア革命　破局の8か月』（岩波新書、2017年）、『ロシアとは何ものか』（中公選書、2024年）などの著書がある。映画に関する論稿では、「記憶の中のロシア革命——ロンム『十月のレーニン』とスターリン時代の革命映画」、沼野充義他編『記憶とユートピア（ユーラシア世界3）』（東京大学出版会、2012年）などがある。さらにセルゲイ・ロズニツァ監督の諸作品について、サニーフィルム刊行の一連の公式ガイドブックに解説を寄せている。山際永三に関しては、「山際永三『狂熱の果て』とリアリズムの探究」、『文化交流研究』32号、2019年3月、「山際永三『炎1960～1970』と映画運動」、『文化交流研究』33号、2022年3月、「山際永三、ヴラスタ・チハーコヴァーと『罠』（1967）」、『れにくさ』13号、2023年3月、にくわえ、「破局表現考——歴史学と映画、それに山際永三」、『図書』894号、2023年6月、がある。

山際永三《やまぎわえいぞう》　壁の果てのリアリズム——映画運動とテレビドラマ

発行日……………………………2024年10月21日・初版第1刷発行

著者………………………………池田嘉郎
発行者……………………………大石良則
発行所……………………………株式会社森話社
〒101-0047　東京都千代田区内神田1-15-6　和光ビル
Tel 03-3292-2636
Fax 03-3292-2638
印刷………………………………株式会社厚徳社
製本………………………………榎本製本株式会社

ISBN 978-4-86405-184-2 C1074